U0943153

《国外违宪审查制度丛书》总序

童之伟　韩大元

这是一套按国别系统介绍和研究国外部分国家违宪审查制度的系列丛书，其所涉及的地理范围包括了北美、欧州、亚州和非洲，其中既有西方发达国家，也有第三世界发展中国家。

在世界宪政史上，违宪审查制度的历史比宪法的历史总体看来要晚近得多。就宪法而言，古希腊、古罗马已经有一些宪法的萌芽，而英国1215年的大宪章，已经是近代意义上不成文宪法的先声，至于1787年通过、1789年生效的美国宪法，则是世界上第一部成文宪法。如果人们一定要探幽寻古，也可以在雅典、古希腊、古罗马的历史中发现类似于违宪审查的片断或痕迹。例如，在雅典曾存在过上位规范（nomos）与下位规范（psephismata）之间的区别。在中世纪我们也可以发现作为“上位规范”的自然法的存在，虽无法找到具体的违宪审查事例，但其作为思想渊源仍然具有重要的学术价值。

违宪审查制度作为宪政制度的构成要素与基本的实现方式，经历了三个发展阶段。第一阶段是1803年“马伯里诉麦迪逊案”到第二次世界大战结束。在此阶段，立宪主义是市民革命的产物，而违宪审查制度是立宪主义的方式，具有共同的价值基础。作为制度性的违宪审查产生于19世纪初。宪法学界普遍的看法是，宪政史上首次对法律进行违宪审查的判例是1803年的美国“马伯里诉麦迪逊案”。在这140余年间，制定了宪法的国家很多，但建成了行之有效的违宪审查制度的国家可以说除美国外并没有出现第二个，尽管其间奥地利、挪威等少数国家也曾做过一些努力，但未能发展为具有实效性的制度。第二阶段是第二次世界大战结束到20世纪70年代。二战后，德国、意大利、日本、法国等重新制定宪法的国家纷纷从基本人权保障、民主体制维护与战争根源的关系方面反省历史，吸取历史教训，在宪法中规定了宪法裁判制度。在20世纪五六十年代，亚洲、非洲等国家也开始建立适合本国实际的违宪审查制度。第三阶段是20世纪70年代以后。随着民主化的发展，西班牙、葡萄牙等国纷纷建立起宪法法院制度。到了80年代末90年代初，前苏联和东欧国家进行宪法改革，普遍建立了宪法法院制度。事实表明，直到第二次世界大战后，尤其是历史进入20世纪90年代后，各立宪国家建置违宪审查制度呈现出显著加快的趋势。特别是进入21世纪后，全球范围内的违宪审查制度的功能得到进一步的强化，审查机构模式越来越多样化。例如，法国在2008年的宪法修改中正式确认公民提起违宪审查的权利，结束了法国宪法不承认公民提起违宪审查权的历史，建立了事后的违宪审查模式。在日本，实行60多年的司法审查制度的效率性受到一些学者的质疑；也有学者提出设立宪法法院等主张。20世纪各国在违宪审查制度发展上所做的各种努力不仅推动了人类文明的发展，也是对历史上宪法制度过多亏欠违宪审查要素情形的一种补偿。

各国的宪法发展史告诉我们，建立行之有效的违宪审查制度是充分、有效地实施宪法的不可或缺的条件。违宪审查制度在宪法实施中发挥的功能是有目共睹的，值得我们深入关注与思考。我们可以把这些功能概括为：维护法制统一与宪法秩序功能；人权保障功能；权力制约功能；社会整合的功能和政治法律化的功能等。特别是在现代政党政治的背景下，以合宪性审查体制为平台，合理地协调政党之间的利益关系，促成政治体制的平衡发展，在许多国家已经成为一种常态。同时，违宪审查制度可以为解决政治生活中发生的各种宪法争议提供客观的标准与解决机制，使政治矛盾与纠纷通过司法或其他法律途径得到合理解决。

宪法的生命不仅体现为规范内容的科学性，同时也体现为具体实施的机制与效果。在现代法治社会，任何一个成文宪法国家都会遇到不同形式的宪法争议，需要解决各种违宪问题。在有些国家宪法发展的特定阶段，也曾出现虽然没有违宪审查制度但宪法也得到某种程度实施的状况，但它并不是宪政发展的常态，也不能作为普遍性规则得到遵守。在某些极端的情况下，缺乏违宪审查制度，宪法可能完全得不到实施，甚至可能使得宪法实际上形同废纸。在这方面，西方国家和非西方国家都有过惨痛的历史教训。中外许许多多的事实证明，没有行之有效的违宪审查制度的民主是粗放的、靠不住的、无保障的民主；没有违宪审查制度的法治是严重残缺的、没有保护屏障的法治，很难与人治真正区分开来；同样，没有行之有效的违宪审查制度，人权就得不到有效的保护和尊重。

违宪审查制度作为宪法文明的重要标志来到世间，历经二百余年，它本身在功能和结构上已经发生了重大变化。违宪审查制度在其形成的初期，主要作用在于依据宪法裁断和解决国家机关之间的权限争议，这些争议的当事双方往往都是不同的中央国家机关或地方公共机关。但是第二次世界大战后，人权和公民基本权利的有效保障成了各国日益突出的宪法问题。在世界范围内违宪审查制度的主要作用和建设方向亦随之逐步发生了转移，转向了人权保障和基本权利保障为中心的空间。另外，在第二次世界大战前，世界各国有宪法无违宪审查制度的情形很普遍，但在此后有宪法就有与之配套并对之提供实施保障的违宪审查制度。这种情形逐步成了全球范围内各国宪法发展的主流。

一个国家制定宪法后，往往需要经历一定历史时期才能产生首次违宪审查例或宪法判例，这可以说是宪政史凸显的一个重要规律。一国是否形成了违宪审查制度，判断的标准并不是宪法作了什么样的规定、法律作了什么样的规定，而是应该看该国有审查权的机关是否真正进行过一次违宪审查、是否产生过一个违宪审查例或宪法判例。从首次制宪到产生首个违宪审查例或宪法判例，两者间的时间落差在不同国家往往很不一样。历史地看，像美国那样在宪法生效 14 年后就产生第一个违宪审查例或宪法判例的国家是很罕见的。像法国那样，在有了第一部正式宪法之后近 170 年才设立职能机关真正开始进行违宪审查的例子也不多见。不过，无论世界各个立宪国家首次制宪与产生首个违宪审查例或宪法判例的时间落差的大小如何、背景多么不一样，我们在考虑这个问题时最关键的还是不要忘记，当代立宪国家中连一个违宪审查例或一个宪法判例都没有产生过的国家已经不多了，并且还正在进一步减少。据统计，世界上 190 多个国家中，绝大多数国家已经建立了违宪审查制度，其中采用普通法院司法审查制的国家有 70 多个，采用专门机关审查制的国家有 80 多个，有些国家还采用了兼具以上两种体制特点的混合性审查体制。

了解国外违宪审查制度发展的历史背景与进程并且反观中国违宪审查制度的现状，我们既不必因在现行宪法体制下还没有产生首个违宪审查例而感到悲观，但也不能对我国现行宪法规定的宪法监督机关还没有进行过首次违宪审查而心如止水、无动于衷。

中国从 1908 年《宪法大纲》公布到现在已过了百年，从第一部临时宪法——《中华民国临时约法》公布到现在也近百年，从第一部正式宪法，即 1923 年《中华民国宪法》公布到现在九十余年。不论怎么算，从上述诸种事件发生到现在的时间区间，都能够以1949年10月1日为界限，区分为清末和民国时期的立宪行宪与中华人民共和国的立宪行宪两个时期。民国时期的第二部正式宪法即1947年宪法，就其文本而言，肯定不算世界上最糟糕的宪法，但这部宪法在“动员戡乱时期临时条款”主导下的实施情况，则无疑是世界上宪法实施最糟糕的情形之一。在那里，所谓“党国”的权力事实上不受宪法的限制任意扩张，而公民的基本权利差不多被剥夺殆尽。但值得人们玩味的是，在这部宪法和它支撑的那个政权行将就木之时，具体来说就是1949年1月6日，司法院大法官会议在同一天内连续公布了《释字第一号解释》和《释字第二号解释》，这两个宪法解释例都具有对有关主体的行为做合宪性审查的形式和内容。[1] 可以说，这是民国时期大法官会议第一次也是最后一次行使宪法解释权，其中包含着违宪审查的某些内核。

中华人民共和国的立宪和行宪，如果从《中国人民政治协商会议共同纲领》这部临时宪法公布生效算起，到现在也过了一个甲子；如果从中华人民共和国的第一部正式宪法即1954年宪法公布生效算起，至今已过了56年；如果从1982年宪法即现行宪法诞生算起，迄今也已经历了28年。过去的60年，也可以区分为前33年与后27年两个阶段。在前33年中，虽然1954年宪法和1978年宪法都规定全国人大有监督宪法实施的职权，1978年宪法还规定全国人大常委会有解释宪法的职权。但真实的情况却不尽如人意。法地行使基本权利，依法监督公职人员遵守宪法，也往往被视为罪过。

---

〔1〕 这里不妨以《释字第一号解释》为例加以说明。这个解释很简短，全文如下：“立法委员依宪法第75条之规定不得兼任官吏，如愿就任官吏，应即辞去立法委员，其未经辞职而就任官吏者，显有不继续任立法委员之意思，应予其就任官吏之时，视为辞职。”这实质上就是宣布一个人同时担任立法委员和官吏的情况违反宪法。见《“大法官会议”解释汇编》，三民书局2006年版，第1页。

在违宪审查即我国通常所说的宪法监督的实施方面，1982年宪法继承了1954年宪法、1978年宪法的有关规定，并在一定程度上扩充了这方面的内容，其中主要是肯定了宪法是国家的根本法，具有最高的法律效力，以及规定全国各族人民、一切国家机关和武装力量、各政党和各社会团体、各企业事业组织，都必须以宪法为根本的活动准则，一切违反宪法的行为，必须予以追究等。最近十多年，我国又出台了一些与宪法监督实施配套的法律，如《立法法》、《各级人民代表大会常务委员会监督法》等。全国人大法工委也成立了法规备案审查室，进行法规备案审查的工作。但令人感到遗憾的是，27年来人们始终关注、讨论和企盼，希望迎来人民代表大会制度下的第一个违宪审查例，但一直未能如愿。一些虔诚的中国法学界、法律界人士，基于发展违宪审查制度的良好愿望，盲目相信宪法司法适用的幻觉。[1] 现在看来，要迎来中华人民共和国自己的第一个违宪审查例决非易事，我们既需要通过推进法治建设以创造时势，又需要进行系统的学术研究，为这一天的到来做充分的知识储备与学术铺垫。

成功激活我国宪法规定的违宪审查体制，即宪法实施监督体制，推动第一个违宪审查例早日诞生，已经成为我国宪法发展必须面对和优先解决的瓶颈问题。为解决好这个问题，从1982年宪法颁布开始，我国老一代和中年一代宪法学者在过去28年中付出了十分艰苦的学术努力。但今天回首28年，我们感到过去的研究成果虽然数量多，但总体看来还是过于粗糙、零散，缺乏系统性，有些观点有简单化、功利性过强而又脱离中国实际情况的弊病。另外，由于受种种局限性的影响，我国法

〔1〕 指关于齐玉苓案的最高人民法院司法解释。最高人民法院审判委员会已于2008年12月8日作出决定，自2008年12月24起，废止包括该解释在内的一批司法解释。

学人士对外国违宪审查制度的介绍和研究也存在一些问题：①准确、系统全面地介绍和研究国外违宪审查体制的成果并不多见，有些学者对国外相关领域情况的了解往往限于一鳞半爪、一知半解。②由包括语言优势在内的国家综合实力所决定，英美判例法文化在法学世界享有巨大的传播优势，它的超强影响力不断冲击和干扰着中国学者根据本国实际和本国需要在借鉴吸纳外部经验时做选择或做判断的过程。目前，有关国外违宪审查制度的成果中，介绍和研究西方发达国家的占绝对多数，而介绍和研究非西方国家违宪审查制度的成果却寥寥无几。③在研究外国违宪审查制度时，人们还没有很好地将宪法文本、宪法制度与宪法判例、政党制度和政体结合起来，缺乏动态性的知识体系，缺乏宪政要素协调配合意识。④没有很好地挖掘各国违宪审查制度背后相互之间不同的法律传统与法律文化背景。

针对上述所有问题，为了在改革开放历史新时期完善和激活我国违宪审查体制的新需要，推动建设社会主义法治国家的进程，借鉴国外违宪审查制度的合理经验，在老一代宪法学者的指导和中青年宪法学者的广泛支持下，我们推出这套《国外违宪审查制度丛书》，希望此举能够多少有益于我国宪法发展和宪法学研究事业。

编写本书的基本思路是：力求站在宪法学学科发展的最前沿，系统地概括、提炼各国违宪审查制度发展的最新成果；以违宪审查制度的历史、基本理论、基本程序与宪法判例的分析为基础，突出违宪审查制度的实践性功能；注意借鉴和研究各国如何在违宪审查制度的国际性与本土性之间寻求合理平衡的经验。

作为宪法学者，我们不过是研究宪法现象的一些书生，要影响宪法发展，除一张嘴和一块键盘（过去是一支笔）外别无长物，但我们仍然不能小看自己。就立宪和行宪的直接的和表面的作用而言，宪法学者的学术理性与智慧是不可忽视的力量。历史证明，知识和思想的力量是巨大的。只要宪法学者依靠学术共同体的力量，说出、写出了当今中国宪法发展的真实需求和未来中国法律发展的客观必然，其语言文字也一样形成推动法治发展的重要力量，逐步完善中国宪法实施和违宪审查制度，提升中国人生存的制度环境，提升中国人的生存质量。如果这套丛书能够或多或少地发挥一点这样的社会功用，那我们这套丛书的作者就算没有虚耗多年投入的光阴了。

目　录

引　言

在现代民主国家，宪法是国家根本法，它集中体现了一国的法治精神和宪政秩序。然而，徒法不足以自行，无论宪法的规定多么完善，如果没有保障宪法实施的具体制度，宪法得不到切实的遵守和适用，它就无法发挥其根本作用，宪法规定就将成为一纸具文，不仅如此，长此以往，还将损害宪法的权威，破坏法治，对国家和公民造成巨大损害。立宪易、行宪难，这一经验教训早已为历史所证明。

宪法是一国法律制度的根基，为了维护宪法的权威，保证宪法的实施，就必须建立和健全宪法保障制度。宪法实施保障是保证宪法实施的一系列措施、方式和制度的总称。它既包括法律层面的保障，又包括政治保障、经济保障、社会保障、文化保障等，在宪法保障体系中，法律保障尤其是违宪审查无疑是最具制度性的因素。违宪审查是指根据宪法或宪法惯例，对法律或行使公权力的国家机关和人员的行为是否合宪进行审查，并宣布违宪的法律或公权力行使行为无效的活动。由于违宪审查具有专门化、制度化和程序化的特点，因此，它构成了宪法保障制度的核心和主要内容。

从当今宪政国家所采用的违宪审查模式来看，主要有以下几种：①普通法院审查制度。普通法院审查也叫司法审查，是指法院在审理具体案件的过程中，附带性地对案件所适用的法律等规范性法文件的合宪性进行审查并作出裁判的制度。这种制度的基本特点是：法院在具体案件的审理过程中对所适用的法律条款、行政命令的合宪性进行审查，不对法律或行政命令的合宪性进行抽象审查；这种审查是事后审查，它只判决有关的法律条款因违宪而无效，并不撤销整部法律，判决本身也没有溯及力。②立法机关审查制度。该制度是指宪法或宪法惯例所规定的立法机关对法律的合宪性进行审查，其特点在于：审查的权威性与直接性比较强，但由于它是一种自我监督，因而实效性与公正性不够理想。③专门机关审查制度。该制度是指由宪法规定的专门机关对法律等规范性法文件的合宪性进行审查和裁决的制度。它又可以分为特设司法机关审查制度和专门政治机关审查制度。前者主要采取宪法法院审查模式，其特点在于审查机关权限广泛、程序灵活、审查具有最终效力。后者主要以法国的宪法委员会为代表，其特点是由宪法委员会这样一个专门的政治机关负责进行合宪性审查。④复合审查制度。该制度是指两个或两个以上的国家机关共同行使违宪审查权力，并依据各自的权限、程序和方式对法律、公权力行使行为进行合宪性审查。英国是比较典型的国家，它采用议会审查和法院审查并重的模式。

从我国现行宪法和《立法法》等相关法律的规定来看，我国实行的是以全国人民代表大会及其常务委员会为主体的立法机关违宪审查模式。我国《宪法》序言中原则规定，宪法是国家的根本法，具有最高的法律效力。宪法总纲中确立了宪法的根本法地位，规定一切法律、行政法规和地方性法规都不得同宪法相抵触。一切国家机关和武装力量、各政党和各社会团体、各企事业组织都必须遵守宪法和法律。一切违反宪法和法律的行为，必须予以追究。任何组织或者个人都不得有超越宪法和法律的特权。《宪法》第 62 条中规定，全国人民代表大会监督宪法的实施，有权改变或者撤销全国人民代表大会常务委员会不适当的决定。《宪法》第 67 条中规定，全国人民代表大会常务委员会解释宪法，监督宪法的实施，有权撤销国务院制定的同宪法和法律相抵触的行政法规、决定和命令，撤销省、自治区、直辖市国家权力机关制定的同宪法、法律和行政法规相抵触的地方性法规和决议。《立法法》规定：全国人民代表大会有权改变或者撤销它的常务委员会制定的不适当的法律，有权撤销全国人民代表大常务委员会批准的违背宪法和《立法法》第62条第2款规定的自治条例和单行条例；全国人民代表大会常务委员会有权撤销同宪法和法律相抵触的行政法规，有权撤销同宪法、法律和行政法规相抵触的地方性法规，有权撤销省、自治区、直辖市的人民代表大会常务委员会批准的违背宪法和《立法法》第62条第2款规定的自治条例和单行条例。国务院、中央军委、最高人民法院、最高人民检察院和各省、自治区、直辖市的人民代表大会常务委员会认为行政法规、地方性法规、自治条例和单行条例同宪法或者法律相抵触的，可以向全国人民代表大会常务委员会书面提出进行审查的要求，由常务委员会工作机构分送有关的专门委员会进行审查、提出意见。其他国家机关和社会团体、企业事业组织以及公民认为行政法规、地方性法规、自治条例和单行条例同宪法或者法律相抵触的，可以向全国人民代表大会常务委员会书面提出进行审查的建议，由常务委员会工作机构进行研究，必要时，送有关的专门委员会进行审查、提出意见。全国人民代表大会专门委员会在审查中认为行政法规、地方性法规、自治条例和单行条例同宪法或者法律相抵触的，可以向制定机关提出书面审查意见，也可以由法律委员会与有关的专门委员会召开联合审查会议，要求制定机关到会说明情况，再向制定机关提出书面审查意见。制定机关应当在2个月内研究提出是否修改的意见，并向全国人民代表大会法律委员会和有关的专门委员会反馈。全国人民代表大会法律委员会和有关的专门委员会审查认为行政法规、地方性法规、自治条例和单行条例同宪法或者法律相抵触而制定机关不予修改的，可以向委员长会议提出书面审查意见和予以撤销的议案，由委员长会议决定是否提请常务委员会会议审议决定。

从我国宪法实施的情况来看，以全国人大及其常委会为主体的违宪审查制度并没有充分发挥其应有的作用，违反宪法的现象往往得不到及时的纠正和处理，这与上述制度本身的不完善密切相关。这一制度的缺陷与不足主要表现在：其一，缺乏常设性的违宪审查专门机构。我国宪法尽管规定全国人大及其常委会是违宪审查机关，但是上述机关工作任务繁重，无法有效地完成审查工作。全国人大每年的会期只有两周左右，这么短的会期根本无法顾及法律的合宪性审查工作。全国人大常委会虽然每两个月召开一次会议，也因工作繁重而无法胜任违宪审查任务。尽管2004年5月全国人大常委会在法制工作委员会下设立了法规审查备案室，但它只是内部的办事机构，地位较低，起不了很大的作用。其二，缺乏可操作性。现行宪法和《立法法》关于违宪审查制度的规定，实体内容多，程序规范少，造成制度的可操作性较差。而且，在实体和程序方面，现行宪法对违宪审查的规定存在着不完善的地方。例如，何谓违宪；构成违宪的要件有哪些；违宪的主体包括哪些；违宪行为的具体表现是什么；提出违宪审查申请的主体是哪些；审查违宪审查的程序如何；负责具体实施违宪审查的机构有哪些；它们必须有待于违宪案件的发生才可以行使其审查职权还是可以主动实施审查；它们以什么形式作出裁决，其效力又如何？对于以上问题，现行宪法都没有给出答案。再如，《立法法》第90条第2款规定："前款规定以外的其他国家机关和社会团体、企业事业组织以及公民认为行政法规、地方性法规、自治条例和单行条例同宪法或者法律相抵触的，可以向全国人民代表大会常务委员会书面提出进行审查的建议；由常务委员会工作机构进行研究，必要时，送有关的专门委员会进行审查、提出意见”。但是对于提起审查的条件，接受提交的具体工作机构，全国人大常委会受理提交的标准、程序、期限等程序问题都没有作出明确的规定，这使得这一条款的操作性很差。上述内容的缺失，造成理论界和实务界对违宪审查制度认识的不明确和不统一，不利于宪法的贯彻实施。其三，违宪审查的审查对象不够明确。根据《宪法》第 5 条的规定，一切法律、行政法规和地方性法规都不得同宪法相抵触，一切国家机关和武装力量、各政党和各社会团体、各企业事业组织都必须遵守宪法和法律，这表明，法律、行政法规和地方性法规等规范性文件和国家机关、政党、社会团体等组织都是违宪审查的对象，面对如此庞大的审查对象，不仅全国人大及其常委会无法进行全面的审查，即便成立专门的违宪审查机关，也是无能为力的。现行宪法只有明确违宪审查的对象，并给予宪法保障的重点，才能使得违宪审查制度落到实处。其四，与违宪审查密切相关，法院在保障宪法实施中的作用没有得到充分发挥。我国宪法没有赋予法院违宪审查权力，而现实情况是，由于关于公民基本权利的宪政立法的滞后，公民的某些基本权利在司法实践中无法得到法院的保护，法院无权适用宪法解决上述问题。从宪政国家的宪法保障制度来看，通过法院对公民基本权利的保护是违宪审查制度的主要甚至是最重要的功能。如何发挥法院在保护公民基本权利中的作用是我国违宪审查制度研究不得不面临的一个重要课题。

基于上述背景，并从以下几点考虑出发，本书选择了英国违宪审查制度作为研究对象：

第一，英国的违宪审查制度具有独特性，对它的研究本身有助于加深对违宪审查制度的认识。在当今绝大多数宪政国家，违宪审查制度的构建和运作是在成文宪法背景下实施的。在成文宪法背景下，违宪审查的制度基础是宪法在一国法律体系中具有最高的法律效力，法律、行政法规等规范性法律文件在效力位阶上低于宪法，与宪法相抵触的法律、行政法规等规范性法律文件因违宪而无效。无论在实行司法审查模式的美国，还是实行专门机关审查模式的法国、德国，违宪审查得以存在和运行的制度基础是很清楚的，因而通过违宪审查制度保障宪法的实施对于成文宪法国家而言，在理论论证和制度设计上不存在任何问题。然而，在不成文宪法国家，情况则不同。例如，英国没有成文宪法典，构成英国宪法的内容散见于不同的宪法性法律文件中，宪法性法律与普通法律具有同等的法律效力，普通法律并不因与宪法性法律相抵触而无效。如果仅以普通法律或公权力行使行为违宪无效来界定违宪审查，则英国是没有违宪审查的。然而，任何宪政国家都会有法律或公权力行使行为违宪的情形，都有如何解决法律或公权力行使行为违宪的制度，即便在不成文宪法的英国也不例外。而且，如果不拘泥于法律或公权力行使行为违宪无效的角度，而是立足于违宪审查制度的实际功能，英国是有违宪审查制度的，并形成了比较独特的违宪审查制度。如何认识英国的违宪审查制度，或者推而广之，如何认识不成文宪法国家的宪法保障制度，对于违宪审查或者宪法保障研究本身是有理论和实际意义的。

第二，英国违宪审查制度对我国的违宪审查制度具有很强的启示和借鉴意义。作出这一论断是基于英国与我国的政治法律制度的重大相似性。英国奉行议会至上，议会主权、议会至上是英国宪法的基本原则，由国王、上议院和下议院组成的议会在国家政治、法律生活中起着非常重要的作用。我国的根本政治制度是人民代表大会制度，全国人民代表大会作为最高国家权力机关，在国家政治、法律生活中起着其他国家机关无可替代的作用。在上述背景下，英国违宪审查制度的构建和发展对我国违宪审查制度乃至于宪法保障制度都有着很强的启示和借鉴意义。主要表现在：其一，英国议会在对政府法案的事前合宪审查和对法律的事后合宪审查中发挥着主导作用，尽管1998年《人权法》的出台使得法院获得了审查议会立法是否与《欧洲人权公约》相容并对不相容的议会立法作出宣告的权力，但是这种不相容宣告并不影响该立法的效力、继续适用或执行，对该立法的修改仍然是在议会主导下完成的。我国现行宪法规定全国人大及其常委会是违宪审查的法定主体，但是对于如何进行违宪审查，我国现行宪法并没有作出明确的规定，致使全国人大及其常委会在法律的合宪性审查方面的作用一直未能得到充分发挥，在这一方面，英国议会及其专门委员会对法案的事先审查和对法律的事后审查所取得的经验能够为我国提供有益的借鉴。其二，英国违宪审查制度所发挥的功能对我国违宪审查制度的完善具有借鉴意义。从世界各国违宪审查制度所发挥的功能来看，违宪审查制度发挥了处理国家机关权限争议、保护公民基本权利的功能，在现代社会，保护公民基本权利成为违宪审查制度的主要功能。英国违宪审查制度也体现了上述发展。英国违宪审查制度不仅涵盖了处理国家机关权限争议的内容，而且包含了法院对公民基本权利的司法保护，尤其是1998年《人权法》的出台和实施，对英国违宪审查制度的发展具有重大意义，它加强了对公民基本权利的宪政立法和司法保护。在我国，现行宪法所规定的违宪审查制度仅仅体现为全国人大及其常委会对法律等规范性文件的合宪性审查，这仅仅是违宪审查的一个方面，对于实践中出现的国家机关权限争议问题，我国违宪审查制度并没有涉及，而如何加强宪政立法保护公民基本权利，以防止出现立法缺位而司法保护不力的局面，更是我国宪法保障制度应当重点完善的内容。在这一方面，英国违宪审查制度的构建和发展能够对我国起着重要的借鉴作用。

从目前我国学术界对英国违宪审查制度的研究成果来看，中文出版物中尚无研究英国违宪审查制度的专著，迄今为止，只有数篇关于英国违宪审查制度的论文。其中有代表性的研究成果是何海波先生发表的“没有宪法的违宪审查——英国故事”一文。[1] 何先生认为，在议会主权下，司法对主权的顺从与违宪审查是不相容的，但是如果把违宪审查看成抵消议会“恶法”的实施效果，那么英国实际上已经形成了独特的违宪审查，具体内容包括：其一，普通法外衣下法院对议会立法的变相抵制；其二，议会立法自身授权法院的审查；其三，通过重新解释不成文宪法而获得宪法性的违宪审查。他在认识英国违宪审查制度时没有把违宪审查的概念局限于法院对违宪法律的宣告无效或撤销，而是从实质意义上把违宪审查界定为对议会恶法的抵制，从而否定了违宪审查是法院审查并宣告议会法律违宪无效的狭隘认识，为我们认识英国违宪审查制度提供了极富裨益的启示意义。另外，他从司法的角度，准确把握到了法院在普通法背景下对议会立法的审查是一种实质审查而非形式上的审查，也符合英国普通法发展的实际情况。但是，何先生的研究似乎也给人造成这样一种印象或误解，即英国的违宪审查仍然是法院对议会立法的审查。在某种意义上，这可能还是受到了司法审查模式的影响。那么，英国的违宪审查是否仅指法院对立法的审查，对英国违宪审查制度的研究能否跳出法院这一限定范围，从另外的角度来认识英国的违宪审查呢？这恰恰是本书试图解决的问题。

研究英国的违宪审查制度，首先要解决认识英国违宪审查制度的一些误区。

---

〔1〕 何海波：“没有宪法的违宪审查——英国故事”，载《中国社会科学》2005 年第 2 期。

第一，以英国没有成文宪法典来否定英国存在违宪审查制度。学者们大多是在成文宪法背景下认识违宪审查制度的，在上述背景下，违宪审查的前提条件是宪法在一国法律体系中具有最高的法律地位，法律、行政法规等规范性法文件不得与宪法相抵触，否则会因违宪而无效。英国没有成文的宪法典，构成英国宪法的内容散见于不同的宪法性法律中，而且宪法性法律与议会通过的普通法律在效力上并无高下之分，普通法律不会因与宪法性法律相抵触而被法院以违宪为由宣告无效。因而许多学者认为，在英国不成文宪法背景下，不存在违宪审查。事实上，随着英国宪政的发展，宪法性法律与普通法律在法律效力和位阶上已经发生了某种变化，以《欧洲共同体法》和1998年《人权法》为代表的宪法性法律相对于普通法律所具有的特殊地位和效力，使得英国具备了违宪审查得以构建的上述前提条件。

第二，将违宪审查等同于司法审查。在英国法律中，司法审查是一个严格的、狭义的法律制度，它是指高等法院审查行政行为、命令和下级法院的判决是否违法的制度，具体而言，它是公民对公共机构的决定或行为向高等法院提出审查申请，由高等法院及其以上的法院对上述决定或行为进行审查并予以纠正的制度。在英国，司法审查与违宪审查既有联系又有区别。司法审查包含了违宪审查的某些内容，但又无法涵盖违宪审查的全部。

第三，将违宪审查局限于法院对议会立法的审查这一活动。或许是受美国司法审查模式的强大影响，许多学者把违宪审查看作以法院为主体对议会立法进行审查并作出裁判的制度，将立法机关排除在违宪审查主体之外。纵观世界各国违宪审查的实践，法院对议会立法的审查并非违宪审查的唯一形式，在实行专门机关审查模式的某些国家，它甚至不是违宪审查的形式。

在英国，议会自身对立法（包括政府法案）的事先审查和法律委员会对法律的事后审查都是违宪审查的形式。因此，我们在认识英国的违宪审查时，不应局限于以法院为主体的违宪审查，而应全面地认识和考察英国的违宪审查制度。另外，在认识法院对议会立法的审查时，不能把法院能够直接宣布议会立法无效作为构成违宪审查的必要条件，并以此来否认英国存在法院对议会立法的违宪审查。只要法院对议会立法的审查达到了抵制违宪立法的效果，或者使得政府对法院所审查的法律在法院作出相关裁决后进行了修改，从而达到抵制议会立法适用的效果，就构成违宪审查。在英国，这一点表现得尤为明显。在1998年《人权法》颁布之前，英国法院在普通法背景下通过司法解释技术在某些情形下对议会立法进行了审查，尽管这种审查并不能宣告议会立法无效，但是它最终实现了对可能违宪的议会立法的变相抵制。在1998年《人权法》生效之后，法院获得了审查议会立法是否与《欧洲人权公约》相一致并作出不相容宣告的法定权力，但是这种不相容宣告并不影响该立法的效力、继续适用或执行，然而尽管如此，对于法院所作出的不相容宣告，政府以及议会往往都会及时对有问题的议会立法进行修改，从而最终达到消除议会立法与《欧洲人权公约》不相容之处的效果。因此，从实质意义上说，法院对议会立法的审查起到了抵消可能违宪的议会立法的实施效果，毫无疑问，这就是违宪审查。

从理论上说，任何民主国家，只要有宪法，不管是成文宪法还是不成文宪法，都设有宪法保障制度或违宪审查制度。一般说来，违宪审查制度相对于宪法保障制度而言是一种专门性的、制度性的、程序性的制度，因而它往往是宪法保障制度的主要内容。从前面的论述中可以看出，即便从法院审查议会立法这一比较狭隘的违宪审查活动来说，英国也是存在违宪审查制度的。然而，仅仅从法院审查议会立法这一角度来认识违宪审查制度是远远不够的，对于英国这样一个以议会主权为宪政基础的不成文宪法国家来说，比较恰当的思路是从违宪审查制度的基本功能出发来认识英国的违宪审查制度。

从各国违宪审查的产生和发展来看，违宪审查制度的最初功能是解决国家机关的之间的权限争议，无论是从最早发展违宪审查制度的美国“马伯里诉麦迪逊案”，还是从法国宪法委员会产生之初调整国家机关之间的权力分配关系的主要功能来看，都可以清楚地表明这一点。随着民主国家对公民基本权利与自由的保护力度的增强，违宪审查制度的主要功能从解决国家机关权限争议转变为保护公民的基本权利，在当代民主国家，后者实际上成为了违宪审查制度的主要功能。英国同样如此，从1688 年光荣革命前后议会与王权的斗争、法院与王室特权和议会特权的管辖权争议，到普通法上法院对公民基本权利的传统保护，再到 1998 年《人权法》的制定与实施，英国违宪审查制度都体现了违宪审查制度功能的上述发展。

着眼于违宪审查制度的主要功能，可以说，凡是涉及议会与法院对法律的合宪性审查、法院对国家机关权限争议的处理以及法院对公民基本权利的保护内容都可以包含在违宪审查制度当中。从上述立场出发，才可能比较全面地把握英国违宪审查制度的实质内容及其发展。

第一章　英国违宪审查制度相关原理

研究英国[1]的违宪审查制度，首要的问题是认识和把握作为违宪审查制度逻辑前提的英国宪法的基本内容及其表现，其次是在英国这样一个宪法性法律与普通法律具有同等效力的国家，违宪审查如何实现的问题，并在此前提下把握英国违宪审查的形式。

第一节　英国宪法的基本内容及其表现形式

一、“宪法”是什么

研究英国的违宪审查制度，首要的问题是认识和把握“宪法”是什么的问题，因为违宪审查首先涉及对“违宪”中“宪”这一对象的准确把握问题。在纷繁复杂的法律现象中，确定哪些是宪法现象，属于宪法调整的范围，并以“宪法”或“宪法性法律”等概念确定英国宪法的范围和内容，是研究英国违宪审查制度的前提。

在英国宪法中，“宪法”是什么并不是一个能够简单回答的问题。正如英国学者尼尔·帕普沃斯（Neil Parpworth）所说的，

〔1〕英国的全称是大不列颠及北爱尔兰联合王国，由英格兰、苏格兰、威尔士和北爱尔兰组成。在联合王国中存在着三个不同的法律制度，即英格兰和威尔士、苏格兰、北爱尔兰的法律制度。由于篇幅等原因，本书对英国违宪审查制度的研究主要针对英格兰的法律制度。

“这一简单的问题允许有不只一个的答案，这些答案取决于‘宪法’一词所使用的背景”。[1] 我们可以从英国公法学者对“宪法”的界定大致认识其内容。

英国著名宪法学者戴雪认为，宪法包含所有直接或间接地关连国家的主权权力的运用及支配力之一切规则。宪法主要规范行使主权权力的各个国家机构的职权，调整各个国家机构之间的关系以及主权者及其执行机构运用主权的方式。他之所以用“规则”而不是“法律”一词来界定宪法，是因为他认为，英国宪法包含两套相异的原理与格言或者说两套规则。第一套规则，可称为“英宪的法律”，可以在法院被执行，从形式上说可以说是法律、不成文法律、议会法案或法院判例，它们是严格意义上的法律；第二套规则，可称为“英宪的典则”或“宪德”，不能在法院被执行，是指典故，谅解、习惯与通例，它们不是法律。[2] 具体而言，可以被法院执行的构成宪法性法律的规则有以下七类：①用以测定元首的法律地位；②用以测定阁臣的法律权利；③用以测定贵族院的组织；④用以测定众民院的组织；⑤用以管理国立寺院；⑥用以确立非国立寺院的法律身份；⑦用以统驭军队——凡诸如此类以及其他百数十类之规则实构成宪法全体。[3]

戴雪对宪法与宪典的区分，为后世的大多数学者所接受，成为我们认识英国宪法，进而认识违宪审查制度的一个重要的分析工具。英国学者詹宁斯尽管对戴雪的议会主权理论进行了猛烈的抨击，但他对“宪法”的理解并没有超出戴雪的范围。

---

〔1〕 Neil Parpworth, *Constitutional and Administrative Law* (Third Edition), Oxford University Press, 2005, p. 3.

〔2〕［英］戴雪：《英宪精义》，雷宾南译，中国法制出版社 2001 年版，第 102～103 页。

〔3〕［英］戴雪：《英宪精义》，雷宾南译，中国法制出版社 2001 年版，第 109 页。

他指出，“宪法”一词可以在紧密相关但却不同的两种意义上使用。按第一种较为准确的意义来看，宪法是指规定政府的主要机构的组成、权力和运作方式的规则以及政府机构与公民之间关系的一般原则的文件；宪法的第二种意义是指通过惯例，晚近又主要是通过立法发展确立起来的调整宪法关系的原则。[1]在他看来，英国存在着可以写入一部成文宪法的四类规则：①立法；②判例法，或从司法判决中推断出的法律；③“有关议会的法律和习惯”；④宪法惯例。尽管詹宁斯认为，当谈及英国法律时，“我们通常并不包括宪法惯例和有关议会的法律和习惯”，[2]但是，“惯例在性质上与英国的实在法没有根本的区别”，[3]因此在他看来，英国宪法的基本内容就是他上面所说的四类规则。

牛津大学教授 K. C. 惠尔认为，在一般的政治事务讨论中，“宪法”通常至少在两种意义上使用。其一，它被用来描述国家的整个政府体制，即确立和规范或治理政府的规则的集合体。这些规则部分是法律，法院承认和适用它们；部分不是法律或处于法律之外，主要形式有习惯、风俗、默契或惯例，法院不承认它们是法律，但在规范政府方面，它们与严格意义上的法律规则至少同等有效。这种由法律规则与非法律规则组成的集合体就是“宪法”，英格兰宪法就是治理着英格兰政府的法律与非法律规则的集合体。其二，在更狭窄的意义上，“宪法”不是用来描述法律或非法律规则的整个集合体，而是这些规则的选集，它通常体现在某个文件或少数联系紧密的文件中，而且，

〔1〕［英］W. lvor. 詹宁斯：《法与宪法》，龚祥瑞、侯健译，北京三联书店1997年版，第24、28页。

〔2〕［英］W. lvor. 詹宁斯：《法与宪法》，龚祥瑞、侯健译，北京三联书店1997年版，第48页。

〔3〕［英］W. lvor. 詹宁斯：《法与宪法》，龚祥瑞、侯健译，北京三联书店1997年版，第51页。

此种选集通常仅指法律规则。[1] 显然，惠尔所说的第一种情况是指英国的不成文宪法，而后者指的是成文宪法。他所说的英国宪法从内容上说包括诸如王位继承法、人民代表法、司法法、议会法、依照特权或制定法权威发布的命令和规章、法院判决等法律规则，以及诸如国王不能拒绝贵族院和平民院正当通过的法律等风俗或惯例的非法律规则。[2]

英国宪法学者安德鲁·比尔则认为，宪法性法律作为一国法律的主体，调整国家机构的结合并且确定它们是如何相互联系的。它的来源可能是法律上的，也可能是非法律上的，在这个意义上，一些宪法在法庭上能够得到实施，与此同时，其他宪法，尽管其存在得到合法的确认，却不一定能够在法庭上得到实施。宪法的主要法律来源是立法，包括主要的和次要的。宪法的非法律上的来源包括与议会的运作和君主特权以及博学的宪法律师的著作相关的宪法惯例、习惯规则。[3]

英国宪法学者亚力克斯·卡雷尔认为，相对于以单一、有形的形式存在的美国宪法等成文宪法而言，英国宪法一直是自然演进的，其内容不断地为议会法案、司法判决以及宪法惯例和其他政治实践的发展所增加。[4] 在完全通常的意义上，宪法由确认和说明以下内容的法律、规则（例如惯例）和其他习惯构成：①政府机构；②政府机构中权力的性质、范围和分配；③上述权力应如何行使的形式和程序；④政府机构和通过“权

---

〔1〕［英］K. C. 惠尔：《现代宪法》，翟小波译，法律出版社 2006 年版，第 1 ~2 页。

〔2〕［英］K. C. 惠尔：《现代宪法》，翟小波译，法律出版社 2006 年版，第 2 页。

〔3〕［英］安德鲁·比尔：《宪法基础》（影印版），武汉大学出版社 2004 年版，第 1 ~2 页。

〔4〕［英］亚力克斯·卡雷尔：《宪法与行政法》（影印版），法律出版社 2003 年版，第 3 页。

利法案”所表达出来的公民个体之间的关系。[1]

剑桥大学教授戴维·费尔德曼（David Feldman）认为，从广泛的意义上说，“宪法”是指规定主要的政治机构即议会、政府和法院的权力以及不管是否体现在一个单一的法律文件中的公民个体的权利和自由的规则。[2]

英国学者尼尔·帕普沃斯（Neil Parpworth）认为，宪法可以在两种意义上被认识：在其最广泛的意义上，宪法可以被界定为是调整一个国家中的政治制度的众多规则。它确立了构成那一制度的部分的种种机构和制度，它规定了需要行使的种种权力，它决定它们如何彼此相互作用和共存以及所有权力中可能最重要的权力，它涉及政府与个体之间的关系；在一种狭窄得多的意义上，宪法相当于在一个文件或被编成法典的形式中的一个政府或国家的宪法规则的书面声明。[3]

上议院宪法特别委员会在2001年7月11日发表的第一报告《审查宪法：权限与工作方式》中提出了该委员会对“宪法”的定义：宪法是“创设国家的基本机构，国家的构成要素与它的相关部分，规定这些机构的各种权力和不同机构之间以及那些机构与公民之间关系的一套法律、规则和惯例”。[4] 并且该委员会指出，任何关于宪法事务的论著都揭示了宪法所包含的大致范围，这些内容包括：政府、王室特权、议会、法官与司

---

〔1〕［英］亚力克斯·卡雷尔：《宪法与行政法》（影印版），法律出版社2003年版，第3页。

〔2〕 David Feldman ed, *English Public Law*, Oxford University Press, 2004, p. 1.

〔3〕 Neil Parpworth, *Constitutional and Administrative Law* (Third Edition), Oxford University Press, 2005, pp. 3 ~4.

〔4〕 The First Report of Session of Session 2001 ~2002, Reviewing the Constitution: Terms of Reference and Method of Working (HL Paper 11), see: http://www.publications.parliament.uk/pa/ld200102/ldselect/ldconst/11/1103.htm. 访问日期为：2007年7月21日。

法审查、文职人员的宪法地位、公民、个人自由与言论自由、欧盟、中央政府权力下放、公民投票、选举改革。

对“宪法”是什么的论述还有很多，就本书的研究目的而言，上述论述足以提供研究的素材，因为本书并不试图从上述论述出发重新定义英国宪法，而只是在上述素材的基础上力图把握英国宪法的大致内容。

英国著名学者梅特兰（Maitland）在《英国宪法史》（*The Constitutional History of England*）一书中曾经说过，“宪法”几乎根本就不是法律文件中的专门术语，他甚至还说：“我并不关心这一术语是否曾出现在制定法中，或者哪个法官自告奋勇地为它下定义”。[1] 尽管如此，认真探究并厘清“宪法”是什么是有意义的，其目的，除了像杰弗里·马歇尔所指出的：一是为了说明人们应当怎样在法律制度中使用“宪法”一词，如借以划定宪法与行政法，或公法与私法之间的界线；二是为了弄清楚在严格意义上的法律中所包含的宪法性规则，以及通过政治常例或宪法惯例而确立的宪法性规则之间，到底有没有明确的区别之外。[2] 就本书的研究而言，还有一个目的，就是解决英国违宪审查的根据问题，也就是说，英国的违宪审查机构是以什么为依据行使其权力的，换言之，当违宪审查机构对某项立法或行为实际行使违宪审查时所凭借的依据是什么。这是研究英国违宪审查制度的一个核心内容。

从上述论述来看，学者们通常总是选择他认为重要的内容去认识“宪法”，因此在不同的学者那里，英国宪法的内容往往有所不同，甚至差别很大。有一种观点认为，凡是包含在宪法文件内的内容都是“宪法性的”，否则，就不是“宪法性的”。

---

〔1〕 Maitland, *The Constitutional History of England*, Cambridge, 1908, p. 527.

〔2〕［英］杰弗里·马歇尔：《宪法理论》，刘刚译，法律出版社 2006 年版，第4～5页。

这一观点可能适合于具有宪法典的国家，对英国则不合适，因为英国宪法的内容散见于宪法性法律文件、宪法判例、宪法惯例等形式中。从上述学者的论述来看，英国宪法的主要内容主要包括：①国家各机构及其职权以及各自权力的运作方式；②国家各机构之间的相互关系；③国家与人民之间的关系；④公民的基本权利与自由和义务；⑤中央与地方之间的关系。我们可以从这五个方面去认识英国宪法的内容。当然，仅仅从内容认识"宪法"是什么是不够的，正如詹宁斯所指出的："宪法包括内容的多少，应依宪法起草时的形势以及国家面临的特殊问题而定"。[1] 因此我们还要结合英国宪法性法律文件的制定、宪法惯例与判例的发展，从英国宪法内容的具体表现形式入手，认识作为英国违宪审查依据的英国宪法。为此，我们还有必要认识"宪法性法律"是什么。

二、"宪法性法律"是什么

"宪法性法律"比较特殊地存在于英国这个没有成文宪法典的国家。在阐述"宪法性法律"是什么之前，需要对成文宪法与不成文宪法这一常用的分类作一说明。成文宪法与不成文宪法的区分容易造成一种误解，即成文宪法是记载于宪法中的规范政府的主要法律规则，不成文宪法则是以惯例和习惯表现出来的并不见诸于文书的规则。事实上，上述区分在英国宪法中并不完全正确。在英国，某些宪法规则是不成文的，如法院在普通法的发展过程中创造出来的某些原则和规则，相反，某些惯例却被载入了宪法文件。例如，1931 年《威斯敏斯特条例》的序言中就记载了一项约束联合王国与其自治领议会的宪法惯例，即"今后凡关于王位继承或皇室称谓和称号的法律的修正，

---

〔1〕［英］W. lvor. 詹宁斯：《法与宪法》，龚祥瑞、侯键译，北京三联书店 1997 年版，第 25 页。

既要取得所有自治领议会的同意，也要取得联合王国议会的同意，这种做法将和所有英联邦之成员国相互的既定宪法地位相一致”。基于上述事实，有些英国学者并不赞同成文宪法与不成文宪法的分类。牛津大学 K. C. 惠尔教授认为：“要阐明不列颠的真相，与其说她有不成文宪法，不如说她没有成文宪法”，“把宪法分为成文和不成文的做法是应该抛弃的。较好的区别是：有成文宪法的国家和没有成文宪法的国家，或者更简单些……有宪法典的国家和没有宪法典的国家”。[1] 尼尔·帕普沃斯（Neil Parpworth）也持类似观点。他指出：“（关于‘不成文’的含义）如果我们是指联合王国宪法不存在法典形式，那么该陈述就是对的。然而，如果我们是指联合王国宪法的种种规则是不成文的，那么该陈述就是错误的。”[2] 因此，本书在谈到英国的不成文宪法时，是指英国宪法的无宪法典特征，而英国宪法的内容的一个主要表现形式就是宪法性法律。

那么，什么是“宪法性法律”呢？戴雪说过，英国宪法规则有两套，一套规则因为被法院执行，因而是严格意义的法律，它们综合起来，就成了“宪法”，戴雪用“constitutional law”来表示；另一套规则包含典故、谅解、习惯与通例，不被法院执行，因而不是法律，戴雪用“convention of the constitution”来表示。[3] 显然，在戴雪看来，宪法性法律是他所说的第一套规则，惯例是被排斥在宪法性法律之外的。而宪法性法律的形式，或是成文的，或是不成文的，或是议会法案，或来自习俗，或来自遗教，或来自法官创造出来的准则。

---

〔1〕［英］K. C. 惠尔：《现代宪法》，翟小波译，法律出版社 2006 年版，第 13、14 页。

〔2〕 Neil Parpworth, *Constitutional and Administrative Law* (Third Edition), Oxford University Press, 2005, p. 10.

〔3〕［英］戴雪：《英宪精义》，雷宾南译，中国法制出版社 2001 年版，第 102 ~ 103 页。

詹宁斯认为，在成文宪法国家，宪法性法律是有关宪法的法律，是决定立法、行政、司法机构及其行使的一般权力的根本法。宪法性法律与其他法律之间存在着根本的区别。但是，不列颠的法律之间没有这类明显的区别。唯一的根本法便是议会至上。严格而论，大不列颠根本不存在任何宪法性法律，所有的只是议会的专断权力。〔1〕显然，詹宁斯认为，英国不存在成文宪法国家里所说的那种宪法性法律，最重要的理由在于：在成文宪法国家中，源于宪法这一根本法的立法、行政、司法权力在英国并不源于任何根本法，如果说有根本法，那也是议会至上；对应于成文宪法国家的那些规则在英国的情况非常复杂，有些规则是法官创造的法律，有些规则例如议会议事规程则既不属于立法也不属于法官创造的法，有些规则如宪法惯例或许根本不能称之为"法律"。〔2〕但是，詹宁斯并没有否定宪法性法律在英国的存在。他认为，英国存在着可以写入一部成文宪法的四类规则：①立法；②判例法，或从司法判决中推断出的法律；③"有关议会的法律和习惯"；④宪法惯例。〔3〕"宪法性法律"必须从这四个不同的来源去发现。这四个方面中仅有第一、二类规则是"国内的通常法律"的组成部分。詹宁斯认为，在英国，宪法性法律有双重含意：有时它指可以纳入任何一部成文宪法中的那些规则；有时它仅指与宪法有关的立法和判例法。〔4〕

---

〔1〕［英］W. lvor. 詹宁斯：《法与宪法》，龚祥瑞、侯键译，北京三联书店1997年版，第45页。

〔2〕［英］W. lvor. 詹宁斯：《法与宪法》，龚祥瑞、侯键译，北京三联书店1997年版，第46页。

〔3〕［英］W. lvor. 詹宁斯：《法与宪法》，龚祥瑞、侯键译，北京三联书店1997年版，第46页。

〔4〕［英］W. lvor. 詹宁斯：《法与宪法》，龚祥瑞、侯键译，北京三联书店1997年版，第48页。

值得注意的是，法院的判例确认了宪法性法律的存在。高等法院上诉庭在下述四个上诉案件，即亨特诉哈克尼伦敦自治委员会案、索伯恩诉桑德兰市案、哈曼诉康沃尔郡委员会案和科林斯诉萨顿伦敦自治委员会案[1]中认为，在处理欧洲共同体法律与国内法之间的关系上要求遵循四个要点，其中：①1972年《欧洲共同体法》是宪法性法律，是不能被后来的法律默示废除的；②普通法承认宪法性法律的类型。劳斯（Laws）法官进一步对“普通法律”与“宪法性法律”作出了区分。在劳斯（Laws）法官看来，宪法性法律是这样一种法律：“（a）以某种普遍的，包罗万象的方式，决定公民与国家之间的法律关系，或（b）扩大或缩减我们现在将视为基本宪法权利的那些权利的范围。”[2]

英国的宪法性法律，从概念上说，反映的是与普通法律相区别的一种法律形式，这种区别不仅仅表现在内容上，还表现在效力上；[3] 从表现形式上说，它存在于一系列具有宪法内容的法律文件当中；从反映对象上说，它包含了可以规定在宪法性法律文件中的宪法事务。

三、宪法的表现形式

英国宪法以不同的形式表现其内容。从英国宪法内容的表现形式来看，英国宪法由三个部分构成：

（一）宪法性法律文件

要想准确而完整地列出所有英国的宪法性法律文件是不容

---

〔1〕 Hunt v. Hackney London Borough Council; Thoburn v. City of Sunderland; Harman v. Cornwall County Council; and Collins v. Sutton London Borough Council, [2003] Q. B. 151.

〔2〕 Hunt v. Hackney London Borough Council; Thoburn v. City of Sunderland; Harman v. Cornwall County Council; and Collins v. Sutton London Borough Council, [2003] Q. B. 151, at 186.

〔3〕 关于两者之间效力上的区分在下面谈到法律的位阶时会详细论述。

易的，正如英国学者罗伯特·黑兹尔（Robert Hazell）所指出的，“要界定哪些法案‘具有首要的宪法重要性’，和哪些不‘具有首要的宪法重要性’证明是困难的”。[1] 罗伯特·黑兹尔（Robert Hazell）在考察了从1997年到2005年议会所通过的初步被视为宪法性法案的所有55个法案后认为，即使在扣除了短法案和紧急法案之后，8年间大约也有20个被视为具有首要的宪法重要性的法案，包括关于权力下放的法案，即1998年《苏格兰法》、1998年《威尔士政府法》、1998年《北爱尔兰（选举）法》、1998年《北爱尔兰法》、1998年《大伦敦市政府法》、2000年《北爱尔兰法》；关于公民投票的法案，即1998年《北爱尔兰（选举）法》、1997年《公民投票（苏格兰和威尔士）法》、1998年《大伦敦市政府（公民投票）法》、2003年《地区议会（预备）法》；关于选举的法案，即1998年《北爱尔兰（选举）法》、1999年《欧洲议会选举法》、2000年《政党，选举和公民投票法》、2000年《人民代表法》；关于欧洲的法案，即1998年《欧洲共同体（修正）法》、2002年《欧洲共同体（修正）法》、2003年《欧盟（加入）法》；关于人权的法案，即1998年《人权法》；关于上议院改革的法案，即1999年《上议院法》；关于新最高法院和御前大臣的法案，即2005年《宪法改革法》；关于紧急立法的法案，即2001年《反恐、犯罪与安全法》、2005年《恐怖主义防范法》。这是“一个令人吃惊的巨大数字”，[2] 而且他认为并不是上述所有法案都可以被认为在重要性上与1911年《议会法》和1931年《威斯敏斯特法》等同。在他看来，如果这两个法律提供了衡量标准，

---

〔1〕 Robert Hazell, “Time for A New Convention: Parliamentary Scrutiny of Constitutional Bills 1997 ~ 2005”, *Public Law*, 2006, Summer, p. 248.

〔2〕 Robert Hazell, “Time for A New Convention: Parliamentary Scrutiny of Constitutional Bills 1997 ~ 2005”, *Public Law*, 2006, p. 270.

那么上述20个法案中只有六个可以恰当地被认为“具有首要的宪法重要性”，这六个法案是针对苏格兰、威尔士和北爱尔兰的三个权力下放法案，即1998年《苏格兰法》、1998年《威尔士政府法》、2000年《北爱尔兰法》，因为它们创设了联合王国的那些部分中的准联邦结构，因为，1998年《人权法》推行了对《权利法案》的一种直接可实施性；1999年《上议院法》免去了上议院中一半的议员；2005年《宪法改革法》创设了一个新的最高法院，并且在行政机关与司法机关之间引入了更大程度的权力分立。[1] 显然，罗伯特·黑兹尔（Robert Hazell）认为，不是所有议会通过的法律都是宪法性法律，从他所认可的“具有首要的宪法重要性”的法律来看，涉及国家机构相互关系、公民基本权利与自由以及国家机构权限划分的法律才是宪法性法律，而它们比不“具有首要的宪法重要性”的法律更重要。

尽管区分宪法性法律与普通法律的标准不可能完全科学地界定下来，但还是可以大致确立一个区分标准，这一标准即法律所规范的内容。一般说来，宪法性法律文件涉及的内容是确立政府的组织和功能，调整国家与公民之间的关系以及规定公民的基本权利与义务。戴雪曾经指出：“有一部分法律所以被称为‘宪法’者，并非因为该法较为神秘，或较难更改，只是因其所有法律问题牵涉国家的根本制度而已。”[2] 按照上述标准，英国议会所制定的法律并不全然是宪法性法律，只有涉及国家根本制度和公民基本权利与自由的法律才是宪法性法律。需要指出的是，英国议会虽然奉行议会主权，议会可以随时通过制定法来改变宪法性法律文件的内容，但事实上，诸如人身保护

〔1〕 Robert Hazell，“Time for A New Convention：Parliamentary Scrutiny of Constitutional Bills 1997～2005”，*Public Law*，2006，p. 270.

〔2〕［英］戴雪：《英宪精义》，雷宾南译，中国法制出版社2001年版，第185页。

令、地方自治制等基本制度，无论是议会还是英国人民都认为是不能随便变动的。

大体说来，英国的宪法性法律文件既包括在封建社会和资本主义社会初期制定的一系列法律文件，也包括后来的议会立法，还包括英国签署和承认的国际条约。它们并非一个整体，而是在历史的发展过程中因偶然事件而形成的不相关联的一批规则。这些宪法性法律主要包括：1215 年《自由大宪章》、1628 年《权利请愿书》、1679 年《人身保护法》、1689 年《权利法案》、1701 年《王位继承法》、1707 年英格兰与苏格兰合一法案、1800 年大不列颠与爱尔兰合一法案、1901 年《国王逊位法》、1922 年的爱尔兰政府法案、1911 年和 1949 年《议会法》、1983 年~2000 年《人民代表法》、1931 年《威斯敏斯特条例》、1947 年《王权诉讼法》、1972 年《欧洲共同体法》、1998 年《人权法》、1999 年《上议院法》、2005 年《宪法改革法》等。

（二）判例法

判例是高级法官在判案过程中所表达的法律观点，并为日后其他法官在处理同类案件时所遵循的法律依据。由这些判例所构成的判例法是英国法律的重要组成部分。判例在英国宪法的发展中起着相当重要的作用。许多判例涉及宪法内容，如殖民地时期英国联邦与自治领的关系、王室特权、议会特权、法院与议会和行政机关之间的关系、公民基本权利与自由等。例如，自然公正原则就是通过大量的判例确立起来的一项控制行政和司法机关权力行使的程序原则。判例所确立的规范和解决上述宪法关系的规则和原则就属于宪法的内容。

相对于宪法性法律而言，宪法判例过于复杂，有时甚至自相矛盾，它既为我们认识和把握英国的违宪审查制度提供了大量的素材，也增加了认识的难度。由于议会主权原则的强大优势，法院的判决可以被议会立法所推翻。同时，低级法院的宪法判决可以被高级法院的判决所推翻，因此，在通过宪法判例研究英国的违宪审查制度时，应注重考察法院与议会、政府的关系，重视对违宪审查制度的全面客观的分析。博曼石油公司诉总检察长案[1]就是一个典型的例子。英国政府在二战期间下令破坏由博曼石油公司所拥有的某些石油设施，以防止它们落入日本军队的手中。该公司在战后请求从政府那里获得赔偿。上议院因此要考虑政府作出破坏行为所依据的特权权力的范围以及赔偿是否可以支付。最终上议院裁决，尽管政府在战时依据特权权力行使那样一种广泛的统治权力是必要的，但是该公司有权利因其设施的破坏而获得赔偿。然而，上议院这一判决的效力因议会随后通过1965年《战争损害法》而被废止。该法的前言表明它的目的就是“废除因战时被政府造成的财产损失获得赔偿的普通法上的权利”，因而取消了因战时造成的财产损害获得赔偿的普通法上的权利。由于该法具有溯及力，博曼石油公司未能获得赔偿。这一事件证明，令政府为难的司法判决可以轻易地被至高无上的议会所推翻。上述不公正情形在1998年《人权法》生效之前是不可能被纠正的，因为议会立法具有至上地位，法院不能对它进行质疑，即使议会立法包含了侵犯公民权利的规定，也只能由后来的议会立法予以撤销或废除。然而，在1998年《人权法》生效之后，如果议会立法包含了与《欧洲人权公约》所规定的权利不相容的内容，法院可以在具体的诉讼中对其进行审查并作出议会立法与公约权利不相容的宣告。因此，在1998年《人权法》生效之后，议会在制定可能侵犯公民所享有的公约权利的立法时必须慎重，以避免出现议会立法被法院作出不相容宣告的危险。

（三）宪法惯例

宪法惯例是指，在长期的政治和法律实践中发展起来并为

〔1〕 Burmah Oil Co. Ltd v. Lord Advocate [1965] A. C. 75.

政治和法律生活普遍承认具有一定效力的政治、法律制度和原则。宪法惯例对于认识和把握英国宪法的内容具有重要意义。

宪法惯例是宪法的内容，那么，违反宪法惯例会不会导致违宪审查呢？英国学者伊恩·洛夫兰（Ian Loveland）对宪法惯例的地位作出了比较精辟的分析。他在《宪法——批判性导论》一书中从几个假定出发论述了这一问题。[1] 他说，假设女王本人反对一项削减养老金的政府政策。她决定当该议案被送达女王御准时她不会签署。她认为她的行为是有理的，因为“人民”不喜欢这一政策并且声称她首先要忠诚的是她的人民，而不是议会两院或者政府。假设女王不再想要托尼·布莱尔做首相，并且宣布如果工党在下一次选举中获胜，她将邀请戈登·布朗来坐那个位置，即使托尼·布莱尔仍然是工党领导人，而御准和任命首相仍然是由君主个人所行使的剩余特权，法院从来就不认为那样的特权应受法院审判。因而，如果女王选择采取上述假定中的任何一种做法，她的行为不存在任何法律障碍。人们会发现任何一项法律或者普通法都没有指出上述任何一种情形违反了宪法。但是那样的事情不可能发生。女王能够否定平民院的意愿吗，或者把一个不受欢迎的首相强加给平民院的多数党？一个首相真的会在大选失败之后不得不被拖出唐宁街吗？伊恩·洛夫兰（Ian Loveland）指出：“属于幻想领域中的那些假设是它们的政治上的不切实际的结果——或者，换句话说，是它们的‘违宪性’的结果。它们表明我们宪法结构的极其重要的基石可以被建立在并没有明显的法律根基的基础之上——我们可以把它称之为惯例的基础。”[2]

---

〔1〕 Ian Loveland, *Constitutional Law: A Critical Introduction* (Second Edition), *Butterworths*, 2000, pp. 246 ~ 247.

〔2〕 Ian Loveland, *Constitutional Law: A Critical Introduction* (Second Edition), *Butterworths*, 2000, p. 247.

那么，宪法惯例具有何种效力呢？戴雪认为，宪法惯例虽然不能执行于法院，但它们是有效力的，这种效力的根源就在于法律的力量，“凡有违宪行为，不管被破坏者是宪法的大义，或是宪典的规则，犯者在迟早间终要与国法及法院发生冲突”。[1] 詹宁斯认为违反惯例并不必然违反法律。他举例说，十位外行贵族要同法律贵族共同审理来自上诉法院的上诉案，那么这不会违反任何法律。[2] 而且，某些立法虽然对惯例作出了规定，但并没有使惯例生效或使之具有法律的效力。它们只是承认了惯例的存在。[3]

那么，违反宪法惯例会导致违宪审查吗？总检察长诉乔纳森·凯普有限公司案[4]就提出了下述问题，即违反集体责任制这一宪法惯例中的保密规则是否要承担政治的和法律的责任，法院能否对此作出裁决？

该案的事实是：科罗斯曼是1964年至1970年间威尔逊内阁的一名成员，在其任职期间，为了日后向公众提供一个内阁政府如何运作的详细说明，他保留了一份内阁决议的全面记录，打算在他退休期间出版。但是科罗斯曼退休后未等把它出版就去世了，于是其遗孀决定出版根据他所保留的记录所撰写的日记。

当该日记的摘要在《星期日泰晤士报》上刊登之后，政府向高等法院王座分庭申请一项禁制令，以阻止进一步出版该日记。政府主张法院应当保护三种部长信息的机密性：其一，部

---

〔1〕［英］戴雪：《英宪精义》，雷宾南译，中国法制出版社2001年版，第442页。

〔2〕［英］W. lvor. 詹宁斯：《法与宪法》，龚祥瑞、侯键译，北京三联书店1997年版，第87页。

〔3〕［英］W. lvor. 詹宁斯：《法与宪法》，龚祥瑞、侯键译，北京三联书店1997年版，第81页。

〔4〕 Attorney – General v. Jonathan Cape Ltd［1976］Q. B. 752.

长们个人的观点；其二，文官向部长们提出的秘密建议；其三，关于下级官员的任命或者调任的讨论。科罗斯曼日记的发行人争辩说：内阁保密性的义务并没有法律根据，它仅仅是一种道德义务，尊重与否取决于部长们个人的良心。该案的关键涉及对集体责任制这一宪法惯例的保密规则的认识。内阁的机构本身是宪法惯例的产物，内阁对议会负责是英国重要的宪法惯例。在现代社会，内阁实际上已成为立法机关和政府行政部门的中心。因此，对一个获得下议院多数信任的政府来说，议会主权实际上是内阁主权。尽管内阁如此重要，但在英国宪法和法律中并没有对内阁的运作作出相关的规范。然而缺乏对内阁行为的法定控制并不意味着没有法律原则控制其行为。部长责任制的宪法惯例就是英国宪法中关于内阁行为控制的最重要规则。它所涉及的就是控制政府（以及特别是内阁）行为的实施，既包括部长们之间的相互关系，也包括部长们与议会两院之间的关系。而集体责任制又是部长责任制中的主要内容，这一宪法惯例又包括三个规则：信任规则、全体一致规则、保密规则。其中，保密规则是指所有的内阁成员都应当对他们的内阁同僚承担保密义务。

一般而言，在任期间的部长能够对其内阁同僚承担保密义务，否则会严重破坏全体一致规则，并且抑制部长们自由地发表言论。但是与此相关的一个有争议的问题是：部长离开内阁之后是否应当继续保密，如果要保密，保密多长时间，以及如何严格地保密；不尊重该规则是否会导致部长承担政治的和法律的后果。“科罗斯曼日记案”的主审法官威杰瑞勋爵最终发表了一个令人疑惑的判决。首先，他认可了部长们相互之间要承担一种在法律上可实施的保密义务。然而，他认为这一义务并不来自于转变成法律的宪法惯例。其次，威杰瑞勋爵又认为除非这一公开威胁到国家安全，否则这一公开是允许的。最终，威杰瑞勋爵拒绝了政府的要求。从形式上看，该判决并没有撼动戴雪的主张，即宪法惯例不能由法院执行。从技术上来说，该案并不是法院实施宪法惯例的例子，而是认可了一个宪法惯例碰巧被现行的普通法规则所支持。从功能的意义上说，法院实际上可以通过用普通法做掩饰来实施宪法惯例。对法院来说，这样做并不存在法律上的障碍，因为普通法被认为是由法院创造和实施的一种能动的法律规则。尽管议会可以通过立法推翻法院的判决以恢复先前的法律，但是除了通过立法禁止法院改变普通法原则之外，议会没有权力先于司法的创新而作出行动。

该案表明，总的来说，英国法院并无审查违反宪法惯例行为的法定权力，对违反宪法惯例的行为更多的是留给政治实践来处理，“总检察长诉乔纳森·凯普有限公司案”在英国判例法中只是个案，尚未形成一个强有力的审查违反宪法惯例行为的一般规则，但是该案涉及了宪法惯例与普通法之间的相互关系，为今后法院在审查类似的违反宪法惯例行为提供了一种有益的借鉴。

需要指出的是，英国宪法的基本内容还表现在英国宪法的基本原则当中，这些原则是议会主权原则、权力分立原则、法治原则，它们并不一定是独立的载体，一般体现在宪法性法律、宪法判例中。

认识英国宪法的基本内容及其表现形式是理解和把握英国违宪审查制度的前提，因为从逻辑上说，违宪审查首先要解决的前提问题是“违宪审查”中的“宪”是指什么，也就是相关机构实施违宪审查的依据。宪法的基本内容及其表现形式说明的正是违宪审查的依据。

第二节 英国违宪审查如何可能

迄今为止，所有阐述违宪审查的论著基本上发生在成文宪法或宪法典的背景之下。在这一背景中，基本的逻辑是：一国拥有成文宪法或宪法典，而宪法作为该国的根本法，在一国法律体系中拥有最高的法律地位，具有最高的法律效力，任何与宪法相抵触的法律或行为均无效。有学者以这种逻辑为依据否定英国存在违宪审查。这种观点是不正确的。的确，在英国这样一个没有宪法典的国家，作为宪法主要表现形式的宪法性法律与普通法律在效力上别无二致，它们之间不存在成文宪法国家所具有的根本法与普通法的区分。正如詹宁斯所指出的，在议会和行政机构方面，不可能在严格意义上在宪法性法律与其他法律之间划出任何精确的界线；在司法方面，宪法性法律是通常法律的一部分。[1] 但是，我们不能简单地套用成文宪法背景下的违宪审查逻辑来认识英国的违宪审查制度。研究英国的违宪审查制度，必须着眼于英国的宪政，立足于英国违宪审查的实际运作，或者英国违宪审查相对于具有宪法典的国家的违宪审查的独特之处，不能仅仅以是否存在成文宪法典作为判断一国是否存在违宪审查的依据。前面所论述的英国宪法的基本内容及其表现形式，其实已经为研究英国的违宪审查做了必要的前提工作，但还远远不够，因为阐述了英国宪法的基本内容及其构成只是表明了“宪法”与普通法律在内容上存在区别，而在宪法性法律与普通法律在效力上别无二致的情形下，英国违宪审查如何运作，宪法性法律等宪法表现形式是否能够成为

---

〔1〕［英］W. lvor. 詹宁斯：《法与宪法》，龚祥瑞、侯健译，北京三联书店1997年版，第52～53页。

英国违宪审查的依据，都没有得到足够的证明。因为宪法性法律可能只是表明它所规范的这些内容在重要程度上高于普通法律所规范的内容，并不表明前者在效力上高于后者，并使得前者成为审查后者是否违宪的依据。甚至在詹宁斯看来，宪法性法律与其他法律的分类在英国是武断的，完全取决于著者个人对政府体制不同部分的强调。以“重要性”等纯主观的概念为基础的分类并不能称其为“分类”。[1] 因此，本节将阐述法律位阶是否存在于英国宪法，以及宪法性法律与普通法律的区分对于英国违宪审查制度的运作和发展有何重要意义，并进一步阐述英国违宪审查的依据。

一、法律位阶的存在

法律位阶表征的是在一国法律体系中各种法律渊源的地位和效力，它表明在各种法律渊源中有一些相对于其他而言具有特殊的地位和更高的效力，从而使得地位和效力较低的法律渊源不得违反地位和效力更高的法律渊源。相对于具有宪法典的国家，英国的情况比较特殊。这种特殊性不在于同一法律渊源中不同层级的法律的效力与地位，如基本立法与次级立法的位阶，而在于宪法性法律与普通法律的位阶，因为在英国法律体系中，宪法性法律相对于普通法律而言，并不具有最高法律地位和效力。然而，正如下面将阐述的，宪法性法律相对于普通法律具有特殊地位，而这种特殊地位解决了英国违宪审查依据存在的可能性问题。

在论述上述问题之前，有必要对英国的法律渊源作一简要说明。在英国法律体系中，法律的渊源包括：

第一种，制定法渊源。制定法渊源包括基本立法与次级立

---

〔1〕［英］W. lvor. 詹宁斯：《法与宪法》，龚祥瑞、侯健译，北京三联书店1997年版，第53页。

法。最重要的基本立法是威斯敏斯特议会所制定的法律。次级立法是源于议会立法权力之外的权力立法，其存在及效力依存于议会的最高立法权。次级立法一般是由议会委任行政机关制定的法律。

第二种，判例法。判例法是由法官在普通法的发展过程中创造出来并被法律或后来的法院所承认的规则的总和。正如英国学者伊夫林·埃利斯（Evelyn Ellis）所指出的："在这个国家，法律本身被认为就方式而言它是在具体的情形中被应用的。法官的话和推理因此具有一种根本的重要性并且毫不夸张地说它们本身就是法律的渊源。"[1] 许多判例涉及宪法的内容，如殖民地时期英国联邦与自治领的关系、王室特权、议会特权、法院与议会和行政机关之间的关系、公民权利与自由等，它们都是英国宪法的渊源。

第三种，议会特权。议会特权被厄斯金·梅 Erskine May 界定为"由每一个共同作为议会组成部分的议院和作为个体的每一个议院的成员所享有的种种特殊权利的集合，没有这些权利他们就无法履行其职责，并且这些权利胜过由其他机构或个体所享有的那些权利"。[2] 议会特权在下述意义上通常被认为是普通法的一部分，该意义即法院承认它们的存在并声明保证议会只能在法院的管辖权的限制范围内行使属于司法权力的范围。

另外，法律的渊源还包括王室特权和欧洲共同体法律。

除了上述法律渊源外，还有学者认为，习惯、国际法规则和法律学术论著也是一种法律渊源。[3]

---

〔1〕 David Feldman, *English Public Law*, Oxford University Press, 2004, p. 68.

〔2〕 Sir T. Erskine May, *Treatise on the Law, Privileges, Proceedings and Usage of Parliament* (22nd edn), *Butterworths*, 1997, p. 65.

〔3〕 David Feldman, *English Public Law*, Oxford University Press, 2004, pp. 70 ~ 71.

传统的观点认为，除了同一法律渊源中的不同部分具有不同法律效力，如基本立法高于次级立法外，处于同一层级的法律渊源具有同等的重要性，在法律效力上并无二致。例如，议会所通过的法律，都是基本立法，议会制定的涉及宪法内容的重要法律，如《议会法》，以及议会制定的普通法律，如规范犯罪的法律在效力上没有差别。依据这种观点，自然无所谓普通法律违反宪法性法律从而发生无效或被撤销的情形。这是认识和把握英国违宪审查制度的一个障碍。

在英国宪法的发展过程中，法律位阶的存在尤其是宪法性法律相对于普通法律的特殊地位使得相关机构以低位阶法律违反宪法性法律为由实施违宪审查具有了可能性。这主要表现在以下几个方面：

（一）基本立法与其它立法形式的区分

基本立法与其他立法在形式的区分是议会立法至上原则的确立所带来的结果。在英国法律制度中，法律具有不同的渊源是一个不争的事实，这一事实的存在本身就表明不同法律渊源之间是存在差别的。正如伊夫林·埃利斯（Evelyn Ellis）所说的：“除非采用某个规则以表明这些法律渊源中的哪一个具有优先性，否则一定会存在混乱。”[1] 通常的规则就是议会法律优先于所有其他法律渊源，而这一规则是威斯敏斯特议会的立法至上所带来的必然结果。

议会主权或议会立法至上是英国宪法的基本原则，根据这一原则，由女王、上议院、下议院构成的三位一体的议会有权制定或撤销任何法律，而且，英国法律不承认任何人有无视或撤销议会立法的权力。议会制定的基本立法具有优先于其他法律渊源的地位，这种优先性不仅表现在议会基本立法与次级立

---

〔1〕 David Feldman, *English Public Law*, Oxford University Press, 2004, p. 45.

法之间的关系上，即议会立法可以撤销或改变次级立法，被授权的委任立法机关在行使其委任立法权力时或者因为实质上超出了授权的范围，或者因为未能遵循规定的种种程序，或者因为它是为了不被母法所考虑的目的，可能被法院以越权为由而撤销；也表现在议会立法与君主特权的关系上，君主特权不得高于制定法；还表现在议会立法与判例的关系上，即法官在普通法的发展过程中所创造出来的规则可以被议会立法所修改或推翻。

我们可以通过简要说明议会立法与君主特权，以及在现代议会立法与行政立法权力之间的关系来认识法律的位阶。议会至上是在与王权的长期斗争中被确立的，尤其在 17 世纪中期，君主、议会和法院之间在宪法平衡中经历了最深刻的宪法变化，现代英国立宪君主制在上述基础上得以建立。在这一过程中，法院有权力决定和实施王室特权的种种限制这一极其重要的原则被确立，而且，无论君主借助于特权权力可能被允许做什么事情，君主特权都不能扩大到立法领域。在现代，对上述原则的进一步确认是由“扎莫拉案”〔1〕作出的。在该案中，法院裁决君主未经议会同意不能通过枢密院令进行立法，以改变在捕获法院中被实施的国际法规则，即使君主的行为可能被认为是在“国家行为”的范围内。法官沃丁顿勋爵（Lord Parker of Waddington）明确指出：“枢密院中的国王，或确实行政机关的任何部门，有权力规定或改变由法院实施的法律，这一观念与我们宪法的诸原则是不符的。正确的是，依据一些现代制定法，行政机关的不同部门有权力制定具有制定法效力的规则，但是所有那样的规则都是从创设该权力的制定法那里获得其效力的，

---

〔1〕 The Zamora，［1916］2 A. C. 77.

而不是从制定它们的行政机构那里获得其效力。”[1]

因此，议会立法在英国国内法律中占据了最高的地位。正因为如此，在法律的渊源中把议会立法与更为低级的法律创立形式区分开来是重要的。1998 年《人权法》第 21 条第（1）款中明确规定基本立法是指：

（a）一般法；

（b）地方法和个人法；

（c）非公知法；

（d）英格兰国教全国大会的法案；

（e）英格兰国教公会议的法案；

（f）枢密院令

（ⅰ）在王室特权的行使中作出的；

（ⅱ）依据 1973 年《北爱尔兰宪法》第 38 款第（1）项（a）或 1998 年《北爱尔兰法》的对应条款作出的；

（ⅲ）修改（a）、（b）、（c）项所提到的法律；

以及包括依据基本立法制定的法令或其他文件（除了由威尔士国民议会、苏格兰行政院的成员、北爱尔兰部长或北爱尔兰部门制定的），其作用是使得那一立法的一个或更多的规定生效或修改任何基本立法。

1998 年《人权法》第 21 条第（1）款中规定次级立法是指：

（a）除下列外的枢密院令：

（ⅰ）女王行使其王室特权制定的；

（ⅱ）根据 1973 年《北爱尔兰宪法》第 38 条第（1）款（a）项或 1998 年《北爱尔兰法》的对应条款制定的；

[1] The Zamora, [1916] 2 A. C. 77, at 90.

（ⅲ）修改基本法的定义中提到的那类法案；

（b）《苏格兰议会法》；

（c）《北爱尔兰议会法》；

（d）根据1973年《北爱尔兰议会法》第1条制定的《议会法案》；

（e）《北爱尔兰立法会法》；

（f）根据基本立法制定的命令、规则、条例、规划、授权令、地方性法规或其他文件（使那一立法的一项或多项条款生效或修改任何基本立法的上述文件除外）；

（g）根据（b）、（c）、（d）或（e）项规定的法律或根据只适用北爱尔兰的枢密院令制定的命令、规则、条例、规划、授权令、地方性法规或其他文件；

（h）由苏格兰行政院的官员、北爱尔兰部长或北爱尔兰部门以女王名义行使王室特权或其他行政职能而制定的命令、规则、条例、规划、授权令、地方性法规或其他文件。

在基本立法与次级立法作出明确划分的情况下，法院依据议会主权原则，在审查委任立法时就可以以次级立法违反基本立法为由撤销次级立法。

（二）宪法性法律与普通法律的区分

基本立法与次级立法的区分为违宪审查的运作提供了法律依据，而宪法性法律与普通法律的区分是否能够起到上述作用是有疑问的。在英国宪法传统中，宪法性法律与普通法律在法律效力上处于同等位置。那么，宪法性法律与普通法律之间是否仅仅是所规范内容的差别，而不具有实质意义上的差别值得思考。如果两者之间存在着实质意义上的差别，这种差别能否成为违宪审查的依据？

前已述及，宪法性法律，从概念上看，是指与普通法律相区别的一种法律形式；从表现形式上看，它存在于一系列具有宪法内容的法律文件当中；从规范的内容来看，它包含了可以规定在宪法性法律文件中的宪法事务，与普通法律所规范的内容有着重大差别。当然，仅仅从反映内容的重要性程度上对宪法性法律与普通法律进行区分还不足以说明这一区分对于认识英国违宪审查依据的意义和作用。关键是看宪法性法律与普通法律在效力上是否存在差别，或者更确切地说，宪法性法律是否享有普通法律所不具有的特殊地位，并进一步阐明这种特殊地位对英国违宪审查制度的运作和发展有何意义。

法院的判例确立了宪法性法律的存在，并对宪法性法律的特殊地位作出了说明。高等法院上诉庭在四个合并审理的上诉案件中指出，普通法承认宪法性法律的类型，而1972年《欧洲共同体法》是宪法性法律，是不能被后来的法律默示废除的。[1]

上诉法院法官劳斯（Laws）在审理上述案件时坚决主张法院应当承认“议会法律的一种位阶”。[2] 这种位阶涉及他所称作“普通法律”与“宪法性法律”之间的一种区分。在劳斯（Laws）看来，宪法性法律是这样一种法律：“①以某种普遍的，包罗万象的方式，决定公民与国家之间的法律关系；②扩大或缩减我们现在将视为基本宪法权利的那些权利的范围”。[3] 应用上述标准，劳斯（Laws）引用了下述宪法性法律的例子：《大宪章》、1688年《权利法案》、《合并法》、《改革法》、[4] 1972

〔1〕 Hunt v. Hackney London Borough Council; Thoburn v. City of Sunderland; Harman v. Cornwall County Council; and Collins v. Sutton London Borough Council, [2003] Q. B. 151.

〔2〕 Hunt v. Hackney London Borough Council; Thoburn v. City of Sunderland; Harman v. Cornwall County Council; and Collins v. Sutton London Borough Council, [2003] Q. B. 151, at 186.

〔3〕 Hunt v. Hackney London Borough Council; Thoburn v. City of Sunderland; Harman v. Cornwall County Council; and Collins v. Sutton London Borough Council, [2003] Q. B. 151, at 186.

〔4〕《改革法》即1832、1867、1884、1918年《人民代表法》的通称。

年《欧洲共同体法》、1998 年《苏格兰法》、1998 年《威尔士政府法》、1998 年《人权法》。

劳斯（Laws）认为，宪法性法律这一类型的重要性在于，普通法律可以被默示废除，而宪法性法律则不可以。劳斯（Laws）指出，要想达到对一个宪法性法律的废除（或一个基本权利的取消），“……法院会适用这一标准：立法机关的实际的——不是被归因于的，推定的或假定的——意图被证明是达到废除或取消吗？我想这一标准只能通过后来法律中的明确语言才能被满足，或者那些语言如此明确以致于达到所主张结果的一种实际决心的推论是不可抗拒的。默示废除的普通规则没有满足这一标准。因此，它不适用于宪法性法律”。[1]

劳斯（Laws）所说的默示废除涉及议会主权原则的一个方面，即议会不能约束它的后继者外，法院在相关案例中确立了下述原则，即议会不能仅仅通过在其立法中规定它所制定的立法永远有效或规定后来立法中与它不相容的立法条款无效来约束它后来的议会。[2] 议会总是可以自由地废除或修改早先的立法并且它可以默示地或明示地这样做。但是这一原则在涉及欧共体法律的情形中被修改了，1972 年《欧洲共同体法》第 2 条第（4）款规定：“任何已被通过或将要被通过的制定法……应当被解释和赋予受制于本款前述规定的效力”，这一规定还包括了对共同体法律所规定的权利的保证的规定。这一条款要求英国法院必须使共同体法律所规定的权利生效，尽管可能存在与共同体法律不相容的国内立法，即使该国内法律是在 1972 年

〔1〕 Hunt v. Hackney London Borough Council; Thoburn v. City of Sunderland; Harman v. Cornwall County Council; and Collins v. Sutton London Borough Council, [2003] Q. B. 151, at 187.

〔2〕 Vauxhall Estates Ltd v. Liverpool Corporation [1932] 1 KB 733; Ellen Street Estates Ltd v. Minister of Health [1934] 1 K. B. 590, CA.

《欧洲共同体法》和共同体措施发布之后被制定的。而且，共同体法律至上的原则已经得到了上议院的承认。在“弗克托特纳姆公司诉运输大臣案”[1]中，上议院在1988年《商船法》违反共同体法律规则的范围内拒绝适用它，因为共同体法律规则禁止以国籍为由进行歧视，而1988年《商船法》把英国渔船的登记资格限定在常住联合王国的联合王国公民。因此，1972年《欧洲共同体法》可以被看作是一个“宪法性法律”，它不受制于默示废除。这一立场已经得到了法院判例的承认。[2]法院的判决是对议会至上这一传统原则的一种重大修正，它使得共同体法律具有了优于英国国内法律的地位，尽管它没有直接影响到议会至上这一原则在共同体法律背景之外的重要性。[3]

宪法性法律相对于普通法所具有的特殊地位和效力，对构建和发展英国违宪审查制度具有极其重要的意义。因为，构建违宪审查制度的一个基本前提是宪法性法律在整个法律体系的位阶中具有重要地位和效力，如果宪法性法律与普通法律在地位和效力上并无二致，宪法性法律可以像普通法律一样随意被议会立法撤销和修改，可以像普通法律一样被默示废除，那么相关机构就无法以宪法性法律为依据去审查普通法律或公共机构的违宪行为，英国违宪审查制度的建构和运作就很难建立在一种坚实的法律依据基础上。

1998年《人权法》可以充分地说明这个问题。1998年《人权法》第3条第（1）项规定：“如有可能，基本立法和次级立法必须以一种与公约权利相一致的方式被解释并赋予效力。”第

---

〔1〕 Factortame Ltd. v. Secretary of State for Transport (No 2) [1991] 1 A. C. 603.

〔2〕 Hunt v. Hackney London Borough Council; Thoburn v. City of Sunderland; Harman v. Cornwall County Council; and Collins v. Sutton London Borough Council, [2003] Q. B. 151, at 186.

〔3〕 David Feldman, *English Public Law*, Oxford University Press, 2004, p. 33.

4 条第（1）项规定："分款（2）适用于法院在任何诉讼中决定基本立法的一个规定是否与公约权利相一致。"第 4 条第（2）项规定："如果法院确定该规定与公约权利不相容，它可以作出不相容的宣告。" 1998 年《人权法》是宪法性法律，它赋予了法院审查议会立法的权力，尽管出于维护议会主权原则这一保守目的，1998 年《人权法》第 4 条第（6）款规定法院作出的不相容宣告不影响法律规定的效力也不拘束诉讼当事人，但是这已经是英国宪法对议会与法院传统关系的历史性突破，并由此确立了法院对基本立法的法定审查，而 1998 年《人权法》成为了法院审查议会立法的宪法依据。英国学者弗朗西丝卡·克卢格（Francesca Klug）认为，由于《人权法》现在能够以人权术语审查部长和官员的决定和行为，并且他们甚至能够考虑基本立法与《人权法》中的公约权利的一致性，并且《人权法》第 2 条要求法院在涉及公约权利的问题时必须考虑欧洲人权法院法律体系及其他欧洲机构的意见，这使得 1998 年《人权法》"实际上成为一个权利法案或'更高级法律'的东西"。[1]

二、英国违宪审查的依据

英国宪法是不断演进和充满活力的宪法，同时由于英国缺乏成文宪法国家作为违宪审查依据的单一宪法典，这给我们认识和把握英国违宪审查的依据造成重大困难。我们不能依循成文宪法国家把握违宪审查依据的一般逻辑，而应当从英国宪法自身的特点出发进行考察。

英国没有一部宪法典，构成英国宪法的内容散见于不同的宪法渊源。大体来说，英国宪法的渊源包括议会基本立法中的宪法性法律、法院的宪法判例、王室特权、宪法惯例与欧洲共

〔1〕 Francesca Klug, "The Human Rights Act – 'A Third Way' or 'Third Way' Bill of Rights", *European Human Rights Law Review* (2001, 4), p. 370.

同体（欧盟）的某些法律。英国违宪审查的依据，存在于上述宪法渊源之中，可能以宪法原则的形式表现出来，也可能以宪法性法律的形式表现出来。具体而言，表现在以下几个方面。

（一）宪法原则

1. 议会主权原则

议会主权原则自1688年光荣革命后逐渐被法院承认并成为英国宪法的基本原则。议会主权原则的内容包含三个要点：①议会是最高的立法机关；②议会的立法权力不受限制；③任何人或机构都没有权力对议会制定法的效力作出裁决。

以议会主权原则为依据所实施的违宪审查主要表现为两种情形：一种情形是议会自身对基本立法和委任立法的审查。其中，议会对基本立法的审查既包括议会通过相关委员会对法案的事前审查，也包括议会对法律通过后所实施的事后审查，不管是事前审查还是事后审查，审查的依据都是议会主权原则；议会对委任立法的审查同样是依据议会主权原则实施的。尽管在现代，立法过程是由政府而不是由个体的议员支配的，立法往往是在议会之外被提出和形成的，因而议会的功能往往被限制在对法案的审查和使其合法化上，从这一意义上说，传统的议会主权原则实际上受到了削弱，但是议会主权原则在议会审查法案中起着极其重要的作用，是议会立法审查的基础。另一种情形是法院对委任立法的审查，由于委任立法是依据议会的授权制定的，因此依据议会主权原则，如果委任立法超越议会的授权，法院就可以撤销或宣告其无效。

2. 法治原则

法治原则是英国宪法的另一个重要原则。关于“法治”的含义是一个见仁见智的问题，在不同的人那里，法治意味着不同的事物。英国著名的公法学者艾伦指出：“在英国宪法学者看来，‘法治’这一术语的意思似乎主要是基本原则和价值的集合，它们一起赋予了法律秩序以某种稳定性和一致性，它表达了对于被视为法律之基础的思想体系的信奉。”[1] 本书不准备系统地阐述法治的含义，那可能是不明智的做法。然而，我们可以尝试考虑包含在法治中的“基本原则和价值的集合”。按照英国学者约瑟夫·拉兹（Joseph Raz）的观点，重要的法治原则包括如下内容：

·所有法律都应当是预期的、公开的和清楚的；

·法律应当相对稳定；

·特殊法律的制定应当受到公开的、稳定的、清楚的和普遍的规则的指导；

·司法独立性必须被保证；

·自然正义原则必须被遵守；

·法院应当有审查其他原则的履行的权力；

·法院应当容易进入；

·犯罪预防机构的自由裁量不应当被允许滥用法律。[2]

上述原则通过普通法的发展被法院赋予了实质内容。法治原则在英国宪法的发展中对行政权力行使的限制，甚至议会立法权力的制约起着相当重要的作用。从违宪审查的依据这一角度来说，法治原则构成了法院审查公权力行使和保护公民权利的基本依据，正如艾伦所指出的：“在缺乏一部以成文宪法宣布并作为法律权威的唯一源泉的更高级的‘宪法’的情形下，法治在英国发挥着宪法的作用。正是在这一基本意义上英国拥有普通法宪法：法治包含的思想和价值反映在和蕴涵于普通法之

---

〔1〕［英］T. R. S. 艾伦：《法律、自由与正义——英国宪政的法律基础》，成协中、江菁译，法律出版社2006年版，第29页。

〔2〕Joseph Raz, “The Rule of Law and Its Virtue”, *Law Quarterly Review* 195 (1977) 93.

中”。[1] 由于法治原则反映在具体的实体和程序价值中，因此法院以法治原则为依据对公权力的审查和公民权利与自由的保护往往体现在法院对具体法治要求的坚持和维护上。

例如，法律是预期的这一法治要求，它意味着法律不应当有溯及力，特别是在刑事法背景中，法律的溯及力是受到谴责的。在“菲利普斯诉艾尔案”[2]中，法官威尔斯（Willes）说：“具有溯及力的法律无疑从初步印象上看是成问题的政策，并且违反了下述普遍原则，即调整人们行为的立法应当，当第一次被制定时，处理将来的行为，并且不应当改变在对当时存在的法律的信任基础上被实施的过去处理的特性”。[3] 他还强调了下述规则，即一个法院“不会把溯及力归属于影响权利的新的法律，除非通过明确的语言或必要的暗示表明那正是立法的目的”。[4] 因而，法律具有溯及力被认为是违反法治的。

与法律应当是预期的这一法治要求密切相联的是法律应当是清楚公开这一要求。法律作为人们的行为准则，必须清楚和公开地告诉人们可以做什么、必须做什么和不能做什么，决不能含糊。在“麦克岛运输公司诉劳顿案”[5]中，当上诉法院在裁决参与罢工是否引起了侵权责任时不得不考虑涉及工会关系的三个法律的效力时，上诉法院民事庭庭长约翰·唐纳森（John Donaldson）评论说：“法治的效力和维持，是任何议会民主制的基础，至少有两个必要条件。其一，人们必须明白，在他们的种种利益中，与在作为一个整体的社会的种种利益中一样，他们应当依照规则和所有的规则过他们的生活；其二，

〔1〕［英］T. R. S. 艾伦：《法律、自由与正义——英国宪政的法律基础》，成协中、江菁译，法律出版社2006年版，第5页。

〔2〕 Phillips v. Eyre (1870－71) L. R. 6 Q. B. 1.

〔3〕 Phillips v. Eyre (1870－71) L. R. 6 Q. B. 1, at 23.

〔4〕 Phillips v. Eyre (1870－71) L. R. 6 Q. B. 1, at 23.

〔5〕 Merkur Island Shipping Corpn v. Laughton [1983] 2 W. L. R. 45.

他们必须知道那些规则是什么。这两个必要条件是同样重要的……"[1]

再如自然公正原则，它是普通法上对作出决定权的有效行使所提出的程序要求。因此，即便缺乏制定法所规定的程序规则，自然公正原则也能使法院监督公共机构依照程序公正的某些最低标准作出决定。当公共机构违反自然公正原则行使权力侵犯公民权利时，法院可以依据该原则对行政行为进行审查并使其无效。具体而言，自然正义原则是指个体有得到公正听审的权利和在判决作出过程中不应当存在偏见。

自然公正原则现在已经发展为法院对公权力行使行为尤其是涉及侵犯公民权利与自由的行为进行审查的程序根据之一。王国政府诉赫尔监狱视察委员会，由"圣杰梅起诉案"[2]是法院依据自然公正原则中的公正听审权利维护公民程序权利的典型案例。申请人圣梅杰是一个囚犯，他被指控在赫尔监狱所发生的一场暴乱中违反了监狱惩戒规则。《监狱法》规定，那些被指控轻微违反监狱规则的囚犯应当由狱长处理；那些被指控有着更严重行为的囚犯应当交由监狱视察委员会处理。针对圣杰梅的指控被归入了后一类型。

每一个监狱都有一个视察委员会。这些委员会行使着包括作为惩戒裁判所行使的一系列职能。借助于惩罚职能，视察委员会可以给予直至6个月的免除惩罚的剥夺或对被证明确实存在的任何指控以特权剥夺。当视察委员会在处理圣梅杰的情况时，狱长出示了指控他的证据。这些证据中的大部分来自当时当值的监狱官员的陈述。在委员会处理时，那些监狱官员没有一个在场。最后针对圣梅杰的指控被裁决成立，并且委员会剥

---

〔1〕 Merkur Island Shipping Corpn v. Laughton [1983] 2 W. L. R. 45, at 65.

〔2〕 R. v. Hull Prison Board of Visitors, ex parte St Germain (No. 2) [1979] 3 All E. R. 545.

夺了他的免除惩罚权。圣梅杰于是申请司法审查，理由是他没有被给予公正听证，即没有给予其交叉询问那些把对他不利的陈述提交到视察委员会的官员的机会。

法院认为交叉询问的提供并非公正听证权利的必然因素。然而，视察委员会行使其权力所实施的这些程序在性质上显然具有司法功能，并且已经导致了对申请人的自由权的进一步剥夺，而根据英国法，剥夺自由是所有惩罚中最严重的。而且，引起争议的某些证据包括了目击证人对指控申请人所犯罪行作出的说明。根据上述情况，该委员会有义务遵循程序公正这一公正而严格的标准，该标准在上述情形中已经扩展到适用交叉询问的权利。委员会拒绝允许该申请意味着申请人受到了不公正的对待。显然，在这一案件中，法院是以法治原则的具体要求之一，即自然公正原则为依据审查公权力的行使行为以保护公民的权利与自由。

从上述所举的法治的几个具体要求中可以很清楚地看到，法治所包含的种种原则和要求行使着限制公权力和保护公民权利与自由的功能。在英国不存在据以判断公权力行使行为合宪性的宪法典的情况下，法治的这一功能显得特别重要。就法治的实际应用而言，法治的上述功能是法院通过普通法的发展实现的，因此，法治作为法院行使违宪审查的依据发挥着限制公权力、保护公民权利与自由的巨大作用。

关于法治作为违宪审查依据的重要性，上议院法官伍尔夫勋爵（Lord Woolf）甚至在法院之外的场合提出了一个激进的论点：违反法治的议会法律可以不被法院服从。伍尔夫勋爵（Lord Woolf）认为，存在着法院可能不再被要求服从议会法律的情形。在他看来，如果议会做了“不可思议的事情”，并且通过了废除法院的司法审查权力的一个法律，“……那么我会说法院也将被要求以一种没有先例的方式行事。一些法官可能通过说它是一个不可反驳的推定，即议会可能永远不想要那样的一个结果决定这样做。我自己将考虑在阐述最终存在着甚至对议会主权的种种限制中存在着种种好处，而上述限制是法院所要确定和维护的不可让与的责任。它们是最适度方面的种种限制，我相信任何民主国家都会接受它们。它们是法治能够被维护所必要的”。[1]

3. 权力分立原则

从最纯粹的意义上说，权力分立如果是指立法、行政、司法权力分别掌握在不同的机构手中，它们之间不存在职能与人员的重叠。英国是不存在三权分立的，尼尔·帕普沃斯（Neil Parpworth）所指出：“最纯粹意义上的权力分立不是，并且从来就不是联合王国宪法的一个特征”。[2] 事实上，只要对英国宪政制度中这三种权力的归属与行使作一简单的检查就可以看到这三种权力往往是由不只行使上述一种权力的人行使的，权力行使的重叠随处可见。英国学者白芝浩在一百多年以前就断言：“英国宪法的有效秘密可以说是在于行政权和立法权之间的紧密联合，一种几乎完全的融合。”[3] 这一断言在今天的英国仍然是真实的。

立法、行政、司法职能在英国宪政制度中的重叠表现在许多方面，下述情形是权力重叠的主要表现：①上议院贵族法官不但在作为立法机关的上议院中占有席位，而且在作为司法机

---

〔1〕 Lord Woolf, “Droit Public – English Style”, *Public Law* (1995, Spring), p. 69.

〔2〕 Neil Parpworth, *Constitutional and Administrative Law* (Third Edition), Oxford University Press, 2005, p. 21.

〔3〕［英］沃尔特·白芝浩：《英国宪法》，夏彦才译，商务印书馆 2005 年版，第 62 页。

关的上议院上诉委员会和枢密院司法委员会中占有席位;[1]②议会行使一种立法职能，同时它负责其内部事务的管理，例如，惩戒违反议会特权和藐视议会的行为在一定程度上行使了司法职能；③政府部长是行政机关的成员，当他们在议会中并且制定委任立法时又行使了一种立法职能；④法院除了行使司法职能，它们在发展普通法诸原则和规则的意义上还行使了立法职能；⑤治安法官不但行使司法职能，而且在行使发放执照等职能时又在履行行政职能。御前大臣或许是英国宪法中最独一无二的职位，他既是上议院议长，又是枢密院、上诉法院的当然成员、最高法院院长，还是内阁成员，他的职位是立法权、行政权和司法权统一的象征。因此，御前大臣职位在传统上往往被引证支持在英国中宪法中不存在权力分立这一主张。

关于英国宪法中是否存在着权力分立的争论，产生了两个相对立的阵营。一方是宪法学者，他们大多认为英国宪法中不存在权力分立。例如，史密斯（S A de Smith）教授认为：“没有一个有声望的学者会断言它是现代英国宪法的一个核心特征”。[2] 另一方主要是法官。在许多场合，资深法官认为英国宪法是建立在权力分立基础上的。例如，在“杜波特钢铁有限公司诉瑟斯案”[3]中，法官迪普洛克勋爵（Lord Diplock）表明：“……当越来越多的案件涉及下述立法的适用，而该立法使得作为激烈的政治和议会争议对象的种种政策得以生效时，不能太强有力地被强调的是，英国宪法，尽管主要是不成文的，被牢固地建立在权力分立的基础上；议会制定法律，法官解释

〔1〕 2005年的《宪法改革法》准备将上议院上诉委员会的司法职能移交给最高法院，但最高法院尚未成立。

〔2〕 Neil Parpworth, p. 25。

〔3〕 Duport Steels Ltd v. Sirs [1980] 1 W. L. R. 142.

它们。"[1]在王国政府诉内政大臣，由消防队工会起诉案[2]中，法官马斯蒂尔勋爵（Lord Mustill）指出："它是特别的英国的权力分立概念的一个特征，议会、行政机关和法院每一个都有着它们不同的和主要是独有的领域。议会享有一种在法律上制定它认为正确的无论什么法律这一无可质疑的权力。行政机关依照法律赋予它的种种权力实施国家的行政管理。法院解释法律，并且监督它们得到遵守"。[3] 而在王国政府诉内政大臣，由安德森起诉案[4]中，法官宾厄姆勋爵（Lord Bingham of Cornhill）虽然承认英国宪法从来就没有包含严格的权力分立原理，立法机构与行政机构之间的关系是密切的，但另一方面他也承认，"司法机关与政府的立法与行政部门之间的权力分立是我们政府体制的一个强大原则"。[5]

在一个民主社会中，权力分立决定了法院不能侵犯立法或行政部门的职责，从而使得法院以自己的观点和意见取代其他两个部门的看法，正如英国学者安东尼·莱斯特（Anthony Lester）所说的："为了充分的宪法理由，法院，建立在民主责任和权力分立的基础上，法院必须而且注意不要代替立法或行政部门行事，或作出它们缺乏足够权威或专长的决定"。[6] 但与此同时，法院承担着不可推卸的保护公民权利与自由的义务，尤

〔1〕 Duport Steels Ltd v. Sirs [1980] 1 W. L. R. 142, at 157.

〔2〕 R. v. Secretary of State for the Home Department, ex parte Fire Brigades Union [1995] 2 A. C. 513.

〔3〕 R. v. Secretary of State for the Home Department, ex parte Fire Brigades Union [1995] 2 A. C. 513, at 567.

〔4〕 R. v. Secretary of State for the Home Department, ex parte Anderson [2003] 1 A. C. 837.

〔5〕 R. v. Secretary of State for the Home Department, ex parte Anderson [2003] 1 A. C. 837, at 886.

〔6〕 Anthony Lester, "The Human Rights Act 1998 – Five Years on", *European Human Rights Law Review* (2004, 3), p. 260.

其是 1998 年《人权法》生效以来，法院被赋予了审查议会立法以保证它与《人权法》所认可的《欧洲人权公约》相一致的法定义务，正如法官斯泰恩勋爵（Lord Steyn）在“鲁达尔诉特立尼达和多巴哥案”[1]中所说明的，独立的、中立的和公正的司法机构在必要的时候有保护根本权利的一种义务，“它不是一个法院可以逃避或试图推卸给议会的责任”。[2] 因此，当相关机构违反权力分立原则行为时，法院可以以权力分立原则为依据审查其行为是否合宪。

由安德森起诉“王国政府诉内政大臣案”[3]就是法院以权力分立原则为主要判决依据的典型宪法判例。该案中，安德森因谋杀被判终身监禁，两名法官和首席大法官建议安德森的过关期限应当被确定在 15 年监禁。然而，依据 1997 年《刑事（判决）法》第 29 条的规定，内政大臣已经确定了安德森的过关期限是 20 年，在那之前安德森不能被给予假释听证。内政大臣在决定囚犯安德森应当服的最低监禁期限时作出了确定其“过关期限”的决定，这个最低监禁期限显然比法官建议的期限更长。安德森申请对内政大臣的决定进行司法审查但被拒绝，于是他提起上诉。安德森主张更长的过关期限的确定相当于对他依据 1998 年《人权法》附件 1 第 1 部分第 6 条所享有的公正审理权利的侵犯。法院裁决部分允许安德森的上诉，内政大臣确定判决过关期限的权力与 1998 年《人权法》所保障的公正审理权利是不相容的。在决定安德森依据 1998 年《人权法》所享有的权利时，法院有义务实施欧洲人权法院的法律体系，后者已经阐明过关期限的确定被认为是一种判决性的司法活动，而

---

〔1〕 Roodal v. State of Trinidad and Tobago [2005] 1 A. C. 328.

〔2〕 Roodal v. State of Trinidad and Tobago [2005] 1 A. C. 328, at 348.

〔3〕 R. v. Secretary of State for the Home Department, ex parte Anderson [2003] 1 A. C. 837.

不是对已经被宣判的终身监禁刑的一种行政履行。依照欧洲人权法院的相关判例，过关期限的确定构成了安德森审判的一部分，就其本身而论，它是依照1998年《人权法》所保障的《欧洲人权公约》第6条第（1）款由一个独立的法院或裁判进行处理的。国务大臣作为行政机关的一名成员，不应当履行司法机关的职能，这对于法治与权力分立来说是根本的。法官宾厄姆勋爵（Lord Bingham of Cornhill）在判决中遵循了欧洲人权法院对权力分立观念所持的态度，并指出："欧洲法院把司法机关与行政机关的彻底的职能分立描述为'根本的'是正确的，因为法治依赖于它"。[1] 法官赫顿勋爵（Lord Hutton）在该案中也支持这一意见，他说："内政大臣在确定过关期限中的继续作用变得日益难与行政机关与司法机关之间的权力分立观念相调和，而上述权力分立观念是一个民主社会的必要要素"。[2] 显然，在安德森案中，上议院把权力分立原则作为了裁决部长行为据以作出的1997年《刑事（判决）法》第29条与公约权利不相容的主要审查根据之一，并以此维护公民所享有的公正审理的宪法权利。

权力分立是与权力制衡紧密联系在一起的，尽管在人员和职能上存在着诸多重叠，但是在政府的不同机构之间同样存在相互的制约和平衡，而"在政府的不同机构之间运作的种种限制（'制约与平衡'）足以防止权力分立所针对的滥用类型"。[3] 那么，立法、行政与司法部门之间的相互制约与平衡机制对英国违宪审查会产生什么样的影响呢？

---

〔1〕 R. v. Secretary of State for the Home Department, ex parte Anderson [2003] 1 A. C. 837, at 882.

〔2〕 R. v. Secretary of State for the Home Department, ex parte Anderson [2003] 1 A. C. 837, at 899.

〔3〕［英］亚力克斯·卡雷尔：《宪法与行政法》（影印版），法律出版社2003年版，第36页。

（1）司法机关和议会对行政机关的制约。司法机关对行政机关的制约最主要的表现是：政府部长的法定权力与特权权力的行使要受制于法院的监督管辖权。没有法定权力或来源（即越权）或公然违反程序公正的种种要求（自然正义）而作出的行为或决定可以通过司法审查申请被质疑。

议会对政府提出的法案拥有审查的权力，并对政府权力的行使实施监督。例如，依据1911年《议会法》上议院保留了否决意图扩大议会任期的法案的权力，这是为了防止政府利用下议院多数制定推迟下次选举以便使得政府继续掌权的法律。

（2）法院对议会的制约。议会尽管享有立法主权，但是法院对议会立法仍然构成一定程度的制约。主要表现在：其一，在议会立法与欧洲共同体法律相冲突的情况下优先适用共同体法律。王国政府诉运输大臣，由弗克托特纳姆有限公司起诉案（第2号）[1] 判决确立的原则是法院拒绝适用与欧洲共同体法律不相容的议会法律。其二，1998年《人权法》生效后，法院享有审查议会立法并对与《欧洲人权公约》所保障的权利不相容的议会立法作出不相容宣告的权力，因此在1998年《人权法》生效后，法院获得了审查议会立法的法定权力。其三，议会法律受制于司法解释。法院对议会立法享有司法解释权，尽管存在着下述假定，即法院在解释议会法律时是在确定和适用议会的立法意图，但在司法实践中，法院发挥其能动性，通过司法解释技巧实现对不合理的议会立法的变相审查的情形并不鲜见，尤其当议会立法的规定不严谨、含糊不清或字面解可能会造成明显不公正时。

（3）议会对法院的制约。议会对法院的制约最重要的表现

---

〔1〕 R. v. Secretary of State for Transport, ex parte Factortame Ltd (No 2) [1991] 1 A. C. 603.

为司法判决可以被议会立法更改或令其无效。例如，在“博曼石油有限公司诉苏格兰总检察长案”[1]中，上议院裁决政府有义务赔偿英国军队在二战期间为了不让其落入日军手中而对博曼公司的财产予以破坏而造成的损失，但是该判决很快就被议会于 1965 年通过的《战争赔偿法》所推翻，该法明确取消了那一权利。

从总体上看，英国法院以宪法原则为依据实施的违宪审查不同于立法机构受到法律限制的成文宪法国家，正如霍夫曼勋爵在“西姆斯案”[2]中谈到英国法院对公民基本权利的保护时所指出的：“在这个方面联合王国的法院，尽管承认议会主权，却应用了在宪法上完全不同于存在于立法机构的权力被一个宪法文件明确限制的那些国家之中的原则”。[3]

（二）宪法性法律

相对于宪法原则而言，宪法性法律作为违宪审查依据更具直观性，最典型的作为英国违宪审查依据的宪法性法律是 1998 年《人权法》。

1998 年《人权法》第 3 条第（1）款规定：“如有可能，基本立法和次级立法必须以一种与公约权利相一致的方式被解释并赋予效力。”第 4 条第（1）款规定：“分款（2）适用于法院在任何诉讼中决定基本立法的一个规定是否与公约权利相一致。”第（2）款规定：“如果法院确定该规定与公约权利不相容，它可以作出不相容的宣告。”由此可见，《人权法》赋予了法院审查基本立法与次级立法是否与《欧洲人权公约》所保护

〔1〕 Burmah Oil Co Ltd. v. The Lord Advocate [1965] A. C. 75.

〔2〕 R. v. Secretary of State for the Home Department, ex parte Simms [2000] 2 A. C. 115.

〔3〕 R. v. Secretary of State for the Home Department, ex parte Simms [2000] 2 A. C. 115, at 131.

的权利不相容的的权力。

1998 年《人权法》是宪法性法律，然而，它毕竟只是议会通过正常的立法程序所制定的法律，从理论上说，它与议会通过的其他普通法律并无法律效力上的差别，而且，既然它是议会的制定法，会不会受到议会立法至上原则所内含的前任议会不得立法约束后任议会这一原则，从而使得它被制定《人权法》的议会或后继的议会通过立法明示或默示地废除呢？这是一个非常重要的问题，因为，如果《人权法》能够轻易地被废除或修改，那么它就无法保证《人权法》作为违宪审查依据的重要地位并发挥其重大作用。为此，有必要对《人权法》在英国宪法体系中的地位作进一步的分析。前已述及，在英国宪法性法律中，有一些具有特殊的地位，是不能被默示废除的，这一地位实际上保证了它们作为英国违宪审查依据的强势地位。《人权法》就是这样一种宪法性法律。

《人权法》是在 1998 ~ 1999 年议会会期中按照与其他普通法律相同的程序被通过的，当时有一种意见认为，人权立法是如此重要，因此它们应当被给予额外的保护以避免将来被修改或废除。提出 1998 年《人权法》的工党政府在 1997 年 10 月所发表的白皮书[1]中对这一意见进行了说明。政府认为，美国宪法保证权利只有获得参众两院以及各州的必要多数时才能被修改或废除，“但是这种体制安排无法与我们自己的种种宪法传统相协调，因为我们的宪法传统允许任何议会法律被后来的议会法律修改或废除。我们不认为试图为该法案设计出那样一种特别的安排是必要的或值得向往的”。[2] 由于 1998 年《人权法》没有被给予特别保证，这表明它的种种条款可以用通常的方式

〔1〕 Rights Brought Home: *The Human Rights Bill*, Cm 3782, 1997.

〔2〕 Rights Brought Home: *The Human Rights Bill*, Cm 3782, 1997, at 2. 16.

被修改或废除。但实际上这是不可能经常发生的，因为正如戴维·费尔德曼（David Feldman）所主张的："尽管该法律没有被保证，它将具有一种特殊的地位。作为一个实际政治事务，它将日益达到一种象征性的（甚至肖像性的）地位，这种地位使得对它的种种修改比起对普通法律的修改会引起政治上更多的争议。这将成为对那些想要限制权利的人的一种日益重要的约束，因为这个时代的公民在它的种种规定中得到了教育并且在它的影响下逐渐成熟"。[1] 1998 年《人权法》的特殊地位使得对它的明确修改或废除是现代民主制下不太可能发生的事情，否则议会要承担相当大的政治责任和风险，从这一点上说，法院依据 1998 年《人权法》所实施的违宪审查得以建立在牢固的基础上。

综上所述，在英国法律体系中，法律位阶的存在，尤其是宪法性法律相对于普通法律所具有的特殊地位，以及议会主权原则、法治原则、权力分立原则和宪法性法律作为英国违宪审查依据的存在，为英国违宪审查制度的构建和发展提供了必要的前提和基础。

第三节　英国违宪审查的形式

一、"违宪"与"违宪审查"是什么

在成文宪法国家，"违宪"是指立法或行为违反宪法典的基本原则和规范，由此带来的后果是上述立法或行为无效。在英国，"违宪"的界定比较复杂一些，其根源在于英国缺乏一部能够作为判断合宪行为的依据的宪法典，从而导致了"违宪"这

---

〔1〕 Neil Parpworth, *Constitutional and Administrative Law* (Third Edition), Oxford University Press, 2005, p. 82.

一概念的特殊性和复杂性。

英国著名学者威廉·布莱克斯通在谈到国王特权时曾经指出："根据宪法体制，国王在行使法院赋予他的特权时是不受限制的，并且不允许任何人对其抗拒。但是如果国王行使特权明显将招致民众的怨恨或使王国蒙羞的话，议会将要求国王的顾问们就此事作出严格而公正的解释。因为国王特权（正如洛克先生下过的精妙定义）的特点就在于，在那些法律没有明确规定的地方，国王有权为了公众的利益根据自己的判断采取行动，如果该权力被滥用于损害公众利益之处，那么这种特权便是以一种违宪的方式行使的。"[1] 尽管他没有对什么是"违宪"作出明确的解释，但从他的论述中可以看出，他所说的"违宪"是指违反宪法体制。

戴雪指出，"违宪"的含义随着所适用特殊宪法的性质而变异，在英国、法国和美国宪法中，"违宪"的含义是不同的。在英国，"违宪"是指某一特殊法案显然违反英宪的精神，但该法案决不能因之被解作破坏了法律，或解作无效。[2]

詹宁斯也没有给什么是"违宪"下一个准确的定义，他只是在谈到反对党对政府的攻击这一意义上对"违宪"做了一个简单的说明。他说："这一意义上的'违宪'不仅仅指违反惯例，还包括对公民自由权的干涉，因为这种干涉是与自由人民的传统以及民主政治所必须赖为基础的原则相悖的。"[3]

上议院法官阿特金勋爵（Lord Atkin）在"总检察长诉威尔

---

〔1〕［英］威廉·布莱克斯通：《英国法释义》，游云庭、缪苗译，上海人民出版社 2006 年版，第 279 页。

〔2〕［英］戴雪：《英宪精义》，雷宾南译，中国法制出版社 2001 年版，第 525 ~526 页。

〔3〕［英］W. lvor. 詹宁斯：《法与宪法》，龚祥瑞、侯键译，北京三联书店 1997 年版，第 90 页。

茨联合牛奶公司案"〔1〕中，使用了“违宪的”提法。在该案中，食品部长发放给威尔茨联合牛奶公司许可证，允许它在英国西南部购买和分配牛奶，条件是公司每买一加仑牛奶就要向政府支付两便士的费用。当政府因对方拖欠上述款项而提起诉讼时，法院认为政府对费用的征收违反了包含在1689年《权利法案》中的古老规则，即未经议会同意和授权不得征税。阿特金勋爵（Lord Atkin）认为，食品部长要求把上述协议作为发放许可证的条件是不合法的，他明确指出：“他在征收费用中的意图或许是好的，但是他采用了，在我看来，是违宪的和违反法律的方式，他的协议不能被执行”。〔2〕阿特金勋爵（Lord Atkin）所说的“违宪”显然是指部长的行为违反了1688年光荣革命后所确立的根本宪法原则，即公共机构没有明确的法定授权不应当征收任何税收或财政费用。

上议院法官里德勋爵（Lord Reid）在“马德辛巴姆托诉拉德纳——伯克案"〔3〕中指出：“通常人们说联合王国议会做某些事情将是违宪的，意味着如果议会做这些事情，道德的、政治的和其他反对做它们的种种理由如此强大，以致于大多数人们会认为非常不合适。但是那并不意味着它超出了议会做那些事情的权力。如果议会决定做任何那样的事情，法院不能裁决议会法律无效。"〔4〕在这里，里德勋爵（Lord Reid）没有准确界定“违宪”的含义，他只是提到议会的违宪行为会受到道德、政治或其他理由的种种反对，即使议会制定了违宪的法律，法院也不能裁决其无效。

---

〔1〕 Attorney - General v. Wilts United Dairies (1921), 37 T. L. R. 884.

〔2〕 转引自 D. L. Keir and F. H. Lawson, *Cases in constitutional Law* (Sixth Edition), Clarendon Press Oxford, 1979, p. 58.

〔3〕 Madzimbamuto v. Lardner - Burke [1969] 1 A. C. 645.

〔4〕 Madzimbamuto v. Lardner - Burke [1969] 1 A. C. 645, at 723.

从上述论述可以看出，英国学者和法官所称的“违宪”，大致是指以下几个方面：①违反宪法体制；②违反宪法原则；③违反宪法惯例；④违反对公民自由的保护。

至于违宪行为的后果，在英国宪法实践中大致有两种情况：①如果是议会立法违宪，根据议会主权原则，法院不能宣告其无效或予以撤销，即使1998年《人权法》赋予法院作出议会立法与《欧洲人权公约》权利不相容的宣告，上述宣告也不影响议会立法的效力、继续适用或执行。议会对违宪的立法所要承担的后果仅仅是政治责任，即可能招致种种道德的、政治的和其他方面的指责。②如果是行政机构或司法机构作出的违宪行为，即除了议会之外的机构在行使公权力时实施了违宪行为，法院可以通过司法审查予以撤销或宣告其无效，在1998年《人权法》生效以后，针对公共机构实施的侵犯公民人权的违宪行为，公民还可以通过《人权法》所规定的诉讼途径请求法院撤销或宣告上述违宪行为无效。

需要指出的是，上述学者和法官对“违宪”的论述并没有提到宪法性法律，这里主要有两个原因：其一，受英国对宪法法律位阶的传统认识的影响，宪法性法律尽管是英国宪法的基本构成，但是它们与议会所通过的普通法律在法律效力上并无二致，它们在法律位阶上无所谓高低。在这种意义上，把“违宪”看作违反英国宪法性法律并不具有多大价值和可行性，在学者们看来，把“违宪”看作违反英国的宪法精神或宪法体制更为合理。而随着宪政实践的发展，上述传统认识发生了很大程度的改变，宪法性法律与普通法律在效力和地位上相区分的观点在英国学术界和实务界得到了越来越多的认可，因而我们在界定什么是“违宪”时应当把违反某些宪法性法律的行为纳入“违宪”范围，这是英国宪政发展的必然结果。其二，公民的人权观念相对于过去得到了极大的彰显，尤其是1998年《人权法》的实施，使得法院获得了前所未有的审查议会立法的权力，这是英国宪法史上的一次重大变革，无论法院审查议会立法权力这一活动的实效如何，应当说这已经是对英国宪法体制的一种重大突破，由此使得作为宪法性法律之一的《人权法》获得了非常重要的宪法地位，进而使得法院审查议会立法具有了明确的宪法依据。从上述两个理由来说，当代英国违宪审查的审查依据不仅包括宪法原则，同样包括诸如《人权法》这样的宪法性法律。

前已述及，英国宪法的基本构成包括三个部分，即宪法性法律文件、宪法判例和宪法惯例，可作为英国违宪审查依据的是英国宪法的基本原则和宪法性法律文件。结合上述学者和法官的论述，我们可以将“违宪”大致界定为公共机构违反英国宪法的基本原则和宪法性法律的行为，“违宪审查”则是指议会和法院依据宪法基本原则和宪法性法律对公共机构行使权力的行为是否合宪进行审查和裁决的行为。

二、如何认识英国的违宪审查制度

在英国这样一个没有成文宪法典的国家，应当如何认识违宪审查制度？或者说，应当如何判别哪些属于违宪审查制度的内容？这是研究英国违宪审查制度的核心问题。

从西方主要国家违宪审查制度的起源和发生来看，违宪审查制度的产生最初是为了解决国家机关之间的权限争议，这方面以美国最为典型。1803 年“马伯里诉麦迪逊案”[1]解决了违宪法律的判断权由哪个机关行使的问题，最终确立了司法机关对违宪法律的审查权，同时也使得联邦最高法院获得了宪法解释权。其后发生的一系列重大宪法判例也多涉及国家机关的权

〔1〕 Marbury v. Madison, 5 U. S. (1 Cranch) 137, 2L. Ed. 60 (1803).

限争议问题。1810 年“弗莱彻诉佩克案”[1]是美国联邦最高法院首次作出的州法违反联邦宪法判决的案例。1816 年“马丁诉莱斯案”[2]则确立了联邦最高法院对联邦法律具有最终法律解释权的原则。1819 年“麦卡洛克诉马里兰案”[3]涉及联邦政府与州政府的权力冲突。1821 年的“柯恩斯诉弗吉尼亚州案”[4]涉及联邦最高法院与州法院的管辖权问题。可以看出，美国的违宪审查制度在其产生之初，主要解决的是国会与最高法院、联邦最高法院与州法院、联邦与州之间的权限划分与争议问题。在法国，作为违宪审查机构的宪法委员会，其产生之初的主要职能就是调整国家机构之间的权力分配关系，当时，调整议会法律与政府条例的范围是宪法委员会最主要的功能。

违宪审查制度的另一个功能是保护公民的基本权利，这一功能从时间上晚于第一个功能，但却成了违宪审查更重要的使命，甚至成为各国违宪审查制度的主要功能。因为在现代社会，对公民基本权利的最大侵犯来自国家机构，而国家机构的违宪行为对公民基本权利的侵犯又具有最严重的后果，因而通过违宪审查制度保障公民的基本权利就成为维护公民基本权利的主要的制度设计和实践选择。

我们再来看英国的情况。首先需要说明的一个问题是关于英国宪法的产生时间。对于英国宪法产生的具体时间，学术界尚有一定争论，基本上有两种观点。一种观点认为，英国宪法产生于 13 世纪，主要理由是 1215 年英国颁布了作为其宪法主要渊源的《自由大宪章》。另一种观点认为，英国宪法产生于 17 世纪的光荣革命，理由是《自由大宪章》从本质上说是一部封

〔1〕 Fletche R. v. Peck, 10 U. S. (6 Cranch) 87, 3L. Ed. 162 (1810).

〔2〕 Martin v. Hunter' Lessee, 14 U. S. (1 Wheat.) 304, 4L. Ed. 97 (1816).

〔3〕 McCulloch v. Maryhand, 4 Wheaton 316 (1819).

〔4〕 Cohens v. Virginia, 6 Wheaton 264 (1821).

建性质的法律文件。应当说，后一观点占主流地位。然而，具有国家根本法意义的近代宪法，虽然产生于英国资产阶级革命时期，但是认识英国的宪法，却不能仅仅从17世纪的英国资产阶级革命开始，最主要的原因在于英国法律制度具有强大的保守性、对历史传承的注重以及由此带来的宪法发展的渐进性等特点。因此我们在认识英国的宪法时，寻根溯源，应当从13世纪以《自由大宪章》为代表的宪法发展时期开始，而认识英国的违宪审查制度应当从1688年光荣革命后英国建立君主立宪制开始。

诺曼王朝建立以后，英国中央集权制度得以建立，王权得到巩固，但是在12世纪末13世纪初约翰国王在位期间，由于约翰国王实施了一系列加强王权、削弱封建贵族势力的措施，致使国王与大贵族之间的斗争日益激烈，权力斗争的结果在宪法上最终表现为1215年《自由大宪章》的制定。《自由大宪章》的主要目的是对国家权力的划分及对王权的限制，该宪章第12、14条规定，未经“国民”同意，国王不得征收协助金以外的赋税，这里的“国民”实际上是当时的御前扩大会议，这实际上确立了御前扩大会议的批准征税权。第13条规定，应当承认伦敦及其他城市拥有自由和习惯之权，这在某种程度上是对王权与地方政权的权力划分。第61条规定，由25名贵族组成一个委员会，负责监督国王的行为，赋予它对国王违反《自由大宪章》的规定并拒绝予以纠正的行为给予制裁的权力。从上述规定可以看出，《自由大宪章》是国家权力划分以及监督王权运作的宪法功能的法律表现，而监督王权运作实际上也是监督国王是否在其权限范围内行为，因此，《自由大宪章》主要解决的是国家机关之间的权限划分问题。

从17世纪初期直到英国光荣革命确立。属于近代英国宪政制度的时期，英国宪法的核心任务同样是解决权限争议，主要表现为王室特权与议会立法权力的争议，此外，在极少数情形下，还表现为国王权力与法院司法权之间的争议。相关的判例清楚地证明了这一点。

在17世纪的英国，除了在议会中进行王权与议会权力的斗争外，法院也是解决王权与议会权力争议的场所，甚至是更为重要的场所，国王通过特权或者“诰书”进行统治与议会通过制定法限制王权的权力和法院限制国王的司法管辖权力之间的斗争，除非发展为内战，否则必然通过法院解决。“国王禁止令状事件”〔1〕就涉及国王特权与司法权力的争议。在该案中，国王詹姆斯一世声称他拥有一种作为法官进行审判，并且在他认为合适的时候发展普通法的神授权力，以首席法官柯克（Coke）为首的法官否定了这一主张。尽管法官承认国王不服从于任何人，但他们认为国王应当服从于法律，审判权的获得需要审判技巧，而审判技巧需要长期的学习才可能熟悉掌握，在这之前，即使是国王也没有资格作为法官进行审判。最终，该案在对君主特权作出限制的同时，也进一步巩固了法院的司法权力。

“诰书案”〔2〕则涉及法院对国王享有的权力范围的裁决。在该案中，首席法官柯克（Coke）对国王通过特权进行统治的能力进行严格限制。他坚持认为，国王只能拥有那些普通法已经承认的特权，国王本人不能授予他自己新的特权。

“贝兹案”〔3〕反映的则是国王权力与议会法律制定权的权限争议，中心问题是国王管理对外贸易的特权与议会阻止国王未经议会批准征税的法定权力。该案的当事人贝兹拒绝支付国王强加于葡萄干的进口关税，他认为这一关税是不合法的，因为它没有经过议会的批准。国王认为这根本不是一种税，而是一

〔1〕 Prohibitions del Roy (1607) 12 Co. Rep. 63.

〔2〕 The Case of Proclamations (1611) 12 Co. Rep. 74.

〔3〕 Bate' Case (1606) 2 St. Tr. 371.

种管理贸易的措施。正因为这样，它是非常合法的——所征收的钱仅仅是管理权力的一种附带财产。尽管这一争辩的合理性显然是成问题的，但是财税法庭法官最终作出了有利于国王詹姆士一世的判决，其理由是外贸的规定来自于国王在对外事务上的特权。

随着1688年光荣革命对英国近代君主立宪制的确立，国王特权与议会权力的斗争随着议会主权的确立逐渐弱化，基本上退出了历史舞台，国家机关的权限争议主要表现为中央政府代表国王行使的王室特权与议会权力之间、中央政府与地方政府之间、议会特权与司法管辖权之间的争议，这是英国违宪审查制度所要解决的首要问题。

英国违宪审查制度发挥的另一个功能是对公民基本权利的保护。从历史上看，英国宪法对公民权利与自由的保护与违宪审查所发挥的解决国家机关权限争议的进程是紧密联系在一起的，自1215年《自由大宪章》以来，英国法院就通过普通法和衡平法保护公民的权利与自由。但是在现代社会，维护公民基本权利成为了违宪审查制度的主要的和首要的功能。在1998年《人权法》生效之前，针对公共机构侵犯公民基本权利的行为，违宪审查主要通过法院对公权力行为的司法审查提供个案救济，对于议会立法侵犯公民基本权利的抽象行为，法院无法进行审查。1998年《人权法》的生效使得法院获得了审查议会立法是否符合《欧洲人权公约》的权力，从而发展了违宪审查制度。

英国违宪制度的另一个重要内容是立法审查，包括议会自身对法案和立法的审查，也包括法院在1998年《人权法》生效之前通过法律解释技术对议会立法的变相审查和1998年《人权法》生效之后法院对议会立法的正式审查。

三、英国违宪审查的形式

根据上述认识，我们可以结合实质内容与形式来把握英国的违宪审查制度。英国违宪审查采取了议会和法院对相关立法的合宪性审查、法院处理国家机关的权限争议、法院保障公民权利与自由等形式。具体包括：

（一）议会对立法的审查

议会对法案与立法的审查是英国违宪审查的主要形式。依据议会主权原则，议会立法至上，议会享有决定法案的通过以及制定法尤其是基本立法的法律效力的唯一权力。1998 年《人权法》的出台使得法院获得了审查议会立法的权力，但这种不相容宣告并不影响议会立法的效力、继续适用或执行，对不相容的议会立法是否修改或废除最终由议会决定，因此，对立法的审查最重要的场所是议会两院。

议会对立法的审查包括两个方面：其一，议会对法案的通过的审查，这即立法前的审查，主要由议会两院负责法案审查的各个委员会行使，由它们提出审查意见并交由议会大会进行辩论，最终决定是否通过法案。在这个过程中，由于议会大会会议时间、议员个人专业知识、政党倾向等因素的影响，议会特别委员会实际上在议会的立法前审查中起着主要的作用。其二，议会对法案通过后的审查，即立法后的审查，这主要是由法律委员会实施的。

议会立法审查的后果有以下几种：或者不通过法案，或者对有问题的法案进行修改，或者对已经通过的法律予以明示或默示废除。

（二）法院对国家机关权限争议的解决

法院对国家机关权限争议的解决主要表现在以下三个方面：

1. 法院对王室特权的审查。王室特权在今天实际上被赋予了行政机关。除了某些个人特权，诸如议会的解散或特殊荣誉的授予外，王室特权是以王室的名义根据和按照政府的建议来行使的。王室特权的存在所带来的宪法问题实质上就是政府权力与司法机关管辖权之间的关系问题：哪些特权要服从于法院的审查，并且在什么情形下和根据哪些标准法院将干预特权的行使以控制政府行为？

2. 法院对议会特权的审查。议会特权是议会所享有的特殊权利与法定豁免权，法院与议会特权的关系的核心是如何确定不受法院审查的议会特权范围，实质上是解决议会特权与法院司法管辖权之间的关系。

3. 法院对中央国家机关与权力下放机关的权限争议的解决。这方面的违宪审查涉及威斯敏斯特议会与权力下放机关，即苏格兰、威尔士和北爱尔兰的议会与行政机关的权限争议，按照相关法律的规定，枢密院负责处理与苏格兰、威尔士和北爱尔兰有关的权力下放案件。

（三）法院对公民基本权利的保护

对公民基本权利的保护是当代英国违宪审查制度的主要功能，从形式上说，这一方面的违宪审查包括法院对公民基本权利的传统保护和自1998年《人权法》出台以后法院对公民所享有的《欧洲人权公约》所规定的权利的保护。

法院对公民基本权利的保护是否归入违宪审查制度的范围？违宪审查一般是指根据宪法，对特定法律或特定国家机关及其公职人员的行为是否违反宪法进行审查，而法院对公民基本权利的保护严格说来属于宪法保障制度的内容，但是在英国，1998年《人权法》生效之前，法院对公民基本权利的保护主要是通过审查公共机构行为的合宪性或合法性实施的，在1998年《人权法》生效后，法院对公民人权的保护是通过法院审查议会立法、公共机构的行为是否符合《欧洲人权公约》实施的，因此法院对公民基本权利的保护内在于法院所实施的违宪审查活动中，从这个意义上说，法院对公民基本权利的保护包含在违宪审查制度范围之内。

（四）法院对议会立法的审查

根据传统的议会主权原则，法院不能质疑议会立法，更谈不上对议会立法的审查，但是在普通法的发展过程中，高级法院包括上议院上诉委员会在某些案件中通过法律解释技巧实现了对议会立法的变相审查，但这种审查并非体系化的制度，也不能对议会立法的效力直接作出裁决，其效果只是可能导致相关立法的不再适用。随着1998年《人权法》的实施，法院获得了审查议会立法并对与《欧洲人权公约》不相容的议会立法作出不相容宣告的合法权力，从而突破了原来的制度束缚，但由于上述不相容宣告并不影响所涉法律的效力，因而法院对议会立法的违宪审查尚存在一定的缺陷。

四、违宪审查与司法审查的联系与区别

违宪审查不同于司法审查。广义的司法审查实际上包括两个方面的含义：一是行政法意义上的司法审查，指的是普通法院或行政法院通过案件的审理对行政机关的行政行为是否合法进行审查；二是通过司法机关对法律或行政行为的合宪性进行的审查。在英国，司法审查是一个严格的、狭义的法律制度，它是指高等法院审查行政行为、命令和下级法院的判决是否违法的制度，具体而言，它是公民对公共机构的决定或行为向高等法院提出审查申请，由高等法院及其以上的法院对上述决定或行为进行审查并予以纠正的制度。英国的司法审查总体上属于行政法意义上的司法审查，但是在不成文宪法背景下，英国的法院通过司法审查在很多时候实际上行使了对法律或行政行为的合宪性审查，这是英国宪政制度中比较特殊的地方。

英国的司法审查不同于美国的司法审查，后者是司法机关对法律的合宪性进行审查并作出裁决的制度，是典型的违宪审查活动，而英国的司法审查既包含了法院对议会立法的合宪性审查，也包含行政法意义上的合法性审查。英国的司法审查也不包含议会对法案和法律的合宪性审查，因为司法审查的主体是法院，对政府法案的事先合宪性审查和对已生效法律的事后抽象性审查不在英国法院的权限范围之内。由于英国的司法审查不能涵盖英国违宪审查的全部活动，因此有必要以议会和法院为主体对英国的违宪审查进行全方位的检视。

牛津大学纳菲尔德学院的研究员亚历克·斯通·斯威特（Alec Stone Sweet）曾经对违宪审查与司法审查做了一个简单的区分，他说："'违宪审查'是指任何政府机构宣布制定法（以及所有其他的政府行为）违宪的权力。'司法审查'只是构成了违宪审查的一种方式：它是由法官在办理诉讼的过程中行使的"。〔1〕但是上述区分并不完全准确。不能简单地说司法审查是违宪审查的一部分，违宪审查与司法审查既有联系又有区别，具体来说，它们之间的联系与区别表现在下述几个方面。

（一）违宪审查与司法审查的联系

1. 形式上有交叉。由于违宪审查的主体包括议会和法院，司法审查的主体仅仅是法院，因此它们两者之间在形式上的交叉关系体现在法院行使审查的活动中。具体来说，司法审查活动中，法院对公民基本权利的保护、法院对国家机关权限争议的处理，以及对议会立法和委任立法的审查属于违宪审查的形式。

2. 某些违宪审查活动通过司法审查程序进行。在这种情况下，违宪审查实际上就是司法审查。例如，法院通过司法审查程序对公民基本权利的保护、对国家机关权限争议的处理，以及对议会立法和委任立法的审查实现了违宪审查职能的行使。典型的如1998年《人权法》所规定的违宪审查制度，《人权法》

〔1〕 Alec Stone Sweet, "Why Europe Rejected American Judicial Review And Why It May Not Matter", *Michigan Law Review*, Vol. 101 (August 2003), note 6, p. 2745.

第6条第（1）款规定："公共机构实施与公约权利不相容的行为是非法的"；第7条相关条款规定，公民如果主张公共机构实施或意图实施违反公约权利的行为，可以依据司法审查提起诉讼。按照上述规定，当公民主张公共机构的行为侵犯其所享有的公约权利时，他可以通过司法审查申请提起诉讼，法院由此实施的就是违宪审查活动。

（二）违宪审查与司法审查的区别

1. 审查主体不同。违宪审查的主体范围比较广泛，包括议会与法院，具体包括审查法案与制定法的议会、行使保障公民基本权利职能的法院、审查基本立法和委任立法的法院；司法审查的主体是法院，是由法院来审查公共机构的决定或行为的制度。

2. 审查形式有所不同。从审查形式上看，违宪审查涉及议会和法院对立法的审查，国家机关的权限争议、公民基本权利的保护等重大的宪法问题，而司法审查中包含了许多并不涉及宪法问题的内容，只有那些涉及宪法内容的司法审查活动才构成违宪审查的形式，包括法院对议会立法和委任立法的审查、对公民基本权利的保护以及对国家机关权限争议的处理。

3. 审查性质不同。违宪审查是一种合宪性审查，其目的是解决法律或行为的合宪性。而司法审查既包括合宪性审查，也包括合法性审查。就司法审查所涉及的议会立法的审查，就它对公民基本权利的保护以及对国家机关权限争议的处理而言，它是合宪性审查；就它所涉及的对一般行政行为、命令和下级法院的判决的审查而言，它是一般的合法性审查，不属于合宪性审查。

4. 审查方式不同。违宪审查的方式既有事先审查，也有事后审查；既能通过立法程序审查，也可以通过诉讼程序审查；既有抽象性审查，也有具体审查。司法审查仅仅是事后审查，并且是以诉讼的方式进行的。

第二章　议会的立法审查

第一节　议会的立法审查的依据

一、议会主权原则

根据议会主权原则，每一个议会在其自己的时代都是绝对至高无上的，并且可以按照它所希望的任何主题以及为任何地方立法，不存在对议会的立法权限的任何限制，已经为议会制定的法律具有最高的法律效力，并且不能被任何其他国内或国外的机构宣布无效或质疑。议会除了不能在立法的内容、方式和形式上约束它的继任者外，可以不受限制地通过任何类型的法律。

具体来说，议会主权原则包含三个方面的内容：首先，议会是至高无上的，它可以在任何时候为任何人和任何事务立法。其次，议会不能约束其后任者，正如布莱克斯通在《英国法释义》中所说的："因为立法机关，作为事实上的最高权力者，历届之间是平等的，始终拥有绝对的权威，它不承认世界上有比其地位更高的事物，如先前的立法机关已经制定的法规能够约束后任议会，等于承认先前的立法机关地位高于后任议会"。[1]最后，议会立法不能在法院中被任何人或机构质疑。英国没有成文宪法典，因而无法利用宪法典检测议会法律的有效性，而

〔1〕［英］威廉·布莱克斯通：《英国法释义》，游云庭、缪苗译，上海人民出版社2006年版，第103页。

议会主权原则又否定了法院可以对议会法律进行效力判断和裁决。正如上议院法官里德勋爵（Lord Reid）在“皮金诉英国铁路委员会案”[1]中所指出的：“在早先的时候，许多博学的法学家似乎相信议会法律在其违背神法或自然法或自然正义的范围内可以被漠视，但是自议会至上最终被1688年革命论证以来，任何上述观念都已经过时了。”[2] 根据议会主权原则，对议会立法的审查是由议会进行的，而议会主权原则构成了议会对立法进行自我审查的宪法依据。

诸多判例表明了法院不得质疑议会立法的基本立场。“爱丁堡和多凯斯铁路公司诉沃乔普案”[3]就是一个典型案例。在该案中，沃乔普先生要求获得某些道路许可。这一事务是在一部非公知法[4]中被处理的。他在苏格兰最高民事法院中主张那一法律的规定不应当被适用，因为该法律是在没有按照议会议事规则的要求对他进行告知的情况下被通过的。案件最终上诉到了上议院。法官坎贝尔勋爵（Lord Campbell）在附论中指出：“法院所能做的一切就是看议会卷宗；它们看一部法律在议会两院通过，以及它得到御准，并且没有任何法院能够调查它被引入到法院的方式，在它被引入之前的情况，或它在议会两院审议过程的不同阶段里是如何通过的。”[5] 尽管坎贝尔勋爵（Lord Campbell）的意见是附论，但是正如上议院法官里德勋爵（Lord Reid）所指出的，“自1842年以来没有人怀疑它是一种正确的宪法立场声明”。[6]

---

〔1〕 Picken v. British Railways Board [1974] A. C. 765.

〔2〕 Picken v. British Railways Board [1974] A. C. 765, at 782.

〔3〕 Edinburgh and Dalkeith Railway Co. v. Wauchope (1842) 8 Cl. & F. 710.

〔4〕 非公知法与个人事务有关，是指法院不能直接进行司法认知，必须由试图援引该法的当事人在诉讼中予以证明的议会立法。

〔5〕 Edinburgh and Dalkeith Railway Co. v. Wauchope (1842) 1 Bell 252, at 279.

〔6〕 British Railways Board v. Pickin [1974] A. C. 765, at 787.

基于议会主权原则，对不适当地被通过的法律进行修改或废除应当由议会作出，法院不能进行干预。在“李诉巴德和多灵顿连接铁路公司案”[1]中，法官威尔斯（Willes）指出：“如果一部议会法律被不适当地获得，通过废除该法律来修正它是立法机关的事情；但是，只要它作为法律而存在，法院就有义务服从它”。[2]

至于议会立法在制定过程中可能出现的立法程序上的问题，也应当由议会来解决。在前述“皮金诉英国铁路委员会案”中，上议院法官莫里斯勋爵（Lord Morris of Borth - y - Gest）指出：“当一部制定法被通过时就会存在着终局性，除非直到它被议会修正或废除。在法院中可能存在关于如何正确解释制定法的争执；但一定不会存在关于该制定法究竟是否应当在法律全书之中的争执。……当然对议会来说它一定会制定种种程序，这些程序是一项法案在能够成为法律之前要被遵守的。必须由议会来决定它颁布的种种程序是否实际上被遵守；必须由议会来制定和解释它的议事规则并进一步决定它们是否被遵守；必须由议会来决定在任何特殊情形下是否要省去对上述议事规则的遵守；必须由议会来决定它对一部法律应当以法律中所设定的方式和措辞被通过表示满意。必须由议会来决定它需要什么样的文件材料或证明以及议会特权应当属于的范围。高等法院对议会内部程序的效力或有效性或在任何特定案件中那些程序是否有效被遵守进行调查是行不通和不受欢迎的”。[3]

在认识议会主权原则对议会立法过程和立法审查的指导作用时，要注意的是一个问题是，议会主权原则是一个根本的宪

---

〔1〕 Lee v. Bude and Torrington Junction Railway Co. (1871) L. R. 6 C. P. 576.

〔2〕 Lee v. Bude and Torrington Junction Railway Co. (1871) L. R. 6 C. P. 576, at 582.

〔3〕 Pickin v. British Railways Board [1974] A. C. 765, at 791.

法原则，从宏观上体现了议会主权原则对立法的指导和要求，但是它对具体的立法过程和立法审查有时候并不起现实的指导作用。其原因主要有以下一些：其一，由于存在着种种外部因素的影响，如政党的影响，可以被通过的立法类型会受到一定程度的实际限制，议会并不像典型的议会主权原则所要求的那样可以随心所欲地通过它想要通过的立法。其二，在当今社会，立法是由政府而非议会和独立行为的议员个人主导的，立法是在议会之外被提出和形成的，由于政党在作为主要立法机构的下议院中的多数力量，立法的通过也往往体现了政党的意志，议会两院包括女王的立法功能被限制在对法案的审查和合法化上。其三，立法并非政府达到目的的唯一方式，政府的许多目的是通过劝诱、博弈和运用经济权力实现的。因此，我们在认识作为议会立法审查依据的议会主权原则时，不能把该原则看作在任何时候都可以实施具体指导的原则，它更多的是通过议会议事规则、立法程序以及诸如1998年《人权法》的宪法性法律发挥其作用。

二、1998年《人权法》

1998年《人权法》也是议会实施立法审查的重要宪法依据。1998年《人权法》出台以后，于1998年12月14日成立的人权联合委员会负责联合王国的人权事务，它被授权依据1998年《人权法》审查政府提出的法案是否违背《欧洲人权公约》和其他国际人权法律文件。值得注意的是，《人权法》第19条规定：“①上议院或下议院负责法案的王室大臣在对法案进行二读前必须：（a）作出一个其认为法案的规定与公约权利一致的声明（‘一致性声明’）；（b）作出一个虽然其认为不能作出一致性声明，但政府仍希望议会能继续该法案的声明。②该声明必须是书面的，且须以作出该声明的大臣认为适当的方式公布”。该条款要求负责法案的政府部长在法案的二读之前作出上述声明，目的是提高法案的质量，防止出现法案内容与公约权利不相容的情形。议会人权联合委员会据此对政府所提出的法案实施了更为严格的审查。

第二节　议会立法的一般程序

在论述议会的立法审查之前，有必要对议会立法的一般程序作一简单的介绍。

议会法案主要分成公法法案和私法法案，前者与公共政策有关，直接由议员提出；私法法案是与个人、公有公司或地方当局有关的涉及个人、某一地方或团体的特殊利益的议案，根据议事规则由利害关系人以申请的方式提出。就公法法案的通过程序来说，主要是：一读、二读、委员会阶段、报告阶段、和三读。

一、一读

这一阶段代表法案在议会面前的正式提出。宣读法案的简短标题之后，议长点名叫呈上法案的议员指定一个二读日期，议长将指定日期重复一遍，法案随即通过一读而登入公报并被交付印刷。在一读时对法案的条款不进行辩论或分割。

二、二读

这一阶段代表议院审议法案的原则的第一个机会。法案要想通过，二读是第一个重要阶段。在这个阶段，法案的主要原则需要公布，由议院予以确认或否决。辩论将由来自于提出法案的政府部长开始，他将说明法案的条款和条款背后的想法。如果对该法案有反对意见，二读将提供发表反对意见和抨击法案主旨的机会。然而，它不涉及对法案条款的细节的辩论。在这一阶段，法案可以全部被否定，但是这种情况极少发生，特别是在执政的政府在下议院中拥有有效多数席位的情况下。

三、委员会阶段

已经通过二读的公法案（除了那些关于支出或税收的公法案）将自动地被提交给一个常设委员会，除非下议院已经决定委员会阶段将在全院大会上进行。委员会阶段本身需要对法案进行逐条审议。在这个阶段可以对法案作出修改并且像负责法案的部长或反对党发言人提出新的条款那样，委员会成员也可以提出新的条款。通常法案被提交的委员会是一个大约有 20 名成员的常设委员会。在任何一个时候都会有一些常设委员会，尽管它们的名称是常设委员会，但是它们并不是永久性的委员会。相反，当需要常设委员会的时候，它们就被设立。在极少数情况下，一个法案可以被适当的常设委员会或一个特别常设委员会审议。在这两种情况下，一个法案受到的审查可能比来自于一个通常的常设委员会更彻底的审查。把委员会阶段控制在全院大会上通常是为具有宪法重要性的法案或需要迅速被通过的那些议案所保留的。例如，第一次使得联合王国进入欧洲共同体的法案和那些把后来的欧洲共同体条约吸收到联合王国法律当中的法案就把它们的委员会阶段放在了全院大会上。

四、报告阶段

报告阶段需要对法案进行详细的审议，由全院进行审议。议院并不必然接受由一个常设委员会对法案作出的任何修改。在报告阶段还可以对法案作出进一步的修改，包括新条款的增加。当一个法案的委员会阶段出现在全院大会上并且没有进行任何修改时，法案将通过报告阶段继续进入三读阶段。

五、三读

法案过程的这个最后阶段提供了对它的各项原则进行辩论和对在委员会阶段或报告阶段对它作出的种种修改进行审议的进一步的机会。在这一阶段法案不能被大范围地修改，但是它可以被反对，甚至可能被挫败。

此外，影响王室、兰开斯特公爵领地或康沃尔公爵领地的特权、世袭收入、个人财产或利益的法案在它被通过之前必须先得到君主的同意。这种同意不同于御准，后者是在一个法案的议会各阶段完成之后被赋予的。这种同意，通常在三读时被表示，但是可以在法案的议会存续期间的任何阶段被表示，其效果是为了法案的种种目的而把君主的特权或利益置于议会的控制之中。

如果一个法案在下议院中已经被提出了，一旦它得到了三读，它就会被送交上议院。上议院中的立法过程与上面所描述的过程大致相同。然而，它们之间也有一些重要差别。首先，上议院并没有缩短辩论的程序机制，因此审议截止程序和终止辩论程序不会在上议院中被使用；其次，上议院没有像下议院那样选择要辩论的修正案的规定，因此被列入议程的所有修正案都会被讨论；再次，在上议院中法案的委员会阶段通常全院大会上而不是委员会会议室里；最后，像在委员会阶段和报告阶段那样，对法案的修改也可以在三读时作出。

如果上议院完全接受了由下议院通过的法案，那么它接下来就要准备提交御准。然而，如果上议院修改了法案，那么法案以它的被修改的形式将被送回给下议院进行审议。在这一场合下议院有 3 种做法：同意上议院的修改；同意上议院的修改但是要进一步修改；不同意上议院的修改。当一个法案进一步被下议院修改时，它会带着修正案被送回到上议院。如果下议院和上议院不能同意法案的最终文本，就会作出一个声明。此时可以通过诉诸 1911 年和 1949 年《议会法》程序被解决。根据这两部议会法的规定，除了关于试图延长议会的任期超出它的 5 年限制的法案，上议院不享有否决法案的权力。因此上议院没有权力修改财税法案（关于税收、债务、公共收入或贷款的法案）或延缓财税法案超过 1 个月。其他公法案可以得到御准，不管它们是否被上议院否定，只要它们在两个连续的会期中被下议院通过并且在第一个会期中的二读与法案在第二个会期中通过下议院的日期之间经过了1年。总之，这会使得法案能够成为法律，尽管上议院对议案表示不同意。

一个在下议院和上议院中已经通过其所有阶段的法案随后将被提交御准。一个法案要想成为议会法律，得到御准是必要的。君主保留了在议会中亲自宣布御准的权利。然而，现在的常规是由议长、御前大臣或监察专员将御准告知各自的议院。议会的立法前审查发生在法案在议会的通过阶段，是立法过程中的一种审查，审查的主要目的是保证立法的质量。

第三节　议会的立法前审查

在当代英国，由于内阁的强势地位以及执政党在下议院中多数对议会立法的强大控制和影响，下议院几乎丧失了它作为立法机构的作用。政府凭借它在下议院中多数议员的支持得以顺利通过它所提出的法案，政府法案在议会中被否决或作出重大修改的情况是不多的。议会的立法作用在当代主要表现为对法案的审查和使法案合法化。因而在审视议会的立法作用时，我们关注的是议会在审查政府法案和委任立法中的作用，尤其是下议院在影响或迫使政府修改或撤回法案上的功效。而在上述作用中，议会特别委员会在立法前审查中发挥着重要作用。

一、何谓立法前审查

审查立法是议会两院所从事的最重要活动之一，但是对于什么是立法审查，相当多的论述议会立法程序的著作都没有提及，因而在这里有必要对立法审查作一简单的界定。立法前审查是议会检查一项法案是否违反了具有独立性的某些标准，并试图保证该法案符合这些标准的一种活动。上议院欧盟特别委员会在其报告中也对“审查”一词从最广泛的意义上做了解释，认为“审查”就是对向政府负责的那些人的提议和行为的一种检查和分析过程，目的是保证他们为其行为向议会负责。[1]

立法前审查与简单的反对不同。前者是严格地、系统地对法案进行审查，后者是议会中执政党的反对党和后座议员对执政党所提出的法案的反对，尽管也有一些议事规则对反对的程序作出规定，而且两者之间在实践中会发生重叠，但反对与立法审查并不是一回事。下议院程序特别委员会在 1984 ~ 1985 年会期所发表的报告中为自己规定了对政府法案所做的三项活动，即审查政府以改进法案为目的而提出的提案、较少建设性地引起对法案中的种种缺陷的注意纯粹给部长添麻烦。[2] 在这三项活动中，第一项无疑是典型的立法前审查，而不是反对；第三项无疑是典型的反对，而不是立法前审查；至于第二项，既发生于立法前审查过程中，也发生于反对过程中，因为引起对法案缺陷的关注显然是立法前审查的一个内容，而反对虽然可能仅仅是一种形式主义的反对，但它也可能以法案的缺陷为由被提出。所以，议会人权联合委员会的成员戴维·费尔德曼（David Feldman）在谈到立法前审查时指出，“审查，是一项更有原则的活动。即使审查以一种多少不具有建设性的方式被实施，它也有其自身的戒律”。[3] 公法学者唐·奥利弗（Dawn Oliver）也认为：“在观念上，立法的议会审查应当既包含对议会试图使之生效的法案和政策的自由的、整体上松散的、政治的讨论和

---

〔1〕 The First Report of Session 2002 ~ 2003, Review of Scrutiny of European Legislation, para. 8, see: http://www. publications. parliament. uk/pa/ld200203/ldselect/ldeucom/15/1503. htm. 访问日期为：2007 年 7 月 25 日。

〔2〕 David Feldman, "Parliamentary Scrutiny of Legislation and Human Rights", *Public Law* (2002, Summer), p. 328.

〔3〕 David Feldman, "Parliamentary Scrutiny of Legislation and Human Rights", *Public Law* (2002, Summer), p. 328.

辩论，也包含系统的、理性的审查。”[1] 当然，从某种意义上说，反对一项法案，也可能是改善立法前审查的一种有益活动，但关键的问题在于，这种反对极有可能不会产生有效的审查，毕竟立法前审查是通过已经确立的一些标准检查法案是否符合这些标准，并力图保证法案符合这些标准的活动，而不管人们是否同意法案试图实现的目标。

议会的立法前审查既发生在议会两院的常设委员会中，也发生在议会大会的辩论中，还发生在某些特别委员会的审查中。不同场合的审查有助于对重要法案进行公开讨论，这是对立法给予同意或否定的一个必要过程，是民主社会中议会的核心功能。

从性质上说，议会的立法前审查是一种合宪性审查，它是议会及其委员会对政府法案是否符合相关宪法原则和标准进行事先审查的一种违宪审查活动，这种审查最终决定政府法案是否能够获得议会的通过。

从终极目的来说，立法前审查是为了抑制政府通过法案扩张其权力的倾向，以维护宪法的基本原则和保障公民的基本权利，这正是英国违宪审查制度的主要功能之一。

二、立法前审查的主体

在英国，议会是由君主、上议院和下议院三部分构成的，因此议会立法前审查的主体包括君主和议会两院。君主在议会立法前审查中的作用主要表现在立法通过的御准阶段，君主可以拒绝她不同意的议会法律，但是在现代社会，由于议会民主制的确立以及政党对议会的控制，君主仅仅在理论上保留拒绝批准议会立法的裁量权，而自 1707 年以来，在英国从未发生过

---

〔1〕 Dawn Oliver, “Improving The Scrutiny of Bills: The Case for Standards and Checklists”, *Public Law* (2006, Summer), p. 224.

拒绝御准的情况，因此立法前审查活动主要是由议会两院完成的。而议会两院的立法前审查除了全院大会的审查外，主要是通过议员个人和议会委员会进行的。需要指出的是，议员个人对立法的审查存在诸多的困难。

首先，议会的立法前审查活动对议员来说仅仅是一种兼职活动。在下议院，议员具有比较多的职能，他们代表选区选民，为了保住他们在下议院中的席位，他们必须依赖于选区内全体选民的支持，为此，他们要将大量的时间放在回复选民的信件和来电、为解决选区的问题向部长和其他公共机构写信，在议会中表达选民的意见，以及为了提高他们的声望出席一些公益活动，这些活动占用了他们大量的时间。即使议员在关注议会事务时，他们也不得不从事一些他们必须要做的事情，如参加政党的集会、作为部门特别委员会的成员从事特定的活动、接受媒体的采访等，而这一切对于提升议员的公共形象是有利的，相反，审查立法极少引起人们对他们的关注，除非涉及诸如堕胎这样有争议的问题。而且，如果议员缺乏与审查立法有关的政治与法律知识，在表决时仅仅依赖于督导员[1]所作出的相关指示，那么审查立法的质量可想而知。在上议院，大多数议员同样有很多的政治性活动，这些活动占用了他们大量的时间，或许，他们甚至比下议院议员花在审查立法上的时间还要少。

其次，议员在审查立法中对相关信息的获得是不系统的。在议会两院，有一些官员和工作人员为议员提供服务，诸如提供信息、保证待议诸事项和其他文件的准备和传阅，提供关于程序、技术或法律方面的建议，议院图书馆的研究人员还为议员提供关于议题的简报以及特别的调查。但要记住的是，这些

---

〔1〕 督导员是提议会中某一政党的一位重要官员，负责协助政党领袖指挥本党议员采取一致行动。见薛波主编：《元照英美法词典》，法律出版社 2003 年第 1 版，第 1417 页。

并不很系统，在任何一个议院中都没有提供独立议员获得涵盖议题的专门知识的系统途径。

再次，议会开会的时间很多时候也不利于议员对立法的审查。由于议会两院通常是在午饭后开会，一直开会到傍晚或晚上，许多重要的立法条款是在议员感觉到很疲劳的时候被讨论的，用戴维·费尔德曼（David Feldman）的话来说，这时候议员的感觉就像是“在电视机前面或者睡着了或者垂着头的感觉”,[1] 所以到了立法事项认真开始的时候，许多议员已经在会议上或选区事务的处理上花费了许多的时间。

最后，或许更重要的是议员政党倾向的影响。议员所属政党对议员的影响渗透在立法前审查中，正如戴维·费尔德曼（David Feldman）所指出的，“对彻底的、系统的、合理的审查所构成的另外的独特障碍是对抗性政治的影响，它或多或少渗透于所发生的一切事情之中”。[2] 尤其在下议院中，议员对法案的表决往往听从督导员的指示，议员对来自于自身执政党的法案所存在的种种缺陷极少有否决的情形，这也严重影响了议会对政府法案的审查。

正是由于上述缺陷的存在，议会委员会的立法前审查作用凸显出来。相对于议员个人在立法前审查中所存在的种种缺陷，委员会对法案的合宪性审查明显有着自身的独特优势，主要表现在：

首先，许多下议院委员会都有专任的专家，在委员会经常处理的事务上他们具有专长；在上议院，经常履行立法审查职能的委员会，如私法案委员会、委任权力与规制改革委员会、

---

〔1〕 David Feldman, “Parliamentary Scrutiny of Legislation and Human Rights”, p. 326.

〔2〕 David Feldman, “Parliamentary Scrutiny of Legislation and Human Rights”, p. 327.

欧盟委员会及其下属委员会、宪法委员会都有至少一个法律顾问；议会两院联合委员会，如行政立法性文件联合委员会、人权联合委员会也都有自己的法律顾问。此外，为了实施特别的调查或审查特定立法，委员会还有权力任命政策领域或技术方面的专家顾问。这些专家顾问的存在，提高了委员会审查立法的质量。

其次，委员会的存在具有很强的针对性，不管是常设委员会还是临时任命的委员会，它们都有明确的职能，尤其是经常履行立法审查职能的委任权力与规制改革委员会、欧盟特别委员会、宪法委员会、行政立法性文件委员会、人权联合委员会，它们的一个重要的甚至主要的职能就是进行立法审查并向议会提出报告。例如，委任权力与规则改革委员会的主要职能之一就是对任何法案的条款是否不适当地委任了立法权力，或它们是否使得立法权力的行使受制于不适当层面的议会审查作出报告；欧盟特别委员会的职能就是审查欧盟的文件以及与欧盟有关的其他事务；宪法委员会的职能就是检查在议会面前提出的所有公法案的宪法含义并审查宪法的运作；行政立法性文件委员会负责审查由议会法律授予的权力的行使中所制定的行政立法性文件；人权联合委员会的一个主要职能就是审查政府法案与《欧洲人权公约》和其他国际人权文件的一致性并作出报告。职能的明确性使得委员会能够专注于法案的审查。

最后，委员会的组成结构有效地排除了政党因素的干扰和影响。在现代政党政治的统治下，议会所审议的主题很少排除政党利益的影响，几乎所有的问题都可以与政党利益挂钩，以反映政党之间的利益冲突与平衡，但是委员会在某种程度上是这一普遍现象的例外，其主要原因在于委员会人员的组成结构，即政府部长、政党督导员和反对党发言人被排除在委员会成员之外；另一个重要原因是委员会本身的专业化特点，还有一个原因就是立法前审查的原则通常排除了对法案的政策目标的评价，这些原因使得委员会成员在所从事的审查工作中可以因为特定的利益关注而压倒对政党的忠诚，从而使超然于政党的合意与合作成为可能。当然，在实际的审查过程中，委员会与督导员在某些时候进行商议是不可避免的，但是总体来说，委员会在审查立法时，基本上能够使自己排除政党政治的考虑。

从上述的分析得出的结论就是，议会两院的委员会在立法前审查中起着比议员个人更大的作用。议会立法前审查的实践也清楚地证明了这一点。

议会两院负责审查政府法案的委员会所从事的合宪性审查活动虽然不能依靠议会对法案的通过起着直接的作用，但是议会对政府法案的事先审查主要是通过议会委员会进行的，而且大多数情况下，在议会决定是否通过政府法案时，议会委员会的报告所提出的建议和意见起着相当重要甚至关键的作用，因而议会委员会的合宪性审查整体上属于议会对政府法案所进行的违宪审查活动范围，不能以委员会对政府法案所进行的合宪性审查不具有直接效力来否定议会委员会在议会对法案进行审查的作用。

三、履行立法前审查职能的主要委员会

在议会两院，经常履行立法前审查职能的委员会主要有下述委员会，它们在立法审查上是相互补充的：

（一）上议院委任权力与规制改革委员会

该委员会是由上议院在每一届议会中任命，其权限是：①就任何法案的条款是否不适当地委任了立法权力，或它们是否让立法权力的行使受制于不适当程度的议会审查向议会作出报告；依据2006年《立法与规制改革法》第14、18条对在议会面前提出的文件和命令草案作出报告；关于上述命令草案，以及依据2001年《规制改革法》所作出的次级条款命令，执行行政立法性文件联合委员会关于其他文件和文件草案所执行的职能；②有权力在联合王国内从一个地方到一个地方转移开会地点；③有权力任命专家顾问。

在实践中，该委员会检查法案的下述内容：①法案是否授予了不适当的权力，诸如没有充分理由就创设新犯罪的权力；②授予通过次级立法修改基本立法的权力只能是在绝对必要的情况下，并且这一权力的行使要接受适度的议会审查；③保证以对公民的自由构成重大侵害的方式进行立法的权力受制于肯定性决议而非否定性决议，并确保法案当中包含适当的保障措施作为行使上述权力的先决条件。

（二）上议院宪法委员会

在过去的几十年里，议会所制定的一些法律，诸如加入欧洲共同体的法律、1998 年《人权法》、对苏格兰、威尔士和北爱尔兰权力下放的法律、1999 年《上议院法》等，对英国的宪法产生了直接的影响，而上述变化带来的所有后果并不都是可以预见的，在这种背景下，上议院宪法委员会在 2001 年 2 月 8 日被首次任命，目的是密切关注相关立法对作为一个整体的宪法所具有的特别影响。其权限是：①检查提交到议会面前的所有公法案的宪法含义并作出报告；②审查作为一个整体的宪法的运作。

宪法委员会既有对广泛的宪法事务进行调查的职能，也有对具有宪法重要性的公法案进行检查的审查职能。

宪法委员会的功能不是抗拒那些对英国宪法的改变，而是保证上述变化是通过立法发生的，是在议会经过尽可能充分辩论后有意识地作出的。在考虑一个特定的情形中所要采取的行动时，委员会可以考虑对宪法事务的充分辩论是否可能。

当一些法案的主题具有明显的宪法内容时，如处理行政机关、法官与法院之间的关系、选举制度和公民投票、中央与地方政府之间的关系、或对苏格兰、威尔士和北爱尔兰的权力下放，它们就会引起宪法委员会的注意。

在审查一项法案时，委员会会问该法案是否提出了影响英国宪法主要部分的原则性问题。如果该法案从表面上看提出了上述问题，委员会就会要求负责该法案的部长提供相关的信息或说明，或者更广泛地寻求有关方面的建议。部长会被要求向委员会提供关于该法案的证据，或者在部长与委员会主席之间进一步通信以表达彼此的看法。如果获得的信息或建议将有助于上议院审议该法案，委员会就会把证据报告给上议院，并公布它所作出的结论，或者引起上议院对法案特定条款的注意。

在检查公法案时，宪法委员会会努力避免与议会其他委员会工作的不必要重复，在相关情形下，它会考虑人权联合委员会、委任权力与规制改革委员会以及下议院特别委员会所作出的报告。

如果一个具有重大宪法含义的法案第一次是以草案形式被公布，那么委员会将促进对它的议会审查。当立法前审查发生时，宪法委员会将把它对法案草案的看法与负责立法前审查的委员会进行交流，但是委员会也会在后来的阶段中考虑被公布的法案草案是否仍然提出了重要的问题。

宪法委员会的权限是广泛的，因为在英国缺乏成文宪法的情况下，议会可以就任何事务立法而无需遵守特别的程序要求。任何公法案都可能具有宪法含义，它们可能直接来自于新的政府政策，也可能间接来自于法律中的其他变化，因而宪法委员会对公法案宪法含义的检查是经常发生的。

宪法委员会不会对法案的价值表达看法，而是考虑法案在政府体制或国家与个体之间关系上是否作出了重大的改变，或法案是否与政府其他领域的类似立法相一致。如果新的决策权力被赋予一个公共机构，委员会就会考虑对抱怨提供的上诉、审查和矫正程序是否令人满意，以及法案是否在部长所负责的事务与授权给自主的公职人员的事务之间作出清楚的划分。如果一项法案提议设立一个实际上是新的裁判所，宪法委员会期望这一裁判所将在裁判所委员会的监督下被设置。当一项法案来自于英国所承担的国际义务时，委员会将检查议会被要求实施这些义务的方式。

（三）行政立法性文件联合委员会

行政立法性文件联合委员会负责审查依据议会法律所授予的权力被制定的行政立法性文件。

不是在议会中被提出的行政立法性文件在联合委员会的审查权限范围内，但是地方当局的行政立法性文件和由权力下放机构制定的行政立法性文件不受联合委员会的审查，除非它们被要求在议会中提出。

在下议院提出的立法性文件只能由行政立法性文件特别委员会审查，该特别委员会由联合委员会中的下议院议员组成。根据授权，该特别委员会可以根据某些法定的理由，或者不违背行政立法性文件的法律依据或其背后的政策的其他理由，提请议会两院对行政立法性文件的注意，而上述法定理由规定在规范行政立法性文件的制定的议事规则当中。

（四）负责审查欧洲共同体和欧盟法律草案的委员会

这些委员会是上议院的欧盟委员会及其下级委员会（特别是下级委员会 E）和下议院的欧洲审查委员会。这些机构定期检查立法的人权含义，其作用就是促进议会在同意政府在欧盟部长委员会中所提出的议案之前对议案进行审查，以尽可能保证它的适当性。它们的工作与人权联合委员会的工作存在着某种重叠，尤其是当人权联合委员会审议与联合王国的人权有关的事务时，已经远远超出了 1998 年《人权法》所保护的公约权利的范围，因而涉及其他国际人权文件所保护的权利。

在议会中保证达到议会两院委员会对欧盟立法提案的审查目的的关键机制是“审查保留决议”，该制度的目的是保证直到议会对欧盟立法提议的审查结束，部长才能在欧盟部长委员会中对欧盟立法提案表示同意。具体来说，审查保留决议是指：在欧洲审查委员会或欧盟委员会尚未对欧盟立法提议和其他决定结束审查时，部长不得在部长委员会或欧洲委员会中作出同意表示；在上述提议和决定已经由欧洲审查委员会或欧盟委员会向议会提交了要求辩论的报告但辩论尚未进行时，部长不得作出同意表示。这种制度给予议会影响政府对欧盟提案所采取的立场的机会，其效力在于防止部长在欧盟部长委员会中对尚未通过议会审查的任何提案表示同意。审查保留决议不要求政府同意任何一个议院所表达的看法，也不要求部长在欧盟部长委员会中代表政府作出决定之前必须获得来自议会的指令，但是对欧盟立法提案的充分审查仍然是有效的。部长如果认为因种种理由应当对欧盟立法提案表示同意时，他们能够推翻这种审查保留，但是他们必须作出说明。

1. 上议院欧盟委员会。上议院欧盟委员会的前身是欧洲共同体委员会，它在每一届议会开始时被任命。委员会现在共有18名成员，每一个成员（除了主席）任职于欧盟委员会的7个下级委员会中的一个或多个，上议院的其他成员被吸收到下级委员会，因此总数大约有70名上议院议员积极参与到委员会及其下级委员会的工作中。7个下级委员会分别是：负责经济与财产事务和国际贸易的委员会A，负责国际市场的委员会B，负责外交事务、国防和政策发展的委员会C，负责环境与农业的委员会D，负责法律与机构的委员会E，负责内政的委员会F，负责社会政策与消费事务的委员会G。

欧盟委员会的权限是审议欧盟文件和其他与欧盟有关的事务。自欧盟委员会成立以来它已经审查了影响公民日常生活和联合王国与欧洲更长远将来的广泛事务，并进行了报告。该委员会的首要目的就是在英国政府在欧盟对欧盟法律表示同意之前对草案形式的欧盟法律进行审查，因为英国议会在后来的阶段（如当欧盟法律在英国被实施）对它们进行审查的机会是有限的，因此委员会努力在欧盟作出决定的尽可能最早的阶段就开展工作。

欧盟委员会主要的工作内容包括：①相关材料，包括信息、统计资料、说明与分析的收集、提供和总结；②向议会和公众提供信息以增加透明度；③吸引议会、政府、欧洲机构和公众对包含在上述信息中的重要事务的注意，尤其是提供建议；④通过对草案文本的详细分析、揭露问题和提出修改意见为立法过程作出贡献；⑤对政府及其在同意欧洲立法中的作用进行检查并且作为那一过程的一部分，迫使政府不仅考虑清楚它正在做的事情，或已经做过的事情，而且有时候迫使它对此作出说明；⑥检查委员会及其系统阐述的政策。

当不同的欧盟文件连同政府提供的关于欧盟文件的《解释性说明》提交到上议院欧盟委员会时，委员会主席会对它们进行筛选，决定它们是否应当被提交到一个下级委员会进行检查或不予审查，目的是保证委员会把注意力放在重大的文件上。

2. 下议院欧洲审查委员会。下议院欧洲审查委员会是依据《下议院议事规则》第 143 条被任命的，共有 16 名成员，其权限是评估每一个欧洲文件的政治的或法律的重要性，决定哪些欧洲文件被辩论，监督联合王国部长在部长委员会中的行动，并对欧盟中法律的、程序的和机构的发展进行审查。

该委员会会从相关部长那里得到关于每一个欧洲文件的《解释性说明》，所有被认为在政治上或法律上具有重要性的文件都要在委员会的每周报告中被讨论。如果委员会建议进行辩论，多数情形是在欧洲常设委员会中进行，偶尔在全院大会上进行。如果议会依据委员会的报告通过了审查保留决议，部长就不应当在欧盟的部长委员会中对委员会还没有宣布或正在等待辩论的提议表示同意。

从上面的论述可以看出，上述委员会在审查欧盟立法文件中提供了对部长工作的一种有价值的检查，上议院法官霍普勋爵（Lord Hope of Craighead）尤其对上议院在审查欧盟立法中的作用表示了赞赏，他认为，上议院欧盟委员会及其下级委员会的审查，“有助于创设一种文化，在这种文化中，政府接受了它必须证明在部长委员会中为了我们的利益所接受的种种决定的正当性。反过来，它有助于普遍提高，威斯敏斯特的欧盟立法审查制度的声望”。[1]

（五）人权联合委员会

人权联合委员会的权限及其审查内容将在后面详细阐述。

四、立法前审查的标准

（一）审查标准的主要内容

议会对立法进行事先审查时所面临的最重大困难之一是缺乏普遍接受的明确和有效的审查标准。政治家往往通过参照政治价值和目标来评价其政策和立法的适当性，但是这些政治价值和目标往往有很大的争议，不能被普遍接受。而议会所使用的立法审查标准往往不涉及强烈的政治争议，能够被从事立法前审查的具体机构普遍接受，是可以被用来判断立法是否适当的标准之一。恰当的审查标准的使用有助于议会立法质量的提高，正如唐·奥利弗（Dawn Oliver）所指出的，它们“会改善向议会提交的法案的质量，提高议会有效履行其审查和给予同

〔1〕 The Rt Hon. The Lord Hope of Craighead, “What A Second Chamber Can Do for Legislative Scrutiny”, 25 *Statute Law Review*, p. 17.

意的职能，并因此改善议会所通过的立法的质量”。[1] 从议会立法的实践来看，议会两院并没有全面规定立法审查标准的规则，不同的委员会都发展出了自己的一些审查标准。一般的议会立法审查标准可以从上议院和下议院相关委员会的报告中归纳出来，根据人权联合委员会法律顾问戴维·费尔德曼（David Feldman）的归纳，具有不同来源和目标的审查标准主要包括：[2]

1. 国家机构之间的宪法关系标准。这些标准来源于宪法，目的是维护不同国家机构之间的宪法关系。大致包括：为了维护议会的立法主权，立法权力不应当不适当地被委任给次级立法机构；议会在适当的范围内对被委任的立法权力的行使保持监督的权力，尤其是议会法律授权创设刑事犯罪、征收费用、限制公民进入法院的权利或可能侵犯人权时，议会应当要求立法采取严格的预防措施。

2. 目的适当性标准。这一标准是指立法所要达到的目的的适当性，大致包括立法不能产生不利的后果、立法所授予的权力不能超出立法所要达致的目的而被使用。

3. 形式法治标准。形式法治标准来自法治的形式概念，是指立法在形式上所要达到的一些标准，主要包括：涉及公民权利与义务的立法应当以人们充分知情的方式被起草；立法应当清晰；立法不能前后矛盾；有溯及力的立法必须有严格的理由；授予自由裁量权的立法不应当过度损害法律的确定性原则。

4. 人权标准。人权标准来自人权与根本自由，从某种意义上说，人权与根本自由也构成了法治观念的一部分。1998 年

---

〔1〕 Dawn Oliver, “Improving The Scrutiny of Bills: The Case for Standards and Checklists”, *public Law* (2006, Summer) p. 219.

〔2〕 David Feldman, “Parliamentary Scrutiny of Legislation and Human Rights”, *public Law* (2002, Summer) p. 329 ~ 330.

《人权法》提供了人权标准的一个范本，这是因为，经由《人权法》已经成为英国国内法一部分的《欧洲人权公约》所规定的种种权利提供了检测立法适当性的一个标准。1998 年《人权法》第 19 条规定，在上议院或下议院负责法案的部长对法案进行二读之前，必须作出一个他认为法案的规定与公约权利相一致的声明，或作出一个他认为尽管不能作出一致声明但政府希望法案继续下去的声明，显然议会是打算用公约权利设定一项标准，根据这项标准可以对立法作出判断，不管是道德上的判断还是法律上的判断，以致于当法院依据 1998 年《人权法》第 4 条作出议会立法与公约权利不相容的宣告时，它将促使议会使用这一人权标准对政府法案进行严格的审查。

上述审查立法的标准广泛地运用于立法前审查过程，而且它们彼此之间不是完全分离和孤立的，议会两院经常履行立法审查职能的委员会在审查立法中会发生交叉运用上述审查标准的情形。

上述立法审查标准可以从不同的角度来认识。从立法审查的对象或内容来看，上述标准可以分为：政策或目的审查、达到目的采取手段的审查、起草的审查。国家机构之间的宪法关系标准、目的性标准和人权标准涉及政策或目的审查；形式法治标准涉及达到目的采取手段的审查。从标准所涉问题的性质来看，上述标准又可以分为：实体标准，诸如遵守人权要求、欧盟法律和宪法原则、与现行法律相一致等；程序标准，如与相关机构进行协商，遵守相关部门和内阁的立法指导程序；信息标准，如政府对法案的政策目标进行说明，政府所持的关于政府法案和《欧洲人权公约》与其他国际人权文件相一致的看法，政府不遵守通常的实体、程序和信息要求的正当理由。

这些审查标准可以被使用在政府内部，即形成政策以及随后起草政策或法案的过程中，或议会通过其委员会对法案和法案草案进行审查的过程中。与本部分内容相关，这里阐述的是审查标准在议会立法前审查过程中的使用和发展。

值得注意的是，上议院宪法委员会在2004年《关于立法程序的报告》中提议推行一种特殊类型的审查标准，即清单。[1]该委员会建议由从事立法前审查的委员会使用一个清楚的和明晰的清单，同时，委员会也可以在立法过程的其他阶段使用上述清单。宪法委员会指出，设置这样一个清单的目的，不仅是检查法案是否与清单中所设定的标准相一致，而且也是实现这种一致性的手段，因而能够使议会避免忽视评价的重要方面。它通过立法前审查以及随后阶段审查标准的使用为议会提供一个对整个立法过程进行评估的框架，因而实际上把一个客观的因素引入了评估过程。[2] 委员会还建议那样的一个清单同时可以包含信息和实体事项。前者如金钱观、风险评估以及目的和目标的清晰性；后者如与《欧洲人权公约》的一致性、与欧盟法的一致性。[3] 宪法委员会的上述建议提出了涉及议会的法案审查的功能、目的、目标及其有效性问题，正如唐·奥利弗（Dawn Oliver）所指出的，“鉴于缺乏一部可实施的、根深蒂固的成文宪法以及独立的审查机构，诸如享有其他管辖权的法国式的行政法院或宪法委员会，以及新西兰式的立法咨询委员会，或有权力宣告立法是否与宪法或基本原则相一致并可能撤销或

---

〔1〕 The Fourteen Report of Session 2003 ~ 2004, Parliament and the Legislative Process (HL 173 – I), see: http: //www. publications. parliament. uk/pa/ld200304/ldselect/ldcnst/173/17307. htm. 访问日期为：2007年7月25日。

〔2〕 The Fourteen Report of Session 2003 ~ 2004, Parliament and the Legislative Process (HL 173 – I), para. 55, see: http: //www. publications. parliament. uk/pa/ld200304/ldselect/ldcnst/173/17305. htm. 访问日期为：2007年7月25日。

〔3〕 The Fourteen Report of Session 2003 ~ 2004, Parliament and the Legislative Process (HL 173 – I), para. 54, see: http: //www. publications. parliament. uk/pa/ld200304/ldselect/ldcnst/173/17305. htm. 访问日期为：2007年7月25日。

不适用它的宪法法院（对许多宪法学家来说，最著名的例子就是美国的最高法院或德国的联邦宪法法院），这些问题在英国尤其重要……对立法的质量所承担的责任几乎完全置于政府和议会两院手中”。[1] 因此上述清单的使用在英国可能具有特别重要的意义。

（二）审查标准的提出和发展

一般来说，可以通过两种可能的渊源来提出和发展审查标准：一是议会两院的议事规则，二是议会特别委员会所发表的报告。由于议会两院的议事规则不太可能都采用设定了审查标准的议事规则，并且现实情况也是如此，因此考察后一渊源要现实得多。在考察议会特别委员会的报告时，首要考察的是上议院宪法委员会的报告。许多学者都认为上议院及其委员会适合于采纳立法审查标准。唐·奥利弗（Dawn Oliver）指出：“上议院委员会将特别适合于采纳上述标准，因为这些委员会是它们自身程序的掌控者，它们比政府占据主导地位的下议院能够在更大程度上掌控自身的程序。”[2] 英国学者罗伯特·黑兹尔（Robert Hazell）在考察了从 1997 年到 2005 年宪法法案的议会审查后也认为，“在上议院中，宪法委员会最适合于让一套宪法原则成为系统的整体，并且随后成为它们的守护者”。[3] 从上议院宪法委员会 2001 ~ 2005 年所发表的报告来看，它已经详尽阐述了一些标准。这些标准没有包含在一个报告中，并且也仅仅与委员会当时所考虑的主题和法案有关，因而并不是无所不包的，但是综合起来，可以归纳出下述审查标准清单项目，它

---

〔1〕 Dawn Oliver, “Improving The Scrutiny of Bills: The Case for Standards and Checklists”, *public Law* (2006, Summer) p. 226.

〔2〕 Dawn Oliver, “Improving The Scrutiny of Bills: The Case for Standards and Checklists”, *public Law* (2006, Summer) p. 231.

〔3〕 Robert Hazell, “Time for A New Convention: Parliamentary Scrutiny of Constitutional Bills 1997 ~ 2005”, *Public Law* (2006, Summer), p. 298.

们中许多都具有宪法或法律的性质。这些标准包括：[1]

1. 程序要求

（1）应当对所提议的立法进行广泛的公共协商和辩论；[2]

（2）应当给予议会审查足够的时间；[3]

（3）委任权力的行使，特别是当公民个体的权利受其影响时，应当接受议会审查；[4]

（4）被委任的次级委任权力的授予应当是明确的、有正当理由的，并且应当作出接受议会审查的规定；[5]

（5）应当作出规定要求将所有部长对立法权力的行使及时告知议会。[6]

---

〔1〕 下述标准的归纳来自于 Dawn Oliver，"Improving The Scrutiny of Bills：The Case for Standards and Checklists"，*public Law*（2006，Summer）p. 241～242.

〔2〕 The Fourteen Report of Session 2003～2004，Parliament and the Legislative Process（HL 173－I），para. 208，213，217，see：http：//www. publications. parliament. uk/pa/ld200304/ldselect/ldcnst/173/17308. htm. 访问日期为：2007年7月25日。

〔3〕 The First Report of Session 2004～2005，Inquiries Bill（HL 21），para. 5，see：http：//www. publications. parliament. uk/pa/ld200405/ldselect/ldcnst/21/2103. htm. 访问日期为：2007年7月25日；The Second Report of Session 2004～2005，Prevention of Terrorism Bill（HL 66），para. 14，see：http：//www. publications. parliament. uk/pa/ld200405/ldselect/ldcnst/66/6603. htm. 访问日期为：2007年7月25日。

〔4〕 The Eighth Report of Session 2003～2004，Civil Contingencies Bill（HL 114），para. 9，12，see：http：//www. publications. parliament. uk/pa/ld200304/ldselect/ldcnst/114/11403. htm. 访问日期为：2007年7月26日。

〔5〕 The Fifth Report of Session 2002～2003，European Parliament（Representation）Bill（HL 65），Appendix 1，see：http：//www. publications. parliament. uk/pa/ld200203/ldselect/ldcnst/65/6503. htm. 访问日期为：2007年7月26日。

〔6〕 The Eighth Report of Session 2003～2004，Civil Contingencies Bill（HL 114），para. 12，see：http：//www. publications. parliament. uk/pa/ld200304/ldselect/ldcnst/114/11403. htm. 访问日期为：2007年7月26日。

2. 法治

（1）亨利八世条款[1]不应当被适用；[2]

（2）遵循清晰性要求以便保护公共资金反对未经明确的议会同意以公共资金支付不适当的款项；[3]

（3）法律不应当具有溯及力；[4]

（4）法律应当符合良好规定和管理改革评估的原则；[5]

（5）应当作出关于为解决公民与政府之间的纠纷和公民之间的纠纷而及时进入法院或裁判所的权利的规定；[6]

（6）裁判所应当在裁判所委员会的监督下被设立；[7]

---

〔1〕 亨利八世条款是指在立法活动中授予立法权，给予授权者以修改授权所立法案的权力，或修改任何其他法案的权力，以使其付诸实施。亨利八世曾以专制主义著名，该条款因此而得名。见薛波主编：《元照英美法词典》，法律出版社 2003 年版，第 633 页。

〔2〕 The Eighth Report of Session 2003 ~ 2004, Civil Contingencies Bill (HL 114), para. 6, 7, see: http://www. publications. parliament. uk/pa/ld200304/ldselect/ldcnst/114/11403. htm. 访问日期为：2007 年 7 月 26 日。

〔3〕 The Tenth Report of Session 2003 ~ 2004, Age - Related Payments Bill (HL 124), para. 8, see: http://www. publications. parliament. uk/pa/ld200304/ldselect/ldcnst/124/12403. htm. 访问日期为：2007 年 7 月 26 日。

〔4〕 The Seventh Report of Session 2001 ~ 2002, Nationality, Immigration and Asylum Bill, Further Report (HL 173), para. 6 ~ 8, see: http://www. publications. parliament. uk/pa/ld200102/ldselect/ldcnst/173/17302. htm. 访问日期为：2007 年 7 月 26 日。

〔5〕 The Sixth Report of Session 2003 ~ 2004, The Regulatory State: Ensuring its Accountability (HL 68), para. 130, 146, see: http://www. publications. parliament. uk/pa/ld200304/ldselect/ldcnst/68/6809. htm. 访问日期为：2007 年 7 月 26 日。

〔6〕 这一原则出现在宪法委员会的许多报告中，例如，The Sixth Report of Session 2003 ~ 2004, The Regulatory State: Ensuring its Accountability (HL 68), paras 230 ~ 232, see: http://www. publications. parliament. uk/pa/ld200304/ldselect/ldcnst/68/6813. htm. 访问日期为：2007 年 7 月 26 日。

〔7〕 The Seventh Report of Session 2003 ~ 2004, Gangmasters (Licensing) Bill (HL 108), para. 7, see: http://www. publications. parliament. uk/pa/ld200304/ldselect/ldcnst/68/6809. htm. 访问日期为：2007 年 7 月 26 日；The First Report of Session 2004 ~ 2005, Inquiries Bill (HL 21), Appendix 3, see: ttp://www. publications. parliament. uk/pa/ld200405/ldselect/ldcnst/21/2106. htm. 访问日期为：2007 年 7 月 25 日。

（7）法官任期的保障应当得到维护；[1]

（8）国际义务的遵守，包括清单和标准的应用应当得到保证。[2]

3. 对公民个体的保护

（1）公民个体应当受到保护，不受政府或其他机构的过度侵犯；[3]

（2）政府不应当干涉公民个体纳税人的事务，也不应当试图影响国内税收和关税专员处理特殊纳税人的方式；[4]

（3）法律执行机构，包括警察，应当不受行政控制或政治化处理。[5]

4. 民主制度

（1）应当设定适当的监督安排以保证选举的廉洁；[6]

---

〔1〕 The Fourth Report of Session 2003 ~ 2004, Justice (Northern Ireland) Bill (HL 40), Appendix 1, see: http://www. publications. parliament. uk/pa/ld200304/ldselect/ldcnst/40/4002. htm. 访问日期为：2007 年 7 月 26 日。

〔2〕 The Sixth Report of Session 2003 ~ 2004, The Regulatory State: Ensuring its Accountability (HL68), para. 169, see: http://www. publications. parliament. uk/pa/ld200304/ldselect/ldcnst/68/6811. htm. 访问日期为：2007 年 7 月 26 日。

〔3〕 The Second Report of Session 2004 ~ 2005, Prevention of Terrorism Bill (HL 66), para. 15, see: http://www. publications. parliament. uk/pa/ld200405/ldselect/ldcnst/66/6603. htm. 访问日期为：2007 年 7 月 26 日；The Fifth Report of Session 2004 ~ 2005, Identity Cards Bill (HL 82), para. 4, see: http://www. publications. parliament. uk/pa/ld200405/ldselect/ldcnst/82/8203. htm. 访问日期为：2007 年 7 月 26 日。

〔4〕 The Fourth Report of Session 2004 ~ 2005, First Progress Report (HL 78), Appendix 4, see: http://www. publications. parliament. uk/pa/ld200405/ldselect/ldcnst/78/7807. htm. 访问日期为：2007 年 7 月 26 日。

〔5〕 The Third Report of Session 2004 ~ 2005, Serious Organised Crime and Police Bill (HL 65), para. 9, see: http://www. publications. parliament. uk/pa/ld200405/ldselect/ldcnst/65/6504. htm. 访问日期为：2007 年 7 月 26 日。

〔6〕 The Eighth Report of Session 2002 ~ 2003, Health and Social Care (Community Health and Standards) Bill (HL 156), para. 7, see: http://www. publications. parliament. uk/pa/ld200203/ldselect/ldcnst/156/15603. htm. 访问日期为：2007 年 7 月 26 日。

(2) 政党政治的利益职能与机构应当与其他公共的利益职能与机构分开;[1]

(3) 文职人员公平原则应当得到维护。[2]

需要指出的是，在议会没有对违反上述原则和标准的正当理由表示认可之前，委员会报告所阐述的这些原则和标准不应当被政府违反。

从上议院宪法委员会的报告中可以归纳出上述审查标准，同样地，从其他从事立法审查的委员会，如人权联合委员会、上议院欧盟委员会及其下级委员会、上议院委任权力与规制改革委员会的报告中也可以归纳出它们各自的审查标准，这些标准可能有较大差异，但是在涉及国家机构之间的关系、公民权利的保护、法治等基本宪法原则的领域，一般的宪法性审查标准是可以达到共识的，这是因为“英国宪法体制安排中的某些明显的和根本的原则以及立法的议会审查应当总是涉及一般的事务，诸如协商和期望产生的影响以及所提议立法的政策目标”。[3]

议会委员会在其自身的工作中发展出来的种种审查标准和清单无疑存在着进一步发展的空间，随着它们被吸收到政府的立法指导文件中，它们将发挥更大的作用，正如唐·奥利弗 (Dawn Oliver) 所评价的，“从议会委员会报告和其他来源中提

---

〔1〕 The Fifth Report of Session 2003 ~ 2004, Companies (Audit, Investigations and Community Enterprises) Bill (HL 53), Appendix 1, see: http: //www. publications. parliament. uk/pa/ld200304/ldselect/ldcnst/53/5304. htm. 访问日期为: 2007 年 7 月 26 日。

〔2〕 The Seventh Report of Session 2002 ~ 2003, Criminal Justice Bill (HL 129), Appendix 1, see: http: //www. publications. parliament. uk/pa/ld200203/ldselect/ldcnst/129/12904. htm. 访问日期为: 2007 年 7 月 26 日。

〔3〕 Dawn Oliver, "Improving The Scrutiny of Bills: The Case for Standards and Checklists", *public Law* (2006, Summer) p. 242.

取出来的程序的、信息的和实体的审查标准及清单项目的发展和应用应当促进议会中法案和法案草案的精心的、系统的和理性的审查，这在英国缺少一部成文宪法，缺少像新西兰立法顾问委员会或美国式的最高法院那样的独立审查机构的情形下是特别重要的”。[1] 在这一过程中，从事立法前审查的议会委员会无疑将行使它们在改善立法质量上的重大作用。

五、议会如何实施立法前审查

由于议会委员会在立法前审查中富有成果的工作，委员会的审查意见在议会大会对法案的辩论和表决中起着重要的作用，议会大会对法案的表决在很大程度上参照了委员会的意见。有鉴于此，议会委员会对法案的审查成为议会立法审查中重要的甚至是主要的组成部分，议会对法案的审查主要通过议会委员会的审查来实现。由于履行立法审查职能的不同委员会的具体的审查方式有所不同，这里仅就各委员会实施立法前审查的一般过程作一描述。

立法前审查是委员会通过审查标准仔细检查所提出的政府法案，并依据审查标准对政府法案作出评价的一种活动。立法前审查与委员会是否赞同法案的目的无关，也不意味着委员会有权力终止法案的通过。委员会通常不会作出提交到议会面前的一项政府法案是正确还是错误、合法还是不合法的结论，委员会的作用一般来说就是向议会两院提出建议，并因此对政府部门和议会产生影响。因此，即使行政立法性文件联合委员会认为所提议制定的委任立法将超出授权法所授予的权力时，它也仅仅是表达对这种可能性的看法。同样，当人权联合委员会对政府所提出的法案的条款与公约权利相一致的理由表示异议

---

〔1〕 Dawn Oliver, “Improving The Scrutiny of Bills: The Case for Standards and Checklists”, *public Law* (2006, Summer) p. 246.

时，它也仅仅是把可能存在的问题引起议会两院的注意。例如，人权联合委员会在2001～2002年会期中关于刑事诉讼的报告就多次提到委员会只是把相关的问题提请议会两院注意。[1]

在审查过程中，为了获取更多的信息以提高委员会审查的质量，委员会经常会采取咨询程序，收集来自于专家和外部团体的意见陈述，而他们往往是对法案有兴趣的人，他们的意见陈述可以帮助委员会更好地理解政府法案在符合立法审查标准上存在的问题。因此，咨询程序是委员会吸纳社会公众参与立法审查过程的一个重要手段。

委员会在对政府法案进行咨询和考虑后，必须向负责法案的部门表达自己对法案关心的问题，这些问题可能是委员会在咨询过程中所了解到的外界就法案提出的问题，也可能是委员会自身在审查过程中所发现的问题，委员会就这些问题要求相关部门对法案的形式和内容是否适当作出说明或解释，并给出理由。这一阶段对立法前审查来说是非常重要的，因为仅仅从负责法案的部长所提交的政府法案或行政立法性文件以及随附的解释性说明尚不能充分判断它们的适当性，而部长的解释往往提供了最充分的信息。

根据部长对政府法案或行政立法性文件的解释，再加上委员会对此发表的意见，报告就能够被提交到任何一个议院，并对其进行辩论，同时为了公共使用的目的公布委员会的报告。在这一阶段，委员会审查的主要目的在于通知议会两院，警告有关部门它们没有充分觉察到的问题，并附带提供给公众包括执业律师一些有用的信息。

前已述及，议会两院有许多委员会都在履行立法审查职能，

---

〔1〕 The Eleventh Report of Session 2001～2002, Proceeds of Crime: Further Report, para. 9, 19, 24, see: http://www.publications.parliament.uk/pa/jt200102/jtselect/jtrights/75/7502.htm. 访问日期为：2007年7月23日。

因此在它们的立法审查工作中不可避免地涉及对同一个政府法案的审查。对此，委员会的主席与工作人员会加强彼此之间的联系和交流，这样做的目的是为了避免工作的重复，更重要的是保证重要事项不会被其他委员会所忽视，以致于出现谁都没有对法案进行审查的情况。对于同一个政府法案，各个委员会根据自身的权限对法案作出侧重点不同的审查，以资互相补充。例如，对于2001年《反恐、安全与犯罪法案》，下议院内政委员会、上议院委任权力与规制改革委员会和上议院宪法委员会都提出了报告。下议院内政委员会就法案的一般政策、移民和治安方面作出报告；[1]上议院委任权力与规制改革委员会就法案提议赋予部长制定委任立法的权力作出报告；[2]上议院宪法委员会就法案的宪法含义作出报告，[3]涉及关于冻结财产和从某些诉讼中排除人身保护令的命令。

六、如何评价议会立法前审查的有效性

委员会进行立法审查的首要作用是检查提交到议会面前的议案的某些特殊方面，并能够使得议会两院在获得与议案有关的充分信息的基础上系统地处理它们，从委员会的审查过程来看，委员会在其中起到了非常重要的作用。

不同的审查委员会在具体的审查工作中所取得的成效并不相同。这里就有一个判断有效性的标准问题。如果以负责法案

---

〔1〕 Home Affairs Committee, The First Report of Session 2001 ~ 2002, The Anti - terrorism, Crime and Security Bill 2001, see: http://www.publications.parliament.uk/pa/cm200102/cmselect/cmhaff/351/35102.htm. 访问日期为：2007年7月23日。

〔2〕 Delegated Powers and Regulatory Reform Committee, The Seventh Report of Session 2001 ~ 2002, The Anti - terrorism, Crime and Security Bill 2001, see: http://www.publications.parliament.uk/pa/ld200102/ldselect/lddelreg/45/4502.htm. 访问日期为：2007年7月23日。

〔3〕 Constitution Committee, The Second Report of Session 2001 ~ 2002, The Anti - terrorism, Crime and Security Bill 2001, see: http://www.publications.parliament.uk/pa/ld200102/ldselect/ldconst/41/4102.htm. 访问日期为：2007年7月23日。

的部门对委员会的批评作出反应并修改或撤销有问题的条款的数量来判断，人权联合委员会到目前为止不如上议院的委任权力与规制改革委员会在法案的审查，或行政立法性文件联合委员会在委任立法的审查上所取得的成就。以 2001 年《刑事司法与警察法案》为例，人权联合委员会对该法案所做报告的许多部分都没有在下议院委员会阶段被审议。

审查委员会能够产生效果的最重要方式就是让有关部门知道他们在起草法律时本应当考虑的事情。如果从这一标准来判断，行政立法性文件联合委员会、上议院委任权力与规制改革委员会、上议院欧盟委员会及其下级委员会，以及下议院欧盟审查委员会在这一点上获得了显著的成效，而人权联合委员会所取得的成效相对要差一些。这里有一些客观原因，例如，人权联合委员会相对于其他委员会成立的时间较晚，直到 2001 年 1 月才成立；人权联合委员会的权力也因此弱于其他委员会；有关部门对法律人权含义的认识有一个逐步加深的过程；等等。

判断标准不同，得出的结论也就不同。那么到底应当如何评价委员会立法前审查的有效性呢？议会人权联合委员会的法律顾问戴维·费尔德曼（David Feldman）认为，[1] 在英国议会尤其是下议院中，政府拥有多数并能够利用强大的政党纪律来保证其法案的通过。因此，在判断审查活动的有效性时必须把委员会与独立议员和有关部门所发挥的影响结合起来进行衡量。而上述影响在很大程度上取决于审查者受到的尊重，因为委员会没有权力把它的看法强加于不愿接受的行政官员，因此需要注意以下三点：

首先，一个行使审查职能的委员会必须确保它不超越其所

---

〔1〕 David Feldman, "Parliamentary Scrutiny of Legislation and Human Rights", *public Law* (2002, Summer) p. 347.

承担的角色，并且尽量不要介入政党之间争议的政策问题。

其次，一个委员会的意见在很大程度上依赖于它在报告中提出的论点的连贯性和说服力。委员会成员地位的显赫或许有一定作用，但这不可能粉饰一份理由站不住脚的报告，或者一份未经适当考虑相关证据或未能恰当考虑政府或其他人所提出的论点的报告。

最后，尽管委员会首要的和最重要的工作是协助议会的工作，但是委员会也应当注意在议会之外获得部长和有关部门的尊重，委员会在同行、学者、非政府组织以及媒体当中应当享有良好的声誉。

若从上述因素考虑，人权联合委员会的工作显然取得了很大的成效。随着人权联合委员会工作的逐步深入，它所提出的报告中对法案提出的建议日益受到政府部门的重视，并转化为政府部门修改法案的实际行动，正如戴维·费尔德曼（David Feldman）所指出的，“部长普遍愿意接受以人权为理由对政府法案提出的种种批评，这一态度表明议会对人权的日益觉悟正在被反映在对部门的立法建议进行立法前审查的种种新形式中。这正在创造一种文化，在这种文化中，政府认可了以人权为由证明其议案正当性的需要”。[1]

第四节　人权联合委员会的合宪性审查

一、人权联合委员会成立的背景

人权联合委员会是由上议院和下议院联合设立的一个特别委员会，它源于1994年由西蒙勋爵（Lord Simon）、亚历山大勋

〔1〕 David Feldman, “Parliamentary Scrutiny of Legislation and Human Rights”, *public Law* (2002, Summer) p. 347.

爵（Lord Alexander）、欧文勋爵（Lord Irvine）和莱斯特勋爵（Lord Lester）在议会中提出的一个提议，即上议院应当设置种种制度来检查违背《欧洲人权公约》和其他人权条约的法案，设立一个议会两院联合委员会或在每一个议院设立一个委员会，其职能是审查所提出的立法，保证人权得到尊重，评价联合王国是否遵守各种人权法规，以及使得议会法律受到固定的审查。[1] 莱斯特勋爵（Lord Lester）在被任命到上议院后不久所发表的首次议员演讲中又对这一想法进行了游说。工党政府在1997年所发表的白皮书《把权利带回家》[2] 中表达了设立该委员会的设想，直到2001年1月联合人权委员会才被设立。当时下议院议长玛格丽特·贝克特（Margaret Beckett）发表声明说："它的目的是在1998年《人权法》完全生效之前设立那个委员会，以便它将有时间准备它的工作。"[3]

人权联合委员会的设立是对议会的立法审查所存在的问题进行一种有针对性的反应。

在理论上，议会是最高的立法机构，它控制着行政部门。但是在实践中，行政部门提出的法案往往能够在议会顺利通过，因为它们在下议院中有着固定多数的支持。这就使得议会对政府法案的审查往往是一种仓促而粗略的审查。

对于条约以及对条约义务的承诺所进行的议会审查，甚至比对政府法案的审查更软弱。甚至对《公民权利与政治权利国

---

〔1〕 Second Reading Debate on Human Rights Bill, Hansard (HC) Vol. 306, *Official Record*, col. 855 (February 16, 1998); Mike O'Brien M. P., Minister of State, see: http://www.publications.parliament.uk/pa/cm199798/cmhansard/vo980216/debtext/80216-30.htm. 访问日期为：2007年7月20日。

〔2〕 Rights Brought Home: The Human Rights Bill, Cm 3782, 1997.

〔3〕 Hansard (HC) Vol. 322, *Official Report*, col. 604 (December 14, 1998), see: http://www.publications.parliament.uk/pa/cm199899/cmhansard/vo981214/debtext/81214-05.htm. 访问日期为：2007年7月20日。

际公约》和《欧洲人权公约》这样具有重要宪法内容的条约的批准都是依据特权权力作出的，而没有要求议会予以批准。尽管在上议院有欧盟特别委员会负责审议欧盟文件以及其他与欧盟有关的事务，在下议院中有欧盟审查委员会负责评价每一个欧盟文件的法律的或政治的重要性，但是条约的制定和对国际义务的承诺的作出仍然属于行政部门的职权范围，议会在其中发挥不了作用。

针对议会在政府法案和条约审查中的缺陷乃至作用的缺失，1998 年《人权法》出台以后设立的人权联合委员会加强了议会在审查可能违背《欧洲人权公约》和其他国际人权规则的政府法案和行政做法中的作用。它的角色，用人权联合委员会成员莱斯特勋爵（Lord Lester）的话来说，是“一个新的议会看门狗和猎犬”。[1] 由于 1950 年《欧洲人权公约》已经被 1998 年《人权法》纳入英国国内法体系，而且 1998 年《人权法》本身是宪法性法律，因此人权联合委员会依据《人权法》对政府法案是否符合公约权利所进行的审查是一种合宪性审查。

二、人权联合委员会的权限及组成

人权联合委员会的权限有下述几项：①审议联合王国中与人权有关的事务（但不包括对个案的审议）；②审议纠正令的建议和依据《人权法》第 10 条作出以及依据附件 2 拟定的纠正令草案和纠正令；③审议纠正令草案和纠正令，上议院是否应当以在《议会议事规则 73》中所详细指明的任何理由引起对它们的注意（行政立法性文件联合委员会）。

人权联合委员会承担了为每一个议院提供信息、对立法审查提出建议的重大责任。需要指出的是，人权联合委员会只是

---

〔1〕 Anthony Lester, “Parliamentary Scrutiny of Legislation under The Human Rights Act 1998”, *European Human Rights Law Review* (2002, 4), p. 433.

为上议院和下议院提供相关信息以引起议会对相关政府法案的注意，并向议会作出对政府法案进行审查的建议，本身并无实质性的处理权力。

人权联合委员会现在有 12 名成员，包括上议院 6 名、下议院 6 名。在下议院的 6 名成员中，工党有 3 名、保守党有 2 名、自由民主党有 1 名。成员来源的广泛性有助于委员会对复杂的和有争议的公共政策问题进行审议并提出报告。

三、人权联合委员会的审查依据

人权联合委员会的审查依据主要是 1998 年《人权法》第 19 条。该条规定："（1）在上议院或下议院负责法案的一个政府部长必须在法案的二读之前——（a）作出一个他认为法案的各个条款与公约权利是一致的声明（'一致性声明'）；或（b）作出一个尽管他认为不能作出一致性声明，但是他希望议会继续该法案的声明。（2）声明必须用书面形式作出，并且以作出声明的部长认为的适当方式被公布。"

《人权法》第 19 条要求负责法案的部长在法案的二读之前作出两个声明之一，即在他看来，法案的各项条款与公约权利相一致的声明，或者在他不能作出与特定法案有关的一致性声明时，作出一个政府希望无论如何法案要继续下去的声明。该条款要求部长及其部门充分考虑他们所要提出的每一个新法案对公约权利可能造成的影响。在这一方面，负责法案的部长承担了维护法案与公约一致性的责任，由于上述声明发生在法案通过之前，这在很大程度上为消除法案可能存在的与公约相矛盾之处提供了一个极好的机会。

英国政府发布的《内阁办公室各部指南》为作出第 19 条的一致性声明设定了种种标准。例如，部长必须清楚，在最低限度上，理由的平衡支持了下述观点，即法案的各项条款与公约是相容的；法案的各项条款将勇敢地面对在国内法院和斯特拉斯堡法院面前以公约为由提出的质疑。[1]

1998 年《人权法》第 19 条有一定的适用范围。首先，它不适用于委任立法；其次，它没有扩大到普通议员法案，[2] 因为提出普通议员法案的议员没有作出他所提出的法案与公约权利相一致声明的义务；它不适用于法案与对英国有约束力的其他国际人权条约，如《公民权利与政治权利国际公约》的一致性，但是，在实践中，人权联合委员会在其审查过程中考虑到了这些其他的人权文件。

需要注意的是，议会在 2001 年 11 月 27 日对两院的议事规则进行了修改，要求私法案的提出者拿出关于法案与公约权利相一致的一种声明，人权联合委员会检查私法案的方式与政府法案大致相同。而人权联合委员会自 2001 年 12 月 18 日以来开始对普通议员法案进行审查，最早审查的普通议员法案是 2001 年的《烟草广告和促销法案》，此后委员会对《叛国罪、王位继承法和议会誓言法案》、《公民关系法案》等普通议员法案进行了审查。这种变化也是合理的，因为人权联合委员会的权限之一就是审议联合王国内所有的人权事务。

四、人权联合委员会的审查标准

人权联合委员会首要与核心的任务就是审查法案与公约权利的一致性，它是以一种类似于法院在评价违反人权行为时所采取的处理方式对法案的一致性进行审查的。委员会首先考虑法案是否可能妨害了任何公约权利；如果可能的妨害是明显的，委员会就会考虑负责法案的部长所提出的证明对人权的这种干涉的理由是否具有正当性，这就要适用法律确定性和比例性的

〔1〕 The Human Rights Act 1998 Guidance for Departments (February 2000) issued by the Cabinet Office, at para. 36.

〔2〕 普通议员法案是由普通议员而非内阁成员提出的实施政府政策的公法案。

原则。[1]

法律确定性原则要求，如果对一种权利的干涉可以证明是正当的，那么它必须是合法的，并且满足以下要求：①法律必须是充分可以使用的，公民必须能够了解可适用于特定案件的法律规则的种种情形；②除非一个规范以充分的精确性被系统阐述以便使得公民能够调整其行为，否则它不能被看作是法律。

比例性原则要求，作出决定者在考虑干涉一种权利时，对干涉的强度与对那一行为的社会需要的强度必须进行平衡。比例性原则要求考虑的相关因素有：①干涉一定不要剥夺权利的特有本质；②必须存在一种充分实际的理由相信国家所主张的利益存在着一种现实的威胁，从而存在着保护它的一种迫切的社会需要；③政府对权利进行干预所采取的措施或行为必须是为了达到合理目标所合理必要的；④如果为了实现一种社会利益，政府所采取的措施明显任意地对个体或组织强加了沉重的负担，或如果它们强加了种种似乎是过度的惩罚，而这些惩罚与它们所涉及的违法行为的种种情形有关，那么这些措施可能被视为不恰当；⑤任何对考虑中措施的法律控制的有效性，以及针对那些受到措施影响的人的赔偿或法律救济的适当性，将与任何干预的比例相关。

五、人权联合委员会的审查方式

人权联合委员会在其运作中发展出了下述审查方式：[2]

（一）法案的早期检查

从一开始，委员会在尽可能早的一个阶段就致力于解决法

---

〔1〕 Annex 2 of the Committee's First Report, Session 2000 ~ 2001, Criminal Justice and Police Bill (April 26, 2001), see: http://www.publications.parliament.uk/pa/jt200001/jtselect/jtrights/69/6917.htm. 访问日期为：2007 年 7 月 18 日。

〔2〕 The Fourteen Report of Session 2001 ~ 2002, Scrutiny of Bills: Private Member's Bills and Private Bills (March 8, 2002), see: http://www.publications.parliament.uk/pa/jt200102/jtselect/jtrights/93/9303.htm. 访问日期为：2007 年 7 月 19 日。

案所产生的种种问题。如果法案有可能在议会被通过，委员会就要及时出台报告以告知每一个议院。如果财力和物力不允许作出充分的调查，委员会就会提交一份特殊报告，报告的内容包括委员会收集到的书面证据，以及委员会同负责法案的部长之间的通信，通知对法案的辩论。例如，委员会于2001年5月10日在2000～2001议会会期发表的第3特别报告《法案的审查》中就包含了委员会主席与负责法案的部长之间关于《狩猎法案》、《私人保安业法案》、《管制改革法案》和《社会福利欺诈法案》的通信。[1] 这种报告的目的，正如委员会所指出的，是“收集信息，并不意味着委员会作出了关于相关法案的任何条款的一个结论。主席的信件和政府的回答，随着这份报告一起被发布，以告知在这一届或后来的议会会期关于对这些法案的考虑”。[2]

（二）部长对特定调查的书面回答

委员会把法案所出现的可能与公约权利不相容的种种问题送交负责法案的部长，并要求其作出书面回答。例如，针对《刑事司法与警察法案》中关于儿童宵禁方案的条款是否与《联合国儿童权利公约》相一致，警察要求保留指纹和DNA证据是否侵犯了《欧洲人权公约》所保护的隐私权等问题，人权联合委员会要求负责法案的部长作出答复，这种模式实际上是对相关法案的人权含义以及部长依据1998年《人权法》第19条所作出的声明的一种详细答辩。

尽管政府一般会积极地回答委员会的问题，但是部长的答

〔1〕 The Third Special Report of Session 2000～2001, Scrutiny of Bills (May 10, 2001), see: http://www. publications. parliament. uk/pa/jt200001/jtselect/jtrights/73/7303. htm. 访问日期为：2007年7月18日。

〔2〕 The Third Special Report of Session 2000～2001, Scrutiny of Bills (May 10, 2001), see: http://www. publications. parliament. uk/pa/jt200001/jtselect/jtrights/73/7303. htm. 访问日期为：2007年7月19日。

复有时候会发生迟延的情形。例如，在委员会审查《就业法案》的过程中，委员会提出了两个具体的人权问题：其一，该法案第 33 条最初允许行政部门拒绝给予不遵守雇主的法定内部程序的雇员进入就业裁判所寻求救济的权利，可能违反了《欧洲人权公约》第 6 条第（1）款所规定的“任何人有理由在合理的时间内受到依法设立的独立而公正的法院的公平且公开的审理”的权利。其二，该法案第 31 条要求，如果法定的内部争端解决程序没有被遵守，对一方或他方的赔偿额就将被强制减少或增加，除非存在例外情形。委员会认为该条款可能侵犯了《欧洲人权公约》第 6 条第（1）项所规定的“任何人有理由在合理的时间内受到依法设立的独立而公正的法院的公平且公开的审理”的权利，或《欧洲人权公约第一议定书》第 1 条所规定的和平享有财产的权利，或者同时侵犯上述权利。委员会主席向负责法案的贸易与工业大臣写信，要求他说明上述条款与《欧洲人权公约》相一致的理由。当时，委员会要求他在 2002 年 1 月 31 日以前作出答复，希望在该法案离开下议院之前能够对该法案作出报告。但是，贸易与工业大臣最终没有在那个时间作出答复。他的答复在 2002 年 2 月 15 日才到达委员会手中，结果该法案已经完成了下议院的审议阶段。但是，政府随后还是对该法案提出了几个修正案，并解决了其中的一些问题。例如，用新的第 33 条取代了最初的第 33 条。[1]

（三）审议来自非政府的评论意见

为了保证委员会获得关于重要法案所引起的人权问题的广泛意见，委员会还会仔细审议来自于个体和各个机构，包括非政府组织和专家学者的证据。人权联合委员会会定期接收来自

〔1〕 The Twelfth Report of Session 2001 ~ 2002, Employment Bill, see: http://www.publications.parliament.uk/pa/jt200102/jtselect/jtrights/85/8503.htm. 访问日期为：2007 年 7 月 19 日。

受法案影响的公民关于法案的意见、陈述和看法，专业团体关于法案的意见、陈述和看法，以及在人权问题上有着专门知识的非政府组织关于法案的意见、陈述和看法。在 2001 年“9·11”事件发生后，英国政府加强了反恐立法，其中政府作出的克减《欧洲人权公约》第 5 条即“由于违反本条规定而被逮捕或者拘留的任何人应当具有可以得到执行的受赔偿的权利”的决定引发了广泛的公众关注和批评。当时，在英国有着重要影响的两个非政府人权组织委托法律顾问制作了独立意见，对政府在《反恐、犯罪与安全法案》中所提出的种种条款的合法性发表了意见。此外，大量的书面意见和简报也被呈递给委员会。委员会把来自于这些组织的证据刊登在了它的相关报告中。

（四）对部长答复的审议

人权联合委员认为某项法案或纠正令可能存在与人权有关的问题时，为了得到特定的规定是否与人权相一致的信息，委员会会把相关问题集中起来一起提交给负责法案的部长。部长通常会作出周密并包含广泛信息的答复。部长的回答一般采取下述形式中的一种或多种：

1. 政府部门可能不同意委员会的看法，即一项法案的规定侵害了人权。这种情形比较罕见，并且往往会导致部长与委员会主席之间广泛的书信往来，在这一过程中，部门通常会改变它的立场。

2. 有时候委员会注意到法案中赋予某个官员广泛的自由裁量权的规定，并且指出需要采取预防措施以保证自由裁量权不会以与公约权利不相容的方式被行使。部门通常随后会答复说，详加说明自由裁量权可以被行使的种种情形是不必要的，因为根据 1998 年《人权法》第 6 条的规定，与一项公约权利不相容的自由裁量权的行使是非法的。有时候委员会会接受这种看法，但是也会指出，依据法治原则，在法案中通过明确的规定对权力加以限定，而不是通过参照其他立法对权力的暗示限定或后来通过法院判决确立对权力的限制将是更值得期待的做法。

3. 更为常见的情形是，部门承认一项规定妨害了一项权利，但主张妨害可以证明是正当的。这或许涉及技术上的法律论证，例如，该规定是否足够清楚和可以预见。在其他时候，部门会提供受到委员会审议的政府法案相关规定的目的和预期影响的信息，这一信息用来表明任何对权利的干涉所追求的是合理的目的，并且是出于社会对该目的的迫切需要。

4. 有时候，部门承认问题确实存在，但是表明这个问题通过工作守则或公告对相关机构给予指导是能够得到解决的，不需要在法案的主体部分作出规定。

5. 非常少见的情形是，部门承认问题存在，但是想推迟解决这一问题，因为它认为，这会牵涉更为广泛的问题，只有全面审查委员会所考虑的领域才可能得到最好的解决。例如，委员会曾经提出：通过立法对违反《欧洲人权公约》第 5 条权利而被拘留的人予以赔偿的可能性的问题。有关部门承认对受到与公约权利不相容的精神健康立法影响的人作出赔偿是应当的，但是它答复说在 2002 ~2003 年议会会期或后来的会期中要想找到制定一部内容广泛的法案的议会时间是不可能的。

针对部长的答复，委员会会在其报告中对此发表意见以进行评论。

（五）口头证据

在委员会作出报告的过程中，有时候委员会会亲自收集来自于部长和其他官员的口头证据，这种活动的好处，正如人权联合委员会的成员莱斯特勋爵（Lord Lester）所指出的："亲自收集证据给了我们在一个比通过文件的交流更直接和即刻的基础上与部长和其他政府官员互动的机会，并且可能对部长产生比一种完全不具有人情味的书面程序更多的影响”。[1] 当然，这一工作需要耗费大量的时间、财力和物力，因此只有在情况允许的情况下，委员会才会收集口头证据以提高其审查法案的质量。

例如，在检查《反恐、犯罪与安全法案》期间，在委员会成员与内政大臣戴维·布伦基特（David Blunkett）进行口头交流的过程中，内政大臣就回答了委员会成员的问题并作出了一些让步。当时，下议院议员维拉·贝尔德向内政大臣提出了关于《反恐、犯罪与安全法案》第4部分中的几个问题，该部分包含了法案中最有争议的一些提议，因为这些提议主张赋予内政大臣为了达到将被怀疑是国际恐怖主义的某些人驱逐出境的目的而将其无限期拘留的权力，委员会认为这可能侵犯《欧洲人权公约》第5条所规定的公民享有人身自由与安全的权利，并导致政府对《欧洲人权公约》的克减。内政大臣承认他对一个被怀疑是国际恐怖主义的人的相信应当建立在合理理由的基础上。政府随后在这一方面对法案进行了修改。[2] 在取得口头证据之后的两天，委员会就发表了关于该法案和政府克减令的简短报告，并附上了内政大臣的证词副本。这就使得议会在审议该法案时对政府关于法案的目标和证明其克减公约权利的正当理由有了充分的了解，从而使议会对该法案的审议更加彻底。

人权联合委员会在考虑法案的一项条款能够被改进以便与公约权利相一致时，往往会建议对法案的条款进行纠正以便使得相关的人权标准更加明确。因为委员会所关心的就是促进负

---

〔1〕 Anthony Lester，“Parliamentary Scrutiny of Legislation under The Human Rights Act 1998”，*European Human Rights Law Review*（2002，4）p. 433.

〔2〕 The Second Report of Session 2001～2002，Anti－Terrorism，Crime and Security Bill（November 16，2001），see：http：//www. publications. parliament. uk/pa/jt200102/jtselect/jtrights/037/3703. htm. 访问日期为：2007年7月19日。

责法案的部长和立法的起草者把对人权的充分保护包含在法案中，以保证公民的权利和义务是明确的，这减少了对通过以后的法律条款进行司法解释的需要，从而提供了更大程度上的法律的确定性。

（六）提交报告

报告是人权联合委员会的核心工作与最终成果。人权联合委员会在对政府法案进行审查后将意见反映在报告中，报告的内容一般包括以下几个部分：其一，在每一个报告前面都会列出人权联合委员会的权限，这是一个固定形式；其二，报告正文内容；其三，口头证据，主要是负责法案的政府部长所提供的口头证据；其四，正式备忘录；其五，附录，一般是来自于政府相关部门的反应。

六、人权联合委员会的审查实例

自人权联合委员会开展工作以来，它的一些报告产生了重大影响，有些还导致了对政府法案的重大修改，如2001年《刑事司法与警察法案》、2002年《国籍、移民和避难法案》、2002年《刑事（国际合作）法案》、2003年《住宅法案》和2003年《心智能力法案》。

（一）《刑事司法与警察法案》

由于人权联合委员会刚成立不久，并且该法案已经在下议院进行了辩论后才召开第一次会议，因此，人权联合委员会在对2001年的《刑事司法与警察法案》进行审查时，审查的时间非常紧。委员会在报告中作出结论说，该法案的许多条款并没有对人权问题作出保证，因此它为某些条款提出了修改和额外的保证条款，例如，针对非法毒品交易违法者作出的履行限制命令的权力，以及儿童宵禁方案的施行和允许对指纹和DNA数据库进行不确定检查的权力。[1] 以委员会的报告为基础的几个修正案被列入了议事日程，尽管政府没有对该法案作出任何修改或接受对该法案的任何修改，但是部长的确作出了保证，即他们会给予行政指导以解决委员会所关心的主要事项。

（二）《反恐、犯罪与安全法案》

2001 年“9·11 事件”发生之后，英国政府在 2001 年 11 月 12 日提出了《反恐、犯罪与安全法案》和一个附随的限制令。人权联合委员会在 2001 年 11 月 14 日获得了来自内政大臣、下议院议员戴维·布伦基特（David Blunkett）的证据。两天后，委员会发表了关于该法案的一份最初报告。

在关于该法案的第一报告中，委员会特别强调了它对民主社会核心价值的尊重，它指出：“国际的和国内的人权法律，特别是 1998 年《人权法》的种种条款，支配我们作为议会的守护者，代表了诸如个体自治、法治和不信奉国教的权利等一个民主社会的核心价值，而这些价值一定不能草率地被危及或抛弃。它恰恰是恐怖分子企图否定和破坏的那些价值”。[2] 委员会还明确表达了它对内政部在未经任何紧急状态授权的情况下提出新措施的态度：“作为我们考虑的一般背景，我们要记住任何被提出的新权力应当明确地被指向，反对一种新威胁的指示，并且不应当被用于提出具有更广泛意图的权力，而这些意图并没有得到议会的支持而只是出于对恐怖主义和袭击的恐惧的当前

〔1〕 The First Report of Session 2000 ~ 2001, Criminal Justice and Police Bill (April 26, 2001), see: http: //www. publications. parliament. uk/pa/jt200001/jtselect/jtrights/69/6901. htm. 访问日期为：2007 年 7 月 19 日。

〔2〕 The Second Report of Session 2001 ~ 2002, Anti – Terrorism, Crime and Security Bill (November 16, 2001), para. 5, see: http: //www. publications. parliament. uk/pa/jt200102/jtselect/jtrights/037/3703. htm. 访问日期为：2007 年 7 月 19 日。

担心。"[1] 这一意见在议会辩论期间被许多批评法案的人所采纳，以保证法案所规定的许多权力仅仅是为了反对恐怖分子行动的目的而使用。

政府在法案中试图克减《欧洲人权公约》第15条，进而影响到公民依据该公约所享有的人身自由与安全权利。《欧洲人权公约》第15条规定："①战时或者遇有威胁国家安全的公共紧急状态，任何缔约国有权在紧急情况所严格要求的范围内采取有悖于其根据本公约所应当履行的义务的措施，但是，上述措施不得与其根据国际法的规定所应当履行的其他义务相抵触。②除了因战争行为引起的死亡之外，不得因上述规定而削弱对本公约第2条所规定的权利的保护，或者是削弱对本公约第3条、第4条第（1）款以及第7条所规定的权利的保护。③凡是采取上述克减权利措施的任何缔约国，应当向欧洲理事会秘书长全面报告它所采取的措施以及采取措施的理由。缔约国应当在已经停止实施上述措施并且正在重新执行本公约的规定时，通知欧洲理事会秘书长。"显然，公约第15条允许缔约国克减公约的某些条款，但仅限于"紧急情况所严格要求的范围"。委员会认为，政府未能拿出令人信服的证据来证明该法案第4部分提出的克减公约权利的种种措施具有正当性。尽管在"9·11"事件以后，英国可能面临着一种威胁到国家安全的公共紧急状态，但是在缺乏适当保证的情况下，委员会并不认为法案中所提出的克减措施是被形势的迫切需要所要求的。实际上，委员会否定了政府所认为的法案对公约的克减证明是正当的论点。尽管政府提出的限制令最后被议会两院批准了，但是人权联合委员会的报告和议会辩论对该法案产生了重大影响，并且

---

〔1〕 The Second Report of Session 2001～2002，Anti－Terrorism，Crime and Security Bill（November 16，2001），para. 5，see：http：//www. publications. parliament. uk/pa/jt200102/jtselect/jtrights/037/3703. htm. 访问日期为：2007年7月19日。

正如委员会成员莱斯特勋爵所指出的，“克减应当在英国法院或欧洲人权法院面前被质疑”。[1]

（三）《国内突发事件法案》

2003年6月19日，英国政府提出了《国内突发事件法案》。该法案包括三个部分，其中遭到审查与批评的是第二个部分，即关于紧急状态权力的部分。在第二部分中，法案准备赋予一种制定紧急状态条例的广泛权力，这一权力在行使过程中包含可能违反人权的要求，以及在某些情况下无需制作枢密院令就制定条例的要求。

该法案第25条规定，为了遵守1998年《人权法》的目的，包含了紧急条例的行政立法性文件将被看作一部议会法。在连同法案一起公布的咨询文件中，政府承认“这将违背保护人权免受不相容的行政立法性文件的侵害通常做法”。[2] 因此，政府对于上述规定能否包含在最终的法案中也不能确定。但同时，政府认为，政府考虑了任何进一步的灵活性是否必要的问题，因为如果作为紧急措施被引入的条例被认为是由议会制定的基本立法，那么紧急条例就不会被法院所发布的禁制令放慢或阻止，从而能够更好地处理紧急状态事件。对此，人权联合委员会的看法是，把包含条例的行政立法性文件看作为了遵守1998年《人权法》目的的议会法，其效果使得上述行政立法性文件成为《人权法》目的下的议会法。而对于联合王国的法院或裁判所来说，裁决议会基本立法无效，或仅仅以依据基本立法所作出的任何行为与公约权利不相容为由就裁决其非法是不可能

---

〔1〕 Anthony Lester, “Parliamentary Scrutiny of Legislation under The Human Rights Act 1998”, *European Human Rights Law Review* (2002, 4) p. 433.

〔2〕 The Fifteenth Report of Session 2002 – 03, Scrunity of Bills and Draft Bills: Further Progress Report (July 21, 2003), para. 3, 20, see: http: //www. publications. parliament. uk/pa/jt200203/jtselect/jtrights/149/14906. htm. 访问日期为：2007年7月20日。

的，尽管公约权利经由《人权法》已经成为国内法律的一部分。在理论上，如果上述行政立法性文件的一个规定违反了行政法的一般原则，超出了委任立法权力的范围，或不合理，或没有遵守程序先决条件，那么，法院是能够裁决其无效的。然而，“制定条例的权力的范围如此广泛，以致于使得任何条例最终不可能超出委任立法权力的范围，并且当部长作为对被恰当宣告的紧急状态的反应而制定条例时，几乎就不存在法院裁决该条例不合理的可能性了”。〔1〕委员会认为，司法审查是作为对非法的或专断的立法或行政行为的一种控制，而该法案对司法审查的上述有效性所施加的种种限制是具有普遍宪法重要性的事务。委员会表示了上述规定对人权影响的担心，尽管委员会也承认，在紧急状态下可能需要一些例外的措施，但是，“我们不得不问，当面对着尽管与公约权利存在着不相容性，并且以上述不相容性为由免受司法审查但仍然合法和有效的条例时，是否会存在着对人权，特别是《欧洲人权公约》和1998年《人权法》下的公约权利的足够保护”。〔2〕同时，委员会还指出，在1998年《人权法》施行以来所通过的任何法律当中，找不到为了《人权法》的目的而把视为次级立法的一个规定看作议会法的先例，因此委员会作出结论是：“我们强烈反对任何下述企图，即扩大被视为基本立法的行政立法性文件的范围以便使得它们免除遵守公约权利的需要。它提供了一种允许行政机关在

〔1〕 The Fifteenth Report of Session 2002 ~ 2003, Scrunity of Bills and Draft Bills: Further Progress Report (July 21, 2003), para. 3, 22, see: http: //www. publications. parliament. uk/pa/jt200203/jtselect/jtrights/149/14906. htm. 访问日期为：2007年7月20日。

〔2〕 The Fifteenth Report of Session 2002 ~ 2003, Scrunity of Bills and Draft Bills: Further Progress Report (July 21, 2003), para. 3, 23, see: http: //www. publications. parliament. uk/pa/jt200203/jtselect/jtrights/149/14906. htm. 访问日期为：2007年7月20日。

寻求议会同意之前进行立法的方式，这是以种种为人所知的或认为的与公约权利不相容的方式进行立法，与此同时否定了违法行为的受害者从法院或裁判所那里获得有效救济的权利。在我们看来，不管背景是什么，这一立法技巧的效果在人权理由上是会引起反对的”。〔1〕

人权联合委员会在2004年2月和3月进一步就该法案作出了报告。〔2〕在报告中，我们注意到，由于委员会的工作，内阁办公室部长兼兰开斯特公爵领地事务大臣、下议院议员道格拉斯·亚历山大（Douglas Alexander）已经把该法案的一个修正案列入了议事日程，以保证依据该法案制定的紧急状态条例被看作是次级立法而不是基本立法。这意味着条例在它们侵犯公约权利的范围内将是无效的。部长也告知委员会，政府原则上已经同意提出一个修正案以要求紧急状态条例包含由制定条例的人作出部长认为条款与公约权利相一致的声明。

委员会对这些行动表示了欢迎，但是委员会仍然对该法案第21条第（3）款表示担心，即“紧急状态条例可以制定能够由议会法律制定或根据王室特权的行使所制定的任何种类的条款……”委员会认为，这一条款使得下述情形成为可能，即它使得紧急状态条例试图排除依据1998年《人权法》第6条所承担的以与公约权利相一致的方式行为的义务，或具有排除上述义务的效果，因为这一条款可能具有两种不利后果：其一，可能允许条例包括一个不适用1998年《人权法》的各项条款的一

〔1〕 The Fifteenth Report of Session 2002 ~ 2003, Scrunity of Bills and Draft Bills: Further Progress Report (July 21, 2003), para. 3. 26, see: http: //www. publications. parliament. uk/pa/jt200203/jtselect/jtrights/149/14906. htm. 访问日期为：2007年7月20日。

〔2〕 The Eighth Report of Session 2003 ~ 2004, Scrunity of Bills: Third Progress Report (March 15, 2004), see: http: //www. publications. parliament. uk/pa/jt200304/jtselect/jtrights/49/4904. htm. 访问日期为：2007年7月21日。

个条款；其二，如果条例修改了基本立法，那么它们就会经由1998年《人权法》第21条被视为基本立法，这样的话，尽管它们与公约权利不相容，它们也会有效。[1] 委员会断言："我们仍然担心《国内突发事件法案》第21条第（3）款可能被解释为允许所制定的条例会解除一个公共机构所承担的《人权法》第6条的义务，随之会产生侵犯公约权利的风险。我们再一次把这一问题提交每一个议院注意。"[2]

人权联合委员会对2002年《国内突发事件法案》的草案进行审查，最终导致政府取消了该法案的第25条。

（四）《避难与移民（要求者待遇）法案》

英国政府在2003年11月提出了《避难与移民（要求者待遇）法案》。该法案第11条试图改变关于移民和避难的上诉制度，用一种单一层次的上诉制度取得原先的复合上诉制度，尤其是第11条第（7）款将引入一个新的规定，即排除就移民裁判所的判决上诉到普通法院以及普通法院对移民裁判所的判决的司法审查。人权联合委员会的成员安东尼·莱斯特（Anthony Lester）认为："它是一个气量狭窄的和极端保守的法案，它证实了最坏的担心即政府对人权和法治保证的缺乏。"[3] 人权联合委员会认为："排除高等法院对行政机关的审查管辖权是对法治的一个核心要素的直接挑战，这一核心要素包括下述原则，即人民应当享有进入普通法院检验低级裁判所的决定是否存在

［1］ The Eighth Report of Session 2003 ~ 2004, Scrunity of Bills: Third Progress Report (March 15, 2004), para. 1, 1, see: http: //www. publications. parliament. uk/pa/jt200304/jtselect/jtrights/49/4904. htm. 访问日期为：2007年7月21日。

［2］ The Eighth Report of Session 2003 ~ 2004, Scrunity of Bills: Third Progress Report (March 15, 2004), para. 1, 8, see: http: //www. publications. parliament. uk/pa/jt200304/jtselect/jtrights/49/4904. htm. 访问日期为：2007年7月21日。

［3］ Anthony Lester, "The Human Rights Act 1998 – five years on", *European Human Rights Law Review* (2004, 3), p. 263.

合法性的权利。法案第11条试图使得移民和避难程序在通常的行政法诸原则和法律责任制之外运作。这开了一个危险的先例：政府可能被鼓励采取与其他公共行政领域类似的态度。”[1] 委员会进而认为，第11条对裁判所判决的司法审查的排除并没有被政府所提出的主张证明是正当的，这种做法“存在着一种现实的危险，这会违背法治，是违反国际法、1998年《人权法》和我们普通法的根本原则的”。[2] 该法案后来在下议院被通过。但是，在2004年3月15日的上议院二读辩论期间，御前大臣表示排除司法审查的条款将从法案中被删除。人权联合委员会的成员莱斯特勋爵（Lord Lester）对这一成效表示满意，他指出，“它会被将来的数个时代记住，因为它是针对强权的傲慢和保护少数人对抗民选多数的专制的一种警告。并且它将作为针对这一届政府——或某个将来政府——破坏法治的有效司法保护的任何进一步企图的一种警告而起作用”。[3]

七、人权联合委员会的审查对立法的影响

自英国政府于1950年批准了第一个重大的人权条约，即《欧洲人权公约》以来，仅在《人权法》实施后，人权标准才被常规性地应用于政府法案的起草阶段和议会对政府法案的审查。1998年《人权法》尽管赋予了法院作出议会立法与《欧洲人权公约》权利不相容宣告的权力，但是这种不相容并不影响

---

〔1〕 The Fifth Report of Session 2003～2004, Aslyum and Immigration (Treatment of Claimants, ect.) Bill (Feburary 10, 2004), para. 57, see: http://www.publications.parliament.uk/pa/jt200304/jtselect/jtrights/35/3504.htm. 访问日期为：2007年7月19日。

〔2〕 The Fifth Report of Session 2003～2004, Aslyum and Immigration (Treatment of Claimants, ect.) Bill (Feburary10, 2004), para. 71, see: http://www.publications.parliament.uk/pa/jt200304/jtselect/jtrights/35/3504.htm. 访问日期为：2007年7月19日。

〔3〕 Anthony Lester, "The Human Rights Act 1998 - five years on", *European Human Rights Law Review* (2002, 3) p. 264.

上述立法的效力，议会基于议会主权原则仍然可以合法、有效地以一种不与公约权利相一致的方式立法，但是它在这样做时要承担相当的政治责任和风险，议会不会草率地这样做。那么，为了防止出现立法的缺陷，考虑法案的人权含义就成为了议会对法案进行审查的一个核心要素。

人权联合委员会的审查活动充分说明，它在审查政府法案的过程中起着相当重要的作用，其影响主要表现在以下几个方面：

（一）人权联合委员会的报告导致政府修改其法案

人权联合委员会的报告导致政府修改它所提出的法案，以便符合人权标准。这一成果就其程度而言体现在两个方面：

1. 导致了政府法案的较大修改。由于委员会的报告，政府对其提出的法案进行了较大的修改，主要包括 2002 年《国籍、移民和避难法案》、2002 年《刑事（国际合作）法案》、2003 年《住宅法案》和 2003 年《心智能力法案》。

2. 导致了对政府法案尽管较少，但却很重大的修改。例如，人权联合委员会在其第 5 报告中对 2001 年《反恐、犯罪与安全法案》进行审查，导致政府修改了该法案，即在对被怀疑是国际恐怖嫌疑主义的人实施拘留之前引入“合理理由”的要求。再如，人权联合委员会在其第 15 报告中对 2002 年《国内突发事件法案》草案的审查，最终导致该法案取消了第 25 条，而该条规定，为了《人权法》的目的，依据《国内突发事件法案》第 2 部分制定的紧急状态条例可以被看作一部议会法律。

上述成果的重大意义正如戴维·费尔德曼（David Feldman）所指出的，“这一进程已经在立法审查的性质和议会在审查政府的立法建议中建设性地利用人权标准的能力和自愿上透露出了有趣的曙光”。[1]

(二) 说服政府提供更多的法案信息

人权联合委员会在说服政府提出法案时扩充第19条“一致性声明”的书面信息上也获得了成功。

根据1998年《人权法》第19条，负责法案的部长在法案二读之前必须作出该法案与公约权利相一致的声明；或尽管不能作出法案与公约权利相一致的声明，但要作出政府希望议会继续该法案的声明，人权联合委员会借此可以就政府法案对人权的影响进行更为详细的审查。但是，政府对人权联合委员会的审查工作所持的态度经历了一个发展的过程。

起初，政府并不承认，为了实施1998年《人权法》，对于负责法案的部长提出的法案与公约权利相一致声明的种种理由，应当附有一种更充分的说明。在1998年《人权法》制定时，政府就认为议会辩论是最好的讨论场所，因为在这个场所里，负责法案的部长能够对他所作出的法案与公约权利相一致的意见作出解释，正如威廉斯勋爵（Lord Williams）所说的：“我们相信提出涉及一个法案与公约权利的一致性问题的最好场所是议会对法案的议事活动”。[2]

而人权联合委员会对法案的有效审查既要依靠政府的合作，也要依靠具有足够精力和专长的特别熟悉议会议事日程并擅长辩论的议员的参与，以保证与人权相关的问题能够被提出和解决。如果政府不依据1998年《人权法》第19条作出相关的声明，以事先告知委员会关于法案与公约相一致的种种理由，议

〔1〕 David Feldman, “Parliamentary Scrutiny of Legislation and Human Rights”, *public Law* (2006, Summer) p. 324.

〔2〕 Handsard (HL) Vol. 595, Official Report (WA 116) (December 10, 1998), see: http://www.publications.parliament.uk/pa/ld199899/ldhansard/vo981210/text/81210w04.htm. 访问日期为：2007年7月20日。

会就不得不在审议法案过程中努力找到政府的有关看法，这样一来，议会有限的时间就会被浪费。因此人权联合委员会依据其发展出来的审查原则，在更早的阶段就催促部长作出书面声明，以便委员会能够高效地实施它的审查工作，并于该法案在议会的通过期间给予议会及时的建议。

在人权联合委员会的推动下，政府对委员会的上述要求给予了积极的回答。2001年12月18日，御前大臣欧文勋爵（Lord Irvine）在书面答复中说："政府同意对相关指导作出修改，以便在2002年1月1日以后首次被提出的所有政府法案的解释性说明将引起人们对法案所提出的主要公约问题的注意。我希望这会进一步帮助议会对这些问题的辩论"。[1] 2001年11月，议会两院对议事规则进行了修改，要求提出法案者在每一个法案中都附上一个备忘录，以包括"关于法案与公约权利的一致性的一种意见声明"。

自2002年1月1日以来，每一个政府法案都要发布一个解释性说明，该说明包含了政府在法案与公约一致性问题上所持观点的概要，以便人权联合委员会和议会充分了解政府对法案的看法。2002年的《警察改革法案》是采用这种解释性说明的第一个法案。在审查该法案时，人权联合委员会对这种新的方式表示了欢迎，它认为，"通过使得明白什么问题被考虑更为容易，这极大地帮助了议会"。[2] 然而，人权联合委员会继续努力，要求政府对更完全的理由作出说明，并把它作为议会辩论

---

〔1〕 The Lord Chancellor's Written Answer, Handsard (HL) Vol. 629, Official Report (WA 43) (December 18, 2001), see: http://www.publications.parliament.uk/pa/ld200102/ldhansard/vo011218/text/11218w03.htm. 访问日期为：2007年7月20日。

〔2〕 The Fifteenth Report of Session 2001～2002, Police Reform Bill: Further Report (March 25, 2002), see: http://www.publications.parliament.uk/pa/jt200102/jtselect/jtrights/98/9804.htm. 访问日期为：2007年7月20日。

和法律确定性的一个目标。在关于2002年《警察改革法案》的进一步报告中，委员会指出："我们欢迎这种发展，通过表明部长考虑了种种权利，提高了依据第19条第（1）款（a）项所作出的声明的价值。同时，我们注意到解释性说明没有非常详细地说出部长断言法案的条款与那些权利相一致的种种理由。如果提供某种更为充分的理由，解释性说明将会给予每一个议院更多的效用"。[1] 政府在其书面答复中也确认，为了考虑任何对法案的修正或在辩论中提出的任何重要的人权问题，关于每一个政府法案的解释性说明会提供最新信息。[2] 显然，这是在人权联合委员会的努力推动下产生的一个发展。这一发展提高了议会对政府法案进行审查的质量。

（三）人权联合委员会对政府法案的审查获得了法院的认可

在人权联合委员会对某些政府法案的审查中，委员会对法案的某些条款提出警告，认为它们可能侵犯公约权利，法院在后来的案件中认可了委员会的意见，并对委员会所批评的条款作出了侵犯人权的判决。

例如，人权联合委员会在审查2001年《反恐、犯罪与安全法案》时，认为该法案第四部分可能侵犯《欧洲人权公约》第5条的规定，即公民享有人身自由与安全的权利，以及第14条的规定，即公民享有不被歧视的权利。[3] 在2001年《反恐、犯

---

〔1〕 The Fifteenth Report of Session 2001 ~ 2002, Police Reform Bill: Further Report (March 25, 2002), see: http://www.publications.parliament.uk/pa/jt200102/jtselect/jtrights/98/9804.htm. 访问日期为：2007年7月20日。

〔2〕 The Lord Chancellor's Written Answer, Handsard (HL) Vol. 632, Official Report (WA 127) (March 19, 2002), see: http://www.publications.parliament.uk/pa/ld200102/ldhansard/vo020319/text/20319w01.htm. 访问日期为：2007年7月20日。

〔3〕 The Second Report of Session 2001 ~ 2002, Making of Remedial Orders 2001 (December 19, 2001), para. 38, see: http://www.publications.parliament.uk/pa/jt200102/jtselect/jtrights/037/3703.htm. 访问日期为：2007年10月20日。

罪与安全法案》第四部分，尤其是第23条中，政府提出要依据移民立法来规定未经审理就拘留被怀疑是恐怖分子的人，委员会认为，在未经审理就予以拘留的批准上，法案将冒着在那些受制于移民控制的被怀疑是国际恐怖分子的人与享有无条件留在联合王国境内的人之间作出差别对待的风险，这可能导致以国籍为由对自由权利的歧视。如果上述行为不能被证明具有客观的、合理的和相称的正当理由，它可能导致与《欧洲人权公约》第5条不相容的行为，或者与《欧洲人权公约》第5、14条都不相容的行为。

在"X诉内政大臣案"〔1〕中，上议院认可了人权联合委员会的上述意见。上议院依据1998年《人权法》裁决，2001年《反恐、犯罪与安全法》第23条是不相称的，因为它未能实现法案防止恐怖主义的目标，并且该条款容许以一种以国籍或移民地位为由进行歧视的方式对国际恐怖嫌疑分子予以拘留，这与1998年《人权法》附件1第1部分第5、14条不相容的。

从上述成果来看，人权联合委员会作为与人权事务有关的主要审查机构，其工作取得了重大成效，正如人权联合委员会的成员莱斯特勋爵（Lord Lester）所评价的，"人权审查现在是系统的，影响了在白厅中的立法准备，以及立法过程本身"。〔2〕他还进一步指出："人权联合委员会的工作在普遍增强《人权法》、《欧洲人权公约》以及国际人权法律对部长、文职人员和议员的影响上是成功的。"〔3〕而且，人权联合委员会的审查增强了政府部门和公众的人权意识，从某种意义上说，这种影响

〔1〕 X v. Secretary of State for the Home Department [2005] 2 A. C. 68.

〔2〕 Anthony Lester, "The Human Rights Act 1998 - five years on", *European Human Rights Law Review* (2004, 3) p. 262.

〔3〕 Anthony Lester, "Parliamentary Scrutiny of Legislation under The Human Rights Act 1998", *European Human Rights Law Review* (2002, 4) p. 450.

比委员会对个别法案的影响更具有普遍意义，因此，戴维·费尔德曼（David Feldman）在考察人权联合委员会的作用时指出："更重要的是它创造了这样一种氛围，在这种氛围下，有关部门以及它们的部长接受了为它们的立法提案与一系列的人权的一致性向议会作出说明的义务"。[1]

第五节　议会的立法后审查

一、何谓立法后审查

立法后审查是一个含义广泛的概念。法律委员会在一份咨询文件中曾经对此作出了说明。[2] 法律委员会指出，立法后审查是一个广泛的和未被界定的概念，它对于不同的人意味着不同的事物。许多人把立法后审查看作有着下述广泛的意图，即评价立法是否满足了所意图达到的政策目标，以及如果达到，上述政策目标是如何有效达到的。这种审查所要解决的是法律的实施是否存在任何非计划中的经济的、法律的或社会的后果问题。更为广泛地，这种审查要评价立法是否有益于普通公众或利益团体。更为狭窄的立法后审查方式，即把注意力集中在立法的法律效果上。这种审查所要解决的问题是包含在法律中的条款是否已经被执行，以及如果没有被执行，原因何在。还有更狭窄的立法后审查方式是检查已经被执行并在之后马上被修改的立法和这样做的原因。这种审查方式也会追寻导致不确定性或对现行法律具有不利影响的任何非计划中的法律后果。

---

〔1〕 David Feldman, "Parliamentary Scrutiny of Legislation and Human Rights", *public Law* (2002, Summer) p. 347.

〔2〕 Post-Legislative Scrutiny (2006) Law Commission Consultation Paper No (178), p. 31, paras 6. 6 ~ 6. 7, see: http//www. lawcom. gov. uk/closed_ consultations. htm#2006. 访问日期为：2007 年 10 月 10 日。

本书所说的立法后审查是在更为狭义上使用的，它是指议会和相关机构依据议会主权原则和法治原则对生效以后的立法所存在的不合宪之处进行修改或废除的专门活动。与前述议会立法前审查不同，立法后审查是对法律通过后在法律的实施过程中所出现的不合宪问题进行修改或废除的活动。立法后审查包括议会的审查和专门机构即法律委员会的审查。议会的审查不是一种系统的、专门的审查，而是议会通过后来的立法对存在问题的先前立法予以明示或暗示的修改或废除，这种活动涉及的只是具有相近或相同主题的前法与后法所作出的不同规定的适用，并非议会通过专门的审查来审查前法存在的问题并予以修改或撤销。而法律委员会的审查属于一种专门的法律审查，它是法律委员会依据其职权对相关法律实施审查的行为。

二、议会的立法后审查

议会的立法后审查包括明示废除和默示废除两种情形。

（一）明示废除

基于议会立法至上原则，议会不受其前任的约束，并且可以通过后来的立法修正或废除以前的任何立法。因此，要是一部法律规定它不能被废除，或者只能通过某种特殊的立法程序才能被废除，通常认为这不能约束后来的议会，后来的议会仍然能够以通常的方式废除或修正它认为有问题的法律。因此当后来的议会认为前任议会制定的法律包含了违宪内容，它就可以通过立法明确予以废除。

（二）默示废除

默示废除是指，如果一部法律与先前的法律部分或完全地不相容，那么先前的法律在不符合的范围内应当被废除。后来的法律是否包含明确的废除与修正先前法律的规定并没有关系。因为也可能存在着这样的情况，即议会法律之间的不相容并没有被立法起草者注意到，但是只要两部法律之间存在着不相容，就表明后来的法律在两者不相容的范围内默示废除了先前的法律。在默示废除的情况下，先前法律的不合宪之处被后来的法律推定废除。显然，这种废除不是议会自觉进行的一种系统的合宪性审查活动。

在判例中，默示废除原理也得到了应用。“沃克斯霍房地产公司诉利物浦公司案”[1]就是一个典型例子。在该案中，1919年《土地征收（赔偿估价）法》第2条规定了公共机构为了公共目的强制购买土地的赔偿估价，以及第7条第（1）款规定了“土地借以被授权征购的法律或命令，或与此有关的被具体化的任何法律的种种规定，应当与在这一法律中所处理的事务有关，具有受制于这一法律的效力，并且在其与这一法律不相容的范围内那些规定应当终止其效力或不应当有效……”1925年《住宅法》第46条规定，被强制征购的土地的赔偿评估依据该法所制定的改善或重建计划以一种在某些方面不同于1919年法律规定的方式进行。原告要求对他们被强制购买的财产进行赔偿。被告则主张，按照1925年《住宅法》的规定，不需要支付上述费用。因此，本案的关键是1919年法律是否能够保护它自己不受后来法律的废除或修改。王座分庭裁决，议会约束它之后的立法机构不能制定与它不相容的法律规定是违反联合王国宪法原则的，1925年《住宅法》中没有明确提及对1919年法律的规定作出修改或废除并没有关系。法院有义务适用1925年的法律，通过默示，1919年的法律规定因违反宪法原则而被废除了。

法官莫姆（Maugham）在两年后的“艾伦·圣房地产公司诉卫生部长案”[2]中明确地指出：“根据我们的宪法，立法机构不能约束它自己关于后来的立法形式，对议会来说，制定那些

〔1〕 Vauxhall Estates Ltd v. Liverpool Corporation [1932] 1 K. B. 733.

〔2〕 Ellen St Estates v. Minister of Health [1934] 1 K. B. 590.

在处理同一主题的后来立法时不能被默示废除的法律是不可能的。如果在后来的法律中议会决定明确表明更早以前的法律要在某种程度上被废除，那么仅仅因为它是议会的意愿那一意图就要被赋予效力。"[1]

显然，默视废除原理是传统的议会立法至上原则的结果：如果议会不能就立法的内容约束将来的议会，那么与以前的法律相矛盾的后来的立法必然必须被认为废除了不相容的以前的规定。如果议会法律能够阻止它将来被一部后来的法律废除，那么显然将存在着对议会主权的一种约束或限制，这样一来，后来的议会将受到更早以前的议会所制定的法律的约束，其结果就是立法的范围将日益缩小。这将导致下述后果，即凡是议会通过的立法，只要该立法中规定了它不能被后来的立法修改或废除，那么，它就具有永久适用的效力，从而导致法律的修改和废除将成为不可能，正如尼尔·帕普沃斯（Neil Parpworth）所指出的："最终在这一方面会得出一个论点，即不存在进一步的立法的需要了，因为法律全书充满了不可废除的法律。这将是荒唐的"。[2] 因此，默示废除原理实际上表明，如果议会所制定的前后两部法律之间不相容，最近的议会意志胜出，尽管后法没有包含对前法作出修改或废除的明确规定。

三、法律委员会实施的立法后审查

法律委员会是一个独立的法定机构，它是根据1965年《法律委员会法》的规定设立的，同时设立的还有苏格兰法律委员会。法律委员会的成立目的是促进法律改革。法律的改革是议会两院的任务，法律委员会本身不能实施它所建议的改革方案，但是它能够对法律改革进行必要的深入调查和广泛咨询，并在

---

〔1〕 Ellen St Estates v. Minister of Health [1934] 1 K. B. 590, at 597.

〔2〕 Neil Parpworth, *Constitutional and Administrative Law* (Third Edition), Oxford University Press, 2005, p. 3.

此基础上提出法律改革方案，而它所提出的法律改革方案往往是议会实施法律改革的前提。

法律委员会的职责是接收并审查所有的相关法律，具体来说，是审查这些法律的系统化发展和改革，尤其包括上述法律的法典编纂、消除法律中不规则的地方、废除过时的和不必要的法律、减少单独的法律的数量，以及法律的简化和现代化。

在法律委员会的上述职责中，有一项是与违宪审查有关的，那就是法律委员会对过时的、不必要的法律所进行的审查，这种审查针对已经生效的法律，如果它违反法治原则、侵犯公民的基本权利，那么法律委员会就可以提出废止或修改的方案，并提交议会作出决定。由于法律委员会本身并不能实施法律改革，它所提出的法律审查方案只能在议会采纳后才能实施，因而法律委员会虽然是一个独立的机构，但是从它所从事审查活动的最终效力意义上说，法律委员会的违宪审查活动构成议会的立法审查的内容。法律委员会如何实施立法后的违宪审查呢?〔1〕

（一）法律委员会的组成

法律委员会有5名全职的成员，包括1名主席和4名委员。委员由御前大臣任命。主席的任期为3年，其他成员的任期为5年，任期可以延长。被任命为法律委员会主席的人应当是担任英格兰和威尔士高等法院或上诉法院的法官职务的人。被任命为法律委员会委员的人应当是御前大臣认为具有适合担任司法职务资格的人，或具有1990年《法院和法律服务机构法》所规定的一般资格的人，或具有大学的法律教师经历的人。

---

〔1〕 本部分的内容主要参考：Vision Statement：The Law Commission and Government Working Together to Deliver the Benefits of Clear, Simple, Modern Law, June 2004 [updated August 2006], see：http：//www. dca. gov. uk/pubs/reports/lawcomm – vision. htm. 访问日期为：2007年10月19日。

法律委员会由行政长官辅助工作，大约有20名政府法律服务处的成员、4名或5名负责起草改革或合并法律的法案的议会顾问，大约15名调查助手、1名图书馆员和一个团体服务小组。

（二）法律委员会的工作内容

为了达到审查法律的目的，法律委员会可以从事下述活动：①接收并考虑可能被提出或提交给它的关于法律改革的建议；②就涉及改革的法律的不同部门的检查准备方案提交给部长，这些改革包括关于应当实施上述检查的机构（法律委员会或其他机构）所提出的建议；③依据部长批准的建议，利用法案草案或其他形式，对法律的特定部分进行检查并对改革建议作出规划；④应部长的要求准备关于审议和制定法修订的综合方案，以及依据部长所批准的任何上述方案从事法案草案的准备；⑤向政府各部门和其他机构提供建议和信息，或经联合王国政府或苏格兰行政院的提议就任何法律部门的改革或修改提出建议；⑥获得其他国家的法律制度的上述信息以便可能促进委员会职能的履行。

部长应当向议会提出由法律委员会准备并经批准的方案，以及由委员会依据上述方案系统阐述的任何改革建议。法律委员会的每一个委员都应当就他们的行动向部长作出一份年度报告，部长应当向议会提出包含他认为合适意见的上述报告。

（三）法律委员会的审查程序

法律委员会在审查法律的合宪性时首先要考虑委员会是否有必要进行审查，一般来说，委员会会考虑下述标准：①重要性。该标准是指需要审查的法律所达到的不令人满意的程度，如不公正，以及从法律的废除中可以获得的潜在利益；②适当性。该标准是指独立的非政治的法律委员会是否是实施审查的最适合机构，以及在经过法律研究和咨询后法学家是否能够恰当地提出关于法律的审查建议；③资源。该标准是指法律委员会及其工作人员是否有着相关的资格和经验、资金能否获得，以及改革方案能否满足计划的要求。1965年《法律委员会法》要求委员会把法律部门的检查方案提交给御前大臣批准。御前大臣在作出决定之前，会征求部长委员会关于法律委员会的意见。

一旦方案被批准，法律委员会就会准备一个更为详细的计划和实施方案。委员会同时会与其他有利害关系的部门联系，该部门应当在1个月内作出答复以表明它是否在该方案中确实具有相关利益。

一般来说，法律委员会会采取下述通常手段：

1. 对需要审查的法律领域进行研究，并确定其存在的缺陷。为了更好地实施审查，法律委员会会检查其他法律制度，以便看它们是如何处理类似问题的。为了获取更多关于其他人是如何看待这些问题以及他们所关心的领域的信息，法律委员会往往会采取下述方式：①举行讨论会；②成立咨询团体，如工作小组；③发布新闻稿，征求意见；④拿出问题文件，如调查表。为了更好地进行研究，法律委员会可以雇用专家顾问，也可以请求来自于最重要部门的专家予以帮助。

2. 委员会随后发布一个咨询文件，该文件发表在一个新闻稿或新闻简报中。该文件详细阐述了现行法律及其缺陷，给出支持和反对可能的解决办法的种种论点并征求意见。该文件会发给所有有利害关系的部门。委员会会通知有利害关系的部门发表意见的时间。各部门应当考虑它们是否希望对咨询文件作出答复，以及是否在咨询文件所表明的期间内作出答复。部门的答复应当表明它们是否代表部长或仅仅是官员的意见，它们是否应当被看作是包括在委员会可能发表的咨询中的正式答复。

委员会还会把咨询文件的副本发给有利害关系的其他人和机构，包括媒体；并鼓励任何感兴趣的公众作出意见反馈，包括对委员会可能没有处理的问题的意见或它提出的某项事务的可能影响的意见。

委员会将详细检查所得到的答复，并寻找新的方法、观点和证据。委员会会根据要求尽可能获得对它的咨询文件的答复，除非被咨询者私下里已经明确或暗示地作出了答复。

在这一阶段中，委员会会经常举行与应答者的会议。另外，委员会往往还会举行进一步的讨论会以讨论详细的要点。再者，各部门应当在适当的时候参加相关的会议，尤其是委员会可能想要与各部门讨论它所提出的新结论。

3. 法律委员会从上述咨询活动的详细分析结论中确定和系统阐述它的政策，并随后起草一份报告，提出最终的建议及其理由，如果合适，还会在报告中附上一个法案草案，用于实施委员会的建议。报告将被提交给相关的政府部门。

（四）政府部门对法律委员会报告的答复及法律委员会的进一步反应

法律委员会作出报告并将报告提交给相关政府部门后，后者应当予以答复。一般说来，政府部门对报告的答复不属于法律委员会的法律审查活动，但是法律委员会的法律审查活动与政府部门对其报告的答复是密切相关的，因为一旦法律委员会拿出一份报告，只要报告的建议具有可行性，政府就会予以考虑并作出反应，而如果政府拒绝对报告所做结论或建议作出答复，法律委员会的报告就会丧失价值。因此，政府的答复是决定法律委员会的审查工作是否能够取得成效的重要因素，为此，有必要要求政府部门对法律委员会报告所做答复进行说明。

对法律委员会所报告的主题承担最重要责任的政府部门有责任保证，政府在与其他有利害关系的当事人协商后及时作出是否接受、修改或拒绝报告所提建议的决定。随后，政府部门应当向委员会提供一个书面答复，分条陈述上述决定。

政府部门应当尽力在法律委员会报告发表后的6个月内作出答复。如果在6个月内无法作出答复，政府部门应当在相同的时间段内作出一个详细的临时答复，尽可能表明它有意向接受、修改或拒绝的建议，以及表明进一步考虑和决定的时间表。无论如何，政府部门应当在法律委员会报告发表的两年半的时间内，作出关于它们是否意图实施该报告的最后决定。临时的和最终的答复应当送交法律委员会的最高首脑，并把上述答复的副本送交法律委员会的部长委员会秘书。

如果，政府部门的官员在考虑报告时有意向建议部长拒绝报告所提建议或对建议进行重大修改，在政府部门的官员完成其对部长的建议之前，应当给予法律委员会讨论和评论官员所提理由的机会。

一旦政府部门作出了结论，通常就由承担报告主题的最重要责任的部门，通过在下议院中的书面部长声明和上议院中的议会答复向议会宣布政府部门的结论。政府部门应当通知法律委员会作出上述宣告的内容和时间安排。

法律委员会的部长委员会秘书负责监督答复和实施委员会报告的进程。当法律委员会发表报告时，秘书就会写信给相关政府部门，提醒该部门在6个月内作出答复。5个月后秘书还会作出进一步的提醒。秘书也会向政府部门征求关于每一个1月和7月告知部长委员会实施委员会建议的进程的所有未完成报告的最新信息。

在报告被发表的两年半时间内，政府部门必须通过下述行动之一，提供一个最终的答复：①提供关于报告的一个最终决定；②确认政府部门正在积极的考虑之中，以及给予作出决定的一个固定日期；③明确表明政府部门不会对报告的进一步工作作出计划。在③中，秘书会把法律委员会的报告看作是没有被实施，并从监督未完成的报告体系中予以取消。政府部门应当把它们的最终答复送交法律委员会的最高首脑，并把答复的副本送交部长委员会秘书。

报告发表后，法律委员会会密切关注它的工作结果。在政府部门决定接受或拒绝报告所提建议，以及如果它决定接受时，它们将如何实施的问题上，委员会是非常愿意帮助政府的。这种帮助有时候被称为委员会的“售后服务”。服务方式主要包括：①对其报告的背景作出说明；②对其起草的任何附随的法案或其他立法作出说明；③处理政府部门或其他人提出的问题；④出席与官员和/或部长的会议；⑤帮助部门评估委员会起草的报告和任何附随的立法。

（五）法律委员会的工作成效

法律委员会的工作成效与它的独立性具有密切关系。法律委员会是一个非部门公共机构，它能够维持与政府各部门的强劲的工作关系，与此同时保留其独立性。这意味着，委员会在方案的运行期间就影响评估与政府部门进行定期的交流与合作，在作出报告促进法律改革建议实施后为各部门提供建议和帮助，与各部门就包含在委员会工作计划中的项目的发展和选择进行合作，与此同时保留委员会按照其所发现的内容作出报告的独立性。政府会尊重并保证维护委员会的独立性。这种独立性本身是委员会工作的质量和可信性的一个重要组成部分，它使得委员会能够吸引具有最高水平的专家任职于委员会，并且保证各项方案被冷静地执行，不受政治的或其他方面的不适当影响。

一旦法律委员会发表了报告，决定接受还是拒绝它的建议，或者作出重大修改，就是相关政府部门的责任。如果政府部门接受了建议，相关部门就要保证对建议进行必要的立法。在大多数情况中，对部门来说，关键是从相关的内阁委员会获得政策许可余地和在政府的立法计划中竞争一个位置，尽管某些更小的法案可能适合于分给一个普通议员或上议院议员。对法律委员会建议的实施来说，一个越来越重要的问题在于议会立法时间的压力，以及对政府事项的优先立法意味着委员会的建议或者不得不等待更长的时间或者根本没有被实施。

议会制定法律的历史已经超过 750 年了。尽管许多年代久远的法律已经被废除了，仍然还有许多法律是过时和不必要的。到目前为止，委员会所提出的法律改革建议有超过 2/3 已经被实施；其他的建议等待政府作出决定或议会进行辩论。

第三章　法院对国家机关权限争议的处理

第一节　法院对王室特权的审查

一、何谓王室特权

君主在历史上曾经享有直接或间接控制行政机关、立法机关和司法机关的最高政治权力，而君主权力的来源就是王室特权。王室特权一词来源于拉丁文“*pre*”（在前）和“*rogo*”（我命令），它是指君主命令并且有权力在所有其他人面前享有优先地位。在当代英国，君主的权力实质上是由政府行使的。

在王室特权的初始阶段即1688光荣革命以前，王室特权由君主的个人权力构成。尽管斯图亚特国王在这方面表露出明显的专断权力的愿望，但英国君主从来就不是一个专制主义者——中世纪的国王如果没有贵族的实际支持将既无法进行经济上的统治，也无法进行军事上的统治。贵族的支持实际上是以君主接受对其自身统治权力的某些限制为前提的。那些限制既明确地规定在制定法中，也规定在普通法中，君主没有议会或者法院的支持是不可能改变它们的。这一时期的宪法史充分反映了国王与议会之间在政府权力的分配上所产生的一系列争执。在国王尽力通过特权或者“诰书”进行统治与议会通过制定法限制王权的权力之间存在着不间断的斗争，除了斗争发展为内战，法院通常都是王权与议会斗争的重要场所。

在17世纪，关于王室特权可以如何被使用以及为何目的可以被使用的问题，法院所作出的判例往往充满了模糊性和矛盾性。当时非常急迫的一个基本法律问题就是，在原则上和实际上，君主特权是否拥有优越于议会立法的宪法地位。

在1688年革命以前，法院有时会坚决地反抗国王的特权。在1602年“垄断案”[1]中，法院对伊丽莎白一世的特权进行了司法抵制，理由是她试图在纸牌的生产和进口上创设一种垄断，法院认为，这是违背“公共利益”的。

在1607年“国王禁止令状事件”[2]中，詹姆斯一世声称他拥有一种作为法官进行审判并且在他认为合适的时候发展普通法的神授权力。他认为，既然法律是建立在理性基础上的，而国王和其他人与法官一样都有理性，国王当然也有上述权力。以首席法官柯克（Coke）为主的法官则否定这一主张。尽管法官们承认国王不服从于任何人，但他们认为国王应当服从于法律，并且直到他在许多法律规则上获得了足够的专门技巧时，他才有资格作为法官进行审判。这一专门技巧不仅是一种“自然理性”或者“常识”的东西，而且要求长期的学习和经验这样一种人为的理性。这一判例在对君主作出限制的同时，也加强了法院的权力。同样，在1611年“诰书案”[3]中，首席法官柯克（Coke）对国王通过特权进行统治的能力施加了相当严格的限制。他坚持认为，国王仅仅拥有那些普通法已经承认的特权，他不能授予他自己新的特权。然而，令人遗憾的是，不是所有的法官都像柯克（Coke）那样致力于把国王的个人权力维持在法定界限以内。

在“贝兹案”[4]中，中心问题是关于国王管理对外贸易的特权以及议会阻止国王未经议会批准征税的法定权力，实际上

---

〔1〕 Case of Monopolies (1602) 11 *Co. Rep.* 84b.

〔2〕 Prohibitions Del Roy (1607) 12 *Co. Rep.* 63.

〔3〕 Case of Proclamations (1611) 12 *Co. Rep.* 74.

〔4〕 Bate's Case (1606) 2 St. Tr. 371.

反映了君主权力与议会法律制定权的冲突。贝兹拒绝支付国王强加于葡萄干的进口关税，他认为这一关税是不合法的，因为它没有经过议会的批准。国王回答说，这根本不是一种税，而是一种管理贸易的措施。正因为这样，它是非常合法的——所征收的钱仅仅是管理权力的一种附带的财产。这一抗辩的合理性显然是成问题的。但是法院最终作出有利于了国王詹姆士一世的判决，理由是外贸的规定来自于国王在对外事务上的特权。英国学者伊恩·洛夫兰（Ian Loveland）认为，国王的这一行为在当时不一定是违宪的，因为在当时法律至上的理念还没有被确立。[1] 直到 1689 年《权利法案》通过时，才对这一问题作出了明确的解决。《权利法案》第 4 条明确规定，未经议会批准，借口国王特权，为国王征税，或供国王使用，皆属非法。

与“贝兹案”相似的是 1637 年的“船钱案”[2]。该案中，当时特权被扩张到允许国王为了抗击外来入侵而征收一种叫做船钱的特别税作为军事开支，这一特权是被认可的。当查理一世在 1637 年试图征收船钱税时，一个叫约翰·汉普登的人拒绝支付。汉普登承认上述特权的存在，但是他争辩说它只能是在军事上的紧急情况实际要发生时才能被行使。在某种意义上，法院同意了汉姆登的抗辩，认为船钱税只有当紧急情况发生时才能被征收，但是法院也认为只有国王在法律上有资格判断紧急情况是否发生，对于国王的判断，法院不能表示怀疑。

1686 年的“戈登诉黑尔斯案”[3]则是君主希望通过特权而不是议会的批准利用法院的灵活性进行统治的一个最明显的例子。詹姆士是一个对天主教有着强烈同情心的国王，当议会

---

〔1〕 Ian Loveland, Constitutional Law: Acritical Introduction (Second Edition), Batterworths, 2000, p. 77.

〔2〕 Case of Ship - Money (1637) 3 St. Tr. 825.

〔3〕 Godden v. Hales (1686) 11 St. Tr. 1165.

通过了几个取消天主教教徒在政府部门任职资格的法案后，詹姆士试图代表一个天主教教徒公民即爱德华·黑尔斯爵士，通过宣布黑尔斯在就职之前无需对新教教宣誓忠诚来推翻这些法案。尽管这明显地违反了议会法律，但是法院坚持认为它是君主特权的一部分，即如果有必要，国王在特殊情况下可以享有豁免。并且就像在“船钱案”中那样，对于是否有必要，国王是唯一的裁判。

值得庆幸的是，国王在“贝兹案”、“船钱案”和“戈登诉黑尔斯案”中的那些专断做法随后被1689年的《权利法案》所禁止。

自1688年以来，君主的个人政治权力在实际意义上已经明显地衰退了。现在女王在很大程度上仅仅是一个有名无实的首脑，在当前的英国宪法体制中行使着某些仪典性和象征性的功能。但是这并不意味着特权已经消失。从最实际的效果上看，特权是由政府代表君主的利益来行使的。

那么，到底什么是特权，哪些权力属于特权范围？在这一问题上有两种观点。一种是由布莱克斯通提出的狭义观点。布莱克斯通认为：“对于‘特权’一词，我们通常理解为特殊的优越性，即国王以其拥有君主尊位的权力可以凌驾于众人之上，并且不受普通法的一般规定所制约的权力……此外，还包含有这样的意思：特权本质上必须是独一无二的，并且是非常规的；特权不同于其他权利，只能是仅由国王单独享受的权利和身份，不包括国王和其他臣民都能享受的权利。”[1] 在他看来，特权是基于国王的政治身份才能做的事情，诸如宣战或者授予爵位的权力是专属于国王的，它们可以称之为特权。签订契约、借

〔1〕［英］威廉·布莱克斯通：《英国法释义》，游云庭、缪苗译，上海人民出版社2006年版，第267~268页。

贷、雇佣人员的权力则不应当被看作是特权的一部分，因为任何其他的公民在法律上都可以做这些事情。另一种是由戴雪所提出的广义观点。在戴雪看来，政府所能合法地行使的不仅有制定法的渊源，而且可以在法庭被实施的一切权力都是特权。戴雪的观点在今天已经被普遍地接受了。

那么政府享有哪些特权呢？政府特权在对外方面的最重要表现是领导外交事务的行为和签订国际条约的行为，在国内领域中诸如召集和解散议会、任命部长、授予爵位、任命法官、特赦罪犯或者中止刑事诉讼，以及规定雇佣文官的任期和条件的行为。当然，这并非政府特权的所有内容，但是它足以表达这一点，即特权仍然是政府权力的一个实质上的重要来源。

上述大多数权力可以在两种方式上被行使，或者是直接的或者是间接的。特权的直接行使不必采用任何文件形式，外交政策通常就是以这种方式行使的。特权的间接行使则通过枢密院令，它经常授予部长行使一系列自由裁量权的法定权力，如改变文官的雇佣任期通常经由这种间接程序作出的。

不管使用特权的方式是什么，特权的继续存在提出了两个有价值的宪法问题：一个是法律上的，另一个是政治上的。法律上的问题实质上就是政府与司法机关之间的关系问题：哪些特权要服从于法院的司法审查，并且在什么情形下和根据哪些标准法院可以进行干预以控制政府行为？政治上的问题则集中在政府与议会两院之间的关系上。诸如开战、签订条约、给予特赦等这些重要的政治决定未经大多数议会成员明确的预先同意是否应当被采取。由于政府与议会两院之间的关系主要通过政治途径解决，而对于王室特权的范围及其行使的认定，主要通过法院来解决，因此下面所论述的是法院通过诉讼途径如何对王室特权进行审查。

二、法院如何审查王室特权

从司法判例来看，法院对王室特权的审查主要涉及下述方面：

（一）政府的权力是来源于制定法还是特权以及行使特权的事实是否存在

政府所行使的权力来源于制定法还是特权，对法院的审查会有重大影响。一般来说，如果政府的权力来源于制定法，法院会审查制定法是否授予了政府相关的权力，如果制定法没有授予政府相关的权力或政府所行使的权力超出了制定法的授权范围，法院可以进行严格的审查并宣告其越权无效。如果政府的权力来源于特权，法院的审查就会比较慎重。我们以政府以国家安全为由征收财产的权力为例说明这个问题。

政府所行使的最重大的特权之一是在战时为军事目的，即保护国家安全而没收财产。这一权力在一战期间被屡次行使。政府认为它的行为是合法的，但不是所有被征收者都赞同这一看法，其中最有争议的一点就是对私人财产的征用是否必须支付赔偿金给所有者。提出上述问题的第一个重要判例是"权利请愿案"〔1〕。该案涉及军队为军事目对一个商业飞机场进行征用。该飞机场的所有者主张没有给予赔偿金而征用财产的特权仅仅在诸如外国军队登陆英国领土这一实际入侵的紧急情况下才能被行使，而且不能被长时间用作建立空军基地的目的。高等法院和上诉法院认可了征用权力仅仅存在于"入侵"的情况中。然而，所有者的赔偿要求未得到支持，因为所有法官都认为"入侵"的概念是在现代军事术语的含义上被解释的。法院举例说，一架飞入英国领空的德国飞机或者飞船在 1915 年与发生于 1637 年的交战国部队在丹佛登陆一样都属于入侵。这一解释原则有相当的重要性，因为它意味着残留的王室特权的实际范围可以被合理地延伸到迄今为止尚未影响到的领域。

---

〔1〕 Re a Petition of Right［1915］3 K. B. 649.

权利请愿案的判决在另一方面也具有重大意义。在前述“船钱案”中，法院判定什么是保护国家安全所“必要的”的问题被认为是君主唯一保留的权力，这是一个不受司法裁判的问题。在“权利请愿案”中，法院看来是要求政府论证“入侵”的情形是否实际存在，并且有关的财产没收对于抗击这一危险是否必要。然而，对政府来说，这种证明似乎并不是一个费劲的事情。

从“船钱案”到“权利请愿案”的判决表明：法院从最初肯定君主是决定何为国家安全所必要的问题的唯一裁决者发展到要求政府证明为国家安全征收财产的必要性，显然，法院对政府特权的审查力度更为严格。

“扎莫拉案”〔1〕则涉及法院对政府行使权力所需事实的强调。扎莫拉是一艘来自中立国家的运输铜货物的船。当它停靠码头时英国政府扣押了船和货物。在该案中，法院承认，法官既不足够专业，在宪法上也没有资格与政府辩论行使这一特权的国家安全理由是否充分，然而，在这一案件中，政府根本拿不出任何证据表明政府的上述行为是国家安全所必需的。法院认可了没收船只的特权在某种情形下是可以的，但是上议院也认为，政府并没有显示出行使这一权力的事实前提已经具备。并且除非那些事实被证明存在，否则权力就不能被行使，最终法院判决这一没收行为是不合法的。

“扎莫拉案”显示了对法院在“船钱案”中所采纳立场的一种转变。该判决表明，在缺乏相反的明确立法规定的情形下，行政机关必须使法院相信导致一项法定权力行使的事实的确存在。

（二）制定法与特权的关系

王室特权并非都来源于制定法，但是当王室特权与制定法

---

〔1〕 The Zamora, [1916] 2 A. C. 77.

发生冲突时，是王室特权优先还是制定法优于王室特权呢？或者说，议会所制定的法律与王室特权在同一事务上谁具有优先性？

上议院在“总检察长诉德·凯塞皇家旅馆有限公司案”[1]中作出的判决权威性地解决了制定法与特权之间的关系。在该案中，政府希望利用德·凯塞旅馆为皇家航空部队的行政总部提供住宿，为此，政府与德·凯塞皇家旅馆有限公司进行协商。政府起初声称根据法定权力征收该旅馆，并且开始与该旅馆协商赔偿费用。经过长时间的协商之后，政府提出了17 000英镑的赔偿费用，然而该旅馆坚持要赔偿19 500英镑。政府被该旅馆的行为激怒了，于是政府宣布中止了与该旅馆的协商，并声称它可以依据特权征收该旅馆而不支付任何赔偿费用。旅馆的所有者并没有对政府拥有的法定征收权提出质疑。然而在该案中有两个实质性的问题有待裁决。首先，这一权力来源于制定法还是特权？其次，无论它的来源是什么，这一权力是否可以要求政府支付赔偿金给受其影响的财产所有者？

首先，法院并没有认可该案属于上述权利请愿案原则的适用范围。该财产的没收并不足以说明政府所提出的防止入侵的理由是正当的。上议院法官萨姆纳勋爵（lord Sumner）也清楚地表明，法院有能力调查相当于紧急情况的一种事实情况是否实际存在，而不是简单地听从政府在这一问题上的看法。上议院负责审理此案的五名成员都没有确认政府拥有在战时非紧急状态下未经赔偿就征收财产的特权。在那些情形下征收财产的权力毫无疑问是1688革命后留给王权残留特权的一部分，问题是该权力是否可以在未给予所有者赔偿的情形下被行使。当时法院没有找到具有指导性的判例，然而法院对那些过去征用行

〔1〕 Attorney – General v. De Keyser's Royal Hotel [1920] A. C. 508.

为的调查表明，它们都同时伴有赔偿金的支付。正如法官阿特金森勋爵（Lord Atkinson）所指出的："正如我所理解的，结论是政府似乎未曾为这些目的在未经赔偿的情形下征收臣民的土地，并且没有迹象表明政府，甚至在斯图亚特时代，经由王室特权行使或主张拥有如此行为的权力或权利。"[1] 在该案中，总检察长争辩说，法院应当授予政府一个新的特权。然而，法院认为，对于这一要求，法院在宪法上没有作出同意的法定资格。这一结论意味着如果政府被授予了未经赔偿而征用旅馆的权力，则该权力必须来自于制定法。

在1914年的《领土巩固防御法》通过之前，调整政府为防御目的征收财产的主要立法是1842年的《防御法》。该法给予了政府非常多的征用权力。与此同时，它对那些权力的行使也附加了非常严格的程序条件，并且也规定被征用财产的所有者应当得到赔偿，数额应当由相关领域的陪审团决定。1842年的《防御法》在1914年并没有被废除。然而，它的效力可能受到了包含在1914年《领土巩固防御法》中权力的影响。1914年《领土巩固防御法》第1条规定："枢密院有权发布条例保护公共安全和领土防御……"该条第（2）款详细列出了这一普遍权力的一个具体例子："任何那样的条例都可以规定中止对土地征用或者使用的任何限制……或者根据1842～1875年的《防御法》行使任何其他权力。"随后在1914年11月通过的一个条例授权军事官员，如果"为了保护公共安全或者领土防御的目的"有必要的话，可以征用土地或者建筑物。政府主张，1842年法律中所设定的支付赔偿金的义务是对政府为防御目的获得土地的一种"限制"，因此按照1914年《领土巩固防御法》第1条第（2）款，上述规定可以被条例所中止，在1914年11月通过

[1] Attorney-General v. De Keyser's Royal Hotel [1920] A. C. 508, at 539.

的条例就被认为有这一作用。德·凯塞皇家旅馆公司对这一主张的回答是，“限制”这一概念不仅适用于包含在1842年《防御法》中的程序条件，而且适用于赔偿金这一单独的问题。对此，法官莫尔顿勋爵（Lord Moulton）认为：“支付赔偿金的义务不能被看作一种限制。它是征收的结果，但决不是限制它，并且因此……（德·凯塞）有权利获得那一法律所规定的赔偿金”。[1] 法官阿特金森勋爵（Lord Atkinson）的判决为这一结论提供了最好的解释，他认为，“限制”的字面含义取决于上下文原则，这一上下文原则来自于对意图保护个体公民财产的法治原则的严格理解，“法律承认的制定法解释规则是，除非制定法明确作出要求，否则制定法不能被理解为未经赔偿就可以拿走公民的财产”。[2] 阿特金森勋爵（Lord Atkinson）还坚决否定了总检察长的下述主张：处理同一事务的特权与法定权力可以并存，政府可以选择行使最适合其目的的这两种权力中的任何一种。阿特金森勋爵（Lord Atkinson）认为，一个成文法的制定，“缩减了王室特权，尽管它在这一范围上是有效的：政府只有依据并且符合成文法的规定才能做特别的事情，并且它做那一事情的特权也要等待成文法对其作出规定”。[3] 显然，在“德·凯塞案”中，法院得出了特权在宪法上的效力低于制定法这一明确的结论。

上诉法院在“雷克航空有限公司诉贸易部案”[4]中的判决进一步强调上述结论。对比“德·凯塞案”，“雷克公司案”所处理的是制定法与特权并不是重叠而是交织在一起的一种情形。

---

〔1〕 Attorney – General v. De Keyser's Royal Hotel [1920] A. C. 508, at 551.

〔2〕 Attorney – General v. De Keyser's Royal Hotel [1920] A. C. 508, at 542.

〔3〕 Attorney – General v. De Keyser's Royal Hotel [1920] A. C. 508, at 539 ~ 540.

〔4〕 Laker Airways v. Department of Trade [1977] Q. B. 643.

在这种情形中，制定法并不试图取代特权，而是在与特权相结合的情形下被使用。法院认为，在这样的情形下，制定法在宪法上的优先地位要求特权只能以促进而不是妨碍议会意图的方式被行使。

（三）从“有限审查”发展到充分审查

传统的英国宪法理论认为，如果议会不希望行政法的默示条款适用于特权行为，它就必须在立法中作出明确的表示。在缺乏明确的立法规定的情形下，如果政府所行使的权力没有得到授权，或者权力“不合理地”被行使，或者决定是通过“不公正程序”作出的，那么一个政府机构对法定权力的行使将是越权无效的。然而，法院对政府依据特权采取的行为所进行的审查，在传统上仅仅根据政府所行使的权力是否得到授权这一标准来进行判断。

在传统理论中，特权的实施被广泛地认为只服从于“有限审查”。在20世纪80年代以前，宪法学家的传统看法是，法院不愿对确实存在的权力是否应当以某种方式或者为某些目的而被行使作出判断。法定权力的行使所服从的“不合理性”或者“程序公正”的原则似乎并不适用于政府对特权的行使，因此尽管法院对政府声称的特权的存在和范围进行了考虑，但是法院不会考虑政府行使特权的方式。换句话说，法院只对政府特权是否存在作出判断，但是对政府特权的行使方式和程序则不予过问。

上述理论和主张在判例中得到了支持，例如，“中国航空有限公司诉总检察长案”〔1〕的判决表明，就特定特权只服从于有限审查。在该案中，有待裁决的特权是政府对武装部队的控制。上诉法院指出，在某些特定方面，这一特权已经受到了制定法

---

〔1〕 China Navigation Co Ltd. v. Attorney General [1932] 2 K. B. 197.

的限制。然而，对于仍然存在的特权，“国王通过其部长们行使不受控制的自由裁量。法院不能质疑它……”[1] 但是，这一判决并没有表明法院认为这一结适用于所有的特权。

从20世纪60年代末期以来，法院对特权仅仅实施有限审查这一传统立场发生了改变，法院对特权的审查从有限审查发展到更为广泛的充分审查。在这一阶段有四个案例值得密切关注。

第一个是“王国政府诉刑事伤害赔偿委员会案”，由雷起诉[2]。雷女士是一位警察的遗孀。她认为她的丈夫受到伤害在其死后所获得的赔偿数额并没有根据已经公布的标准得到适当的评估，于是她对刑事伤害赔偿委员会行使其权力的方式提出了质疑。该委员会主张法院无权审查特权的行使。然而，法院坚持认为这一特殊的特权应当被审查。法院的主要理由是委员会实质上行使的是“司法”职能。法院认为，委员会有根据已公布的规则支付赔偿的明确义务，这恰恰就是一项“应受法院审判的”职能。与“船钱案”那些案件所涉及的复杂的国家安全问题不同，对这个问题，法院完全有资格作出裁决。该案判决显然是对传统立场的一种明显突破。该案的判决有三点值得注意：其一，判决仅仅限于刑事伤害赔偿委员会行使特权的行为，没有扩展到适用其它特权行为；其二，它为将来的判决判定所有的特权都应当受到充分的审查奠定了基础；其三，它暗示了充分审查应当仅仅适用于可受法院审判的特权。

第二个案件是“汉拉提诉塞弗伦—瓦尔顿的巴特勒勋爵案”[3]表明，法院的下述立场，即充分审查应当仅仅适用于可受法院审判的特权。在该案中，被判犯有谋杀罪并于1962年被

[1] China Navigation Co Ltd. v. Attorney General [1932] 2 K. B. 197, at 217.

[2] R. v. Criminal Inquires Compensation Board, ex parte Lain [1967] 2 Q. B. 864.

[3] Hanratty v. Lord of Butler of Saffron Walden (1971) 115 S. J. 386.

处决的一个罪犯的亲戚向法院起诉，指控前内政大臣在该案的审理中存在疏忽行为。原告主张，前内政大臣巴特勒勋爵在建议女王不管是给予汉拉提特赦还是将其改判为终身监禁时，因为疏忽未能适当考虑到新的证据。上诉法院裁决内政大臣的行为不构成诉由，从而否定了原告的主张。民事上诉法院院长丹宁勋爵否定了法院有资格评价特赦特权行使方式的主张，认为赦免特权是由君主根据国务大臣的建议而行使，由该国务大臣负全部责任，法院不会调查特权被行使的方式。尽管丹宁勋爵否定了法院对特赦特权的审查权，但该判决的重要意义在于丹宁勋爵将有限审查的原则限制在这一特定权力的行使方式。也就是说，丹宁勋爵的判决实际上缩小了特权不受审查的范围，它隐含了这样一层含义，即只有特赦特权才不受有限审查，其他特权都应当接受审查。当然，他并没有暗示这是一个普遍适用的原则。

第三个案件是由霍森鲍尔起诉"王国政府诉内政大臣案"[1]。霍森鲍尔是一名到英国进行新闻采访的美国记者，在他的准许居留期快到期时，内政部以国家安全为由决定驱逐他出境。霍森鲍尔认为，内政部未能提供关于对他的指控的有关情况，以致于他无法进行答复，对此，丹宁勋爵首先确认这是一个涉及国家安全的案件，在这种时候，"当国家本身遭到危险时，我们所珍视的自由可能不得不退居第二位。甚至自然公正本身也要退避三舍"。[2] 接着他指出："在一方面的国家安全利益与另一方面的个人自由之间存在着一种冲突，平衡两者不是法院的事情，它是内政大臣的事情。内政大臣是由议会委托担

〔1〕 R. v. Secretary of State for the Home Department, ex parte Hosenball [1977] 1 W. L. R. 766.

〔2〕 R. v. Secretary of State for the Home Department, ex parte Hosenball [1977] 1 W. L. R. 766, at 778.

当此任的人。……在本案中我们确信，内政大臣本人作出了他的考虑，而我们没有任何理由怀疑内政大臣已慎重地考虑了全部问题。至于他用什么方法去做，他是向议会而不是向法院负责。"[1] 该案判决表明，当涉及国家安全利益时，政府行使权力的方式不在法院审查之列。

几年以后，在"雷克航空公司诉贸易部案"[2]中，丹宁勋爵对可受法院审查的特权的标准增加了另一个限制。在该案中，丹宁再一次把他的判决局限于政府根据《百慕大协定》对航线的指定这一特殊的特权上，但是这一次他判定权力应当服从于充分审查："鉴于特权是为了公共利益而被行使的一种自由裁量权力，表明它的行使可以被法院检查，就像赋予行政机构的任何其他自由裁量权力可以被法院检查一样"。[3]

第四个案件是"高瑞尔特诉邮政工人工会案"[4]，它涉及法院对总检察长所行使的告发人诉讼这一特权的审查。告发人诉讼是由总检察长代表政府行使的一种特权，它使得总检察长能够在公民个体不能或者不愿起诉的情形下为保护公共利益而启动民事诉讼。在该案中，邮政工会决定抵制往返于英国与南非之间的邮件 24 小时，以表达对南非政府种族隔离制度的不满。根据《邮政法》，这构成了一项刑事犯罪。然而，出于政治原因，政府决定不控诉工会。高瑞尔特先生是一个名叫"自由联盟"组织的一个成员，该组织对邮政工会的行为和政府未能提出控诉的行为都表示了极大的不满。因此，高瑞尔特先生请求总检察长启动告发人诉讼，发布一项禁制令以阻止继续禁送

---

〔1〕 R. v. Secretary of State for the Home Department, ex parte Hosenball [1977] 1 W. L. R. 766, at 783.

〔2〕 Laker Airways v. Department of Trade [1977] Q. B. 643.

〔3〕 Laker Airways v. Department of Trade [1977] Q. B. 643, at 705.

〔4〕 Gouriet v. Union of Post Office Workers [1978] A. C. 435.

邮件。总检察长拒绝了他的要求，高瑞尔特于是向法院请求审查他的决定。

在高瑞尔特案之前并没有判例支持启动告发人诉讼的权力可以由法院进行审查，相反，判例表明启动告发人诉讼完全是在总检察长控制范围内的一种特权。上诉法院的丹宁勋爵与上议院之间对该案产生了意见分歧。丹宁勋爵认为，应当抛弃将告发人诉讼完全排除在法院监督之外这一传统观念，然而，他在处理时采取了非常谨慎的做法。丹宁勋爵首先在总检察长启动告发人诉讼的情形与他拒绝启动告发人诉讼的情形之间作出了一种区分。他进而认为，在前一情形下，法院不能质疑特权的行使。但是对于拒绝启动告发人诉讼的行为，法院可以质疑。丹宁勋爵指出，如果法院不对此进行干预就会容许刑事法律因豁免而受到侵害。

从法律上说，丹宁勋爵的分析并没有违宪的地方。特权是普通法上的一个概念，而普通法是由法院发展出来的一个能动的和开放的并可以由法院不断修正的制度，丹宁勋爵带有革新性的判决可以被认为在法律上是站得住脚的。他并没有推翻制定法，只是说一个过时的普通法规则应当被一个新的普通法规则所取代。然而，上议院推翻了丹宁勋爵的激进判决，他们认为，当上述特殊特权被行使时法院不应当干预，是否启动告发人诉讼是一个只有政府才有资格决定的公共利益问题。上议院认为，从政治而不是法律的意义上说，该判决将是违宪的，因为它破坏了政府在这一问题上的政策。

直到20世纪80年代初期，否定所有特权的行使都在司法监督之外这一传统立场的观念逐渐成为主流。如果法院能够判定依据制定法行使的行政行为在某些情形下是不合法的，当然也可以对那些在特权的行使中政党政治色彩不太浓厚的行为作出判定。显然，这种宪法主张植根于功能主义而不是形式主义的框架之内。如果法治的功能是保护公民免遭专断的或者不可预期的政府行为的侵害，那么有什么理由说因为政府权力的来源是特权就应当是恰当的呢？特权的使用同样可以像依据制定法行使的行为那样对公民造成严重的影响。“公务员工会委员会诉文官事务部长案”[1]为法院解决这一问题提供了很好的机会。

“文官工会委员会诉文官事务部长案”也就是著名的 GCHQ（英国政府通讯总部的简称）案。GCHQ 的许多雇员都属于某一个文官工会。当时，文职人员并没有签订雇佣合同。他们的工作条件和期限一般是由枢密院令规定的，这是特权的一种间接行使。按照规定，在 GCHQ 工作的文职人员的工作条件应当在文官事务部长与工会对所提议的变更进行协商之后才可以改变。20 世纪 80 年代初期，工会举行了罢工，这在某种程度上导致 GCHQ 收集情报工作的中断。当时的首相，即玛格丽特·撒切尔，同时也是文官事务部长，对上述行为作出了反应，决定禁止 GCHQ 的雇员参加工会，而那些拒绝从工会中退出的雇员将被重新安排到机密程度不高的岗位。首相在推行这一改革之前并没有与工会进行协商。

工会对首相的行为进行质疑，理由是首相未能与其进行协商，因而认为她是以一种程序上不公正的方式作出这一行为的。工会请求法院适用法定审查特权的标准。政府提出了两点答辩意见：其一，这是一种特权，不适用以程序不公正为由进行审查；其二，即使程序公正原则可以适用于这一特权，法院也不应当干预，因为该问题涉及“国家安全”。

上议院首先以一种明显突破传统原则的态度否定了政府的第一个答辩意见。法官弗雷泽勋爵（Lord Fraser of Tullybelton）明确地指出：“毫无疑问，如果 1982 年的枢密院令是依据制定

[1] Council of Civil Service Unions v. Minister of Civil Service [1985] A. C. 374.

法的授权制定的，那么第4条关于授予部长权力的规定就将被解释为受制于公正行为的义务。我无法明白为什么授予同样权力的规定仅仅因为它们的来源是依据特权制定的枢密院令就应当作出完全不同的解释。"[1] 法官罗斯基尔勋爵（Lord Roskill）同样有力地得出上述论点，他说他不能理解："下述做法有什么合乎逻辑的理由，即权力的来源是特权而不是制定法这一事实在今天就应当剥夺公民质疑这一权力行使方式的权利，而公民享有的只是质疑法定权力来源的特权。在这两种特权来源的任何一种情形中，待考虑的行为都是行政行为。谈到这一行为就像谈到过去几个世纪里至高无上的权威遗风一样"。[2] 法官的这些意见确认了，在现代，法院对政府权力的可审查性依赖于政府权力的性质，而不是其来源。然而在通常的宪法原则这一点上，上议院对传统立场的改变并不意味着工会最终获得了成功。上议院对政府权力性质的考虑还涉及GCHQ案的第二个重要的方面，即特权的可审查性问题。法官迪普洛克勋爵（Lord Diplock）指出，如果争端是一种通过司法审判的方式无法解决的事务。那么，政府权力是不应受法院审判的，并且因此不服从于审查。不受司法审查的问题不是一个简单的A诉B的案子。民选的政治家，而不是非民选的法官，才是作出这些决定的适当人选。他认为，国家安全是"突出的一个不受法院审查的问题。司法程序完全不适合处理它所牵涉到的这种问题"。[3]

实际上，对于首相作出的以国家安全为由撤销工会成员资格的这一声明，上议院拒绝调查它的真诚性或者合理性。在前

〔1〕 Council of Civil Service Unions v. Minister of Civil Service [1985] A. C. 374, at 399.

〔2〕 Council of Civil Service Unions v. Minister of Civil Service [1985] A. C. 374, at 417.

〔3〕 Council of Civil Service Unions v. Minister of Civil Service [1985] A. C. 374, at 412.

述“船钱案”中，法院认为国王不必为他的判断，即领土安全正处于危险之中提供任何证据支持。与此相比，在“扎莫拉案”[1]中，法院至少要求政府提供某些证据来证明它有真实的理由以证实国家安全受到了威胁。GCHQ 案的判决似乎遵循了“扎莫拉案”原则。法院要求政府出具宣誓书确认部长已经真诚地考虑了这个问题。但是对政府来说，这似乎并不困难。

值得注意的是，在 GCHQ 案中，法官罗斯基尔勋爵（Lord Roskill）提出了一个被排除在法院审查之外的特权种类的名单，这些特权是“签订条约、保护领土、特赦特权、授予荣誉、解散议会以及任命部长”。[2]

当然，即便是法官罗斯基尔勋爵（Lord Roskill）所开列的不受法院审查的特权名单，这些特权也并非绝对不受法院审查。“王国政府诉外交和国家事务大臣案”，[3]由艾弗瑞特起诉就是一个典型的例子。艾弗瑞特是一个在西班牙已经获得了合法居留权的被指控的罪犯，当时英国与西班牙并没有签订包括指控艾弗瑞特所犯罪行的引渡协议。当艾弗瑞特的护照到期时，英国外交部拒绝予以更新。护照的发放属于政府的特权，政府坚持的政策是，当申请人是逮捕令的对象时则不予更新护照。外交部的拒绝意味着艾弗瑞特先生不能离开西班牙。外交部给他提供了一条返回英国的路线，但是因为他一到达英国就会被逮捕，所以他决定拒绝这一提议。艾弗瑞特随后向法院提起了对外交部决定的审查。政府的主要答辩意见是：这一问题以及更新护照属于外交政策问题，因而属于法官罗斯基尔勋爵（Lord

〔1〕 The Zamora，［1916］2 A. C. 77.

〔2〕 Council of Civil Service Unions v. Minister of Civil Service［1985］A. C. 374，at 418.

〔3〕 R. v. Secretary of State for Foreign and Commonwealth Affairs，ex parte Everett［1989］Q. B. 811.

Roskill）所提出的排除法院审查的特权范围。上诉法院否定了这一主张。上诉法院法官奥康纳（O'Conner）认为："在我看来明显的是，特权的行使……是这样一个领域，在这个领域中，常识告诉人们，如果为某种原因一个护照因一个不好的理由被错误地拒绝，法院就应当能够对它进行调查。"〔1〕上诉法院法官泰勒（Taylor）认为，外交关系上的不可受审查性仅能扩展到"高度政策性"的问题。他并没有准确地界定这一概念，但他似乎是指有着国家安全含义或者直接影响英国与他国关系的那些事务。他认为，发放护照不是一个包含高度政策性的问题，而仅仅是一个行政决定。正因为如此，它才应当服从于充分审查。

在由本特利起诉"王国政府诉内政大臣案"中，〔2〕，法院有效地扩展了它在审查政府特赦特权方面的权力。德勒克·本特利是一个在智力方面有严重缺陷的年轻人，他在1952年被判犯有谋杀罪并于1953年被处以绞刑。本特利曾经是一个杀人犯的同谋，该杀人犯16岁，因年龄太小而没有被处以死刑。尽管陪审团建议本特利无需处以死刑，审判法官还是判处了他死刑。当时内政部长拒绝给予本特利特赦。在本特利死后，他的姐姐艾丽丝·本特利发起了一场历时40年的运动，其目的就是为了确认要么她弟弟是无辜的，要么，在最低程度上，他不应当被判处死刑。到20世纪90年代初期，艾丽丝·本特利的努力使许多人相信本特利曾经受到了不公正审判。在1992年，她请求内政部长给予她弟弟死后的无条件赦免。当时的内政大臣肯尼思·克拉克（Kenneth Clarke）拒绝了她的请求。肯尼思·克拉克（Kenneth Clarke）表明他个人相信本特利不应当被判处绞刑，

〔1〕 R. v. Secretary of State for Foreign and Commonwealth Affairs, ex parte Everett [1989] Q. B. 811, at 817.

〔2〕 R. v. Secretary of State for the Home Department, ex parte Bentley [1994] Q. B. 349.

但是他不能给予赦免，因为他没有获得任何证据表明本特利的谋杀行为在道义和技术上是无罪的。

法院否定了内政大臣提出的上述特殊特权就其本身而言是不可审查的主张。法院将其分析建立在似乎是 GCHQ 案原则的逻辑延伸的基础上："法院的权力不能仅仅通过诉诸'特权'这一词就被剥夺了"。[1] 在该案中，摆在法院面前的问题实质上不仅是一个在决定该案中是否应当给予赦免牵涉到的不同的道义和政治因素时，内政大臣应当如何平衡的问题，这个问题不受审查，但同时，它也是一个当内政大臣的最初回答是建立在对其权力范围的一种重要误解基础上时他是否应当被要求重新作出其决定的问题，这是个明显的法律问题。法院认为，在后一个问题上，看不出在审查的可行性上存在宪法上的障碍。

很明显，法院对政府特权的行使所进行的监督比 1688 年革命前更为严密。自"王国政府诉刑事伤害赔偿委员会案"[2]以来，法院审查权力的范围在理论上有所增加。通过扩展可审查性的范围，对于政府以那些似乎与法治的传统理解不相符的方式行为的能力，法院能够施加更为严格的控制，正如上议院法官帕穆尔勋爵（Lord Parmoor）所指出的："种种宪法自由的增长主要在于行政机构的自由裁量权力的缩减，以及在一系列制定法下有利于国民的议会保护的扩大。结果是，尽管王室特权曾经给予了大多数的政府行政职能以法定许可，现在它被限制在相对比较狭窄的范围内。王室特权不可避免地逐渐在缩减，因为一个已被确定的法治取代了一种不确定的和专断的行政自由裁量。"[3]

---

〔1〕 R. v. Secretary of State for the Home Department, ex parte Bentley [1994] Q. B. 349, at 363.

〔2〕 R. v. Criminal Inquires Compensation Board, ex parte Lain [1967] 2 Q. B. 864.

〔3〕 Attorney – General v. De Keyser's Royal Hotel [1920] A. C. 508, at 568.

我们可以以丹宁勋爵在“雷克航空公司诉贸易部案”[1] 中所说的一段话作为法院审查王室特权的一般原则。他说：“特权是一种可以由行政政府为了公共利益而行使的自由裁量权力，它是在法律没有作出规定的政府行为的某些领域中行使的，例如（为了领土防御而征收财产的）战争特权，或（与国外签订条约的）条约特权。法律并不干预行政机构在那些情形中恰当地行使自由裁量权，但是它能够通过界定行为的范围设定限制，而如果自由裁量不适当地或错误地被行使，法院就可以干预。那是我们宪法的一个根本原则。”[2]

第二节　法院对议会特权的审查

一、议会特权是什么

1688 年“光荣革命”在英国确立了君主立宪制，议会尤其是下议院逐步拥有广泛的职能，但是“光荣革命”及其随后的发展并没有完全解决议会特权的几个重要的理论和实际问题，例如，议会两院的特权扩大到什么程度，议会两院拥有的特权是革命后保留的剩余权力还是可以创设新的权力，议会特权是否高于议会法律或普通法？如果议会特权与议会法律或普通法发生冲突，有权对此作出裁决的是法院还是议会？

英国缺少一部成文宪法典以及英国宪政发展的渐进性特点在很大程度上加深了对上述问题的认识和理解难度。本节试图通过司法判例阐释普通法背景下英国法院是如何审查议会特权的。

议会特权是一项古老的议会权利，英国学者伊恩·洛夫兰

〔1〕 Laker Airways v. Department of Trade [1977] Q. B. 643.

〔2〕 Laker Airways v. Department of Trade [1977] Q. B. 643, at 705.

(Ian Loveland) 认为，议会特权早在1450年就已经在英国宪法中采取了一种协调一致的形式，因为从那时起议长就在新一届议会召开时向国王宣称下议院享有古老的权利和特权。[1]

从性质上说，议会特权是议会法律和习惯的一部分；从内容上说，它是由确认议会所享有的特殊权利和法定豁免权的规则构成的。根据英国学者亚力克斯·卡雷尔的观点，议会特权以下述形式存在着：①成文的和不成文的议会惯例；②制定法，如1689年的《权利法案》、1840年的《议会文件法》、1990年的《广播法》；③先例，包括承认特权或者其范围被视为特权的司法判决，以及当特权问题出现于任何一个议院时所采取的各种议会解决方法。[2]

具体而言，议会特权主要表现在以下几个方面：①言论自由；②议员不受逮捕的自由；③通过下议院进入政府的自由；④议会的自主管理权，即对议事规程的管理和对议员资格和行为的管理；⑤下议院的惩处权，即惩处违反议会特权和藐视议会行为的权利；⑥弹劾的权利；⑦控制政府财政和提出所有财政法案的权利；⑧觐见君主的权利。

议会特权的存在有其必要性和合理性。在英国普通法发展的早期，支持议会特权存在的理由是：它对于议员和议会不受外在干预、独立地履行职责而言是必要的，为此，这些特权优先于其他公共机构或个人所享有的特权。而在现代英国社会，议会特权的合理性在于，依照英国宪法体制中固有的宪法原则，议会成员应当行使其涉及公共利益的职责并作出判断，不受包括新闻界和压力集团在内的非议员的干扰，以及避免受到法院

---

〔1〕 Ian Loveland, *Constitutional Law: A Critical Introduction* (Second Edition), *Butterworths*, 2000, p. 212.

〔2〕［英］亚力克斯·卡雷尔著：《宪法与比较法》（影印本），法律出版社2003年版，第178页。

强加的对其自由的限制。[1]

二、法院管辖之外的议会特权事务

在英国普通法中，有关议会特权的许多规则是在法院管辖之外的。例如，1911 年《议会法》第 3 条规定，某些基本问题必须由下议院议长决定，下议院议长所做的决定书无论如何都是终局性的，不得在任何普通法院提出质疑。具体而言，法院对涉及议会特权的下列事项一般不予干预：

（一）上议院议员的资格认定

这里有两种情况：①议会通过制定法律对上议院议员的资格作出规定，如终身贵族、圣公会大主教是当然的上议院议员；②上议院通过决议对某些人是否成为上议院议员作出决定。不管是哪种情况，上议院议员的资格认定大体是由议会决定的。

（二）下议院议员的资格认定

19 世纪中期以前，对于一个特定的候选人是否被取消了选举资格或一个公民是否有选举权，下议院享有排他性的决定权。这一权利为上议院在"巴纳迪斯顿诉索姆案"[2]中的判决正式承认。19 世纪中期以后，根据 1868 年《议会选举法》，上述管辖权被授予了法院。现在，关于选举申诉的决定权归王座分庭法官主持的选举法庭行使。然而，尽管目前法院有权判定议员是否经由正当程序产生，但某人是否具有当选下议院议员的资格是由下议院决定的。

（三）议会的议事行为和程序

议会享有管理其内部议事活动及其程序的权利，因而对下述事项，法院是不予干预的：①议会法案的通过程序，在议会两院，只要法令在两院获得通过并得到御准，法院是不能干涉

---

〔1〕 David Feldman, *English Public Law*, Oxford University Press, 2004, p. 131.

〔2〕 Barnardiston v. Soame [1674] 6 St. Tr. 1063.

议会两院是按什么程序通过的；②议会特别委员会的议事程序；③议会委员会向议会提供报告的有效性；④下议院对它所要讨论或考虑的事项作出的决定；⑤议会为其议事活动制定规则以及确认上述规则是否被遵守。

需要指出的是，非议会成员在议会或议会特别委员会中作出声明或发表言论属于议会议事行为，同样受到免于诽谤诉讼的议会特权的保护。例如，法官菲尔德（Field）在“戈芬诉唐纳利案”[1]的判决中指出，特权委员会为达到调查目的有权要求证人出席并回答相关问题，否则构成对议会的藐视。因此，证人向议会委员会所做的声明构成了议会特权的一部分，它不能构成诽谤诉讼的根据。

（四）议会特权是否受到侵犯

虽然法院有权确定某项议会特权是否存在，但是，特权是否受到侵犯则由下议院自行决定。

（五）议会对议员的行为是否符合议会行为规则所做的裁决

20世纪90年代初期至中期，英国发生了一系列下议院议员“付费提问”以及公共服务方面的丑闻之后，下议院采取了更为严格的自我管理体制，例如，设立了议会标准和特权委员会，制定了议员行为规则，并任命一个议会标准监察专员负责对议员的行为进行调查并报告给议会标准和特权委员会。对于议会标准监察专员能否公正地调查议员违反议员行为标准的案件，以及议会标准和特权委员会与下议院在前者调查的基础上能否作出公正的裁决，人们曾有过担心。为此，议会委员会曾经提出一些改革建议，例如给予议员上诉权利，或者由法院或其它

---

〔1〕 Goffin v. Donnelly [1881] 6 Q. B. D. 307.

独立法庭审查议会或议会标准和特权委员会作出的裁决。[1] 但是，这些建议并未得到议会公共生活标准委员会和下议院的支持。因而，议会或议会标准和特权委员会依据议员行为规则对相关议员所作出的裁决不受法院干预。

（六）议会调整其内部事务的权利

这一特权包括下述内容：①议会通过决议决定什么时候进行中期选举的权利；②决定某一特定成员是否被剥夺议员资格的权利；③开除因被判犯有严重刑事犯罪、藐视议会等罪行而被认为不适合继续任职的议员的权利。

（七）议会的惩戒权力

议会的惩戒权力是指议会惩处违反议会特权和藐视议会特权行为的权力。违反特权是指滥用或扰乱任何早已确立的议会特权的行为。藐视议会特权是指妨碍议会或其成员的行为，或冒犯议会或议会尊严的任何法案或行为。诸如拒绝向议会或议会的任何一个委员会提供证据或提供错误证据；妨碍证人向议会或议会委员会提供证据；向议会作出含有虚假内容的个人声明；不遵守议会命令等。

议会惩戒权力在某种程度上会与法院的司法管辖权发生冲突，例如，议会在惩处议员或其他人时常常未能给予其公正的听证权利，而公正听证权利是普通法上的自然公正原则所要求的。英国普通法判例在这一问题上确立的一般原则是法院拥有对这一议会特权的性质和范围的审判权，但总的来说，法院

---

〔1〕 例如，The Fifth Report of the Committee on Standards and Privileges（2000～2001 HC 267），Appendix 1，see：http：//www. publications. parliament. uk/pa/cm200001/cmselect/cmstnprv/267/26705. htm. 访问日期为：2007 年 7 月 26 日；The Eighth Report of the Committee on Standards in Public Life（Cm 5663，2002），see：http：//www. public－standards. gov. uk/publications/8th_ report. aspx. 访问日期为：2007 年 7 月 26 日。

还是认可这一议会特权的。例如，在“斯托克戴尔诉汉萨德案”[1]中，法院承认议会有惩罚藐视议会特权行为的权力。

议会对被裁定违反议会特权或藐视议会特权的人可以实施开除、停职、训斥、监禁和罚款的处罚。[2] 议会虽然在上述事务上享有排除法院管辖的权力，但是它不能通过决议创设一种新的议会特权，早在前述“斯托克戴尔诉汉萨德案”中，议会和法院就承认：除了制定法，它们中的任何一个都无权创设新的特权，因此，除非经过议会法律正式授权，否则议会不能创设新的特权。

三、法院如何审查议会特权

在英国普通法的发展过程中，关于议会特权的界限和排他性管辖权问题长期处于一种含糊的状态，正如英国学者厄斯金·梅所指出的：“三个半世纪以来，在特权事务上法院的权限与任何一个议院的管辖权之间的边界仍然没有完全被确定”。[3] 法院与议会之间在上述问题上一直存在着诸多争议，法院对涉及议会特权的事务的避让与审查共存于英国普通法的发展过程中，只是在不同时期、不同阶段法院的态度有所不同而已。

（一）议会特权的确立和巩固以及法院对议会特权事务的避让

17 世纪，英国议会与国王经常发生冲突，这一时期出现了王室干预下议院事务的许多著名事件。例如，1629 年，埃利奥特（Eliot）、霍利斯（Holles）和瓦伦丁（Valentine）等三名下议院议员就因为对国王查理一世进行批评，并倡议对王室特权施加限制而被逮捕并被判入狱。1688 年“光荣革命”结束后的

---

〔1〕 Stockdale v. Hansard (1839) 9 A. & E. 1.

〔2〕 罚款的权力被法官曼斯菲尔德勋爵（Lord Mansfield）在“王国政府诉米德案”（R. v. Mead [1763] 3 Burr 1335）中所否定，此后，议会再也没有实施过罚款的权力。

〔3〕 Erskine May, Parliamentary Practic, p. 145，转引自 Patricia M Leopold, “Proceedings in Parliament: the Grey Area”, *Public Law* (1990, Winter), p. 475.

第二年，为了从法律和政治上限制国王的权力，议会通过了《权利宣言》，规定了议会所享有的权利，强调了下议院不受王室的直接或间接干涉。随后，《权利宣言》被纳入1689年《权利法案》，明确了议会管理其内部事务免受外在干预的权利，其中第9条明确规定："在议会中言论或辩论的自由不应当在任何法院或议会之外的地方被控告或质疑"。[1] 议会作出上述规定的初衷是防止以国王为首的行政部门再次作出妨碍议会运作、侵犯议员言论自由的行为，但它在客观上也排斥了当时法院对以议员辩论和言论自由为主要表现的议会特权的可审查性。而且在许多年后，这一相对比较清楚的保护原则被不断扩展，甚至涵盖了下议院提出的形形色色的权利要求。随着议会自尊感的不断膨胀，议会声称它拥有更大范围的特权，特权范围不仅包括议员，而且包括议员的土地、动产及其随员，议会的要求在当时及其以后很长的时间内也得到了法院的承认。

1884年，王座法院在"布雷德洛诉戈塞特案"[2] 中确立了法院处理议会议事行为的一般原则。该案的原告查尔斯·布雷德洛是一名无神论者，在议会选举中被选为北安普敦郡的议员。议会认为，由于他的无神论宗教观，布雷德洛没有资格对议会所要求的忠诚誓言进行宣誓。因此，议会决定对其予以开除。议会认定1868年《议会宣誓法》没有赋予布雷德洛可以选择无宗教信仰的权利。对此，法院认为，尽管这项决定在法律上或许是错误的，但议会的决定不能被质疑；下议院对其内部议事行为的实施不受法院的控制，议会的所言和所行不能在法院被

〔1〕 早在1621年，下议院就宣称"每一个议员都有除议会本身的谴责之外免于所有控告、监禁或干扰而自由考虑任何议案、发言、辩论，或对任何事务或涉及议会的事务作出声明"，参见 Geoffrey Marshall, "Impugning Parliamentary Impunity", *Public Law* (1994, Winter), p. 509.

〔2〕 Bradlaugh v. Gossett (1884) 12 Q. B. D. 271.

调查，正如法官斯蒂芬（Stephen）所说的：“看来要遵循的是下议院在涉及其内部自身议事活动的调整上享有解释制定法的排他性权力；并且，即便这种解释是错误的，法院也没有权力直接或间接干预它”。[1] 在这一案件中，法院明确表示了对议会管理其内部议事活动的权限的避让。同样的原则也应用于由赫伯特起诉“王国政府诉格雷厄姆—坎贝尔案”中[2]。在该案中，法院裁决，法院对下议院内阁委员会就是否违反售酒时间和地点法规的行为没有管辖权。

议会特权的确立及其范围的扩大所导致的一个消极后果是，下议院议员及其随员频繁地利用它逃避众多的法律义务，这种做法引起了相当多的公众批评。公众的压力最终导致议会缩减特权的范围。1770 年议会通过了《议会特权法》，其中第 1 条明确规定：“任何人在任何时候都可以提起和依法进行任何针对上议院或下议院成员或其他冠以议会特权行事的人的行为或诉讼……并且那样的诉讼在任何时候都不应当以任何议会特权为借口被怀疑、阻止或搁置”。

从文义上理解，上述规定似乎废除了禁止特权在法院被质疑的限制，甚至包括了《权利法案》第 9 条的内容。1958 年，下议院请求枢密院对 1770 年《议会特权法》有关上述规定的适用范围进行解释。[3] 枢密院采用了目的解释原则，认为对上述规定产生争议的根源在于下议院议员身上所表现出来的一种日益膨胀的偏好，即诉诸议会特权作为反对所有针对议员的民事诉讼的借口，而不是下议院议员本身对言论自由特权的享有。枢密院认为，议会的言论自由在 1688 年“光荣革命”后的短短数十年间就被议会缩减其范围是不可想象的，因而判定 1770 年

---

〔1〕 Bradlaugh v. Gossett (1884) 12 Q. B. D. 271, at 281.

〔2〕 R. v. Graham - Campell, ex parte Herbert [1935] 1 K. B. 594.

〔3〕 Re Parliamentary Privilege Act 1770 [1958] A. C. 331.

《议会特权法》仅仅适用于那些并非针对“议会议事行为”的法律诉讼。换言之，议会议事行为仍然是不受法院质疑的。

（二）在普通法的发展中，法院对议会特权事务的不同程度的审查

与法院在某些判例中对议会特权事务的消极避让形成鲜明对照的是，在英国普通法的发展过程中，对于议会声称拥有决定自身特权的绝对权力这一观念，法院在不同时期都进行了不同程度的质疑。

早在18世纪初期的“阿什比诉怀特案”[1]中，上议院就对议会声称拥有决定自身特权的绝对权力的观点提出了不同看法。在该案中，阿什比于1702年的英国大选期间作为选民参加选举，但被当时的艾尔斯伯利市市长怀特所阻止。当时，下议院享有对有争议的选举作出裁决的权力，但是，该案涉及的并不是对选举结果的争议，因而不存在下议院行使上述管辖权的问题。然而，王座法院的法官仍然坚持认为，上述问题是议会特权事务，不属于法院的管辖范围。于是，阿什比向上议院提出上诉。上议院推翻了王座法院的判决。上议院认为，议会可以对其既得特权的行使进行判断，但是这一特权是否存在，是属于法院处理的法律问题。此外，上议院还否定了下议院享有决定一切有关选举事项的专属权力的主张。

在随后不久的“帕蒂案”[2]中，法官霍尔特（Holt）坚决主张议会特权对普通法和制定法的次级地位。他说：“提起那样的诉讼被下议院宣称为违反了他们的特权；然而，这种宣称不会使得那样一种特权在以前就不是特权。但是假如他们享有上述特权，他们应当表明存在这种先例……他们的这一特权通过

〔1〕 Ashby v. White (1703) 2 Ld. Raym. 938.

〔2〕 Paty's Case [1704] 2 Ld. Raym. 1105.

使人们受到监禁在很大程度上关涉人身自由，而未经议会立法，人身自由是不能受到管制的。”〔1〕

在阿什比和帕蒂案中，法官霍尔特（Holt）表达了议会主权和法治作为优先于议会特权的宪法原则的主张，然而令人遗憾的是，这一主张并没有完全被确立。尽管这样，法官霍尔特（Holt）对于法院、制定法与议会特权的关系所表明的立场逐渐获得了理念上的认同与实践上的支持。

1840 年下议院曾经通过一项决议指出，任何法院都无权直接或间接地讨论或决定提交到法院的涉及议会特权的任何问题。在“斯托克戴尔诉汉萨德案”〔2〕中，法院就拒绝承认下议院的这一决议。在该案中，针对下议院报告是一种议事行为因而不受司法管辖的主张，首席法官登曼勋爵认为，那样的主张是与议会主权和法治的传统理解背道而驰的。下议院或上议院在特权事项上的宪法权限仅仅适用于对现存特权的应用。在现存特权的行使上，普通法院不会干涉。但是议会不能授予其新的特权。而且，确定议会现存特权范围的权力并不属于以决议为其根据的议会，而是以普通法为根据的法院。法官德曼勋爵（Lord Denman）的推理遵循了霍特法官在前述阿什比案和帕蒂案中的意见。该案充分表明了法院所持的主张，即下议院毫无疑问享有必要的和重要的特权，但是法院是议会特权范围的裁定者，而非下议院。尽管下议院就其管辖范围内的事务所作出的决定不受法院审查，但是法院有义务调查提交到法院的事项是否在议会的管辖范围之内。〔3〕

---

〔1〕 Paty's Case［1704］2 Ld. Raym. 1105, at 1113.

〔2〕 Stockdale v. Hansard (1839) 9 Ad. & E. 1.

〔3〕 “斯托克戴尔诉汉萨德案” 所提出的关于如何保护议会出版文件的特殊法律问题后来由议会通过制定 1840 年《议会文件法》解决了。该法第 1 条授权议长发布批准书以阻止针对根据任一议院的命令所出版的文件的法律诉讼。但是在更为普遍的意义上说，该法律并没有提供解决法院司法管辖权与议会特权保护之间的矛盾冲突的最终宪法依据。

要把握法院与议会特权关系的发展，还有一个如何理解1689年《权利法案》第9条的问题。对此，在英国宪法学界大致有两种观点。一种观点认为，第9条排除了在任何地方提起涉及议会议事行为的诉讼，这是一种传统的广义解释。另一种观点认为，第9条仅仅具有禁止议会议事过程中的所言和所行成为刑事或民事诉讼对象的这一效力，它并不阻止议会议事行为在别的地方被用作证明所实施的违法行为的证据。这是一种狭义的解释。从英国普通法的发展来看，前一种解释为多数人接受。

"普雷布尔诉新西兰电视有限公司案"[1]是法院处理议会特权问题的一个重要判例。在该案中，尽管枢密院对议会材料可以用于诉讼证据的主张予以了否定，但法官布朗—威尔金森勋爵（Lord Brown - Wilkinson）在该案中表明了，法院在处理立法机构、言论自由与司法利益三者之间关系的一种合理态度。他谈到了相互冲突的三个公共政策问题：首先，保证立法机构能够自由地行使其代表选民权力的需要；其次，保护言论自由的需要；最后，保证所有相关证据可以提交到法庭的司法利益。长期以来，法律一直确定第一种利益在这三种公共利益中必须占主导地位，因此诉讼当事人不能质疑议会中的所言和所行。然而，第一种公共利益占主导并不必然导致其他两种公共利益被抛弃，否则就不会存在利益冲突以及对公共利益进行平衡的问题了。他认为，《权利法案》第9条规定的议会的言论自由不应当在任何法院或议会之外的地方被控告或质疑，并不意味着它完全不可以被控告、质疑或审查。英国宪法学家杰弗里·马歇尔也表达了类似的观点，他指出："如果这些行为没有一个可以在议会之外的地方被实施，那么公民批评他们代表的行为或议事活动的权

---

〔1〕 Prebble v. Television New Zealand Ltd［1995］1 A. C. 321.

利将不会存在"。[1] 在马歇尔看来，如果是这样，那么1689年《权利法案》第9条的言论自由特权就在很大程度上阻止了公民针对议会议事活动充分发表意见的言论自由的有效行使。

值得注意的是，1996年《诽谤法》第13条修改了1689年《权利法案》第9条的效力。该条"关于议会议事行为的证据"第（1）款规定：当某人的行为是议会的行为或与议会议事相关的行为是诽谤诉讼中的问题时，他可以放弃任何法律或法规所给予的保护，这一保护即议会议事行为不应当在任何法院或议会之外的地方被控告或质疑。第（2）款规定：当某人放弃上述议会特权的保护时，上述法律或法规不能用于阻止提供其行为的相关证据或作出相关的陈述、评论或判决等，后者不应当被视为违反了任一议院的特权。事实上，"阿拉森诉海恩斯案"[2]的判决推动了该法的通过。在该案中，王座分庭认为，被告海恩斯的抗辩是为了表明原告即下议院议员阿拉森的行为是受到了不适当动机的刺激而作出的，这是被1689年《权利法案》第9条所禁止的。但是在该案中，实施议会特权而不中止诉讼对被告是不公平的，因为议会特权阻止了被告提出他所希望提出的唯一辩护，并且会允许原告在不公平的基础上继续其行为。最终，法官欧文（Owen）中止了下议院议员提起的诽谤诉讼。尽管在"汉密尔顿诉阿尔·菲伊德案"[3]中，上议院的判决确认

---

〔1〕 "Impugning Parliamentary Impunity", *Public Law* (1994, Winter) p. 512.

〔2〕 Allason v. Haines [1996] E. M. L. R. 143.

〔3〕 Hamilton v. Fayed (No. 1) [2002] 2 All E. R. 224. 在下议院议员尼尔·汉密尔顿起诉阿尔·菲伊德之前，他曾对英国的《卫报》提起诽谤诉讼，因为后者声称汉密尔顿有"付费提问"的行为。这一诉讼起初不被受理，因为议会特权本来是阻止被告以依据议会会议记录的证据为其抗辩理由的，因此汉密尔顿本来无法为自己辩白，但在1996年《诽谤法》通过之后，汉密尔顿放弃了特权并且成功地请求了对该诉讼的审理且获得准许。然而，由于其他原因审理并没有进行。汉密尔顿后来起诉阿尔·菲伊德诽谤，放弃了依据1996年《诽谤法》第13条对议会特权的相关规定。

了不得把涉及议会的所言、所行或所做决定作为法律诉讼证据，然而，需要澄清的是，上述禁止并不适用于对放弃了特权保护的下议院议员提起的诽谤诉讼。

在“斯托顿诉斯托顿案”[1]中，法官斯卡曼（Scarman）对议会特权与普通法和法院的关系作出了有利于法院的裁决：“我并不认为，我在高等法院审案时……必然要答应必须适用议会习惯的法律。我认为，为了在特定案件中确定特权是否产生，以及如果产生，它的范围和效力是什么，我必须把普通法视为司法判决中的推理根据”。[2]

（三）20世纪90年代前后法院对议会特权事务审查力度的加大

英国学者利奥波德（Leopold）认为，自1839年的“斯托克戴尔诉汉萨德案”以来一直到20世纪90年代初期的150年间，法院与议会之间在特权事务的管辖权问题上并没有产生重大的争议，其原因是议会与法院之间已经形成了对各自权利和特权的一种相互尊重和理解。[3] 这种相互尊重和理解的一个重要方面是议会对法院审查议会特权事务权力在某种程度上是认可的。

从20世纪90年代前后普通法的发展来看，议会和法院对待议会特权的态度发生了一种变化：下议院已经认可只有当议会有必要正当行使其权力时才实施议会特权，而某些法官希望采取更为强硬的方式反对在涉及议会特权的事务上对公民寻求法院救济实施限制。后者的典型例子是法官波普尔韦尔（Poplewell）在“罗斯特诉爱德华兹案”[4]中所作出的判决。在该

---

〔1〕 Stourton v. Stourton [1963] P. 302.

〔2〕 Stourton v. Stourton [1963] P. 302, at 306.

〔3〕 Partircia M. Leopold, “Proceedings in Parliament: the Grey Area”, *Public Law* (1990, Winter) p. 476.

〔4〕 Rost v. Edwards [1990] 2 All E. R. 641.

案中，被告爱德华兹在英国《卫报》上发表了一篇文章，声称下议院议员罗斯特在议员利益登记中没有公开他作为能源机构的顾问身份，罗斯特为此提起了诉讼，他认为这篇文章暗示他为了不正当利益故意将不可泄露的信息透露给了某家供热公司，而这些信息是他以下议院能源特别委员会委员的身份所获得的，这构成了对他的诽谤。在关于议员利益登记是否属于议会议事行为的问题上，副总检察长认为，议员利益以及与之有关的实施和程序是议会议事行为的一部分，并且与之相关的证据不能在诉讼中被采用。法官波普尔韦尔（Popplewell）则认为，这一问题属于灰色区域，在这一区域中议会或法院是否拥有对此作出决定的管辖权是不清楚的。议员利益登记簿是一种公共文件，法院无法敏锐地找到理由来排除法院的管辖权，因而除非议会对议员利益登记属于议会特权进行立法，否则法院不会排除采纳与议员利益登记有关的惯例和程序作为诉讼证据。显然，法官波普尔韦尔（Popplewell）在这里作出了议员利益登记并非议会议事行为这一大胆的结论。

议会特权的保护是把双刃剑，它可以保护议员在议会中充分表达意见的自由，反过来也可能被议员以议会特权为幌子滥用特权从而对公民造成损害。正如利奥波德（Leopold）所指出的，议会特权的滥用“降低了特权的价值并且给特权造成了坏名声”。[1] 尽管议会可以通过议会议事规则、指令、决议以及惩戒议员的权力来控制议员言论自由的行使，然而，实践证明，它对于防止议会特权的滥用并不完全起作用。20世纪80年代，保守党下议院议员杰弗里·迪肯斯（Jeffery Dickens）利用言论特权指控一名牧师有性虐待儿童行为，就此引发了一场相当大

〔1〕 Patricia M. Leopold, “Leaks and Squeaks in the Palace of Westminster”, *Public Law* (1986, August), p. 374.

的争论。[1] 当时杰弗里·迪肯斯相关人员已经接受了警察的调查，并且警察已经判定指控毫无根据。而杰弗里·迪肯斯（Jeffery Dickens）在议会发言时声称这是一种“议会议事行为”，是言论自由这一特权所保护的。杰弗里·迪肯斯（Jeffery Dickens）以这种方式公开对他人作出不利声明的行为，显然是对议会特权的滥用，然而受害方却不能寻求法律救济来洗刷自己的名声。

在普通法上，曾经有一些判例认为法院的作用只不过是查看议会卷宗以确定某项法律是否被议会通过，[2] 因而对议会特权的审查存在着重大障碍，但是随着普通法的发展，上述主张逐渐被淘汰了。我们可以以普通法院对议会排斥规则的态度来说明这个问题。英国普通法传统上有一个排斥规则，即法院不能参考议会议事录中的辩论记录来澄清含糊的和荒谬的立法文件，法院在参考议会议事录之前必须向议会提出请求，否则可能构成对议会特权的侵犯。[3]

对于在司法程序中参考英国议会议事录是否侵犯议会特权这一问题，“佩珀诉哈特案”[4]这一重要的宪法判例表明了法院的态度。该案涉及的是 1976 年《财政法》，该法的相关规定存在着模棱两可的情形，纳税人坚持认为部长在立法辩论中对该

---

〔1〕 The Times, March 18, 1986.

〔2〕 Edinburgh and Dalkeith Rly v. Wauchope (1842) 8 Cl. & F. 710; Pickin v. British Railways Board [1974] A. C. 765.

〔3〕 排斥规则的法律渊源并不清楚。它或许仅仅是一个关于证据的采纳资格的普通法规则。当普通法的发展需要考虑对该规则是否进行修正以及如何修正时，排斥规则的渊源就显得非常重要了。如果它只是一个普通法概念，那么上议院修正它就不存在宪法上的障碍。反之，如果它来源于 1689 年《权利法案》第 9 条，法院就不能完全否决它。因为那么做将与议会主权原则发生冲突。在排斥规则作为议会特权一部分的情形下，法院对该规则的修正在宪法上是有问题的。尽管下议院在 1980 年作出决议，法院不再需要向议会请求允许参考议会议事录。但是，这并不表明议会放弃了它所理解的 1689 年《权利法案》第 9 条对议会特权的法定保护。

〔4〕 Peppe R. v. Hart [1993] A. C. 593.

法的立法意图所做的说明是有利于他的，但是这一主张不参考当时的议会议事录则无法获得支持。纳税人请求法院推翻排斥规则。法院的判决推翻了在制定法解释问题上禁止参考议会材料的规则，并认为当立法规定含糊不清或有歧义或如果作出字面解释可能违背常理时，法院有权力查看议会辩论的报告以确定一项制定法条款的含义。总检察长代表下议院声称这样做会侵犯议会的言论自由特权，然而，上议院上诉委员会否定了这一观点，反而认为参考议会议事录能够使法院正确实施议会意图，而不是使引起争议的议会意图无效或对它表示怀疑，因此这种行为不构成对1689年《权利法案》第9条的违反，正如作出主要判决的法官布朗—威尔金森勋爵（Lord Brown - Wilkinson）所说："参考议会的材料应当被允许作为理解立法的一种辅助，它可以理解模棱两可的或晦涩的或导致荒唐的字面解释的立法……上述材料很清楚地揭示出……隐藏在模棱两可的或晦涩的词语之后的立法意图"。[1] 法官布朗—威尔金森勋爵（Lord Brown - Wilkinson）的判决实质上背离了英国普通法上传统的排斥规则。在这里，法院含蓄地主张，法院而不是议会两院是拥有确定特权含义的宪法权限的唯一机构。尽管或许还有相当多的议会特权，法院认为是不能干预的，但是该判决表明，法院可以对议会议事行为进行审查，而且在审查议会特权是否受到侵犯时，是从功能主义标准而不是特权的来源来考虑，[2] 这是法院在处理它与议会特权关系上的一个重大发展。类似的判例还有由里斯—莫格勋爵起诉"王国政府诉外交和联邦事务

〔1〕 Peppe R. v. Hart [1993] 1 All E. R. 42, at 64.

〔2〕 这里是指法院在审查特权时不再因议会对特权的声明就放弃审查，而是从司法功能上强调议会特权是否受到侵犯，强调法院对议会特权性质和范围的审查。

国务大臣案”。[1]

“威尔逊诉第一郡信托有限公司案（第2号）”[2] 则涉及另一个相关问题。下议院议长和上议院书记官在审判过程中提出了一个问题，即当法院确定一项制定法条款是否与1998年《人权法》中所承认的公约权利相矛盾时，对议会议事录的参考是否违反了1689年《权利法案》第9条。上议院上诉委员会认为，当法院这样做的目的是为了把握立法意图，使它们能够确定制定法条款中是否存在一个表面上与一项公约权利相抵触但实质上是合法的政策目标，或引起争议的条款是否符合比例性标准时，它并没有违反第9条。

尽管议会与法院在特权的关系上还存在不确定性，但是相比以前对议会特权事务的消极避让，法院的态度已经发生了很大的改变，或许法官波普尔韦尔（Popplewell）在“罗斯特诉爱德华兹案”中所说的话可以清晰地表明法院的态度，即法院“在发现排除法院管辖以及限制或者甚至使当事人向法院提起诉讼的适当主张无效的理由上不要过于敏锐”。[3]

综上所述，议会过去一直认为它是自身特权的唯一的和绝对的裁决者，声称它拥有决定自身特权的性质和范围的排他性权力。而英国普通法发展到今天，法院对议会特权的审查所确立的一般原则是：议会享有必要的和重要的特权，议会对其特权范围内的事务享有排他性的管辖权；议会不能创设一种新的特权，议会对特权的行使不能违背议会主权与法治原则；议会制定法相对于议会特权具有优先性；法院拥有对议会所声称的特权的性质和范围的裁断权，因而对于议会所声称的特权是否

〔1〕 R. v. Secretary of State for Foreign and Commonwealth Affairs, ex parte Lord Rees – Mogg [1994] 1 All E. R. 457.

〔2〕 Wilson v. First County Trust Ltd (No 2) [2003] UKHL, 40.

〔3〕 Rost v. Edwards [1990] 2 Q. B. 460, at 478.

存在以及如果存在其适用范围是什么，法院可以进行调查，但是如果一项所声称的特权适用于法院正在审理的案件，它们会认可议会在该事务上具有排他性管辖权并拒绝对这一事务进行司法管辖；法院在审查议会特权是否受到侵犯时，注重从功能主义标准来考虑而不再考虑特权的来源。

第三节　法院对中央国家机关与权力下放机关的权限争议的处理

一、中央与权力下放机关的权限划分

对苏格兰、威尔士和北爱尔兰的权力下放是英国工党政府的宪政改革总体战略的一个重要组成部分。[1]

（一）对苏格兰的权力下放

根据1998年《苏格兰法》，1999年5月苏格兰举行了第一次议会选举，成立了苏格兰议会。苏格兰行政院则是苏格兰议会的执行机构，并对苏格兰议会负责。

根据1998年《苏格兰法》的规定，联合王国与苏格兰的权限划分是：

1. 立法权力的划分

《苏格兰法》附件5第1部分规定了一般保留事务，这是在苏格兰议会立法权限之外的事务。这些保留事务包括：①宪法方面，例如，王室、英格兰与苏格兰的合并、联合王国的议会、苏格兰高等刑事法院作为刑事方面的初审法院和上诉法院的继续存在、苏格兰最高民事法院作为民事方面的初审法院和上诉法院的继续存在；②政党的登记和资金；③外交事务，例如，

〔1〕 由于篇幅所限，另外北爱尔兰议会自2002年10月14日被英国政府停止运作，因而本部分仅论述苏格兰和威尔士的权力下放问题。

国际关系、国际贸易的管理、国际开发援助与合作；④公共服务；⑤文职人员；⑥国防；⑦叛国。

《苏格兰法》附件5第2部分规定了具体的保留事务。这些事务涵盖了大量的领域，包括：①金融与经济；②内政；③贸易与工业；④能源；⑤交通；⑥社会保障；⑦职业管理；⑧就业；⑨卫生与医疗；⑩媒体与文化；⑪混合事务。

《苏格兰法》附件5第3部分主要规定哪些机构属于保留机构。

对于上述保留事务，《苏格兰法》附件4段落2（1）规定，苏格兰议会法不能修改关于保留事务的法律，或通过次级立法授予修改关于保留事务的法律的权力。

苏格兰议会被授权的事务有：负责教育与培训，卫生和社会工作，地方政府，住房与规划，司法、警察和消防，环境、农业和渔业。

苏格兰有权制定基本立法，即苏格兰议会法，但是这一立法权力要受到联合王国议会立法权力的限制。《苏格兰法》第28条第（7）款规定，苏格兰议会的立法权力不得影响联合王国议会为苏格兰立法的权力，更为重要的是，苏格兰议会的立法权力要受到限制。《苏格兰法》第29条第（1）款规定，其条款超出立法权限的苏格兰议会法案不能成为议会法。第29条第（2）款规定了在下述情况下，苏格兰议会法的条款超出了立法权限：①该条款将构成除苏格兰之外的一个国家或领土的法律的一部分，或赋予或取消苏格兰不能行使的职能；②与保留事务有关；③违反了附件4当中的种种限制；④与任何公约权利或共同体法不相容；⑤取消苏格兰总检察长作为苏格兰刑事指控和死亡调查制度首脑的职位。

2. 行政权力的划分

《苏格兰法》第2部分规定了苏格兰部长能够行使的法定职

能，这些法定职能是通过制定法赋予的。第 53 条规定了对苏格兰部长的一般职能的转移，上述职能只要是在被转移权限范围内可以行使的，都可以由苏格兰部长取代王室部长行使，这些职能包括：①代表女王陛下或王室部长可以行使的女王陛下的特权和其他行政职能；②特权文书赋予王室部长的其他职能；③1998 年《苏格兰法》实施前法律赋予王室部长的职能。

第 54 条规定了被转移的权限。如果苏格兰行政机构对职能的行使超出了被转移的权限范围，那么它就超出了苏格兰议会本身的立法权限范围。第 54 条第（2）款规定，下述行为超出了被转移的权限范围：①通过超出要被包含在苏格兰议会法中的苏格兰议会立法权限范围的次级立法作出相关规定；②批准或同意包含上述规定的任何次级立法。

第 55 条规定了某些职能是英国王室部长与苏格兰行政院的成员协商后才能行使的。这是指，规定王室部长获得其他王室部长同意，或与其协商后才可以行使的一项法律规定，或没有包含在法律中的任何规定不得对苏格兰行政院的成员依据前述第 53 条的规定对职能的行使产生效力。

《苏格兰法》第 56 条规定了王室部长与苏格兰部长都可以行使的共享权力。例如，依据 1946 年《联合国法》第 1 节制定使得安理会决定生效的枢密院令的权力；根据 1965 年《科学与技术法》第 5 节行使提供科学研究资金的权力；根据 1973 年《就业与培训法》行使为就业和培训等作出安排和支付款项的权力；等等。

同时，《苏格兰法》还规定，苏格兰行政院的成员无权制定与公约权利或共同体法不相容的次级立法或作出其他与公约权利或共同体法不相容的行为。

（二）对威尔士的权力下放

根据 1998 年《威尔士政府法》，1999 年 5 月，威尔士进行了议会选举，成立了威尔士国民大会。威尔士国民大会不能够制定基本立法，只能制定次级立法。威尔士第一部长由国民大会产生。第一部长可以将行政职能授予经立法会选举的各个部长。各个部长组成内阁，向国民大会负责。

1. 威尔士国民大会的立法权限

根据2006年《威尔士法》第3部分第93条第（1）、（5）款的规定，威尔士国民大会可以制定法律，这种法律称为威尔士国民大会法案，但是威尔士国民大会所制定的法案并不影响联合王国议会为威尔士制定法律的权力。

根据2006年《威尔士法》第3部分第94条的规定，威尔士国民大会能够制定任何能够被联合王国议会法制定的条款；威尔士国民大会法案在其所制定的任何条款超出其立法权限的范围内不能成为法律。

根据《威尔士法》第3部分第94条第（4）、（5）款的规定，威尔士国民大会法案的条款只有在下述范围内才是在威尔士国民大会的立法权限内：①该条款与《威尔士法》附件5第1部分（即下面所说的可以制定威尔士国民大会法案的领域）明确说明的一项或多项事务有关；②该条款既不在其他方面适用于与威尔士有关的事务，也不授予、施加、修改或取消在其他方面与威尔士有关的可以行使的职能，或者赋予授予、施加、修改或取消在其他方面与威尔士有关的可以行使的职能；③该条款规定了在前两项范围内的条款或任何其他威尔士国民大会法案条款的实施或在其他方面使得上述条款生效是适当的；④该条款附随于上述条款或者是上述条款的必然结果。

第94条第（6）款规定，在下述情形下威尔士国民大会法案的条款超出了威尔士国民大会的立法权限，这些情形包括：①它违反了《威尔士法》附件5第2部分中所规定的种种限制，例如，威尔士国民大会法案的条款不得通过次级立法修改、取消或授予取消或修改王室部长的任何职能的权力；不得通过次级立法授予、施加授予或施加王室部长的任何职能的权力；不得通过次级立法创设或授予创设可以课刑的任何刑事罪名的权力；除了《威尔士法》附件5第3部分所规定的对上述限制的例外情形，如果国务大臣同意，上述限制并不阻止威尔士国民大会法案的条款通过次级立法取消、修改或授予取消或修改王室部长的职能的权力。②它在其他方面扩展到仅与英格兰和威尔士有关的事务。③它与公约权利或共同体法不相容。

2006年《威尔士法》附件5第1部分具体规定了可以制定威尔士国民大会法案的领域，包括农业、渔业、林业和农村发展；古迹和历史建筑；文化；经济发展；教育和培训；环境；防火与援救设施和防火安全的促进；食品；健康和医疗卫生服务；公路与交通；住房；地方政府；公共管理；社会福利；体育和休闲；旅游；城乡规划；供水和抗洪；威尔士语。

2. 威尔士的行政权力

根据2006年《威尔士法》第2部分第56条第（2）款的规定，威尔士政府的职能由威尔士各部长、第一部长和首席法律顾问行使。第2部分第58条规定了王室部长职能向威尔士各部长、第一部长和首席法律顾问转移的一般原则。第2部分第59~71条具体规定了他们行使的职能，包括：①共同体法律的履行；②福利的促进；③文化的扶持；④代理关于威尔士的事务；⑤就跨边界组织进行磋商；⑥为确定公众的意见进行民意测验；⑦促使通过私法案；⑧向财政部提供信息；⑨法律诉讼；⑩签订契约；⑪文件收费；⑫财政援助；⑬可以做意图促进其职能行使的任何事情。

二、法院对与苏格兰有关的权力下放问题的处理

联合王国与苏格兰之间的权限争议集中体现为权力下放问题，根据1998年《苏格兰法》附件6第5部分的规定，在上议

院的司法诉讼中出现的任何权力下放问题都应当提交到枢密院司法委员会，除非议会考虑所有情况后认为它来决定权力下放问题更为合适。与苏格兰有关的权力问题集中表现为联合王国与苏格兰的立法权力与行政权力的划分，因此，法院对联合王国与苏格兰的权限争议的处理表现为苏格兰的立法权与行政权的行使是否超出 1998 年《苏格兰法》所规定的权限范围。从立法权的行使来看，苏格兰议会享有基本立法制定权，如果它制定的法律侵犯了公民的基本权利或者与联合王国议会制定的法律相抵触，枢密院就有权对其进行合宪性审查，并可以宣布苏格兰立法无效，要求其重新制定。同样，法院可以对苏格兰行政机关的行为是否超出 1998 年《苏格兰法》所授予的权限范围进行处理。

（一）与苏格兰有关的权力下放问题

法院对与苏格兰有关的权力下放问题的处理，首先要解决的是哪些问题属于权力下放问题，只有属于权力下放问题，法院才能受理相关的诉讼并作出裁决。根据 1998 年《苏格兰法》附件 6 第 1 部分的规定，与苏格兰有关的权力下放问题包括：①苏格兰议会法或苏格兰议会法的任何条款是否在苏格兰议会的立法权限范围内的问题；②任何职能（任何人意图，或提出、行使的一个职能）是否是苏格兰各大臣、第一大臣或总检察长的职能的问题；③苏格兰行政院的一个成员意图或提出的对某项职能的行使是否在，或会在，被移交权限的范围之内的问题；④苏格兰行政院的一个成员意图或提出的对某项职能的行使是否与，或会与，任何公约权利或共同体法律不相容的问题；⑤苏格兰行政机关的一个成员的不作为是否与任何公约权利或共同体法律不相容的问题；⑥关于某项职能在被移交的权限范围或在苏格兰，或与苏格兰有关的被移交权限中是否可实施的任何其他问题，以及由于《苏格兰法》而产生的关于保留事务的任何其他问题。同时，附件 6 第 1 部分还规定，权力下放问题不出现在当事人向法院或裁判所提起的无聊的或令人厌烦的诉讼中。因此，当当事人的主张是无聊的或令人厌烦时，法院或裁判所可以不理会当事人提出的所谓权力下放问题。

（二）处理与苏格兰有关的权力下放问题的程序与方式

法院对与苏格兰有关的权力下放问题的处理因诉讼是发生在英格兰与威尔士还是在苏格兰而有所不同。

1. 对在苏格兰的诉讼中出现的权力下放问题的处理。根据 1998 年《苏格兰法》附件 6 第 2 部分“在苏格兰的诉讼中”的规定，关于权力下放问题的决定的诉讼可以由王室首席法律顾问或苏格兰总检察长提起；苏格兰总检察长可以在首席法律顾问提起的任何权力下放诉讼中进行辩护；法院或裁判所应当把向它提起的任何诉讼中所出现的权力下放问题告知首席法律顾问和苏格兰总检察长，除非将被告知者是诉讼当事人；被法院或裁判所告知的相关人员可以作为当事人参加诉讼，只要他们与权力下放问题有关。法院处理权力下放问题的方式是把权力下放问题提交到相关法院，根据 1998 年《苏格兰法》附件 6 第 5 部分第 38 段的规定，提交权力下放问题到法院的职责或权力被理解为是把权力下放问题提交到法院作出裁决的职责或权力。法院处理权力下放问题的主要方式有：

（1）直接把权力下放问题提交到枢密院司法委员会，这里分为两种情况：

第一，苏格兰总检察长、首席法律顾问、英格兰总检察长或北爱尔兰总检察长可以要求任何法院或裁判所向它提起的上述人员作为当事人的诉讼中所出现的权力下放问题提交到枢密院司法委员会。

第二，苏格兰总检察长、首席法律顾问、英格兰总检察长或北爱尔兰总检察长可以把不是诉讼对象的任何权力下放问题提交到枢密院司法委员会。

1998 年《苏格兰法》附件 6 第 5 部分第 35 段规定，依据（b）项所作出的与苏格兰行政院的某个成员意图行使的职能有关的权力下放问题的提交还应遵守下述规定：①作出提交的人应当把提交事实通知苏格兰行政院的某个成员；②苏格兰行政院的成员从开始收到通知到提交被决定或以其他方式被处理结束的期间，不得以所提出的上述方式行使上述职能；③与苏格兰行政院的某个成员可能未能遵守前项规定有关的诉讼可以由首席法律顾问提起。

（2）通过其他法院的提交，这里分为三种情况：

第一，把权力下放问题提交到高等级法院，此处又分为三种情况：

（a）除上议院或由苏格兰最高民事法院的 3 名或 3 名以上法官组成的任何法院以外的法院，可以把向它提起的诉讼（除了刑事诉讼）中所出现的任何权力下放问题提交到苏格兰最高民事法院内庭。

（b）没有上诉职能的裁判所应当把向它提起的诉讼中所出现的任何权力下放问题提交到苏格兰最高民事法院内庭，任何其他的裁判所也可以作出上述提交。

（c）除由苏格兰高等刑事法院的 2 名或 2 名以上法官组成的任何法院以外的法院，可以把向它提起的刑事诉讼中所出现的任何权力下放问题提交到苏格兰高等刑事法院。

第二，从更高级法院提交到枢密院司法委员会。这里有两种情况：

（a）任何由苏格兰最高民事法院的 3 名或 3 名以上法官组成的法院可以把向它提起的诉讼中所出现的任何权力下放问题提交到枢密院司法委员会（除了依据前述“第一”中（a）或（b）作出的提交）。

（b）任何由苏格兰高等刑事法院的 2 名或 2 名以上法官组成的法院可以把向它提起的诉讼中所出现的任何权力下放问题提交到枢密院司法委员会（除了依据前述（c）作出的提交）。

第三，从更高级法院上诉到枢密院司法委员会。针对苏格兰最高民事法院内庭对前述“第二”中（a）（b）情况下所提交的权力下放问题所做判决的上诉要提交到最高法院。针对由苏格兰高等刑事法院的 2 名或 2 名以上的法官组成的法院［不管是在普通的诉讼过程中还是依据前述（c）所做提交］或者由苏格兰最高民事法院的 3 名或 3 名以上的法官组成的没有上诉到上议院的法院对权力下放问题所做判决的上诉要提交到枢密院司法委员会，但是必须得到相关法院的允许；或者虽未获得相关法院的允许，但得到枢密院司法委员会的特别允许。

2. 对在英格兰与威尔士中的诉讼出现的权力下放问题的处理。根据 1998 年《苏格兰法》附件 6 第 3 部分“在英格兰和威尔士的诉讼中”的规定，关于权力下放问题的决定的诉讼可以由总检察长提起；苏格兰总检察长可以在任何上述权力下放诉讼中进行辩护；法院或裁判所应当把向它提起的任何诉讼中所出现的权力下放问题告知总检察长和苏格兰总检察长，除非将被告知者是诉讼当事人；被法院或裁判所告知的相关人员可以作为当事人参加诉讼，只要他们与权力下放问题有关。法院处理权力下放问题的方式是把权力下放问题提交到相关法院，根据 1998 年《苏格兰法》附件 6 第 5 部分第 38 段的规定，提交权力下放问题到法院的职责或权力被理解为是把权力下放问题提交到法院作出裁决的职责或权力。法院处理权力下放问题的主要方式有：

（1）直接把权力下放问题提交到枢密院司法委员会，这里分为两种情况：

第一，苏格兰总检察长、首席法律顾问、英格兰总检察长或北爱尔兰总检察长可以要求任何法院或裁判所向它提起的上述人员作为当事人的诉讼中所出现的权力下放问题提交到枢密院司法委员会。

第二，苏格兰总检察长、首席法律顾问、英格兰总检察长或北爱尔兰总检察长可以把不是诉讼对象的任何权力下放问题提交到枢密院司法委员会。

1998 年《苏格兰法》附件 6 第 5 部分第 35 段规定，依据（b）项所作出的与苏格兰行政院的某个成员意图行使的职能有关的权力下放问题的提交还应遵守下述规定：①作出提交的人应当把提交事实通知苏格兰行政院的某个成员；②苏格兰行政院的成员从开始收到通知到提交被决定或以其他方式被处理结束的期间，不得以所提出的上述方式行使上述职能；③与苏格兰行政院的某个成员可能未能遵守前项规定有关的诉讼可以由首席法律顾问提起。

（2）通过其他法院提交，这里分为三种情况：

第一，把权力下放问题提交到高等法院或上诉法院，此处又分为四种情况：

（a）治安法院可以把向它提起的诉讼（除了刑事诉讼）中所出现的权力下放问题提交到高等法院。

（b）法院可以把向它提起的诉讼（除了刑事诉讼）中所出现的权力下放问题提交到上诉法院，但是，这种情况不适用于治安法院、上诉法院或上议院；如果权力下放问题出现在治安法院向高等法院提交权力下放问题的诉讼中，也不适用于高等法院。

（c）没有上诉职能的裁判所应当把向它提起的诉讼中所出现的权力下放问题提交到上诉法院，任何其他的裁判所也可以作出上述提交。

（d）除上议院或上诉法院之外的法院，如果该诉讼采用简易程序，可以把向它提起的刑事诉讼中所出现的权力下放问题提交到高等法院；如果该诉讼是以公诉书方式提起的，或者提交到上诉法院。

第二，从上诉法院提交到枢密院司法委员会。上诉法院可以把向它提起的诉讼中所出现的权力下放问题提交到枢密院司法委员会［除了依据（b）（c）（d）作出的提交］。

第三，从高等级法院上诉到枢密院司法委员会。针对高等法院或上诉法院对前述（a）（b）（c）（d）情况下所提交的权力下放问题所做判决的上诉要提交到最高法院，但是必须得到高等法院或上诉法院的允许；或者未能获得高等法院或上诉法院的允许，但得到枢密院司法委员会的特别允许。

三、法院对与威尔士有关的权力下放问题的处理

根据1998年《威尔士政府法》的规定，对中央与权力下放机关之间的权限争议，由联合王国的枢密院负责处理。2006年《威尔士政府法》对此作出了修改，规定由联合王国的最高法院负责处理中央与权力下放机关的权限争议，这是因为英国在2005年《宪法改革法》中规定成立联合王国的最高法院，将上议院上诉委员会的司法职能与枢密院的司法职能移交给最高法院，但是最高法院尚未正式成立。与威尔士有关的权力下放问题集中表现为联合王国与威尔士的立法权力与行政权力的划分，因此，法院对联合王国与威尔士的权限争议的处理表现为威尔士的立法权与行政权的行使是否超出2006年《威尔士法》所规定的权限范围。从立法权的行使来看，威尔士立法会不享有基本立法制定权，只享有次级立法制定权，如果它所制定的次级立法违反了宪法原则、侵犯公民基本权利或者与联合王国议会制定的基本立法相抵触，联合王国的高等级法院可以通过司法审查进行合宪性审查，并撤销上述次级立法。同时，法院也对威尔士的行政机关所行使的权力是否超出2006年《威尔士法》

所授予的权限范围进行处理。

（一）与威尔士有关的权力下放问题

根据2006年《威尔士政府法》附件9第1部分第6段第（1）项的规定，“权力下放问题”是指：①国民大会的一项议会议案、一部议会法律，或国民大会的一项议会议案、一部议会法律的任何规定，是否在国民大会的立法权限范围内的问题；②任何职能（任何人意图或提议行使的职能）是否可以由威尔士各部长、第一部长或首席法律顾问行使的问题；③威尔士各部长、第一部长或首席法律顾问对某项职能的意图或提议行使是否在，或会在，威尔士各部长、第一部长或首席法律顾问的权力范围内的问题［包括对一项职能的意图或提议行使是否超出，或会超出第80条第（8）款或第81条第（1）款所赋予权力的范围的问题］；④是否存在着未能遵守施加给威尔士各部长、第一部长或首席法律顾问的义务［包括第80条第（1）款或第（7）款所施加的任何义务］的问题；⑤威尔士各部长、第一部长或首席法律顾问的不作为是否与任何公约义务不相容的问题。2006年《威尔士政府法》附件9第1部分第2条还规定，权力下放问题不出现在当事人向法院或裁判所提起的无聊的或令人厌烦的诉讼中。因此当事人的主张是无聊的或令人厌烦时，法院或裁判所可以不理会当事人提出的所谓权力下放问题。

（二）处理与威尔士有关的权力下放问题的程序与方式

法院对与威尔士有关的权力下放问题的处理因诉讼是发生在英格兰与威尔士还是在苏格兰而有所不同。

1. 对在英格兰与威尔士的诉讼中出现的权力下放问题的处理。根据2006年《威尔士政府法》附件9第2部分“在英格兰与威尔士中的诉讼”和第5部分的规定，关于权力下放问题的决定的诉讼可以由总检察长或首席法律顾问提起；首席法律顾问可以在总检察长提起的任何权力下放诉讼中进行辩护；法院或裁判所必须把向它提起的任何诉讼中所出现的权力下放问题告知总检察长和首席法律顾问，除非后两者是诉讼当事人；被法院或裁判所告知的相关人员可以作为当事人参加诉讼，只要他们与权力下放问题有关。法院处理权力下放问题的方式是把权力下放问题提交到相关法院，根据 2006 年《威尔士政府法》附件 9 第 5 部分第 33 段的规定，提交权力下放问题到法院的职能被理解为把权力下放问题提交到相关法院行使裁决的职能。法院处理权力下放问题的主要方式有：

（1）直接把权力下放问题提交到最高法院，这里分为两种情况：

第一，如果该官员是诉讼当事人，则有关官员可以要求任何法院或裁判所把向它们提起的任何诉讼中所出现的权力下放问题提交到最高法院。根据 2006 年《威尔士政府法》附件 9 第 5 部分段落 29 第（2）项的规定，“有关官员”是指下列人员：①与英格兰和威尔士中的诉讼有关的英格兰总检察长或威尔士首席法律顾问；②与苏格兰的诉讼中有关的苏格兰首席法律顾问；③与北爱尔兰的诉讼中有关的北爱尔兰首席法律顾问。

第一，英格兰总检察长或威尔士首席法律顾问可以把不是诉讼对象的任何权力下放问题提交到最高法院。当英格兰总检察长把不是诉讼对象的权力下放问题提交到最高法院，而上述权力下放问题与威尔士各部长、第一部长或首席法律顾问意图行使的职能有关时，英格兰总检察长必须把提交权力下放问题的事实告知首席法律顾问，并且从开始收到通知到提交被决定或以其他方式被处理结束的期间，威尔士各部长、第一部长或首席法律顾问不得以所提出的上述方式行使上述职能。

（2）通过其他法院提交权力下放问题。权力下放问题也可能出现在一个法院面前，2006 年《威尔士政府法》授权该法院把该权力下放问题提交到高等级法院。一旦权力下放问题被判决，案件随后将回到下级法院作出最终的判决。这里有下述几种情况：

第一，把权力下放问题提交到高等法院或上诉法院，有四种情况：

（a）治安法院可以把向它提起的民事诉讼中所出现的权力下放问题提交到高等法院。

（b）一般法院可以把向它提起的民事诉讼中所出现的权力下放问题提交到上诉法院，但是，这种情况不适用于治安法院，上诉法院或最高法院；如果权力下放问题出现在治安法院向高等法院提交权力下放问题的诉讼中，也不适用于高等法院。

（c）没有上诉职能的裁判所必须把向它提起的民事诉讼中所出现的权力下放问题提交到上诉法院，任何其他的裁判所也可以作出上述提交。

（d）如果该诉讼采用简易程序，除上诉法院和最高法院之外的法院，可以把向它提起的刑事诉讼中所出现的任何权力下放问题提交到高等法院；如果该诉讼是以公诉书方式提起的，则提交到上诉法院。

第二，从上诉法院提交到最高法院。上诉法院可以把向它提起的诉讼中所出现的权力下放问题提交到最高法院，除了依据前述（b）（c）（d）所作出的提交。

第三，从高等级法院上诉到最高法院。针对高等法院或上诉法院对前述（a）（b）（c）（d）情况下所提交的权力下放问题所做判决的上诉要提交到最高法院，但是必须得到所上诉的法院的允许；或者未能获得所上诉的法院的允许，但是得到了最高法院的允许。

2. 对在苏格兰的诉讼出现的权力下放问题的处理。2006 年《威尔士政府法》附件 9 第 3 部分“在苏格兰中的诉讼”和第 5 部分的规定：关于权力下放问题的决定的诉讼可以由苏格兰首席法律顾问提起；威尔士首席法律顾问可以在苏格兰首席法律顾问提起的任何权力下放诉讼中进行辩护；法院或裁判所必须把向它提起的任何诉讼中所出现的权力下放问题告知苏格兰首席法律顾问和威尔士首席法律顾问，除非后两者是诉讼当事人；被法院或裁判所告知的相关人员可以作为当事人参加诉讼，只要他们与权力下放问题有关。法院处理权力下放问题的主要方式有：

（1）直接把权力下放问题提交到最高法院，这里分为两种情况：

第一，有关官员可以要求任何法院或裁判所把向它们提起的任何诉讼中所出现的权力下放问题提交到最高法院，如果该官员是诉讼当事人。根据2006年《威尔士政府法》附件9第5部分段落29第（2）项的规定，“有关官员”是指下列人员：①与英格兰和威尔士中的诉讼有关的英格兰总检察长或威尔士首席法律顾问；②与苏格兰的诉讼中有关的苏格兰首席法律顾问；③与北爱尔兰的诉讼中有关的北爱尔兰首席法律顾问。

第二，英格兰总检察长或威尔士首席法律顾问可以把不是诉讼对象的任何权力下放问题提交到最高法院。当英格兰总检察长把不是诉讼对象的权力下放问题提交到最高法院，而上述权力下放问题与威尔士各部长、第一部长或首席法律顾问意图行使的职能有关时，英格兰总检察长必须把提交权力下放问题的事实告知首席法律顾问，并且从开始收到通知到提交被决定或以其他方式被处理的结束期间，威尔士各部长、第一部长或首席法律顾问不得以所提出的上述方式行使上述职能。

（2）通过其他法院提交权力下放问题，这里分为三种情况：

第一，把权力下放问题提交到更高级法院，此处又分为三种情况：

（a）除由苏格兰最高民事法院或最高法院的3名或3名以

上的法官组成的任何法院以外的法院，可以把向它提起的民事诉讼中所出现的权力下放问题提交到苏格兰最高民事法院的内庭。

（b）没有上诉职能的裁判所必须把向它提起的诉讼中所出现的权力下放问题提交到苏格兰最高民事法院的内庭，任何其他的裁判所也可以作出上述提交。

（c）除由苏格兰高等刑事法院的 2 名或 2 名以上的法官组成的任何法院以外的法院，可以把向它提起的刑事诉讼中所出现的权力下放问题提交到苏格兰高等刑事法院。

第二，从高等级法院提交到最高法院。这里又分为两种情况：

（a）由苏格兰最高民事法院的 3 名或 3 名以上的法官组成的任何法院可以把向它提起的诉讼中所出现的权力下放问题提交到最高法院［除了依据前述（a）或（b）所作出的提交］。

（b）由苏格兰高等刑事法院的 2 名或 2 名以上的法官组成的任何法院可以把向它提起的诉讼中所出现的权力下放问题提交到最高法院［除了依据前述（c）所作出的提交］。

第三，从高等级法院上诉到最高法院。针对苏格兰最高民事法院内庭对前述（a）（b）情况下所提交的权力下放问题所做判决的上诉要提交到最高法院。针对由苏格兰高等刑事法院的 2 名或 2 名以上的法官组成的法院［不管是在普通的诉讼过程中还是依据前述（c）所做提交］或者由苏格兰最高民事法院的 3 名或 3 名以上的法官组成的没有上诉到最高法院的法院对权力下放问题所做判决的上诉要提交到最高法院，但是必须得到所上诉的法院的允许；或者未能获得所上诉的法院的允许，但是得到了最高法院的允许。

第四章　法院对公民权利与自由的传统保护

在戴雪那里，英国公民的权利与自由是一种剩余自由，只要公民遵守法律对其行为的合法限制，他就有自由做任何他想做的事。戴雪认为这是英国宪法的一个基础特征，即个体公民的权利优于宪法。在他看来，这种剩余自由的概念对个体自由的保护比任何成文宪法的效果要更好。而法官的作用，就是在个案的基础上确定法律为社会整体的利益允许进行哪些限制。

对公民权利与自由的现实侵犯一般来自于两个方面：公共机构和个人。对于来自公共机构的侵犯，公民可以通过司法审查诉讼，由法院对公共机构所做的决定或行为从实体、程序等方面进行审查，通过撤销或宣告公共机构的决定或行为无效等方式实现对公民权利与自由的保护。对于来自其他个人的侵犯，公民可以通过普通的诉讼来解决。

在实践中，对公民权利与自由的最大侵害来自于公共机构的决定或行为，即行使法定权力的行政机关和非法定机构以及法院，因此，法院通过审查上述机构的决定或行为的实体和程序理由对公民权利与自由实施司法保护。实体理由涉及公共机构所做决定或行为的内容或结果，程序理由与之相对，涉及的则是所做决定或行为的方式。[1]

尽管英国早在 1950 年就签署了《欧洲人权公约》，但在

〔1〕 这实际上是英国司法审查的审查根据，它不仅适用于法院在司法审查过程中对公民权利与自由的保护，当然也适用于在公民权利与自由保护之外的法院对公共机构所做决定或行为的审查。

1998 年《人权法》出台之前，英国一直未能把该公约纳入国内法当中，但是在司法实践中，法院通过一些方式利用了《欧洲人权公约》对英国公民的权利与自由进行保护。

第一节　法院对公民权利与自由的传统保护的特点

一、不注重制定法的全面规范与保护

在世界各国大多数宪法中，都有赋予公民权利与自由的种种宣告，这些权利与自由诸如人身自由、信仰自由、言论自由、隐私权、平等对待等权利，是一个自由民主制的存在和维护不可或缺的，因而对它们的保护往往有一种被保证的地位，不会轻易地被立法机构通过法律或决议的形式限制或取消。

与此不同的是，英国不太注重制定法对公民权利与自由的全面保护，这在很大程度上要归因于戴雪。戴雪认为，在英国宪法中没有关于各种权利的宣言或定义，宪法本身是以法律的判决为依据的，因此所谓宪法原理是由法院对涉及每个人所有权利的判决案归纳得到的通则；对于权利的保护方式，在个人权利受宪法特别保证的国家，往往造成此类权利可以被停止或弃置，而在个人权利依附于普通法从而构成宪法本体的英国，此类权利很难被取消。[1] 在戴雪看来，法院通过判例对公民权利与自由的保护比规定公民权利与自由的成文宪法更有效。由于戴雪的影响，再加上英国强大的普通法传统，致使英国长期以来不注重用制定法全面规范和保护公民的权利与自由，普通法院通过判例对公民权利与自由的保护起着主要作用。

---

〔1〕［英］戴雪：《英宪精义》，雷宾南译，中国法制出版社 2001 年版，第 240～244 页。

在大多数现代成文宪法国家里，公民的权利通常都可以在一个“权利法案”或其他宪法文件中的一般条款中得到规范与保护。就其本身而论，英国并没有这种“权利法案”。英国“光荣革命”后通过的1689年《权利法案》，主要是体现限制王权、确立议会至上的宪法文件，它更多地涉及英国议会与王室之间的关系，尽管也包含了对人身自由的某些重要保障，但是它给予公民的权利与自由的保护比现在许多其他民主国家所给予的宪法保障要狭窄得多。

当然，英国议会也通过了许多基本立法来保护具体的公民权利与自由，例如，保护平等权的1970年《平等薪酬法》、1975年《性别歧视法》、2000年《种族关系（修正）法》、2006年《平等法》等，但是这些法律是对具体的公民权利与自由的保护，不具有普适性。另外，英国也签署了一些保护人权的国际法律文件，其中最重要的是1950年的《欧洲人权公约》，但是在1998年《人权法》把该公约纳入英国国内法律体系之前，《欧洲人权公约》并非英国法律的组成部分，法院在审理过程中最多是参照该公约而没有直接适用公约的义务，因此该公约在1998年《人权法》实施之前对英国公民的权利与自由的保护是有限的。英国宪法事务部在《1998年 < 人权法案 > 指南》（第3版）中指出：“大不列颠及北爱尔兰联合王国的人民长期以来享受一种强大的个体自由传统，但是准确地说出这些自由涉及什么——或者当不成文的自由与其他法律相冲突时要做什么——一直是不容易的。”[1] 在很大程度上，这正是英国公民权利与自由保护的真实写照。

---

〔1〕 Department for Constitutional Affairs, A Guide to the Human Rights Act 1998 (Third Edition), October 2006, p. 5, see: http: //www. dca. gov. uk/peoples - rights/human - rights/index. htm. 访问日期为：2007年8月19日。

二、法院通过判例对公民权利与自由的保护

与英国宪法传统上不注重制定法对公民权利与自由的全面保护形成鲜明对照的是，法院在司法实践中通过判例的发展对公民权利与自由的保护起着至关重要的作用。戴雪认为，个人权利先由法院替个人争得，然后由宪法以通则概括申明的做法比通过成文宪法宣示公民的权利效果更好。应当说，上述观念在英国强大的普通法传统上确实有其合理性。在英国法律传统中，无救济即无权利的观念深入人心，在普通法的发展过程中，法院往往通过判例为种种具体权利提供了有效救济。例如，为了保证个体不受非法或任意拘留的自由权利，普通法提供了诸如人身保护令和错误监禁行为的具体和详细的救济方式。

需要指出的是，上述方式尽管可以暂时保证对公民权利与自由的保护，这是戴雪所强调的，但是，上述权利从它们不在英国普通法律范围内被设定这一意义上说并不是公民所享有的基本权利与自由，尽管法官在解释制定法时似乎会求助于一种理想的宪法，这一理想宪法推定公民的权利与自由只能被明确的法律规定或必然的正当解释所废除，但是在宪法上它们并未获得根本的地位，因而法院对公民权利与自由的传统保护存在着未能保障公民的权利与自由的根本地位的问题。这与下述关于议会基于议会主权原则对普通法权利的改变是密不可分的。

三、议会立法对公民权利与自由的传统保护的消极影响

议会至上是英国宪法的基本原则，议会拥有制定任何法律和改变任何以前法律的绝对权力，它在规范和保护公民权利与自由中的作用是面面俱到的。从消极方面来说，议会对公民权利与自由的传统保护的影响主要表现在：

（一）议会立法对法院所发展的普通法权利的改变

法院在普通法的发展过程中通过判例的方式赋予公民的种种权利与自由大多数是不受他人干涉的消极权利与自由，而不

是以一种特殊的方式去行为的积极的权利与自由，而那些在普通法中出现的权利总是能够被议会所改变。从英国宪法的发展来看，议会总是在不断地改造法院所发展的现行权利及其救济方式，并且规定新的权利及其救济，甚至在1998年《人权法》生效之后议会由于其至上地位仍然能够发挥上述作用。

（二）议会立法通过对新权力的创设对公民权利与自由的可能削减

英国公民的传统自由是一种剩余自由，只要法律没有禁止，公民都可以行使，但是由于英国没有一部全面保障公民基本权利与自由的宪法性法律，因而对于立法侵入公民权利与自由领域造成个体的权利与自由日益缩减的情形，议会制定法无法提供有效的预防和救济措施。而且，议会通过立法对种种新的公权力的创设，可以侵蚀个体的自由领域，直至个体的自由完全视议会立法而定。尽管王座法院的卡姆德勋爵在“恩蒂克诉卡林顿案”〔1〕中曾经论述过，如果政府要自由地干涉个体的权利，必须能够指明具体的法定的或普通法上的权力。但问题是，议会由于其至上地位，总是能够通过新的议会立法创设上述权力。例如，通过1984年《警察与刑事证据法》第8条、1997年《警察法》第92～108条，警察拥有获得逮捕证并进入和搜查房屋以及扣押财产的相当大的权力，由此对公民人身和财产自由的干涉力度更大。

（三）议会立法保护的有限性

一方面，议会立法可以限制公民权利与自由；另一方面，议会立法也可以给予普通法上不存在的保护。例如，在英国普通法上，以种族、性别为由的歧视不是普遍被禁止的。法院在司法实践中对种族或性别歧视的保护因个案的情况往往会有所变化，这造成了公民对相关司法判例的不确定性的担忧。而议

〔1〕 Entick v. Carrington (1765) 19 St. Tr. 1030.

会通过1976年《种族关系法》和1975年《性别歧视法》对某些情况下的歧视，诸如就业、住房、教育、商品和服务的供应进行介入，可以更好地维护公民不受歧视的权利。然而，这种方式与创设一种不受歧视的一般权利是不一样的，它只是对某种受侵害的权利与自由的“头痛医头、脚痛医脚”的一种有限反应，其效果是有限的。直到1998年《人权法》的制定，才提供了对特定权利的一般宣告，从而结束了针对特定情形的有限救济。

四、《欧洲人权公约》的有限参考与间接适用

对于国内法与国际条约的关系，英国的传统是不承认国际条约的自我执行，除非国际条约被吸收到国内法律当中，因此，《欧洲人权公约》等国际条约一直未能在司法实践中获得高于议会立法的法律地位。尽管英国早在1950年就签署了《欧洲人权公约》，但是议会一直未能通过立法把《欧洲人权公约》纳入英国国内法律体系中，直到1998年《人权法》的生效才改变了这一状况。在1998年之前，该公约不能直接在英国法院适用，即使一部议会法律明显违反该公约，法院仍然会适用议会法律。在司法实践中，英国公民以《欧洲人权公约》所规定的权利为由提起的诉讼，往往得不到法院的支持。参考《欧洲人权公约》的相关规定并非法官的法定义务，只是当普通法和制定法没有相关的规定，而《欧洲人权公约》对此作出了规定时，法官会参照其相关规定作出裁决，但前提是不得违反英国的制定法和普通法规则。

第二节　法院对公民权利与自由的司法保护的实体审查理由

前已述及，对公民权利与自由的最大侵犯来自于公共机构行使法定权力的行为，在英国法律制度中，审查公共机构的决定或行为的最重要和最有效的制度就是司法审查制度，当公民认为公共机构的决定或行为侵犯了其权利与自由时，可以向法院申请司法审查，以宣告公共机构的行为或决定无效或予以撤销，从而维护自身的利益。法院审查公共机构的决定或行为的实体理由有不合法性、不合理性和比例性。

一、不合法性

法院对公共机构所做决定或行为的不合法性进行的审查涉及法院对下述内容的控制：①公共机构的法定权力或管辖权，也就是确保公共机构在法定权力或管辖权范围内行事；②自由裁量权，也就是确保公共机构在处理其管辖范围内的事务时是在授予自由裁量权的全部范围内行事，并且是按照议会在授权给它时对其期望的方式来行使权力。

（一）针对公共机构法定权力或管辖范围的审查

一般来说，假如一个公共机构超出了其法定权力或管辖范围可能对公民权利与自由造成侵犯时，法院就可以对其实施审查，具体包括以下几种情况：

1. 简单越权

越权即公共机构作出的任何决定或行为超出了其法定权力或未能履行其义务，具体包括两种情形：缺乏权力和未能履行法定义务。

（1）缺乏权力。缺乏权力是最常见的简单越权形式，它是指公共机构所做决定或行为超越其法定权限或管辖范围。1921年的“总检察长诉富勒姆公司案”[1]是这方面的典型判例。在该案中，富勒姆公司是一个依法设立的法定机构，它有提供洗衣房的法定权力。该公司出台一个新方案，即在该公司提供的洗衣房中，如果人们将地方政府雇员的衣服带来清洗就可以得

---

〔1〕 Attorney – General v. Fulham Corporation［1921］1 Ch. 440.

到少量的报酬。该公司的这一新方案并没有得到 1846 ~ 1878 年《洗浴和洗衣房法》的授权，法院裁决该方案不能继续执行。从公民的权利与自由的角度来看，富勒姆公司在地方政府雇员与非地方政府雇员之间作出了区别对待，最终可能对公民的平等权构成侵犯。

“总检察长诉威尔茨联合牛奶公司案”[1]更为详尽地表明了法院对公共机构越权行为的否定。在该案中，法院维护了公共机构没有明确的法定授权不应当征收任何税收或财政费用这一根本的宪法原则。在该案中，食品部长发放给威尔茨联合牛奶公司许可证，允许它在英国西南部购买和分配牛奶，条件是公司每买一加仑牛奶就要支付两便士的费用给政府。后来政府因对方拖欠上述款项而提起诉讼，法院认为，政府对费用的征收违反了包含在 1689 年《权利法案》中的古老规则，即未经议会同意和授权不得征税。政府只有在战时或紧急状态下经过立法授权才能对食物的生产和供应进行控制，而且从授权立法中也不能推导出上述明示的或推定的权力。上议院法官阿特金勋爵（Lord Atkin）认为，食品部长要求把上述协议作为发放许可证的条件是不合法的，协议本身因不利于其他契约方是不能实施的。他明确指出：“他在征收费用中的意图或许是好的，但是他采用了，在我看来，是违宪的和违反法律的方式，他的协议不能被执行。”[2] 在这里，阿特金勋爵（Lord Atkin）使用了“违宪”这一提法，明确指出食品部长的上述行为违反了英国宪法的基本原则。需要指出的是，不能由上述案例得出任何一个机构仅仅局限于必须由制定法明确授权才能行为这一僵化原则。上议院法官塞尔伯恩勋爵（Lord Selborne）在“总检察长诉大东

---

〔1〕 Attorney – General v. Wilts United Dairies (1921), 37 T. L. R. 884.

〔2〕 转引自 D. L. Keir and F. H. Lawson, *Cases in Consititutional Law* (Sixth Edition), Clarendon Press Oxford, 1979, p. 58.

部铁路公司案”[1] 中指出，一个公共机构也可以从事为了履行明示权力而产生的合理的次要行为，他说：“只要被公正地认为是建立在立法授权事项基础上的，无论什么次要的或重要的都不应该……被司法机构判定为是越权”。[2]

（2）未能履行法定义务。对于一个公共机构来说，未能有效履行其法定义务就是越权和不合法的。然而，在大多数情况下，一项法定义务也可以允许公共机构按照灵活性和自由裁量的要求来履行。例如，假定一个地方机构有保证该地区的街道足够明亮的法定义务，就不能按照“足够”这一词所允许作出的不同解释强加给该地方机构任何非常精确的照明义务。也就是说，如果该机构不能提供任何照明设施，它就是越权。但如果它提供了一些照明设施，但低于合理认为的“足够”标准，这就不足以提起针对其法定权力行使的诉讼。

由吉兰起诉“王国政府诉肯姆顿伦敦自治区委员会案”，[3] 该案根据 1985 年《住宅法》的第 3 部分，肯姆顿伦敦自治区委员会有义务受理来自可能无家可归的人的申请，并且在人口密集的区域要 24 小时受理。然而，由于人手不足，肯姆顿地区处理无家可归人的部门只在工作日的上午 9：30 到 12：30 之间开放，只有在这一期间该机构的工作人员才处理申请，并且只能是电话申请。法院裁决地方机构未能受理申请，并且它们对来自于无家可归的人的申请所提供的救助是不够的。这被认为是低于履行义务的最低可接受程度，因而该机构的行为越权。法院的判决显然维护了申请人的合法利益。

---

〔1〕 Attorney – General v. Great Eastern Railway Co (1879 ~ 1880) L. R. 5 App. Cas. 473.

〔2〕 Attorney – General v. Great Eastern Railway Co (1879 ~ 1880) L. R. 5 App. Cas. 473, at 479.

〔3〕 R. v. Camden London Borough Council, ex parte Gillan (1989) 21 H. L. R. 114.

2. 管辖事实错误

管辖事实错误即公共机构作出的任何决定或行为属于其法定权力的行使，但与错误的事实考虑有关。

授权立法通常会规定作出决定的权力和司法管辖权只有在存在一个特定事实或事实状态时才能行使。例如，一个地方委员会拥有捕捉和消灭所有黑狗的法定权力，那么捕捉和消灭所有黑狗的权力的法定使用就依赖于两个事实问题的存在，也就是该动物是（a）狗，（b）黑色。使用权力捕捉和消灭一只棕色狗或黑色猫就是管辖事实错误。

该原则可以追溯到“怀特和科林斯诉卫生部长案”〔1〕的判决。该案涉及地方机构强制购买命令的有效性。依据 1936 年《住宅法》，地方公共机构拥有强制获取土地的法定权力，只要争议中的土地没有被规划为“公园、花园或休闲场地”，地方机构就可以为了建造住宅的目的而强制征收土地。一个地方机构发出了征收土地的命令，而土地所有者提出反对，因为所征收的土地是公园的一部分，并且被要求作为住宅的文化实施或便利设施使用。上诉法院认为，地方机构行使法定的征收权力必须以某种事实状态的存在为基础，这构成了它发出强制性购买命令的权限范围，而被征收的土地并不属于法律所规定的种类，因而不构成地方机构强制性征收的范围。上诉法院法官勒克斯穆尔（Luxmoore）指出：“我们的头脑中首先和最重要的是要记住作出命令的管辖权依赖于事实结果；因为，除非土地能被持有不成为公园的一部分……自治委员会没有管辖权作出或部长也没有管辖权批准这一命令。”〔2〕显然，地方机构所作出的强制征收命令会对土地所有者的财产权造成侵犯。

---

〔1〕 White and Collins v. Minister of Health [1939] 2 K. B. 838.

〔2〕 White and Collins v. Minister of Health [1939] 2 K. B. 838, at 855.

该原则在由卡瓦嘉起诉“王国政府诉内政大臣案”[1]中也得到了确认。原告卡瓦嘉作为非法入境者被拘留。法院认定，“非法入境者”扩大到那些通过各种欺骗或欺诈手段已经进入联合王国的人，逮捕、扣留和将非法入境者驱逐出联合王国的法定权力只能针对那些事实上的非法入境者才能行使，而且，当一个人声称他作为非法入境者被错误拘留时，法院的职责是调查移民官员所获得的证据是否能够证明对他的拘留有正当理由，而不是限制在调查移民官员的看法是否存在某种迹象，因此，上述法定权力不能被用于针对那些内政部仅仅认为是非法入境者的人，无论这种认为可能多么有理，正如上议院法官弗雷泽勋爵（Lord Fraser）所指出的：“这是一个必须被确立的‘先决事实’。移民官员合理地相信他是一个非法入境者是不够的，如果证据不能证明他的‘相信’是有理的”。[2] 在对移民的人身自由行使逮捕、拘留等权力时，法院会审查移民官员所做决定的正当理由，从而更好地保护公民的人身自由。

要注意的是，公共机构对其管辖范围内的事实的裁决要服从一个主要的限制条件，通常是指“无证据规则”。根据这一规则，公共机构的决定在下述两种情况下可能因越权而无效：①它没有建立在证据的基础上；②它所获取的证据如此微不足道，以至于理性的作出决定者不可能在上述证据的基础上作出任何决定。

“柯林财产有限公司诉住房及地方政府部长案”[3]是阐述上述规则的一个典型案件。根据1957年《住宅法》第43条的规定，一个地方住宅机构享有为重建目的而强制征收贫民区财产

---

〔1〕 R. v. Home Secretary, ex parte Khawaja [1984] A. C. 74.

〔2〕 R. v. Home Secretary, ex parte Khawaja [1984] A. C. 74, at 97.

〔3〕 Coleen Properties Ltd. v. Minister of Housing and Local Government [1971] 1 W. L. R. 433.

的权力，并且在重建过程中还可以获取那些并非贫民区的财产，但是公共机构的上述行为必须是在引起争议的地区“为达到令人满意的发展所合理必需的”。在该案中，一个地方住宅机构向属于柯林财产有限公司的某一财产发出了强制性购买命令。公司为此提出上诉。一个地方公共调查机构对此进行了调查。在调查中，地方住宅机构提不出证明获取有争议财产存在必要性的证据。部长在考虑了主持该项调查的调查员的报告之后，还是批准了这一强制性购买命令。上诉法院认为，部长在作出决定前并没有将其决定建立在事实基础上，因此部长不能作出同意地方机构强制购买财产的命令。

3. 法律错误

法律错误即曲解了应用于决定事项的法律，这种情形是指一个公共机构曲解法律或者对被授权应用于案件事实进行裁判的法律规则作出了错误理解。

传统观点认为，当作出决定者发生法律错误时，公民是不能寻求司法程序保护自身权利的，因为此时作出决定者并没有越权行事。管辖范围内的法律错误只能通过上诉或运用对记录方面的法律错误的审查来寻求纠正。后者是一个古老的理念，直到19世纪中期还在流行，并被应用于质疑在特定诉讼的记录中所发现的法律或程序错误的决定的有效性。在新的法院组织体系建立之前，在1873~1875年的《司法组织法》调整的时期里这是一个有益的救济措施，因为当时并不总是存在可以对下级法院和裁判所提出上诉的权利。然而，自1848年《简易裁判权法》颁布之后，小法庭或治安法官法庭不再被要求保存判决的详细记录，1873~1875年的《司法组织法》则提供了对来自低级法院的事实和法律问题的上诉机制，因此上述救济措施在很大程度上失去了意义。

由肖起诉“王国政府诉诺斯汉伯兰德赔偿上诉裁判所案”,[1] 该案的判决在某种程度上恢复了对记录方面的法律错误的救济。在该案中，在对因 1946 年卫生服务整顿而被解雇的人确定可支付的赔偿数额时，赔偿上诉裁决所误用了一个规则。由于申诉者没有对裁判所的决定提出上诉的权利，诉诸于记录方面的法律错误的救济这一古老的措施就成为法院唯一能救济这一明显的受损害财产的方法。丹宁勋爵指出：“王座法庭拥有不仅在上诉资格，而且在监督资格方面所固有的司法管辖权以控制所有的下级裁判所。这一控制不仅仅扩展到审查下级裁判所是否在其管辖范围内行事，而且审查他们是否遵守法律……在目前的案件中，王座法庭首席大法官将调卷令运用到恰当的地方，表明它能被应用于改正出现在记录方面的法律错误，即便它们没有进入管辖范围……随着许多新的裁判所的发展和监督它们的彻底需求，资源必须再一次被应用于历经多次磨炼而效果良好的控制方式。”[2]

上述原则一直被保留到“阿尼斯米尼克诉在外赔偿委员会案”[3]这一里程碑式的宪法判例中。在该案中，上议院清楚地阐明，今后影响了一个裁判所或官员决定的法律错误应当属于司法管辖范围，在这种情形下，他们所作出的决定因越权而无效，正如上议院法官迪普洛克勋爵（Lord Diplock）在“奥赖利诉麦克曼案”[4]的判决中所说的：“阿尼斯米尼克案的突破就是确认……如果其管辖权被制定法或次级立法所限制的裁判所弄错了可应用于它所发现的事实的法律，它一定是问了它自己错

[1] R. v. Northumberland Compensation Appeal Tribunal, ex parte Shaw [1952] 1 K. B. 338.

[2] R. v. Northumberland Compensation Appeal Tribunal, ex parte Shaw [1952] 1 K. B. 338, at 348.

[3] Anisminic v. Foreign Compensation Commission [1969] 2 A. C. 47.

[4] O'Reilly v. Mackman [1983] 2 A. C. 237.

误的问题，即它没有经过授权进行调查，因此就没有管辖权作出决定”。[1]

“阿尼斯米尼克案”的案情如下：自1956～1957年的苏伊士运河战争后，英国从埃及那里接受了2.75亿英镑的赔偿款并且在危机期间被埃及当局没收和破坏财产的公司与个人之间进行分配。决定哪些人和公司有资格接受赔偿的任务交给了根据1950年《对外赔偿法》设立的在外赔偿委员会。该委员会根据1959年《对外赔偿（埃及）（决定）命令》所设定的适格条件确定了有正当权利要求的个体。除此之外，法律还要求任何权利申请人或“事业继承人”必须是英国国民。阿尼斯米尼克是一家英国公司，它的一个子公司在敌对期间被没收，随后交托给一家以埃及新政府机构TEOD的名义经营的埃及公司，该公司为此提出赔偿请求。然而，委员会拒绝了阿尼斯米尼克公司的要求，理由是：尽管阿尼斯米尼克公司有英国国民资格，但它的事业继承人TEOD不具有英国国民资格。

上议院经审理认为，在外赔偿委员会曲解了议会命令，尤其是错误地考虑了阿尼斯米尼克的事业继承人的国民资格。上议院认为，只有在事业继承人提出权利要求的情形下，继承人的资格才成为一个相关的问题。当原始所有者提出权利要求时，正如在本案中，任何继承人的资格问题并没有产生，也不是该委员会被授权考虑的事情。因而，委员会已经“问了它自己错误的问题”，或者，从另一个角度说，已经应用了与先前的事实不相关的枢密院命令的因素。上议院最终裁决在外赔偿委员会的决定是无效的，阿尼斯米尼克公司有权申请赔偿，其财产权利因而得到了保护。

在这以后，任何由行政裁判所、官员或低级法院，如治安

---

〔1〕 O'Reilly v. Mackman [1983] 2 A. C. 237, at 278.

官法庭和郡法院所犯的法律错误应当被认为是可以被法院管辖的观点逐渐为人们所接受。这方面的基本原则是议会按照法律（即授权给上述机构适用于提交到它们面前的案子的规则和立法）的正确理解不会同意上述机构拥有作出终局性决定的权力。因此，如果公民认为行政裁判所等机构犯了法律错误，致使自己的权利受到侵犯，他们就可以向高等法院提起司法审查。

在这个问题上，目前法院的态度是：管辖中的法律错误的概念迅速地被淘汰。作为一系列判例的结果，法院现在承认议会并不意图授予低级法院或公共机构司法管辖权或权力以决定法律问题。除了高级法院，由公共机构所犯的所有法律错误现在都被认为是管辖错误。这一态度被上议院在“佩吉诉赫尔学校巡督员案”[1]和由威廉斯起诉“王国政府诉伯德维尔提法官案”[2]中的判决所确认。在后一案例中，法官库克勋爵（Lord Cook）说：“当权者现在承认高等法院的王座法庭现在有权在司法审查程序中推翻一个低级法院、行政裁判所或其他法定机构法律错误的判决”。[3]

（二）针对自由裁量权的司法审查

法院针对自由裁量权的审查包括两种情形：一是公共机构未能行使自由裁量权；二是公共机构滥用自由裁量权。

1. 公共机构未能行使自由裁量权

（1）非法授权：即公共机构没有法定的授权权力而将其决定权力授予一个下级机构。简单地说，非法授权是指制定法已经将法定权力或司法管辖权授予某一机构，该机构没有明文的或推定的权力而将其授予另一机构，后一机构因此作出的决定或行为是越权和非法的。

---

〔1〕 Page v. Hull University Visitor [1993] 1 All E. R. 97.

〔2〕 R. v. Bedwellty Justices, ex parte Wiliams [1997] A. C. 225.

〔3〕 R. v. Bedwellty Justices, ex parte Wiliams [1997] A. C. 225, at 232.

在“巴纳德诉全国码头工人委员会案”[1]中，11 名码头驳船夫受到了暂停工作的惩戒，依据 1947 年的《码头工人（就业规则）命令》，全国码头工人委员会拥有对码头工人的惩罚权，而全国码头工人委员会又把这一权力授予了地方码头工人委员会，但该立法并没有将该权力进行进一步的授权。因此，地方委员会没有权力把它们的惩戒职责授予港口管理者，港口管理者对码头工人的惩罚行为是越权和非法的。

议会授权法和法院考虑到行政效率的利益，对那些行使行政权力的机构在应用授权规则时赋予了一定程度的灵活性。然而，对相关的行政机构实施司法职能时则采取了更严格的态度，尤其是当该行政机构实施司法职能可能侵犯公民权利与自由时更是如此。当行政机构被授权作出决定时，尽管该机构要依赖相关委员会或行政官员的建议或意见，该决定仍然是有效的。然而，如果行政机构的这一功能在性质上属于司法功能时，法院就会要求作出决定者在作出决定前不能依赖报告或建议而必须考虑所有的相关材料。在“王国政府诉种族关系委员会案”，由塞瓦瑞嘉伦起诉[2]中，原告是印度一所大学的讲师，14 年来一直未能得到晋升。他向种族关系委员会申诉，认为他受到了非法歧视。尽管当事人的主张没有得到法院的认可，但是上诉法院认为，种族关系委员会不是一个司法机构，它只是一个行政机构或调查机构，尽管如此，它仍然有公正行为的义务，正如民事上诉法院院长丹宁勋爵所说的：“司法机构的每一个成员都必须使用案件中所有的证据和文件，他必须听取所有的理由，他必须得出自己的结论。‘不得将他人委托的权力再委托给第三

[1] Barnard v. National Dock Labour Board [1953] 2 Q. B. 18.

[2] R. v. Race Relations Board, ex parte Selvarajaran [1975] 1 W. L. R. 1686.

人’这一格言严格应用于司法功能”。[1]

（2）自由裁量权的放弃，即允许其决定权由其他的无权机构行使。自由裁量权的放弃是指一个公共机构对其下属机构没有作出任何正式的或有意识的授权就许可或同意由其下属机构或官员行使其权力，并且没有经过适当考虑，就简单地实施了另一机构或官员对提交到他们面前的问题所提出的观点或建议。该原则主要由下述两个著名的案例所阐明。

在“埃利斯诉杜博夫斯基案”[2]中，一个地方当局根据1909年的《电影法》享有对电影制作场所发放许可证和规定某些电影类型的许可条件的法定权力，这实际上就是一种审查权。在该权力的行使中，一个地方机构规定，任何电影要获得许可证都必须得到英国电影审查委员会发放的资格证。法院认为，这一条件是无效的。该地方机构实际上决定在所有情形下都委托电影审查委员会代替行使其自由裁量权，然而，电影委员会是由电影工业的商人所指派的人所组成的，是一个没有任何法定或宪法权力的内部机构。它的资格通常被认为仅仅是一个咨询机构。在任何情形下，对于为公众放映的电影作合适性的最后决定只能由议会已经授予其适当法定权力的地方当局来作出，其他机构则无权行使。

“拉文德诉住房及地方政府部长案”[3]涉及住房及地方政府部长能否决定针对由地方规划当局许可的规划被拒绝是否可以上诉的权力。原告拉文德要求在一块农用地上开采矿石矿床，但被拒绝，于是他提起上诉。住宅部长说，除非农业部长不反

〔1〕 R. v. Race Relations Board, ex parte Selvarajaran［1975］1 W. L. R. 1686, at 1695.

〔2〕 Ellis v. Dubowski［1921］3 K. B. 621.

〔3〕 Lavender v. Minister of Housing and Local Government［1970］1 W. L. R. 1231.

对，否则他不同意在上述案子中提起上诉。高等法院法官威利斯（Willis）认为，在这种情形下，住房及地方政府部长实际上是把他的政策不适当地授予农业部长作出决定，是对部长所行使的自由裁量权的放弃，因而部长未能正确行使其权力。

（3）通过政策束缚其自由裁量权，即通过僵化的政策规则限制其行为自由。这种情形发生在下述场合：一个公共机构通过了一项特别政策，然后僵化地运用该政策以至于未能考虑公民个体情况的重要性。该机构可能采用一个一般政策作为指导，然而，它在处理具体情况或相关人的申请时有可能被该政策所束缚，并进而损害公民个体的合法权益。

这一规则可以追溯到“王国政府诉伦敦港口当局案”，该案由奇诺克有限公司起诉〔1〕。在该案中，伦敦港口当局依据1908年《伦敦港口法》相关条款承担下述职责，即考虑河流的状况和在伦敦港提供便利设施，以及在它认为有必要改进的情况下采取种种措施，为此，它能够建造、装备、维修或管理任何港区、码头、船坞、防波堤。毗连泰晤士河的土地所有者申请建造一个深水码头和其他大规模的工程，但是伦敦港口当局拒绝了它的申请，理由是申请者请求得到的便利设施具有议会让有关机构负责提供的设施的性质。法院认为，港口当局的决定相当于拒绝依法行使其自由裁量权，因此申请人的上诉是一种合宜的、有益的和有力的救济手段。

公共机构政策的改变有时候会对个体造成伤害，可能意味着一个人或许不再有资格获取他在其他方面本可以期望获得的某些利益或有利条件。公共机构可以改变其政策，但必须按照公共利益的要求去做。在政策改变的背景下，只有在下面两种情形中公民才能提起诉讼维护自己的合法权益：

---

〔1〕 R. v. Port of London Authority, ex parte Kynoch Ltd [1919] 1 K. B. 176.

第一，采纳的政策或违反一个特定政策或政策规定的决定是完全不合理的。例如，在由美国烟草国际有限公司起诉“王国政府诉国家卫生大臣案”中，[1]美国烟草国际有限公司得到英国政府的支持，并在1984年设厂生产口吸鼻烟，但是不久之后一个委员会告知卫生部长，口吸鼻烟可能导致癌症。1988年卫生部长发布了施加禁令的条例，并且给予美国烟草国际有限公司3个月的陈述意见时间。该公司申请对卫生部长制定禁止口吸鼻烟的条例进行司法审查。法院认为，虽然相关法律和条例规定了对公众健康的保护，但是该公司有权利构成某些例外情形。法院强调了公共利益考虑将优先于上述例外情形，但是由于在咨询过程中，该公司本应当被给予足够的机会收集与政策的上述重大改变有关的信息，卫生大臣本应当充分了解该公司的商业利益会受到上述禁令的严重不利影响，而该公司没有获得那样的机会，因此法院以程序不公正为由同意了该公司的司法审查申请。

第二，在新政策中未能考虑公民个体的情况，以致于政策制定者考虑了他不应当考虑的事情或没有考虑他应当考虑的事情，以及相关机构作出的结论如此不合理以至于任何理性的国务大臣都不可能作出正确的决定。在由哈格里夫斯起诉的“王国政府诉内政大臣案”中，[2]尽管法院认为政策的改变并没有侵犯哈格里夫斯等囚犯主张其依据《欧洲人权公约》第8条所享有的权利，即“尊重家庭生活”权利，但是上诉法院法官皮尔（Pill）提到了政策制定者的不合理情形，即“考虑了他不应当考虑的事情或者忽视了他应当考虑的事情”和“作出的结论

〔1〕 R. v. Secretary of State for Health, ex parte US Tobacco International Inc [1992] Q. B. 353.

〔2〕 R. v. Home Secretary, ex parte Hargreaves [1997] 1 All E. R. 906.

如此不合理以至于任何理性的国家大臣都不可能作出”。[1]

（4）通过合同义务或其他保证限制其决定权。一个公共机构如果由于它所承担的合同或协议而没有行使作出决定的权力，或对其可以作出决定的范围进行限制也是滥用其自由裁量权。议会授予公共机构自由裁量权的目的是使该权力的行使符合公共利益，那些拥有自由裁量权的机构应当避免签订可能约束其行使自由裁量权目的的私人协议，以避免对个体的利益造成损害，正如上议院法官伯肯黑德伯爵（Earl of Birkenhead）在“贝克戴尔地区供应公司诉南部港口公司案”中[2]所说的：“如果一个人或机构得到立法机构明示的或推定的为了公共目的的某种权力或职责的委托，那些人就不能放弃其自身的权力或职责。他们不能考虑任何合同或采取任何与他们的权力或职责的正当行使不相容的行为”。[3]

在“斯特林格诉住房及地方政府部长案”[4]中，斯特林格申请在柴郡乔杰尔·本克天文望远镜附近的建房规划许可。然而，依照曼彻斯特大学（该望远镜的所有者）与地方规划机构之间关于在望远镜的周边地区不得许可任何开发的协议，他的申请被拒绝了。法院认为，这一协议以及为实施这一协议而对规划许可的拒绝是越权和无效的，因为地方规划机构没有权力签订约束其对规划申请作出决定的协议。根据1971年的《城镇和地区规划法》，地方规划机构受法定权力的委托对规划许可申请作出同意或拒绝，它必须在法律依据上考虑每一个人和每一份申请，不能通过反复无常的行为使它自己不履行该项职责，

〔1〕 R. v. Home Secretary, ex parte Hargreaves [1997] 1 All E. R. 906, at 925.

〔2〕 Birkdale District Supply Co. v. Southport Corporation [1926] A. C. 355.

〔3〕 Birkdale District Supply Co. v. Southport Corporation [1926] A. C. 355, at 365.

〔4〕 Stringer. v. Minister of Housing and Local Government [1970] 1 W. L. R. 1281.

这样势必对个体的合法利益造成损害。

（5）在另一机构的命令下或在不适当的压力下作出决定。如果一个公共机构容许它的决定被一个未经授权的人或机构不适当地命令或影响，那就说明它的决定不合法。公共机构必须在所要决定的特定问题的法律依据和相关的公共利益要求这两个方面行使自由裁量权，不受其他无关因素干预。因此，假如一个机构的决定是根据某些未经授权的处于优势地位者的指令而作出，该机构就是越权。在这种情况下，个体利益也可能受到侵害。

在由巴克斯特起诉的“王国政府诉沃尔萨姆森林地方自治议会案”中，〔1〕针对地方议员按照地方政党委员会决定的政党政策进行投票的行为是否可以被认为未能行使其自由裁量权的问题，一些纳税人申请司法审查，理由是地方议会议员的自由裁量权受到了束缚，尽管地方纳税人的上诉最终未能成功，但是上诉法院认为，尽管地方议员可以被政党政策影响和指导，但是对他们来说，受到政党政策如此绝对的和严格的束缚，以至于不能按照自己的意愿去行为是不合法的。

由菲尼克斯航空公司起诉的“王国政府诉考文垂市政府案”，〔2〕则涉及从事合法贸易的当事人的财产利益受到政府行为侵害时法院如何保护的问题。在该案中，为避免由动物权利保护者引发的混乱和崩溃的危险，考文垂市政府决定推迟以前授予申请人从考文垂机场输出家畜的许可。法院裁决：①受到动物权利保护者所引发的危险支配的公共机构并不享有在不同合法贸易之间作出区分的一般自由裁量权，当时不存在紧急情况，并且不具备不遵守接受合法贸易的义务的正当理由，因此

〔1〕 R. v. Waltham Forest LBC, ex parte Baxter [1988] Q. B. 419.

〔2〕 R. v. Coventry City Council, ex parte Phoenix Aviation [1995] 3 All E. R. 37.

机场必须对合法的家畜贸易保持开放；②治不允许一个公共机构对一个压力集团的非法抗议作出反应并屈服于后者的威胁，该机构在警察的协助下有义务使得人们能够从事合法的贸易。显然，在该案中，对于公共机构受制于压力集团的不合法行为而对合法贸易者的利益造成侵害的行为，法院进行了严格的审查。

2. 公共机构滥用其自由裁量权

（1）不相关性，考虑了完全不相关的情况或者未能考虑相关的因素。前面阐述的是法院对公共机构未能行使其自由裁量权以至于侵犯公民合法权益的行为的审查，而在不相关性和下述目的不当的内容中，法院的注意力则集中在公共机构自由裁量权的行使与议会的立法意图相抵触时如何保护公民的合法权益。

除非议会的授权详细指明公共机构行使决定权应当考虑事项的情形，否则公共机构在行使其权力时按照权力行使所取决的因素享有广泛的自由裁量权。然而，如果公共机构所做决定或行为明显忽视了相关事项或者考虑了不相关的其他因素可能对公民权利造成侵害时，法院就会进行干涉。

在“罗伯兹诉霍普伍德案”[1]中，波普勒地方议会享有在它认为合适的情况下支付其雇员工资的法定权力，该机构决定支付其雇员每周 4 英镑的最低工资。这一决定同时适用于男人和女人。该机构行为的合理性和合法性受到了质疑，主要理由是波普勒的议员们对规定工人的最低工资考虑得过多，而对纳税人的利益考虑得不够，因此在平衡享有最低工资待遇的工人与纳税人之间的相冲突利益上没有做到公正合理。

这一案件充分表明，法官特别关注公共机构对其行为的财

〔1〕 Roberts v. Hopwood [1925] A. C. 578.

政后果是否给予仔细的考虑。换句话说，至少从法院的角度来看，财政因素的考虑，主要是公共机构的行为或决定是否会对某些人的财产利益造成更大负担，比影响公共机构决定的其他因素如社会政策或选举人的意愿具有更大的优先性。在前述“罗伯兹案”中明显表露出来的法院对财政因素考虑的司法优先性在“普雷斯科特诉伯明翰公司案”〔1〕中也得到了体现。在该案中，法院认为，同意给予上了年纪的领取养老金者交通特许的决定未能考虑这一决定可能会对地方税纳税人征收额外费用这一因素，因而可能对后者的财产利益造成损害。

需要注意的是，如果公民声称公共机构的决定或行为考虑了不相关因素，以致于侵犯了他自己的合法利益，他必须确认公共机构本应该考虑或本不应该考虑的问题是什么，否则，他的合法利益可能得不到保护。在由赫德尔斯顿起诉的“王国政府诉兰开夏郡政府案”中，〔2〕一个学生申请可任意支配的生活奖学金，但被拒绝，于是她提出地方机构在作出决定时考虑了不相关因素的申诉，但她的申诉未能成功。尽管她有着优良的学校和个人记录，她也不能理解为什么她的申请不成功。关键的问题是，尽管她怀疑某些无关的事情或许影响了有关机构的考虑，但是她不能详细指明这些事情是哪些。

（2）目的不当，即行使其权力时未达到权力被授予时期望达到的目的或目标。法定权力的行使必须是为了实现所授予权力的明示的或推定的目的。如果一项权力的行使是为了某种别有用心的目的，或者以一种明显的与授权法的目标不相容的方式来行使，那么它就是非法行使。在“文特沃斯房地产有限公

〔1〕 Prescott v. Birmingham Corporation［1955］Ch. 210.

〔2〕 R. v. Lancashire County Council, ex parte Huddleston［1986］2 All E. R. 941.

司诉住房及地方政府部长案”[1]中，丹宁勋爵指出，法院必须确认公共机构所做决定或行为的主要目的或目标是否与该权力被授权行使的主要目的相一致，“如果议会授予一项权力给政府部门为某一许可的目的行使，那么当权力被该部门诚实行使为了其主要目的时才是有效的。如果该目的不是主要目的而是从属于不被法律认可的某些其他目的，那么该部门就超出了权力行使范围，其行为就是无效的”。[2]

当然，在公共机构的行为过程中，其他目的被达到并不一定导致其行为无效，只要其他目的合理地附随于主要的和法律认可的目的。在“汉克斯诉住房及地方政府部长案”[3]中，公共机构在一个强制征收的土地上以开发住宅的目的改变了道路格局，申请人要求撤销地方住宅机构发出的强制购买命令，理由是地方住宅机构为了一个附带的目的而行使权力，并且超出了“住宅方面需要考虑的事项”考虑了“规划方面需要考虑的事项”；在调查过程中申请人未能获得相关信息；正义性的种种原则没有被遵守。法院认为，为了开放住宅的目的而改变道路格局从属于开发目的，并与开发过程合理地相一致，因而是允许的。

什么是法律认可的目的有时并不总是很容易从法律规定中得到识别。对法律认可目的的司法裁量偶尔会受到远甚于法律价值因素的影响。例如，在由威斯敏斯特市政府起诉的“王国政府诉内伦敦教育局案”[4]中，法院认为，在竞选活动中，为

---

〔1〕 Earl Fitzwilliams Wentworth Estates Co Ltd. v. Minister of Town and Country Planning [1951] 2 K. B. 284.

〔2〕 Earl Fitzwilliams Wentworth Estates Co Ltd. v. Minister of Town and Country Planning [1951] 2 K. B. 284, at 307.

〔3〕 Hanks v. Minister of Housing and Local Government [1963] 1 Q. B. 999.

〔4〕 R. v. Inner London Education Authority, ex parte Westminister City Council [1986] 1 W. L. R. 28.

了提供关于由地方当局提供服务设施的信息，公共机构作出使用公共资金的决定，这一行使权力的行为就是为了一个未被法律认可的目的。王座分庭的法官格莱德韦尔（Glidewell）指出："我已经说过，我发现这些目的之一是提供信息。但是我也发现它有试图说服公共成员采取与有关当局本身一样的观点的目的，的确我相信这是决定的主要目的。"〔1〕

为了类似的目的，以阻挠授权法的目标的方式行使权力可能对公民的权利造成侵害，也要服从于法院以目的不当为由实施审查。这方面有两个著名的案例。一个是"帕德菲尔德诉农业部长案"〔2〕，在该案中，一个牛奶制造商提起申诉，农业部长本应当把这一申诉提交到处理由国家牛奶市场计划所引起问题的申诉程序，但他没有适当的理由就拒绝了，法院判定这就是非法行事。按照上议院的意见，申诉程序是包含在 1958 年的《农业市场法》中作为处理由制造商所提起的所有合理和相关利害关系事项的一种手段。对部长而言，尽管他拥有不受限制的自由裁量权，但是他有义务只考虑相关的事务而排除不相关的事务，而且在缺乏适当理由的情况下，部长不能以一种阻挠赋予其自由裁量权的法律的目标的方式行使其自由裁量权，否则就是不公正的。

另一个案例是"雷克航空公司诉贸易部案"〔3〕。在该案中，英国民航局授予雷克航空公司从 1973 年开始为期 10 年的许可证，允许该公司在美国与英国之间从事低廉的民航服务。依据 1946 年《百慕大协议》，雷克公司随后被指定经营一条航线。1976 年贸易部长依据一份《白皮书》宣布将来的政策是在任何

---

〔1〕 R. v. Inner London Education Authority, ex parte Westminister City Council [1986] 1 W. L. R. 28, at 50.

〔2〕 Padfield v. Minister of Agriculture [1968] A. C. 997.

〔3〕 Laker Airways v. Department of Trade [1977] Q. B. 643.

规定的路线上只允许一条英国航线，并且白皮书中包含了一个要求民航局撤销雷克航空公司许可证的指示。雷克航空公司申诉说，上述行为越权并且贸易部长没有权力撤销指定。法院认为，部长不能合法地利用“指南”程序制定政策或发布强制性指示，他不能行使其权力试图保护英国航空公司在横越大西洋的航线上的支配地位，因为该权力是包含在被设计用来尤其是确保在所有远距离的客运路线上的竞争的法律之中。在该案中，贸易部长的行为由于目的不当而侵犯了雷克航空公司的合法经营权利，为此，丹宁勋爵在结论中写道：“由于此案在宪法上的重要性，我们对该案进行了较为详细的考虑。对法院来说，宣告王室部长僭越其权力是一件严肃的事情。……这些法院有权力——并且我加上有义务——在一个适当的案件中，当被要求时，调查一位大臣或其所辖部门对自由裁量权的行使。如果发现这一权力被不适当地或错误地行使以致于不正当地侵犯了国民的合法权利或利益，那么这些法院就必须宣告”。[1]

二、不合理性

什么是“不合理性”？在“联合图画住宅公司诉温斯伯里公司案”[2]中，上诉法院在两层意义上对“不合理性”概念进行了解释。首先，它可以被用于作为通常在滥用自由裁量权的情形中被处理的那些类型的错误的一般称谓。上诉法院法官格林勋爵认为：“熟悉那些通常在关于行使法定自由裁量权的场合中所使用措辞的律师经常在一个相当广泛的意义上使用不合理性这一词。它不仅以前而且现在也频繁被使用作为一种不必去做的那些事情的一般描述。例如，一个被委托了自由裁量权的人必须……在法律上正确引导自己。他必须将他的注意力转移到

〔1〕 Laker Airways v. Department of Trade [1977] Q. B. 643, at 707 ~ 708.

〔2〕 Associated Picture Houses v. Wednesbury Corporation [1948] 1 K. B. 223.

他有义务做的那些事情上。如果他不遵循这些规则，他或许真的就被认为是……在不合理地行为。"[1] 其次，不合理性还可以被用作一个独立的和明确的司法审查理由。在这种意义上，对于不能以不相关性、目的不当等自由裁量权的滥用为由进行质疑的决定，就可以以不合理性进行质疑，此时这种不合理性正如法官格林勋爵（Lord Greene）所说的是"如此不合理以至于任何理性的权威部门都不可能作出那一决定"。[2]

不合理性通常被认为是"温斯伯里原则"概念的再次表述。它通常可归因于上议院法官迪普洛克勋爵（Lord Diplock）在"公务员工会委员会诉文官事务部长案"[3]中的判决。在该案中，迪普洛克勋爵（Lord Diplock）指出："关于不合理性，我是指现在能被简便地称为'温斯伯里不合理性'的东西……它应用于一个在其对逻辑或可接受的道德标准的挑战上如此令人吃惊，以至于任何将其心智应用于被决定事情的有理智的人都不能作出的决定。"[4]

从格林勋爵（Lord Greene）和迪普洛克勋爵（Lord Diplock）的论述来看，法院以不合理性为由对公共机构进行的审查仅仅适用于那些有悖常理的事情，正如亚力克斯·卡雷尔所指出的，"对一个法官来说，如果仅仅因为他不同意或不赞成一个特别的决定而以不合理为由进行干涉，这是违宪的"。[5] 相对

---

〔1〕 Associated Picture Houses v. Wednesbury Corporation [1948] 1 K. B. 223, at 229.

〔2〕 Associated Picture Houses v. Wednesbury Corporation [1948] 1 K. B. 223, at 230.

〔3〕 Council of Civil Service Unions v. Minister of Civil Service [1985] A. C. 374.

〔4〕 Council of Civil Service Unions v. Minister of Civil Service [1985] A. C. 374, at 410.

〔5〕［英］亚力克斯·卡雷尔：《宪法与行政法》（影印版），法律出版社2003年版，第293页。

于上述不合法性的种种标准，这一标准的要求很高，这样可以防止法官过分运用不合理标准，防止他们用自己的观点取代公共机构的观点。对于限制司法干预行政行为甚至过度干预而使用合理性标准，大法官欧文勋爵（Lord Irvine）阐释道："有三个充分的理由说明为什么是这样。首先，存在一个宪法上必须履行的责任：如果议会授予作出决定权给一个异常的机构，法院就会使议会主权的意图无效，如果他们僭取权力于其自身的话。其次，存在一个实际上必须履行的责任：法院，特别是在大量的政策事务上，专业知识远远少于指定机构……最后，存在一个民主上必须履行的责任：选举体制作为一个通过要求许多公共机构不时服从于选民意志的方式防止公共权力滥用的重要预防措施进行运作。如果这一政治责任制的体制要起作用，重要的是这些机构的作出决定的地位没有被法院侵占"。〔1〕

正因为不合理性标准的高要求，公民仅仅以公共机构的决定不合理为由进行质疑而导致公共机构的决定被推翻的案例非常少。从某种意义上可以这样说，在公共权力以非常反常的方式行使的场合，不合理性很可能就是特殊的自由裁量权的滥用情形（如不相关性或目的不当）。

三、比例性

根据《欧洲人权公约》和欧盟法律体系，比例性是指公共机构在行使自由裁量权时对公民权利或利益的干涉不应当比维护国家利益时对公民权利或利益的干涉程度更大。换句话说，比例性要求公共机构只能在合理幅度内作出与所要达到的目标相称的行为。比例性原则是欧盟法律体系所应用的标准，由于英国法律传统的保守性特点，并且在1998年《人权法》要求英

---

〔1〕 大法官欧文勋爵（Lord Irvine）1999年在新加坡法律协会第六届年会上的演讲，转引自［英］亚力克斯·卡雷尔：《宪法与行政法》（影印版），法律出版社2003年版，第294页。

国国内法院在涉及公约权利的问题时必须参考欧洲人权法院的判决之前，比例性原则在英国国内法院中的适用是比较谨慎的。例如，在前述 GCHQ 案件中，比例性只是作为一个司法审查的额外理由被提及。

由于上述原因，在司法实践中法院不太愿意应用该审查理由，因为比例性理由如果要被恰当地运用，法院就会考虑公共机构是否应当选择可以达到的最合适的权力行使做法，这可能会导致法院以其自身观点取代公共机构的危险。由布林德起诉“王国政府诉内政部案”，〔1〕该案中内政大臣发布了一项指令，禁止各广播公司播送那些代表被禁止的恐怖组织的人的言论。一个广播公司提起司法审查，认为该项决定侵犯了 1950 年《欧洲人权公约》所规定的表达自由。法院认为，《欧洲人权公约》并非英国法律的一部分，并且反对恐怖主义这一公共利益可以证明上述限制是正当的。对于比例性标准的使用，上议院法官劳里勋爵（Lord Lowry）说：“作出决定者，通常是选举出来的，是那些议会已经授予了自由裁量权给他们的人，干涉在迄今为止的规定限制之外的自由裁量权本身是法官的监督管辖权的滥用……一般而言，这些法官并不具备训练或经验或必不可少的知识和忠告以决定一个行政问题的答案，在该问题中，天平是平等的、均衡的……”〔2〕

在英国法院看来，比例性标准是一个比合理性或不合理性标准更苛刻的司法审查标准，如果引入该标准将允许法院对公共机构的决定或行为的事实部分和司法机构的特定判决的价值进行某种程度的司法监督，从而混淆了司法部门与行政部门的职能。

---

〔1〕 R. v. Home Secretary, ex parte Brind [1991] 1 A. C. 696.

〔2〕 R. v. Home Secretary, ex parte Brind [1991] 1 A. C. 696, at 766 ~767.

然而，尽管学术界和实务界对是否和如何应用比例性标准有不同观点，人们现在还是普遍接受，法院在决定公共机构与下列有关的行为的合法性时可以运用比例性标准：①由欧共体法所规定的职责的履行；②自1998年《人权法》生效以来，涉及《欧洲人权公约》所保护的权利的种种职责。[1] 例如，在由马穆德起诉的“王国政府诉内政大臣案”，[2] 上诉法院裁决道：“在迫切地审查妨害人权的一个行政决定时，法院将应用一个客观标准，询问作出决定者是否本来能够合理地断定妨害对于实现公约所承认的一个或更多的合理目标是必要的。在相关背景中考虑必要性标准时，法院必须依照1998年《人权法》第2条考虑欧洲法律体系”。[3]

一般而言，法院会把合理性和比例性标准结合起来行使，在上述情形中，法院运用比例性这一合法性的检测标准，对于尚未被欧洲法律体系影响的上述公法领域，法院会适用合理性标准。大法官欧文勋爵（Lord Irvine）对这一方法表示赞成，在他看来，1998年《人权法》很明显打算将比例性这一更为严厉的审查标准的应用限制在人权这一特定范围中，“因此，《人权法》的作用并没有改变以比例性为基础的审查的含义，而是规定比例性的应用在宪法上是可以接受的，尽管它包含了那样的含义。在这个意义上，《人权法》将会形成一个授予以比例性为基础的审查以宪法上的合法性的授权。然而，从《人权法》中可以很清楚地看到，这一授权仅仅给予那些情形，即首先保证基本人权的情形。这表明，以宪法正当性为基础的种种考虑将

〔1〕［英］亚力克斯·卡雷尔著：《宪法与比较法》（影印本），法律出版社2003年版，第294页。

〔2〕 R. v. Secretary of State for the Home Department, ex parte Mahmood (Amjad) [2001] 1 W. L. R. 840.

〔3〕 R. v. Secretary of State for the Home Department, ex parte Mahmood (Amjad) [2001] 1 W. L. R. 840, at 857.

来会继续应用于尚未属于新的人权立法内容的情形，而上述种种考虑迄今为止，一直牢牢地威慑住英国法院，迫使它们信奉比例性”。[1] 从涉及人权的判例来看，法院对公共机构作出的可能侵犯公民人权的决定会适用更为严厉的比例性标准。例如由戴利起诉的“王国政府诉内政大臣案”，[2]该案中，上议院认为，《欧洲人权公约》的比例性原理要求在作出决定者达到预期的合理目标时，仍然要采取对所保护的权利侵犯最少的措施。

除此之外，在适用合理性标准上还存在着进一步的灵活性，大法官欧文勋爵（Lord Irvine）认为，法院可以运用上述灵活性对下列问题中的决定的内容或公法权力的行使进行严格的司法审查：“在英国公法中，司法审查并不指定一个监督的整体标准已经是为大家所接受的原则。的确，在任何特定的情形中司法审查的强烈程度被该情形的事实和背景所决定。例如，法院接受对涉及国家经济政策的决定采取一种相当恭敬的态度是合适的观点。相反……法院肯定会对涉及人权的行政行为进行更为彻底的监督”。[3]

与上述观点有所不同，上议院法官斯莱恩勋爵（Lord Slynn）在由霍尔丁和巴恩斯起诉的“王国政府诉环境、交通和地区大臣案”[4]，表达了他对以比例性为基础的合法性这一单一标准的明显偏好。在该案中，高等法院作出了环境、交通和

---

〔1〕 大法官欧文勋爵（Lord Irvine）1999 年在新加坡法律协会第六届年会上的演讲，转引自［英］亚力克斯·卡雷尔：《宪法与行政法》（影印版），法律出版社 2003 年版，第 295 页。

〔2〕 R. v. Secretary of State for the Home Department, ex parte Daly [2001] 2 A. C. 532.

〔3〕 大法官欧文勋爵（Lord Irvine）1999 年在新加坡法律协会第六届年会上的演讲，转引自［英］亚力克斯·卡雷尔：《宪法与行政法》（影印版），法律出版社 2003 年版，第 295 页。

〔4〕 R. v. Secretary of State for the Enviroment, Transport and the Regions, ex parte Holding and Barnes [2003] 2 A. C. 295.

地区大臣决定规划申请的权力与1998年《人权法》所保护的《欧洲人权公约》第6条的公正审理权利不相容的宣告，理由是国务大臣本身涉及该政策的制定，因而他不能对相关的规划申请作出决定。国务大臣提起了上诉。当事人认为，尽管不存在事实上的偏见，但是由于国务大臣承担了制定政策和对申请作出决定的双重角色，这侵犯了《欧洲人权公约》第6条赋予公民的获得公正审理的权利。尽管上议院最终裁决法院没有审查国务大臣制定政策的职能，但是一些法官还是认可了运用比例性原则审查公共机构的行为或决定以保护公民权利的可行性，斯莱恩勋爵（Lord Slynn）指出："我认为即便没有《人权法》的参照，历史已逐步认识到这一原则（比例性）是英国法的一部分，不仅是在法官处理共同体法律的时候，而且是在他们处理受国内法管制的法律的时候。试图把'温斯伯里原则'和比例性保持在不同部分对我来说似乎是不必要和混乱的"。[1]

第三节 法院对公民权利与自由的司法保护的程序审查理由

尽管一个公共机构是在其权力或自由裁量权范围内行事，并依法行使其自由裁量权，但其决定仍然可能因在程序上对公民权利与自由构成侵害而被质疑。法院审查公共机构侵犯公民权利与自由的程序理由就是程序上的越权无效和违反自然公正原则。

一、程序越权无效

对于公共机构行使其法定权力的程序，法院将其区分为命

〔1〕 R. v. Secretary of State for the Enviroment, Transport and the Regions, ex parte Holding and Barnes [2003] 2 A. C. 295, at 321.

令性的程序要求和指导性的程序要求，违反不同的程序要求导致的后果是不同的。

公共机构的行为或决定要具有法律效力就必须遵守命令性的程序要求，否则可能对受权力行使影响的公民造成实质性侵害。实施命令性程序要求的目的是提高作出决定的程序的质量，即提供更广泛的公众参与。因此，与那些可能被行政或立法行为影响的人进行协商的要求通常就被认为是命令性程序，同理，听取那些可能受到公共机构的行为或决定不利影响的人的反对意见也是命令性程序要求。不遵守命令性程序要求会导致公共机构的决定或行为无效的法律后果。在“布拉德伯里诉因菲尔德市自治委员会案”〔1〕中，一个地方教育机构决定对其所辖的8个学校的应受教育学生的年龄范围和性别作出改变，并将其管辖的专门性学校改为综合性学校，8名因菲尔德的地方纳税人和代表反对者团体的一个有限公司请求对该决定发出临时禁制令，主张该决定没有遵守1944年《教育法》所规定的程序，致使当事人的利益受到损害。法院判定该机构在行使其权力时因程序越权而无效，因为它未能按照1944年《教育法》的要求履行相应的程序要求，即给予可能受其决定影响的人适当的公开告示，并给予他们对该机构的上述计划提出异议的机会。在由克兰起诉的“王国政府诉肯姆登伦敦自治委员会”案中，〔2〕地方委员会作出了将某个区域作为受管制的停车场的命令，并要求当地居民和商人在使用停车场时付费。克兰请求撤销地方委员会的命令，理由是该命令构成了获得收入的活动，却未能与当地居民和商人进行协商。法院认为，协商是该委员会必须遵守的一项法定义务，遵守这一义务对决定其方案是否有效是相当重要

〔1〕 Bradbury v. Enfield Borough Council [1967] 1 W. L. R. 1311.

〔2〕 R. v. Camden London Borough Council, ex parte Cran [1995] R. T. R. 346.

的。法院裁决克兰的利益因协商过程中存在的缺陷而受到损害，因此撤销了该地方委员会的命令。

公共机构未能遵守指导性的程序要求则不会产生严重后果。公共机构被期望依照指导性程序要求行为，但是如果它不这样做并不影响其行为或决定的有效性。一般来说，公民以公共机构不遵守指导性程序要求为由对公共机构的行为或决定的质疑是不会成功的。"科尼诉乔伊斯案"[1]充分说明了这一点。在该案中，一个地方教育机构决定改变教育体制。依照 1944 年的《教育法》，该机构在当地报纸和公共建筑物上发布了说明其目的的公开告示。然而，它没有在所有受影响的学校外面张贴上述告示。大约 300 名受到影响的学生的家长请求阻止上述方案的实施，理由是该方案的公告没有张贴在两个学校的主要入口处。法院认为，1944 年《教育法》有关规定的主要目的是使那些有目的的改变能够引起足够的公众注意，以及那些受其影响的人应当被告知拥有反对的权利以及权利应当如何行使。法院认为，地方教育机构大体上做到了这一要求，在特定学校外面张贴告示的要求仅仅是指导性的程序要求，最终拒绝了原告所申请的救济方式。

有时候，法院从公共政策角度考虑会认为某些程序要求是指导性的，在这种情况下，公民的权利与自由也很难得到维护。在"威廉诉内政部案"[2]中，威廉正在服长期监禁刑。他被认为是一个容易惹麻烦的犯人。内政部为这样的囚犯设计了一种"控制室"，可以用来把他们与其他囚犯隔离 90 天，威廉于是被关进控制室 6 个月。根据 1976 年《监狱规则》第 43 条第（2）款，内政大臣仅被授权隔离囚犯 1 个月，并且要逐月地重新开

〔1〕 Coney v. Choyce [1975] 1 W. L. R. 422.

〔2〕 Williams v. Home Office [1981] 1 All E. R. 1151.

始。威廉提起诉讼要求对他的错误监禁予以损害赔偿，并且宣告内政部规定90天时间的行为是越权的。法院承认监狱没有按照要求行事，但是认为，如果犯人被允许对监狱规定的履行进行法律上的质疑，那么，政府的监狱体制会被逐渐损害。显然在这里，程序要求让位给了法院对公共政策的考虑，在这种情况下，公民的权利与自由没有得到维护。

二、违反自然公正原则

自然公正原则是普通法上对公共机构作出决定权的有效行使所提出的程序要求。即便缺乏制定法所规定的程序要求，自然公正原则也能使法院监督公共机构依照程序公正的某些最低标准作出决定，这也是普通法上维护公民权利与自由的重要程序要求。这一原则表现为两个具体的规则：其一，公正听证的权利，即听取双方的陈词。其二，反对偏见的规则，即任何人不得在涉及自己的案件中担任法官。

通常，这些规则应用于一个公共机构作出决定权的行使，在此意义上，它们发挥着与美国宪法正当程序条款相似的功能，法官莫恩（Maughan）在“麦克莱恩诉工会案”[1]中把它们描述为“公平游戏的原则”。

长期以来，英国人认为存在一个超自然的原则，它可以检验包括议会法律在内的所有制定法的有效性。这一原则又经常被描述为自然法或自然公正，并被认为起源于神意。公民个体由一个公正的法官审判，并在审判时获得辩护的权利被认为是这一永恒原则的基本要素。首席法官柯克（Coke）在“博纳姆医生案”[2]中断言，即便是议会法案，如果它因在涉及自己的案件中做自己的法官而违背了“共同权利和理性”，法院就可以

[1] Maclean v. The Workers' Union [1929] 1 Ch. 602.

[2] Bonham's Case (1610) 8 Co. Rep. 114.

宣布它无效。"共同权利和理性"这一标准，无疑被当做不证自明的自然法准则，包括议会在内的任何人都不得违反。

18世纪以来，自然公正原则有着神意起源和优越于议会意志的观点逐步失去了市场。然而，程序公正的观念却已经深深植根于普通法中，并成为维护公民权利与自由的重要工具。

（一）自然公正原则在公民权利保护上的发展

1. 法院从实用主义态度出发对公共权力性质的界定

在19世纪，随着现代国家的建立和行政管理的需要，行政机关的权力不断扩大，对公民的权利与自由造成的侵害也越来越大。起初，法院以一种本质上实用主义的方式来应对这些发展。传统观念认为，行政机构如果遵循普通法上的程序要求会造成决策过程的缓慢和拖延，以至于损害行政效率上的公共利益。因此，只要公共机构作出决定权的行使属于行政性质的，法院就不能干预，正如上议院法官洛尔伯恩勋爵（Lord Loreburn）在"教育委员会诉赖斯案"[1]中所指出的："相比而言，近来的法律已经扩展了，如果不是创设的话，强加给部门或政府官员决定或裁定不同种类问题义务的实践。在那些案件中他们必须真诚地行事，公正地听取双方的意见，因为那是任何决定一切事物的人所遵循的义务。但是我认为他们没有义务像对待司法一样对待那些问题"。[2]在普通法的发展过程中，法院认为，行政机构行使的权力或许不是司法性质的，但是如果它们对受其影响的公民的法定权利可能产生严重后果，那么这些权力就会因自然公正原则对它们的适用而被认为是司法性的。为了更好地维护公民的权利与利益，法院采取了实用主义的态度，不管行政机构对权力的行使是司法性质的还是非司法性质的，法院关注的是作

〔1〕 Board of Education v. Rice [1911] A. C. 179.

〔2〕 Board of Education v. Rice [1911] A. C. 179, at 183.

出决定权行使的后果，只要它可能影响公民的权利与利益，法院就会对其进行干预。通过对公共机构作出决定权行使的后果而非特定形式的关注，法院尤其是高级法院的司法监督权扩大到了影响个体权利的行政机构的决定。

“库珀诉宛得斯沃斯工程委员会案”[1]提供了对上述问题的一种经典阐述。宛得斯沃斯工程委员会依法拥有进入土地和拆除任何未曾给予7天时间通知建造目的房产的权力，据此它拆除了原告库珀的房产。库珀认为该工程委员会的行为构成非法侵入，理由是委员会没有给予他听证的机会就剥夺了其财产。法院认为，该工程委员会的权力在性质上可以归于司法权，它涉及对财产权利的干涉和不合理强加的一种处罚。在这种情况下，尽管制定法中没有确立应当听取当事人意见的要求，工程委员会也必须遵守自然公正原则，此时普通法上的公正要求将弥补制定法的不足。原告的权利最终得到了保护。而在“霍普金斯诉斯麦斯韦克地方委员会案”[2]中，法官威尔斯（Willes）明确指出，“在宣判一个人将其房屋拆除有罪时，对其罚款5英镑就是一个司法行为；地方委员会是唯一能够作出那一命令的裁判所，它的行为一定是司法行为，受其影响的当事人应当拥有被告知的权利”。[3]

2. 法院对更具限制性检验标准的采用

进入20世纪以来，在界定公共机构所行使权力的司法性质上，法院所采用的实用主义态度发生了变化，法院开始采用一个更具限制性的检验标准。根据这种标准，只有当公共机构所行使的权力是对影响当事人权利的争议作出裁定时，它才被归

---

〔1〕 Cooper v. Wandsworth Board of Works (1863) 14 C. B. N. S. 180.

〔2〕 Hopkins v. Smethwick Local Board (1890) L. R. 24 Q. B. D. 712.

〔3〕 Hopkins v. Smethwick Local Board (1890) L. R. 24 Q. B. D. 712, at 714 ~ 715.

类为司法权力，在这种情况下，法院就会要求公共机构在作出可能影响公民权利与利益的行为时遵循自由公正原则。在“埃林顿诉卫生部长案”[1]中，一个土地所有者对由地方机构作出的清除不卫生地区住宅的命令提出了上诉。法院认为，部长在对是否批准该命令作出决定时，是在行使“准司法”的权力，因此如果部长进行一项相关调查，而住宅所有者却不被邀请参加，或者部长在考虑相关的陈述时，住宅所有者却没有机会作出陈述，那么部长的行为就不是在遵守自然公正原则，原告的利益会受到部长决定的影响，住宅所有者有权作为合法权利受到侵害的人要求撤销部长的批准令。

反之，如果公共机构行使权力时不涉及当事人之间的权利争议，而只是在履行行政职能，法院就不会要求公共机构遵守自然公正原则。在由帕克起诉的“王国政府诉大都市警察局长案”中，[2]警察局长以一个出租车司机使用了其出租车帮助妓女不断从事卖淫为由撤销了他的执照，原告认为警察局许可证委员会进行的调查具有司法诉讼的性质，委员会拒绝原告传唤他提供的证人违反了自然公正原则。法院认为，警察局长的决定是在其行政权力的行使范围之内，并没有涉及各方当事人之间的权利争议，其结果与剥夺该出租车司机的生计毫无关系。该权力仅仅是行政性权力，对该权力的行使并不需要遵从自然公正原则。因此，警察局长没有义务在其作出决定前给予该出租车司机听证的机会。

按照这一限制性标准，如果公共机构的作出决定权力被法院界定为非司法性质，那么对于受到上述权力影响的公民的权利与利益，法院就会拒绝以自然公正原则为由进行保护。在

〔1〕 Errington v. Minister of Health [1935] 1 K. B. 249.

〔2〕 R. v. Metropolitan Police Commissioner, ex parte Parker [1953] 1 W. L. R. 1150.

“弗兰克林诉城乡规划部长案”[1]中，申请人认为，城乡规划部长声明，他不听取人们的不同意见是一种“部门偏见”，这违反了自然公正原则。上议院认为，部长的职能可以分为司法职能和行政职能，部长行使司法职能要遵守自然公正原则，而行使行政职能则无需遵循。本案中，部长是在接到并考虑了视察员的报告之后批准命令的，是制定政策的行为，属于行政行为，从而判决部长胜诉。该案发生时英国正处于二战后强调行政积极干预的时代，司法保守主义的兴起也在一定程度上削弱了法院对行政权力的审查力度，由此影响了对公民权利与利益的保护。

3. “公正行为义务”标准的采用

值得庆幸的是，上议院在“里奇诉鲍德温案”[2]中的判决结束了法院根据上述限制性标准对行政权力行使的消极避让。在该案中，上议院认为，警备委员会在开除警察局长时必须遵守自然公正原则，即告知对他的指控并给予听取其意见的机会，警备委员会还必须遵守根据1919年《警察法》所制定的惩戒条例，但是警备委员会未能遵守自然公正原则，因此法院最终判决警备委员会的开除行为是非法的、越权的和无效的。此案的重大意义在于，法院对司法权的旧有含义重新进行了阐释，并把它扩展到可能导致剥夺受其影响的个体的身份或生计的作出决定权的行使。法院通过对自然公正原则的应用，又回到了法院最初所采用的实用主义立场，使得法院关注公共权力行使的结果，而不是作出决定权的性质本身。法院通过该案所确立的保护公民权利与利益的一个原则就是：判断权力是否是司法权力因而接受法院审查的关键因素是，看权力行使的结果而不是

〔1〕 Franklin v. Minister of Town and Country Planning [1948] A. C. 87.

〔2〕 Ridge v. Baldwin [1964] A. C. 40.

权力行使的过程。也就是说，只要权力行使的结果对公民的权利与利益造成损害，不管它是一种什么性质的权力，法院都会进行干预。

尽管“里奇诉鲍德温案”恢复了早期法院对司法行为的界定，它仍然为自然公正仅仅适用于具有司法功能的权力这一观念留下了空间。法院在判决中倾向于把公共机构的权力认定为具有司法性质的权力，当这些具有司法功能的权力的行使侵害了公民的权利与利益时，它们理所当然地会被法院否定。但是，受到司法保守主义和行政权力的过度膨胀等因素的影响，法院很多时候也会把影响公民权利的公共权力判定为行政权力，从而认定它们无需遵守自然公正原则，由此削弱了对公民权利的保护力度。

在“里奇诉鲍德温案”之后的普通法的发展中，许多判例开始出现下述倾向，即任何影响个体的权利或其他利益的作出决定权力，不管是司法的、行政的或者其他性质的，都应当以一种程序公正的方式被行使，这就是在关于 H. K.（一个小孩）案[1]中所提出的一种“公正行为义务”。该案的案情是，1966 年 11 月 21 日，一位平常居住在联合王国的名叫 A. R. 的英联邦公民带着他在巴基斯坦的家人，一个名叫 H. K. 的小孩来到伦敦机场，H. K. 在旅行时持有巴基斯坦护照，护照表明他的出生日期是 1951 年 2 月 29 日（一个根本不存在的日期）。A. R. 说 H. K. 是他的大儿子，未满 16 岁，依照 1962 年《联邦移民法》有权利进入联合王国。由于 H. K. 给移民官员的感觉是他远远不止 15 岁，因此移民官员把他带到机场的医务官那里，后者认为 H. K. 已经超过了 17 岁。移民机构进一步分别对 A. R. 和 H. K. 进行调查，首席移民官在调查过程中越发怀疑 H. K. 的年龄，因

〔1〕 HK (An Infant), Re [1967] 2 Q. B. 617.

此决定拒绝允许 H. K. 入境。第二天，首席移民官从 H. K. 的一份中途辍学证明中看到他的出生日期是 1951 年 2 月 29 日，于是再一次对 A. R. 和 H. K. 进行调查，最终还是没有弄清楚 H. K. 是否未满 16 岁，移民机构决定 H. K. 应当被送回巴基斯坦。法院对此案的意见是，即使移民官员不是在以司法或准司法资格行使权力，自然公正原则也适用于此案。法院认为，移民官员应当公正和冷静地行为，并给予移民弄清楚 1962 年《联邦移民法》中的相关内容的机会，并且为了那一目的让移民了解移民官员的直接印象是什么，以便移民能使自己明白，以及移民要符合什么要求，并给予移民这样做的足够机会。法院在该案中确立了公共机构行使权力时的“公正行为义务”，这意味着所有的公共机构在作出决定时都有义务以程序公正的方式行使权力，而这些方式代表了在高效率的行政与维护个体合法利益之间力图寻求的一种合理平衡。

丹宁勋爵在“帕加蒙出版公司案”[1]中明确表示了对“公正行为义务”的支持，他说：“视察员必须公正行为。这是一个必须依赖的义务，正如依赖许多其他的物体一样，即使他们不是司法性的或准司法性的，而仅仅是行政性的义务。视察员能够以任何他们认为最好的方式获得信息，但是在他们谴责或批评一个人之前，他们必须给他一个修正或反驳对他的指控的公正机会”。[2]

需要指出的是，“公正行为义务”的发展可能导致人们把它与自然公正原则进行区分，但是这种区分意义不大，因为这两个概念都可以被纳入一个灵活的程序正义或公平概念的专门术语中，或者说，把“公正行为义务”纳入自然公正原则当中，

---

〔1〕 Re Pergamon Press［1971］Ch. 388.

〔2〕 Re Pergamon Press［1971］Ch. 388, at 399.

从而作为后者的一种变体，也是可以的。关键在于它们都能发挥对受公共机构权力行使影响的个体权利的保护作用，正如副大法官梅加里（Megarry）在“麦金尼斯诉翁斯洛—费恩案”[1]中所说：“如果一个人承认自然公正是一个可将不同要求适用于不同案件的灵活术语，那么它就能够正确应用于由诸如‘司法’、‘准司法’和‘行政’的术语所指出的种种情形的整个范围。不过，情况越远离类似于一个司法或准司法的情形，问题越远离可以合理地被称作可由法院裁判的问题，它就越合适拒绝包括‘正义’一词在内的措辞，反而使用诸如‘公平或公正行为的义务’的术语”。[2]

由利物浦出租车队经营者协会起诉的“王国政府诉利物浦市议会案”[3]，该案是关于公正行为义务的一个经典案例。在该案中，市议会在听取了出租车执照持有者的意见后曾经公开承诺在合理控制私人雇用的车辆实施之前不会增加出租车牌照的数量，但是在几个月后，在没有预先通知现有出租车执照持有者的情况下，市议会推翻了原先的决定，并作出了另外增加50个出租车牌照数量的决定。这一决定受到了该市出租车队经营者协会的质疑，因为这会影响已经得到许可的出租车司机的利益。这一受到质疑的决定不具有司法性质，并且只影响了出租车所有者的经济利益而不是他们的法定权利。然而，法院仍然以市议会所做决定程序不公正为由进行了干预。法院认为，市议会在作出决定之前未能给予那些受其决定影响的人表达意见的机会，是对其权力的不公正的行使，最终对市议会的决定发布了禁止令。而在后来的由柯蒂斯起诉的“王国政府诉达勒

---

〔1〕 McInnes v. Onslow – Fane [1978] 1 W. L. R. 1520.

〔2〕 McInnes v. Onslow – Fane [1978] 1 W. L. R. 1520, at 1530.

〔3〕 R. v. Liverpool Corporation, ex parte Liverpool Taxi Fleet Operators' Association [1972] 2 Q. B. 299.

姆郡议会案”[1]中，法院坚持认为，公正行为义务应当应用于地方当局关闭供老年人居住房屋的决定。在该案中，法院认为，公正行为义务要求地方当局在作出关闭决定之前应当给予受其影响的居民足够的事先通知、进行规划和将其陈述提交给该机构的合理时间，并且应当充分考虑他们所提交的那些陈述。

从自然公正原则的上述发展来看，无论是采用实用主义态度还是注重程序公正，法院在公民的权利与利益与公共机构的权力行使的行政效率平衡中对公民权利与利益的保护力度逐渐增大。

（二）自然公正原则的内容

1. 公正听证的权利

公正听证的权利是一个非常灵活的概念，它的具体要求是不确定的，依个案的具体情况而有所不同，正如法官迪恩（Deane）所说：“重要的是牢记遵循程序公正义务的认识并不是要机构不管什么情形都必须遵守严格的程序规则。在存在该义务的情形中，它的确切内容不断变化以便反映在特定案件情形中对程序公正而言什么是必需的这一普通法观念”。[2]

为了确定公共机构在行使权力过程中所要履行的明确的程序义务，法院运用了一系列标准，主要有：①作出决定权的性质；②作出决定权的行使对受其影响的人所产生的后果；③更广泛的公共利益的要求；④议会的立法意图。

如果被质疑的权力是依照司法程序行使，并要求作出决定者就双方当事人之间的纠纷作出裁定，那么法院通常会认为作出决定者必须履行程序公正这一高标准的义务，而程序公正的标准就包含了当事人要求听证的权利。进言之，如果公共机构

---

〔1〕 R. v. Durham Country Council, ex parte Curtis [1995] 1 All E. R. 73.

〔2〕 转引自［英］亚力克斯·卡雷尔：《宪法与行政法》（影印版），法律出版社2003年版，第302页。

的决定会对受其影响的个体产生严重后果，那么法院会增强对作出决定者权力行使的程序期望，以至要求作出决定者保障受决定影响的个体享有交叉询问和法定代理的权利。

基于同样的理由，如果一个决定权在性质上被归类为行政性的或政治性的，如地方机构根据自由裁量权作出的拒绝学生奖学金申请的决定，作出决定者仍会被期望公正行为，但是在这种情形中，对作出决定者的程序公正要求将过于苛刻，因而只要作出决定者对公民书面申请进行适当考虑就足以满足公正行为义务的要求。

实际上，法院在审理过程中会对被质疑的权力作出性质上的判断，如果权力被判定为属于司法范围，对作出决定者的程序义务要求就会增强；如果权力被判定为属于行政范围，它就不会被期望满足公正行为的要求。法院通过要求公共机构遵守公正行为义务，保障个体的合法权利与利益，或许保障的仅仅是公民的程序权利，或许通过保障公民的程序权利进而保护公民的实体权利与利益。

由圣杰曼起诉的“王国政府诉赫尔监狱视察委员会案”[1]，该案明确表明了法院的上述态度。圣杰曼是一名囚犯，他被指控在1976年赫尔监狱所发生的一场暴乱中违反了监狱惩戒规则。按照《监狱法》的规定，圣杰曼被提交到监狱视察委员会处理。

每一个监狱都有一个视察委员会。这些委员会行使惩罚职能，可以给予直至6个月的免除惩罚的剥夺或对被证明确实存在的任何指控以特权剥夺。视察委员会在处理圣杰曼的情况时，狱长出示了指控他的证据，这些证据中的很多部分来自于当值

〔1〕 R. v. Hull Prison Board of Visitors, ex parte St Germain (No. 2) [1979] 3 All E. R. 545.

监狱官员的陈述。最后，委员会裁决对圣杰曼的指控成立，并剥夺了他的免除惩罚权。圣杰曼于是申请了司法审查，理由是他没有被给予公正听证，即没有给予其交叉询问那些将不利于他的陈述提交到视察委员会的官员的机会。

法院在审理中认为，交叉询问的提供并非公正听证权利的必然因素。然而，视察委员会行使的权力在性质上显然属于司法功能，并且已经导致了对申请人的自由权的进一步剥夺。根据英国法律，剥夺自由是所有惩罚中最严重的。而且，监狱官员向视察委员会出示的某些证据包括了目击证人对指控申请人所犯罪行的说明。法院认为，该委员会有义务遵循程序公正这一严格标准，并且该标准应当扩展到适用交叉询问的权利，委员会拒绝允许该申请意味着申请人受到了不公正的对待。

在具体情形中确定程序公正的适用标准时，法院还会了解作出决定权的机构在行使权力过程中是否包含立法机关要求他们考虑公共利益的特定立法意图。因为尽管公民个体受到公正对待是重要的，但是法院不能将严格的程序要求强加于按照议会的指示行使其权力的决定作出者。

当一个公共机构被授予处理紧急事务的权力或有必要立即使用权力以避免发生公共危险时，显然，出于议会授予公共机构权力所期望的目的或者公共利益的优先考虑，法院就不会坚持公共机构对诸如事先通知、听证等程序要求的遵守。由珀加索斯控股有限公司起诉“王国政府诉交通部长案”,〔1〕，该案就说明了这一点。在该案中，珀加索斯公司未能通过国家民航局主持的飞行测试，部长立即推迟了之前已授权给某些罗马尼亚飞行员在联合王国境内外飞行的许可，申请人柏加索斯公司对

〔1〕 R. v. Secretary of State for Transport, ex parte Pegasus Holdings Ltd [1988] 1 W. L. R. 990.

部长的决定提起司法审查申请。法院认为，部长的行为并没有不公正的地方，正如法官希曼（Schiemann）所认为的："自然公正原则应当应用，但是……在上述显示的紧急情形中，采用临时性的推迟是所有机构必须考虑的，这是公正义务的最低目标"。[1]

一般而言，公正听证的内容包括：

（1）事先告知的权利。法院确认，在大多数情况下，可能受到公共机构所做决定不利影响的人有权提前知道决定得以作出的主要情形，正如丹宁勋爵在"坎达诉马来亚政府案"[2]中所说："如果听证的权利是一个有价值的实在权利，那么它必须支撑着一项被指控的人知道针对他所作出决定的相关情形的权利"。[3]

由 K 起诉"王国政府诉汉普郡政府案"[4]，该案应用了该规则。在该案中，汉普郡地方机构怀疑当事人克一直性虐待其女儿。地方机构与克的女儿进行了面谈并对她进行了医学检查，但是没有发现她被虐待的迹象。后来进行的检查则显示一直存在她被虐待的迹象，于是该地方机构向少年法庭申请照顾令。克请求地方机构公开第二次医学报告的内容，并给予他自己请专家为女孩做检查的机会。克的要求被地方机构拒绝，于是他提起司法审查。法院经过审理认为，应当给予父母反驳针对断言他们的指控的机会，而地方机构有义务公开所有相关的材料，地方机构批准进一步医学检查的自由裁量权也必须公正地行使。在本案中，克受到了不公正对待，他应当被允许了解第二次医

〔1〕 R. v. Secretary of State for Transport, ex parte Pegasus Holdings Ltd. [1988] 1 W. L. R. 990, at 1000.

〔2〕 Kanda v. Government of Malaya [1962] A. C. 322.

〔3〕 Kanda v. Government of Malaya [1962] A. C. 322, at 337.

〔4〕 R. v. Hampshire County Council, ex parte K [1990] 2 All E. R. 129.

学报告以便给予他对报告的内容提出质疑的机会。

在司法权或惩戒权的行使中，特别是在某些信息可能侵害公民的法定权利或其他实质利益时，法院会要求公共机构公开详细信息及其准确来源。由安德森起诉的“王国政府诉国防军事委员会案”〔1〕，该案中，法院认为，国防军事委员会在对安德森所提出的种族歧视申诉作出裁决时必须公开所有的材料并且在该委员会作出决定之前给予申请人作出回答的机会。然而，在司法实践中，出于对行政效率的考虑，法院不会要求公共机构出示其作出决定的确切依据，只要公共机构说明要旨就行。另外，法院出于对某些公共利益的保护也会限制公民权利的行使范围。由阿吉和霍森鲍尔起诉的“王国政府诉内政部长案”〔2〕，该案中，法院认为自然公正原则并不要求公开有损于国家安全的信息，而在由贝纳姆和凯达起诉“王国政府诉大不列颠赌博委员会案”，〔3〕该案中，法院则认为自然公正不能要求公共机构公开不利于打击犯罪的信息。

（2）提供准备答复的合理时间的权利。公共机构在作出决定时要事先告知受其决定影响的个体相关情况，这仅仅是最低程度的程序性利益，一个受其决定影响的个体还应拥有被提供足够时间对该决定作出反应的权利。

由波尔米斯起诉的“王国政府诉泰晤士治安法官案”〔4〕，该案中，一艘货船停靠在泰晤士河，该船的停靠导致泰晤士河出现了浮油污染。根据1971年的《污染控制法》，要求他付费的传票在上午10：30送达船主，并要求他在当天14：30到当地

---

〔1〕 R. v. Army Board of the Defence Council, ex parte Anderson [1992] Q. B. 169.

〔2〕 R. v. Home Secretary, ex parte Agee and Hosenball [1977] 1 W. L. R. 766.

〔3〕 R. v. Gaming Board for Great Britain, ex parte Benaim and Khaida [1970] 2 Q. B. 417.

〔4〕 R. v. Thames Magistrates, ex parte Polemis [1974] 1 W. L. R. 1371.

治安官法庭出庭。船主要求延期以准备辩护，尤其要求给予时间让他分析据称是他船只排放的浮油的样本，但被拒绝。法院认为，拒绝船主的延期要求相当于违反自然公正原则，并最终撤销了对他的定罪决定，大法官威杰里勋爵（Lord Widgery）明确指出："任何他应当被给予准备辩护的合理时间的建议（是）完全无可争议的"。[1]

（3）口头或书面陈述的权利。该规则的实质是作出决定者必须向公民个体提供表达其观点的合理机会，不管这种表达是口头的还是书面的陈述。一般来说，给予公民个体口头听证的机会常常会导致行政决定过程的严重延迟。因此，认可上述权利的要求比较高，该权利仅仅适用于要求采用程序公正的最高标准的权力行使过程。在由安德森起诉的"王国政府诉国防军事委员会案"[2]中，尽管法院认为国防军事委员会在处理申请人声称受到种族歧视的指控时有公正行为的义务，但是这并不意味着申请人应当被给予口头听证的机会。法官泰勒（Taylor）将该权利所具有的灵活性质总结为："口头听证是否必需，将取决于特定案件的情形，以及行政机关所做决定的性质，它也依赖于是否存在因无法获得书面证据而得到令人满意解决的实质性的事实问题。有时候上述冲突仅仅通过固有的不太可能的某种或其他改变就可以得到解决。有时候这一冲突对要决定的问题来说不是主要的，也不会证明口头听证是有正当理由的。"[3]

（4）对可能会向作出决定者作出偏见陈述的人进行交叉询问的权利。交叉询问是指在听审或开庭审查程序中，一方当事

---

〔1〕 R. v. Thames Magistrates, ex parte Polemis [1974] 1 W. L. R. 1371, at 1375.

〔2〕 R. v. Army Board of the Defence Council, ex parte Anderson [1992] Q. B. 169.

〔3〕 R. v Army Board of the Defence Council, ex parte Anderson [1992] Q. B. 169, at 187 ~ 188.

人对对方提供的证人进行的询问。程序公正能否要求交叉询问的问题仅仅出现于公民个体有权要求口头听证的情形中。由穆尔起诉的“王国政府诉工业调查副专员案”〔1〕，该案中，程序公正的要求就包含了询问那些为作出决定者提供证据的人的权利。

（5）合法表达的权利。合法表达的权利是指公民个体在作出决定者面前合法表达意见的权利，这一权利仅仅适用于下述情形，即公民个体有口头听证的权利，并且除非允许公民合法表达意见，否则听证就无法公正实施。

由霍姆和麦卡坦起诉“王国政府诉梅兹监狱视察委员会案”，〔2〕，该案中，上诉法院认为，合法表达的权利应当扩展至所有提交到监狱视察委员会进行处理的囚犯，但是上议院否定了上述严格规则的普遍适用。上议院认为，对于一个在视察委员会面前面临申诉的囚犯而言，不存在合法表达的自动权利；自然公正原则并不要求视察委员会在每一种情形中都把合法表达作为一种权利；必须对案件的种种事实进行逐案考虑，而是否给予合法表达在作出决定者的自由裁量权范围内。从以往的判例来看，公共机构在行使上述自由裁量权时所考虑的标准在由塔兰特起诉的“王国政府诉内政部案”〔3〕中得到了阐释。这些标准包括：①指控的严重程度和可能的惩罚；②有可能出现的任何法律论点；③囚犯表达其自身情况的能力；④程序的复杂程度；⑤作出决定的合理速度的需要；⑥在囚犯之间以及囚犯和监狱官员之间公正行事的需要。除了⑥这一标准，在决定

〔1〕 R. v. Deputy Industrial Inquires Commissioner, ex parte Moore [1965] 1 Q. B. 456.

〔2〕 R. v. Maze Prison Board of Visitors, ex parte Hone and McCartan [1988] 1 A. C. 379.

〔3〕 R. v. Home Secretary, ex parte Tarrant [1985] Q. B. 251.

是否允许合法表达时，上述标准都与作出决定者的判断有关。因而，法院认为，在那些或许会对公民个体施加严重惩罚以及牵涉种种困难的法律或程序问题的情形中，作出决定者在拒绝给予个体合法表达要求之前应当仔细地作出考虑。他们所作出的拒绝合法表达的决定必须建立在对上述标准和他们对案件事实的正确适用进行仔细考虑的基础上，否则，在影响公民个体合法权益的情况下，法院就会进行干预。

（6）获取所做决定理由的权利。公共机构在作出决定时给出理由的义务有时候可以由制定法规定，例如，1992 年的《裁判所和调查法》第 10 条就对该法表 1 上所列的所有裁判所给出的理由义务作出了规定。当然，并非所有的制定法都规定了相关的给出理由义务，相反，给出理由义务的具体要求大量地体现在司法判例中。在“波伊泽诉米尔斯案”〔1〕中，王座分庭法官梅高（Megaw）认为公共机构给出的理由应当“适当、清晰和充分”。在“拯救英国命运组织诉第一家禽制品有限公司案”〔2〕中，上议院法官布里奇勋爵（Lord Bridge）指出，如果被给出的理由是不适当的，它们就会“暴露出在作出决定过程中的某些缺陷，该缺陷将存在着以未能给出理由之外的理由被质疑的可能性”（如不相关性），〔3〕而“如果给出的理由是不清晰的，这就等于根本没有给出理由”。〔4〕

一般而言，在仅仅是履行行政管理职能的场合，公共机构只要为所做决定提供一个简要理由就足够了。在由斯沃蒂起诉

---

〔1〕 Poyser v. Mills [1964] 2 Q. B. 467.

〔2〕 Save Britain's Heritage v. No. 1 Poultry Ltd. [1991] 1 W. L. R. 153.

〔3〕 Save Britain's Heritage v. No. 1 Poultry Ltd. [1991] 1 W. L. R. 153, at 168.

〔4〕 Save Britain's Heritage v. No. 1 Poultry Ltd. [1991] 1 W. L. R. 153, at 166 ~ 167.

“王国政府诉内政部案”[1]中，移民官员拒绝斯沃蒂进入联合王国境内，当时该官员作出决定时只是说“仅仅在这一有限期间内我不满意你是在真诚地寻求入境”这样的话。斯沃蒂提起司法审查，理由是移民官员的陈述不是1984年《移民上诉（告知）条例》中所规定的充分理由。法院认为，移民官员用“仅仅在这一有限期间内我不满意你是在真诚地寻求入境”这样的话就已经履行了给出理由义务。

对于行使司法功能的裁判所，法院通常会要求它们在给出理由时作出更具体的说明。由卡恩起诉“王国政府诉移民上诉裁判所案”[2]，该案充分说明了这一点。该案涉及与权宜婚姻有关的公民身份问题。卡恩是一名巴基斯坦人，他与一名英国妓女结婚并被给予留在联合王国申请英国公民身份的无限期许可。卡恩提出申请英国公民身份的要求，但被拒绝，理由是他们的婚姻是一种权宜婚姻，是对移民法的规避，卡恩于是提起司法审查，但被高等法院拒绝。卡恩于是向上诉法院提起上诉，上诉法院认为，权宜婚姻包含两个要素：其一，它被认为是出于规避移民法的目的；其二，不打算作为夫妻长期生活在一起。裁判所有义务阐述它所考虑的事项和作出决定的根据，在本案中，裁判所在它的决定中没有提到构成权宜婚姻的第二个要素，因此上诉法院同意了卡恩的上诉。显然，法院对行使司法职能的裁判所施加了更为严格的给出理由义务，以便更好地维护公民的个体利益。

很多时候，制定法并没有规定给出理由的法定义务，但即便这样，给出理由也可以被自然公正原则所内含的公正行为义务所要求。

---

〔1〕 R. v. Home Secretary, ex parte Swati [1986] 1 W. L. R. 477.

〔2〕 R. v. Immigration Appeal Tribunal, ex parte Khan [1983] Q. B. 790.

在由坎宁安起诉“王国政府诉文官上诉委员会案”[1]中，文官上诉委员会判定坎宁安被监狱部门解雇后所获得的赔偿是6500英镑。事实上，这一数额比他希望从工业裁判所获得的数额少9000英镑。该委员会并没有说明给予更低赔偿数额的理由。上诉法院的所有3名法官都认为该委员会是一个具有司法职能的独立的公法机构，公正行为义务要求它给出理由。法官们从不同角度阐述了这一结论。首席大法官唐纳森勋爵（Lord Donaldson）认为，未给出理由不符合申请人的合理期待，因为文官事务部长已经保证文官有上诉到裁判所的权利。程序的角度说，相对于依照1992年《裁判所和调查法》所规定的在工业裁判所处理雇佣争议时应当被给出理由的人而言，他不应当受到更不公正的对待。法官麦考恩（McCowan）的观点是，在委员会行使了不能上诉的司法功能之后，给出理由的义务就产生了。法官莱格特（Leggett）则强调委员会作出了一个影响申请人生计的司法决定，在这种情况下，委员会应当给出作出决定的理由。

随后，由杜迪起诉“上议院在王国政府诉内政部长案”[2]，在该案中又考虑了给出理由的权利。该案中，上议院认为，如果内政部长决定不采纳审判法官所建议的最低服刑期限，那么一个被判人身自由强制刑的囚犯有权知道对其作出决定的理由，而且，上述决定还可能影响一个人的人身自由，因此上议院裁定在固定的监禁刑被确定之前，当事人有权利知道法官所建议的服刑期限并且就此进行陈述。

高等法院在由牙医协会起诉“王国政府诉高等教育基金委

〔1〕 R. v. Civil Service Appeals Board, ex parte Cunningham [1991] 4 All E. R. 310.

〔2〕 R. v. Home Secretary, ex parte Doody [1993] 3 W. L. R. 154.

员会案”[1]中试图从前述“坎安宁案”和“杜迪案”中提取关于给出理由权利的更为普遍的原则。在该案中，高等教育基金委员会对申请人的评级为 2 级，低于申请人的预期，这一差别会给申请人造成大约 270 000 英镑的研究基金的损失。委员会在作出这一决定时并没有给出理由。牙医协会对委员会的决定提起了司法审查。高等法院的法官塞德利（Sedley）认为，“坎宁安案”和“杜迪案”中所确立的给出理由的规则适用于两种情形：（a）具有“诉讼程序性质”并且对相关个人的利益造成影响。例如，在杜迪案中，主题是“一项利益被法律如此高度地尊重（如个人自由）以至于公正性要求作为权利而给出理由”；[2]（b）导致给出理由义务的决定存在某种“特殊性”或“不正常”——例如，在“坎宁安案”中，当事人所获得的赔偿数额过低。然而，高等法院并不认为本案中高等教育基金委员会的决定属于上述两种情形之一。理由是：首先，学术判断并不具有诉讼程序性质和对相关个人的影响，法院不能仅仅因为该决定对申请人有着严重的后果就进行干预，这相当于对所有的行政管理者强加了给出理由的一般义务；其次，本案中的决定不存在任何特殊性或不正常的地方，以至于必须给出理由。

按照法院在“牙医案”中所确立的原则，以及对大量判例的总结和归纳，给出理由的权利被认为应用于下列情形：[3]

（a）内政部长所作出的关于被判处不定期监禁刑的人所服的最低服刑期限的决定，即借助惩罚和威慑而作出的服刑期限。

[1] R. v. Higher Education Funding Council, ex parte Institute of Dental Surgery [1994] 1 W. L. R. 242.

[2] R. v. Higher Education Funding Council, ex parte Institute of Dental Surgery [1994] 1 W. L. R. 242, at 263.

[3] [英] 亚力克斯·卡雷尔：《宪法与行政法》（影印版），法律出版社 2003 年版，第 308 页。

这是“王国政府诉内政部长，由欣德利起诉案”[1]确立的。

(b) 军事法院的决定。这是“王国政府诉国防部，由默里起诉案”[2]确立的。

(c) 医疗总会关于医生行医资格的决定，这是“斯蒂芬诉医疗总会案”[3]确立的。

(d) 检察官对《欧洲人权公约》所保护的权利没有提起公诉的决定。这是由曼宁起诉的，“王国政府诉内政部长案”[4]确立的。

总的来说，听证规则的适用也有其例外情形，有关公共利益、国家安全、雇佣契约、立法事项等并不适用听证规则。在这些情形下，公共机构无需履行给出理由或充分理由的义务。

2. 反对偏见的规则

公共机构在作出可能对公民个体的权利、利益或合法期待造成不利后果的决定时，如果该机构在所决定的问题上存在任何事实的和经济的利益，作出的决定就会受到偏见的影响，因而不应当行使该权力。公民个体可以以偏见为由诉请法院保护自己的合法权利与利益。在这一情形中，自然公正是指“博纳姆医生案”[5]所提出的“任何人都不应当做自己案件的法官”和由麦卡锡起诉的“王国政府诉萨西克斯法官案”[6]所提出的“正义不仅应当达到而且应当明白地和毫无疑问地被看见达到”。[7]

---

〔1〕 R. v. Home Secretary, ex parte Hindley [1998] 2 W. L. R. 505.

〔2〕 R. v. Ministry of Defence, ex parte Murray, Times, 17 December 1997.

〔3〕 Stefan v. General Medical Council [1999] 1 W. L. R. 1293 (Privy Council).

〔4〕 R. v. Home Secretary, ex parte Manning [2000] 2 W. L. R. 463.

〔5〕 Bonham's Case (1610) 8 Co. Rep. 114.

〔6〕 R. v. Sussex Justices, ex parte McCarthy [1924] 1 K. B. 256.

〔7〕 R. v. Sussex Justices, ex parte McCarthy [1924] 1 K. B. 256, at 259.

在司法实践中，作出决定者可能具有的偏见类型包括以下几个方面：

（1）事实偏见。事实偏见是指作出决定者在所做决定的结果上存在着先入为主的偏见或对可能受决定影响的一方当事人有意识地支持或不支持。这种偏见除了公然违反自然公正原则外，还是一种蒙蔽与误导。这种情形的例子比较少。在“王国政府诉高夫案”[1]中，一个被判犯有抢劫罪的人提起上诉，理由是陪审团的一名成员是他兄弟的隔壁邻居，这名陪审团成员在宣誓书中说，直到宣誓书被宣布她才知道这一关系。申请人认为这种不正当行为侵害了他所享有的公正审理权利。法院驳回了申请人的上诉，认为适用于所有有明显偏见的案件的标准是，是否存在一种现实的偏见危险以至于申请人未能获得公正的审理，在本案中，显然不是这样，正如上议院法官戈夫勋爵（Lord Goff）所指出的：“这是必要的……将非常少见的存在事实偏见的情形置于一边。当然，如果事实偏见被证明存在，这是案件的一个目的；有关的人必须被取消资格”。[2]

（2）经济偏见。如果作出决定者在所决定的问题上有着直接的经济利益，他就没有资格作出决定，他所作出的决定会对受决定影响的个体造成损害，因而是无效的。一般说来，事实偏见无需充分证明，经济偏见的存在则需要有充分的证据。在“迪姆斯诉大连接运河所有人案”[3]中，上议院撤销了御前大臣的一个决定，理由是御前大臣在该运河公司拥有股权，他对与该运河公司有关的事务所作出的决定可能存在偏见。当然，上议院也强调，认定御前大臣的决定存在偏见并不必然意味着御前大臣在作出决定时最大程度地受到了他所拥有的利益的影响。

---

〔1〕 R. v. Gough [1993] A. C. 646.

〔2〕 R. v. Gough [1993] A. C. 646, at 661.

〔3〕 Dimes v. Grand Junction Canal Proprietors (1852) 3 H. L. Cas. 759.

这似乎表明，在认定是否存在偏见时无需考虑御前大臣的决定实际上是否受到了该经济利益的影响或者在多大程度上受到了影响，只要公共机构在作出决定所涉及的事务上存在经济利益，就可以认定其决定无效，而无需纠缠于实际影响。

值得注意的是，随着1998年《人权法》的生效，反对偏见的规则开始发生了变化。在这之前，反对偏见规则通常作为英国法中可实施的标准被接受。该标准是由上议院法官戈夫勋爵(Lord Goff)在“王国政府诉高夫案”[1]中所提出的：“在查明相关情形时，法院应当问自己是否……在争论中关于裁判所的相关组成人员部分上存在一种偏见的现实危险，在这个意义上，他或许会用赞成或不赞成的方式不公正地考虑（或已经不公正地考虑了）一方根据他的考虑所争议的案件。”[2]在1998年《人权法》生效后，包括法院在内的国内公共机构被要求参照《欧洲人权公约》行使其职责，在上述“王国政府诉高夫案”中所确认的偏见标准在一定程度上被修改了。英国法院试图与欧洲人权法院在其司法管辖权范围所提出的与《欧洲人权公约》第6条，即公正审理的权利相关的标准保持一致，该标准是“麦戈奈尔诉联合王国案”[3]所提出的，即对公共机构在作出决定过程中缺乏公正性的担心必须存在一个客观合理的和合法的理由。

上诉法院法官查德威克（Chadwick）在“泰勒诉劳伦斯案”[4]中对偏见的现实危险标准重新予以了阐释：“在事实偏见并没有被确立的情形下，法官个人的公平就会被假定。法院随后必须在客观评价的基础上决定实质性事实是否会引起合理的

---

〔1〕 R. v. Gough [1993] A. C. 646.

〔2〕 R. v. Gough [1993] A. C. 646, at 670.

〔3〕 McGonnell v. United Kingdom (2000) 30 E. H. R. R. 289.

〔4〕 Taylor v. Lawrence 2001 WL 172006.

担心，即法官可能会不公正。如果他们这样做了，该决定就必须被撤销。法院必须问自己该情形是否——那些情形包括一个有公正思想和公平的观察者会适当认为这是关键的，不管上诉人是否知道所有情形——会使一个有公正思想和有教养的观察者断定存在着法官会抱有偏见的现实危险。"[1]

第四节　法院对《欧洲人权公约》的运用

在1998年《人权法》把《欧洲人权公约》纳入英国国内法律体系之前，该公约在英国法院没有直接适用的效力，但由于英国政府认可了公民向位于斯特拉斯堡的欧洲人权法院提起公约权利诉讼的权利，因而在司法实践中往往会发生英国公民试图运用公约维护自身权利的诉讼。英国国内法院有时候会运用公约对本国公民的权利实施保护，但是这种保护是在间接适用《欧洲人权公约》的背景下发生的。本节所要论述在1998年《人权法》生效之前法院如何应用《欧洲人权公约》保护公民的权利与自由。

英国是1950年《欧洲人权公约》的签字国之一，但是在1998年《人权法》之前，该公约没有被吸收到英国国内法律当中，因此它不能被法院直接适用。在"英国航空委员会诉雷克航空公司案"[2]中，上议院法官迪普洛克勋爵（Lord Diplock）声明了关于适用该公约的一般原则："对联合王国作为一方当事人但又没有明确地或参照地被立法吸收到英国国内法的条约条款的解释不属于英国法院的解释管辖权内的事务"。[3]

---

〔1〕 Taylor v. Lawrence 2001 WL 172006, at 31.

〔2〕 British Airways Board v. Laker Airways Ltd. [1985] A. C. 58.

〔3〕 British Airways Board v. Laker Airways Ltd. [1985] A. C. 58, at 85 ~ 86.

在“马龙诉大都市警察局局长案”[1]中，马龙请求法院宣告警察窃听他的电话是非法的，并且侵犯了《欧洲人权公约》第8条所规定的“尊重个人或家庭的生活、家庭和通信”的权利，衡平法庭的副大法官梅加里（McGarry）裁决窃听并不违法。首先，他论述了法院的权限，他认为，法院能够认可的必须是普通法或衡平法上的权利，仅仅对道德、社会和政治事务进行判断是不行的，而对于原告要求把《欧洲人权公约》作为直接根据确认其权利的主张，梅加里（McGarry）认为这超出了法院的权限。随后他论述了他对《欧洲人权公约》的看法。他强调该公约不是联合王国的法律，英国法院没有保证每一个公民享有公约所规定的权利与自由的义务。尽管法院可以运用《欧洲人权公约》等条约帮助它解释立法，以至于法院会以一种实现《欧洲人权公约》而不是阻挠它的方式解释立法，但是法院不能直接实施《欧洲人权公约》。梅加里（McGarry）指出：“在我看来，当议会放弃就一个明显适合立法的要点进行立法时，的确对法院来说制定将执行王室的条约义务的新的普通法或衡平法规则，或首次发现上述规则总是存在困难的。”[2]

然而，在普通法的发展过程中，在英国公民通过向欧洲人权法院提起申诉试图维护自身权利的实践中，法院还是通过一些方式促进了《欧洲人权公约》在保护公民权利与自由中的作用。这些方式主要有以下几种：[3]

一、法院在作出司法解释时对议会意图的推定

这种方式是指，当法院在解释制定法的过程中，如果存在

---

〔1〕 Malone v. MPC［1979］2 Ch. 344.

〔2〕 Malone v. MPC［1979］2 Ch. 344, at 379.

〔3〕 HL Deb, Vol. 533, cols 1465 ~ 1467, 3 July 1996, see: http: //www. publications. parliament. uk/pa/ld199596/ldhansard/vo960703/text/60703 – 05. htm. 访问日期为：2007年8月18日。

两种解释，一种解释与《欧洲人权公约》相一致，而另一种解释与《欧洲人权公约》不相容，法院会推定议会制定该制定法的意图与《欧洲人权公约》是一致的，不会与《欧洲人权公约》发生冲突。换句话说，法院推定议会不会违反国际法而立法。当法院对用于履行公约义务的国内法律进行解释时，法院通常会认为制定法的意图是为了有效地达到履行公约义务的目的。那可能仅仅是一种常识，但它是许多司法判决采用的惯用手段。在由布林德起诉"王国政府诉内政大臣案"[1]中，内政大臣命令英国广播公司停止播送依据1984年《恐怖主义防范（临时规定）法》等法律被认定为恐怖组织的代表通过电视所进行的政治宣传。布林德及其他的新闻记者认为内政大臣的指令侵害了《欧洲人权公约》第10条所保障的言论自由。案件最终上诉到了上议院。尽管上议院最终驳回了上诉，并且认为不能直接适用《欧洲人权公约》，但是法官们还是委婉地表明了他们对公约的态度。例如，上议院法官布里奇勋爵（Lord Bridge）认为，关于联合王国的议会制定法的解释，可以允许在不明确的场合参照该公约，以联合王国的议会不可能制定违反该条约宗旨的规定为前提进行解释。

二、普通法不明确时法院对《欧洲人权公约》的尽可能应用

这种情况是指，法院在裁决案件时，如果遇到普通法不确定、不清楚或不完善时，法院不能因上述原因放弃它们的判决权力。它们必须以一种符合《欧洲人权公约》并且不与公约相冲突的方式作出裁决。如果法院的裁决由此确立了与《欧洲人权公约》相冲突的普通法规则，则这一普通法规则有可能被后来的判决推翻。从英国判例法的发展来看，法院在解决关于

〔1〕 R. v. Secretary of State for the Home Department, ex parte Brind [1991] 1 A. C. 696.

普通法的问题时被鼓励参考《欧洲人权公约》和欧洲人权法院的法律体系。在“王国政府诉希思罗机场首席移民官，由比比起诉案”[1]中，联合王国居民巴卡特·阿里在伦敦希思罗机场请求移民官员准许他来自巴基斯坦的妻子比比及两个孩子入境，但被拒绝。于是比比以《欧洲人权公约》第8条规定的“尊重家庭生活”权利为由提起上诉。上诉被上诉法院驳回。丹宁勋爵认为，他不同意公约是英国法律的组成部分的说法，条约和宣言未经议会制定成法律之前并不是英国法律的组成部分，但是他认为：“我所理解的形势是，如果在我们的制定法中存在着任何含糊之处，或在我们的法律中有不明确之处，那么这些法院能够借助公约来澄清含混和不明确之处，并总是试图使它们与公约相一致。而且，当议会制定法律，或国务大臣制定规则时，法院会认为他们已经考虑了公约的条款，并且有意使得这些制定法与公约相一致，并且会以相一致的精神解释它们”。[2]

三、法院行使自由裁量权时对《欧洲人权公约》的尽可能运用

这种情况是指，法院在审判过程中行使自由裁量权可以以一种或另一种方式行为，其中一种行为与《欧洲人权公约》不相容，而另一种行为不违反公约时，它们往往试图以一种不违反公约的方式行为。

尊重公约原则成为有责任的法官在审判过程中的一种道德义务，正如丹宁勋爵在由巴赞·辛起诉的，“王国政府诉内政大

---

〔1〕 R. v. Chief Immigration Officer, Heathrow Airport, ex parte Bibi [1976] 1 W. L. R. 979.

〔2〕 R. v. Chief Immigration Officer, Heathrow Airport, ex parte Bibi [1976] 1 W. L. R. 979, at 984.

臣案”[1]中所说的：“行使其职责的移民官员和国务大臣应当牢记公约中声明的种种原则。他们应当，有意识地或潜意识地，尊重公约中的种种原则——因为，毕竟，《公约》中声明的种种原则仅仅是公正行为诸原则的一种声明，而公正行为是他们的职责”。[2]

四、法院对《欧洲人权公约》中的国际义务的尊重

这种情况是指，当法院在案件审判过程中需要对公共政策的内容作出判决时，它所作出的合理裁决应当尊重《欧洲人权公约》中的国际义务，并把它作为指导英国公共政策的一种来源。法院在判案过程中习惯于解释制定法以便遵守国际义务。在“沃丁顿诉米亚案”[3]中，法院裁决沃丁顿在1972年进入联合王国境内并持有假护照违反了1971年《移民法》第24、26条而被定罪，公诉人针对上诉法院允许沃丁顿上诉而提起上诉，最终上议院驳回了公诉人的上诉。上议院在解释1971年《移民法》的刑事条款时认为它们没有溯及力，因此不能判决一项在该法规定范围内，但是在该法生效之前所作出的违法行为有罪。《欧洲人权公约》第7条明确规定了对刑事立法溯及既往的禁止，这与英国国内法的态度是一致的，正如上议院法官斯蒂芬森（Stephenson）所指出的，“不溯既往的推定一般地适用于具有刑事性质的立法并且那样的立法，一般地，被1950年《保护人权与基本自由公约》第7条和1948年联合国大会所批准的《世界人权宣言》第11条第（2）款所禁止”。[4] 最终，上议院

〔1〕 R. v. Secretary of State for the Home Department, ex parte Bhajan Singh [1976] Q. B. 198.

〔2〕 R. v. Secretary of State for the Home Department, ex parte Bhajan Singh [1976] Q. B. 198, at 207.

〔3〕 Waddington v. Miah [1974] 1 W. L. R. 683.

〔4〕 Waddington v. Miah [1974] 1 W. L. R. 683, at 690 ~691.

法官全体一致地同意了法官里德勋爵（Lord Reid）的判决，即“任何政府部门都会促使通过具有溯及力的刑事立法或议会会通过具有溯及力的刑事立法几乎是不可信的”。[1]

〔1〕 Waddington v. Miah [1974] 1 W. L. R. 683, at 694.

第五章　法院对议会立法和委任立法的审查

第一节　法院审查议会立法的宪政基础

一、议会主权原则的发展

传统的议会主权原则认为，议会具有不受限制的最高立法权力。除其它事项外，它意味着，“它可以为所有的人和所有的地方立法。例如，如果议会规定在巴黎的街道上吸烟是一种违法行为，那么它就是一种违法行为”〔1〕。而且，由于议会享有不受限制的最高立法权，它也不能约束其继任者。

英国政府在制定1998年《人权法》时在一份官方文件中对“议会主权”进行了界定，即“议会主权意味着议会有权就它所选择的任何事务制定任何法律并且法院不可以质疑它所通过的任何法律的效力。在制定立法时，议会是在作出关于重要的公共政策事务的决定。作出那些决定的权力源于一个民主的授权。下议院中的议会成员拥有那样一种授权因为他们是被选举出来的，负责的和有代表性的”〔2〕。

诸多宪法判例表明了法院对议会主权原则作为英国宪法原则的认可，例如上议院法官霍夫曼勋爵（Lord Hoffmann）在王

〔1〕［英］W. Ivor. 詹宁斯：《法与宪法》，龚祥瑞、侯键译，北京三联书店1997年版，第117页。

〔2〕 Rights Brought Home: The Human Rights Bill, Cmnd 3782 (October 1997), para. 2. 13.

国政府诉内政大臣，由西姆斯起诉案[1]中指出："议会主权意味着议会能够，如果它愿意，制定违反人权基本原则的法律。1998 年《人权法》并没有减损这一权力。对议会所行使权力的限制最终是政治上的，而非法律上的"[2]。

尽管如此，在英国宪法理论与司法实务界，对于议会主权是否应当受到限制的问题一直是有争论的。由于英国缺乏成文宪法典，议会主权原则并未像其它成文宪法国家那样在宪法典中获得明确的承认，而是通过惯例予以确立的，它的存在与效力靠法院来维持。在当代社会，与议会主权原则密切相关的主题是多数民主与少数人的权利之间的可能冲突以及议会立法对公民权利的侵犯如何得到救济。防止和维护公共机构对公民权利的侵犯是法院审查公权力行使行为的主要职能，对于行政机关和其它行使公权力的机构对公民权利的侵犯，英国普通法有司法审查等完善的制度予以救济，而如果议会立法包含了侵犯公民权利的内容，由于议会主权原则，法院不能质疑其效力，更不能撤销或宣告其无效。英国学者和法官对议会立法可能侵犯公民权利但却无法得到纠正的情形表示了担忧，如何解决这个问题就成为了学者和法官不得不考虑的重大问题。

从英国宪法的发展来看，尽管议会主权原则总体上得到了遵从，但是许多公法学者和法官对它提出了质疑，他们从不同的角度对议会主权能否以及应否被限制的问题进行了深入的阐述。在普通法的发展过程中，法院对议会主权原则的认可也并不完全持恭顺的态度。早在 17 世纪初，柯克（Coke）法官就提

---

〔1〕 R. v. Secretary of State for the Home Department, ex p Simms [2000] 2 A. C. 115.

〔2〕 R. v. Secretary of State for the Home Department, ex p Simms [2000] 2 A. C. 115, at 131.

出了下述观念即普通法院应当对议会法律进行审查并裁决违反自然法的议会法无效，但是这一观念并没有在英国生根发芽。二战后，随着人权观念的深入人心，对于违反宪法原则或道德或侵犯公民权利的议会法律是否应当遵循的问题，学者们给予了更多的关注，而英国于1973年加入欧洲共同体，在一定程度上承认了欧共体法律对国内法律的至上性地位，促使学者和法官对议会主权的限制问题进行更为深入的思考。在对议会主权的限制这个问题上，越权原理、普通法理论、经过修正的越权原理和经过修正的议会主权原理等理论都进行了深入的阐述，并对法院审查议会立法的司法实践产生了重大的影响。

1. 传统的越权原理

传统的越权原理以威廉·韦德（William Wade）、克里斯托弗·福赛思（Christopher Forsyth）、马克·埃利奥特（Mark Elliott）为代表。他们坚持议会主权立场，认为议会对公共权力的行使作出了种种限制，法院的任务就是对相关的议会立法进行解释，也就是力图找到议会的相关意图，从而对上述限制的行使进行监督。而对于议会立法本身，法院不能质疑其效力，更不能宣告其无效或予以撤销。因此，司法审查制度解决的仅仅是行政机关和下级法院的决定或行为的合法性问题，它不能对议会立法进行审查。该原理进一步认为，法院对公共机构的决定或行为的合法性审查建立在对授予公共权力的议会意图遵从的基础上，法院脱离议会意图寻求另外的原则作为自己的审查依据必然构成对议会主权的挑战。

2. 普通法理论

1987年伦敦大学的唐·奥利弗（Dawn Oliver）教授在《公法》杂志上发表“越权无效规则是司法审查的基础吗?”一文对传统的越权原理进行了发难。他在文章中指出，越权原则不能适用于行政法的全部领域，法院对公共权力的审查，从关注权力或权限的问题转向了个体权利的保护和对权力的控制。[1] 在20世纪90年代，许多公法学者和法官加入批评该原理的行列中。除了唐·奥利弗（Dawn Oliver）之外，还主要有保罗·克雷格（Paul Craig），约翰·劳（John Laws）、T. R. S. 艾伦（T. R. S. Allan）等。

牛津大学的保罗·克雷格（Paul Craig）教授在反对传统越权原理的过程中提出了所谓的“普通法模式”[2]。普通法模式认为，司法审查是由普通法创造出来，正是法院形成了符合正义与法治的司法审查诸原则并在实践中加以运用。该模式并不认为立法机构会提供关于司法审查范围的具体意图，事实是，立法机关极少提供关于构成司法审查的内容和限制的任何指示。当立法被通过时，法院会施加构成司法审查的种种控制，该理论认为这些控制可以正义、法治等理由被证明为是正当的，这就是司法审查的合法性与合理性所在，没有必要以立法意图来掩饰法院发展的原则。法院发展出来的上述原则适用于法定机构和非法定机构，违反这些原则的权力行使行为将是不合法的，这显然与传统越权原理坚持法院必须找到立法意图来证明自己审查公共机构行为的合法性是不同的。

普通法模式的拥护者并不反对构成英国宪法基础的议会主权原则，但是他们普遍表达了议会主权应受限制的观念。

法官约翰·劳斯（John Laws）在“法律与民主”一文中论证了存在一种立基于个体自主的更高等级的法律，甚至议会也要服从这一法律。[3] 他在“宪法：道德与权利”一文中还明确

---

〔1〕 Dawn Oliver, “Is The Ultra Vires Rule The Basis of Judicial Review”, *Public Law*, 1987, Winter, p. 543.

〔2〕 Paul Craig, “Ultra Vires and the Foundations of Judicial Review”, *Cambridge Law Journal*, 63 (1998); Paul Craig, “Competing Models of Judicial Review”, *Public Law*, 1999, August, pp. 428 ~447.

〔3〕 John Laws, “Law and Democracy”, *Public Law*, 1995, Spring, pp. 72 ~93.

指出，对抗议会的绝对主权原理的情况最终依赖这一主张即立法机关为了人民的利益而保有它的权力，它受制于或应当受制于法治。[1]

保罗·克雷格（Paul Craig）更为详尽地论述了对议会主权的限制。他在“宪法基础，法治与主权”一文中指出，法院限制议会主权的方式主要有三种，这三种方式限制的程度不同。[2]第一种方式就是法院在基本权利案件中进行更为彻底的审查。这种技术的充分确立是从由布林德起诉“王国政府诉内政大臣案”[3]开始的。在该案中，法院认为，对表达自由的任何限制必须被证明是正当的，对人权的干预越实在，法院在接受部长所作出的决定是合理的之前就越要求以正当理由证明决定的正当性。这一点得到了许多判例的支持。第二种方式是法院采用一种优先规则，即法院在审理案件时不会查看议会立法以便了解立法是否允许对重要的权利进行干预，除非议会作出了明确的指示或必要的暗示。这一技术是以由威瑟姆起诉“王国政府诉御前大臣案”[4]和由西姆斯和奥布莱恩起诉“王国政府诉内政大臣案”[5]为典范充分被确定的。法院认为，在缺乏明确规定或必要暗示的情形下，法院推定甚至最普遍的议会立法规定

---

〔1〕 John Laws, “The Constitution: Morals and Rights”, *Public Law*, 1996, Winter, pp. 628.

〔2〕 Paul Craig, “Constitutional Foundations, The Rule of Law and Supremacy”, *Public Law*, 2003, Spring, pp. 107 ~ 109.

〔3〕 R. v. Secretary of State for the Home Department, ex parte Brind [1991] 1 A. C. 696.

〔4〕 R. v. Lord Chancellor, ex parte Witham [1998] QB 575. 在该案中，高等法院撤销了前任御前大臣依据一项广泛的授权权力收取法庭费用，包括收取诉讼当事人本人费用的命令，约翰·Laws 法官裁决该项命令妨害了公民进入法院的这一宪法权利。

〔5〕 R. v. Secretary of State for the Home Department, ex parte Simms and O'Brien [1999] 3 W. L. R. 328.

也要受到个体基本权利的支配。在缺乏上述议会意图的情形下，如果欧洲共同体法律与国内法律发生冲突，1972 年《欧洲共同体法》具有优先地位。这一态度允许法院在维护立法主权的形式外表下，调和制定法与基本权利之间，或国内法与欧洲共同体法律之间的冲突。在由平等机会委员会起诉“王国政府诉就业大臣案”[1]中，上议院认为，法院有宣告基本立法与欧洲共同体法律不相容的权力，并裁决对全日制雇员与非全日制雇员加以区别规定了不正当解雇的 1978 年《就业保护（合并）法》的相关条款与 1957 年《罗马条约》第 119 条和相关的委员会指令是不相容的，实际上作出了上述条款无效的判决。第三种方式体现在 1998 年《人权法》中。法院被指示应当尽可能以与公约权利相一致的方式解释议会立法。当法院发现做不到时，法院可以发布不相容宣告。尽管这并不影响立法的有效性，但是它能够使议会重新考虑引起麻烦的制定法并对它进行修正。保罗·克雷格（Paul Craig）认为，对议会主权的上述限制是普通法模式起作用的表现。[2] 事实上，在普通法的发展中，法院对议会主权的限制已经为一般的学术共同体承认和接受，也得到了许多判例的支持。

T. R. S. 艾伦（T. R. S. Allan）的观点则更为激进，他主张普通法模式的提倡一定需要对立法权力的能力进行一种限制。[3] 他还提出了共享主权的概念，认为主权应当在议会与法院之间进行共享，“一个宪法的‘主权’是被共享的，这不仅仅是在下述意义上即法官填补了当立法意志或者是沉默的或者是

---

[1] R. v. Secretary of State for Employment, ex parte Equal Opportunity Commission [1994] 2 W. L. R. 409.

[2] Paul Craig, “Constitutional Foundations, The Rule of Law and Supremacy”, *Public Law*, 2003, Spring, p. 110.

[3] T. R. S. Allan, “The Constitutional Foundations of Judicial Review: Conceptual Conundrum or Interpretative Inquiry?”, [2002] C. L. J. 87.

模糊的情形时所产生的缺漏，而且是在更为根本的意义上即权力根据背景和情况在法院与议会之间进行划分”[1]。艾伦（Allan）指出，对有限政府的信奉必须意味着否认无条件的多数规则，并且仔细考虑法院对制定法无效的判定，从而否认议会能够拒绝接纳通过明确表示的语言或必要的暗示所表达的任何权利这一观念。[2]

3. 经过修正的越权原理

保罗·克雷格（Paul Craig）指出，传统的越权原理存在着许多缺陷，例如，法院对议会立法所规定的排除条款的抗拒，表明了越权原则自身的缺陷，也说明了议会主权原则在某种程度上的被削弱。[3] 典型的例子如著名的阿尼斯米尼克公司诉在外赔偿委员会案[4]，在该案中，议会所制定的 1950 年《在外财产赔偿法》第 4 条第 4 项明文规定禁止对依据该法设立的在外赔偿委员会所作出的决定向法院提起诉讼，按照议会主权原则，法院就不能质疑该赔偿委员会的决定，从而排除法院的管辖权。但是上议院运用法律解释技巧对该规定进行了解释，认为该规定的含义与议会立法的文本正好相反，最终宣布在外赔偿委员会的决定无效。上议院的判决实际上达到了审查议会立法的目的，在某种意义上是对议会主权原则的削弱。值得注意的是，议会不但没有对法院的解释采取报复措施，相反，对此法律观点作了重大让步。

---

[1] T. R. S. Allan, “Constitutional Dialogue and The Justification of Judicial Review”, *Oxford Journal of Legal Studies*, 2003, Winter, p. 583.

[2] T. R. S. Allan, “The Constitutional Foundations of Judicial Review: Conceptual Conundrum or Interpretative Inquiry?”, [2002] C. L. J. 87, p. 94.

[3] Paul Craig, “Ultra Vires and the Foundations of Judicial Review”. Cambridge Law Journal 63, 1998.

[4] Anisminic Ltd. v. Foreign Compensation Commission, [1969] 2 W. L. R. 163.

越权原理的支持者，尤其是克里斯托弗·福赛思（Christopher Forsyth）和马克·埃利奥特（Mark Elliott），看到了传统议会主权原则的新发展，适时地对该原理进行了修正，通常称为“经过修正的越权原理”，他们在此基础上对议会主权的限制进行了论证。

克里斯托弗·福赛思（Christopher Forsyth）指出，我们不会不加批判地接受议会主权的概念，而为了支持越权原理在宪法上是必要的这一论点，人们也不必把议会主权原则包含在它的正统形式之中。[1] 克里斯托弗·福赛思（Christopher Forsyth）坚持认为，议会主权在实质上是至高无上的，议会仍然可以不受限制地制定法律，但他也承认普通法对议会的立法主权是有限制的，只不过普通法所承认和应用的这些限制只与立法的形式有关。他举例子说，在索伯恩诉桑德兰市政府案[2]中，法院承认议会是至高无上的，但是普通法对议会主权的行使设定了种种条件，即某些宪法根本原则不能仅仅通过立法的默示就被取代。[3] 克里斯托弗·福赛思（Christopher Forsyth）在坚持议会主权正统地位的同时，实际上作了退让，承认议会主权在一定程度上的受限制性。马克·埃利奥特（Mark Elliott）同样坚持议会主权，强调议会的至上性，但他在批判那种认为议会从来就没有拥有过全能权限的论点时也不得不承认对议会权限的限制的新发展，即法院依据1998年《人权法》可以作出议会立法与公约权利不相容的宣告。

法官们在判例中也论证了法院与议会主权的关系。在前述

---

〔1〕 Christopher Forsyth, “The Legitimacy of Judicial Review”, *Public Law*, 2003, Summer, p. 291.

〔2〕 Thoburn v. Sunderland City Council, [2002] 3 W. L. R. 247.

〔3〕 Thoburn v. Sunderland City Council, [2002] 3 W. L. R. 247 at [60] ~ [64].

的西姆斯案[1]中，上议院法官霍夫曼勋爵（Lord Hoffmann）作出了宪法审查类型的一种分析，它使得法院能够决定议会立法的效力："在缺乏明确的语言或与之相反的必要暗示的情况下，法院……推定甚至最普遍的规定打算受制于个体的基本权利。在这个方面，英国的法院，尽管承认议会主权，但却适用合宪性诸原则，这是与存在于立法机构的权力明确被一个宪法文件限制的那些国家中的合宪性诸原则有点不同的"[2]。英国学者杰弗里·乔韦尔（Jeffrey Jowell）教授指出，当今英国正朝着立基于有限政府而不仅仅是多数决的一种民主模式发展，尽管议会仍然能够拥有最后的话语权，但是法院将承担宣称个体权利的职责，对这些个体权利，甚至连一个民选议会都不应当侵犯。在这种改变了的模式之下，法院将不得不通过超出一般的公正概念的一些标准以及可能扩大到法治之外的一些标准来证明其判决的正当性。[3] 正如他的文章的标题所表明的，法院的司法审查正朝着"宪法的司法审查"发展。的确，正如上议院法官斯泰恩勋爵（Lord Steyn）在由皮尔逊起诉"王国政府诉内政大臣案"[4]中所指出的那样，"议会不是在一种真空中进行立法。议会是立基于普通法原则和传统的欧洲自由民主制而立法的……除非有与此相反的最明确规定，议会必须被假定不会制定与法治相违背的法律"[5]。

---

〔1〕 R. v. Secretary of State for the Home Department, ex parte Simms [1999] 3 All E. R. 400.

〔2〕 R. v. Secretary of State for the Home Department, ex parte Simms [1999] 3 All E. R. 400, at 412.

〔3〕 Jeffrey Jowell, "Beyond The Rule of Law: Towards Constitutional Judicial Review", *Public Law*, 2000, Winter, p. 671.

〔4〕 R. v. Secretary of State for the Home Department, ex parte Pierson [1998] A. C. 539.

〔5〕 R. v. Secretary of State for the Home Department, ex parte Pierson [1998] A. C. 539 at 575.

从上述学者和法官的论述来看，传统的议会至上、议会主权原则在当今英国受到了诸多的限制，主要表现在：其一，宪法原则的限制。议会立法不应违反法治、权力分立等宪法原则，当议会立法中包含了排除司法管辖权或违反法治的内容时，法院尽管不能宣告议会立法无效，但是它们可能通过诸如司法解释等手段变相地排除议会立法的效力。其二，公民的基本权利或人权在一国法律体系中具有重要地位，对人权的保障是检验一国民主制度的根本标准，在司法实践中，当法院遇有可能侵犯人权的议会立法时，法院的态度是，除非该立法存在明确的规定或必要的暗示认可对人权的侵犯，否则法院会推定议会不会制定侵犯人权的法律，并以此为基础给予公民最大程度的权利保护。在 1998 年《人权法》生效以后，法院更是直接获得了审查议会立法是否与《欧洲人权公约》所规定的权利相一致并对不相容的议会立法作出与公约权利不相容宣告的权力。

4. 经过修正的议会主权原理

由于议会主权原则应当受到限制的观念日益被接受，许多学者开始对该理论进行修正，这种经过修正的议会主权理论正如英国学者杰弗里·马歇尔所归纳的，是指“议会主权原理仅仅意味着，议会可以针对任何政策对象立法，但是，欲达到目的，它还必须有恰当的组织形式，此外，为保证某些特定目标只有依据特定程序来实现，议会还可以相应地改变自身的组织形式和工作程序”〔1〕。这一理论也被叫做“方式和形式”原理，〔2〕该原理认为，尽管对议会可以立法的主题不存在任何限

〔1〕［英］杰弗里·马歇尔：《宪法理论》，刘刚译，法律出版社 2006 年版，第 62 页。

〔2〕［英］亚力克斯·卡雷尔：《宪法与行政法》（影印版），法律出版社 2003 年版，第 87 页；*Neil Parpworth*, p. 72.

制，但是对议会可以立法的方式和形式进行限制。也就是说，如果一部法律对它的修改或废除规定了一种特殊程序或“方式与形式”，任何后来的法律不遵守上述规定对上述法律进行修改或废除将是无效的。修正性主权理论观点认为在这种情况下可以请求法院发布一个禁制令以阻止议案的进一步通过或君主可以拒绝法案的御准，并且如果拒绝御准，由此产生的“法律”可以被法院宣布无效。为了支持这一观点，学者们经常引用下述案例。

第一个案例是新南威尔士总检察长诉特里索恩案〔1〕。依据1865年《殖民地法律效力法》第5条，新南威尔士立法机关被授权以正确的方式和形式为国家制定法律。1929年，新南威尔士立法委员会对1902年《宪法》作出了修正，通过了《1929年宪法（立法委员会修正）法》，该法要求，除非在公民投票中首先获得了大多数选民的同意，否则废除立法委员会的法案不能被提交御准。在1930年，新南威尔士的一次大选改变了议会的政治性质后，一项废除上院的法案得到了议会两院的批准，但是没有交付全民公决。立法委员会的成员向澳大利亚高等法院请求宣告法案不能被提交御准并请求发布禁制令阻止这种情况发生。枢密院裁决：新南威尔士立法机关有权力修改1902年《宪法》以便要求特定类型的立法以规定的方式被通过，尚未在公民投票中获得选民同意就提交御准的废除委员会的法案不是一个有效的法律。

第二个案例是反贿赂委员会诉“拉纳辛格案”〔2〕。在该案中，枢密院也遇到了对立法的方式和形式进行限制的一些问题。锡兰的反贿赂委员会向依据1958年《反贿赂修正法》设立的反

〔1〕 Attorney – General for New South Wales v. Trethowan, [1932] A. C. 526.
〔2〕 Bribery Commissioner v. Ranasinghe, [1965] A. C. 172.

贿赂法庭提起控诉，被告拉纳辛格被法庭判决有罪并被判处监禁刑和罚金。锡兰最高法院撤销了原审的定罪，理由是 1958 年《反贿赂修正法》所规定的任命裁判所的方式与 1946 年《枢密院宪法令》中规定的任命司法官员的宪法条款不相容。宪法令规定任何这样的修正案，都必须由众议院全体成员的 2/3 多数通过，并得到众议院议长的批准。反贿赂委员会则认为，如果存在这种不相容，就必须认为，锡兰的主权议会已经用 1958 年《反贿赂修正法》修改了宪法。锡兰最高法院和枢密院都否定了反贿赂委员会的这一主张。枢密院认为，英国判例中所确立的"法院所能做的一切就是看议会卷宗"原则〔1〕只适用于下述情形，即现行法律没有规定立法权及其行使的方式。当法律规定了立法权行使的方式后，"立法机关就不能无视这些立法条件，这些条件就是法律文件为了规范立法机关制定法律的权力而定下的"〔2〕。枢密院的结论是，"众议院议长的批准是立法过程的必要组成部分，如果某部法案不符合这种特别条款的条件，即使得到王室同意，也是并且始终是无效和越权的"〔3〕。

要注意的是，它们只是英联邦案例，就其本身而论对英国法院没有约束力。上述案例所讨论的是从属性的立法机关，它要遵守母国议会即威斯敏斯特议会所制定的 1865 年《殖民地法律效力法》的规定。更为重要的是，在上述案件中，立法程序都被一个更高等级的法律所规定。未能遵守那一程序相当于是一种违宪行为，并由此证明法院的干预是正当的。然而，在英国，不存在规定立法程序的宪法典。因此，上述案例不一定适用于英国。

然而，在反贿赂委员会诉拉纳辛格案中，枢密院司法委员

---

〔1〕 Edinburgh Railway Co. v. Wauchope, [1842] 8 Cl. & F. 710, 725.

〔2〕 Bribery Commissioner v. Ranasinghe, [1965] A. C. 172, at 197.

〔3〕 Bribery Commissioner v. Ranasinghe, [1965] A. C. 172, at 200.

会的皮尔斯勋爵（Lord Pearce）似乎暗示了，主权的和非主权的立法机关都要遵守某些程序规则。他说："我们无法接受的那种观点认为，立法机关一旦设立，就享有某些内在权力，这些权力仅仅从设立立法机关这一事实中就能衍生出来，凭着这些权力，该立法机关只通过简单多数程序，就能够制定可以生效的法律，而无视自身组织法的不同规定，因为组织法曾要求，上述那些法律必须由另一种多数比例通过，或者遵循不同的立法程序，才能生成可以生效的法律。"〔1〕英国学者杰弗里·马歇尔在评论该案时指出："从拉纳辛格案中肯定可以得出的推论是，在立法机关的组织法对立法形式施加程序限制后，立法机关就不能仅仅宣称，自己是主权者，拥有为本国制定和平、秩序及良好政府方面法律的无限权力，因此，就可以无视这些限制。"〔2〕

在议会主权原则的发展过程中，英国议会采取的一些措施反应了议会主权在某种程度上的削弱，它们包括：英国于1973年加入欧共体，并承担相应的国际义务，例如欧共体法律对国内法律的至上地位，导致了议会主权地位的削弱；对苏格兰、威尔士和北爱尔兰议会的权力下放；1998年《人权法》的制定；在2009年成立联合王国最高法院，从而结束上议院作为联合王国最终上诉法院的职能。尽管这些发展并没有从根本上损害议会主权原则，因为至少从理论上议会能够废除实施这些改变的任何法律，但是，这些措施无疑是对传统议会主权原则的发展。

在上述措施中，最重要的是1998年《人权法》的制定。该法案的根本目的在于赋予《欧洲人权公约》所规定的根本权利

---

〔1〕 Bribery Commissioner v. Ranasinghe, [1965] A. C. 172, at 198.

〔2〕［英］杰弗里·马歇尔：《宪法理论》，刘刚译，法律出版社2006年版，第67页。

与自由以进一步的效力，为此，法案赋予了法院审查基本立法和次级立法是否与公约权利相一致以及作出它们与公约权利不相容宣告的权力，这在英国宪法史上是前所未有的。关于1998年《人权法》的影响，霍夫曼勋爵（Lord Hoffmann）认为，它将在三个方面产生变化：[1] 其一，存在于普通法上的基本人权的种种原则将被《欧洲人权与基本自由公约》这一特殊的文本所补充。由于公约的许多内容反映了普通法的内容，因此将公约作为国内法律的一部分加以采纳不可能对我们的基本人权概念产生根本的改变。其二，合法性原则明确被作为1998年《人权法》第3条中的一个解释规则并且它获得了负责法案的部长依据该法案第19条所承担的作出一致性声明这一义务的进一步支持。其三，在立法对基本人权作出明确侵害以致不可能对合法性原则作出让步的那些案件中，法院能够通过作出不相容宣告吸引议会对这方面的注意，然后由议会来决定是否消除这种不相容性。显然，传统议会主权原则的发展所带来的对议会主权的限制，构成了《人权法》的核心特征之一。

二、法治原则

在戴雪的宪法原则体系中，议会主权是首要的宪法原则，法治原则处于第二位。尽管在普通法的发展过程中，英国法院日益对公权力行使行为施加严格的义务与制约，但是法院一直承认戴雪的宪法原则位阶，因此英国法院从来没有直接试图质疑议会法律的有效性，因为这可能会违反法治或权力分立等其它宪法原则。然而，戴雪法治观念的某些方面尽管受到后世学者的质疑，但是学者们普遍承认，戴雪法治观念的核心是承认，在一个民主宪政国家，公共权力一定不是不受质疑的，并且它

---

〔1〕 R. v. Secretary of State for the Home Department, ex p Simms [2000] 2 A. C. 115, at 131 ~132.

们要受到控制和制约。法治作为一个原则而非一项具体规则一直被用于为限制议会授权给公职人员的自由裁量权提供首要的正当理由，以及为公法设定种种程序与实体义务和保障公民对抗政府的权利。

欧洲共同体法以及欧盟法律的实施，使得英国法院获得了审查议会立法的某些经验，依据上述法律，法院可以判决议会法律与欧盟法律标准相冲突，最终达到不再适用议会法律的客观效果。在由平等机会委员会起诉“王国政府诉就业国务大臣案”[1]中，上议院判决对全日制雇员与非全日制加以区别规定的不正当解雇的1978年《就业保护（合并）法》的相关条款与EEC条约第119条关于禁止性差别的规定是不相容的，实际上作出了上述法律条款不再适用的判决。在1998年《人权法》出台后，法院获得了依据该法案宣告议会立法与《欧洲人权公约》不相容的权力。

上述司法实践与法院和学者对法治原则的信奉与坚持密切相关。法官和学者在论证司法机关对议会立法进行审查的宪政基础时，试图利用法治原则作为支撑其论证的根基。一些著名的法官和学者，如伍尔夫勋爵（Lord Woolf）、约翰·劳斯（John Laws）、T. R. S. 艾伦（T. R. S. Allan）、保罗·克雷格（Paul Craig）等，从法治原则出发，对立法机关的立法至上性提出了质疑，主张法治原则为法官否定立法至上和创立司法至上提供了正当性。在他们看来，在“至上”这一术语所表示的宪法位阶中，司法机关而不是立法机关，依照宪法的根本原则享有决定什么是法律、什么不是法律的最终权威。英国学者理查德·伊金斯

[1] R. v. Secretary of State for Employment, ex parte Equal Opportunity Commission [1995] 1 A. C. 1.

(Richard Ekins) 把他们称为“司法至上主义者”[1]。

学者们首先依靠法治的道德力量来证明他们立场的正当性。在上述学者的论证中，贯穿着这样一种政治理论，它认为：宪法性法律如果要被证明是正当的，就必须符合法治。法治有实质概念与形式概念之分。形式概念只是描述了法律的方式和形式而非内容，[2] 实质概念则要求法律采纳和保护某些基本的道德价值，正如保罗·克雷格（Paul Craig）所指出的：“在这一点上法治或多或少就是立基于法律和裁决理论的一个权利集合体的同义词。”[3] 学者们普遍赞同以权利为基础的实质性的法治概念，例如T. R. S. 艾伦（T. R. S. Allan）主张：“公民的平等尊严，其含义就是公正的对待和尊重个体自治，是自由宪政主义的基本前提，并因此是法治的最终含义。”[4] 约翰·劳斯（John Laws）则主张法治通过在法律上确立国家对个体自由的干涉必须被保持在一个最低限度这一原则来保护自由。[5]

基于上述立场，学者们认为，宪法应当对政治权力施加法律限制以防止对最低道德标准的违反。在英国的宪法传统中，由于议会立法至上，法院对基本立法的限制是不被承认的，由此带来的一个后果就是立法机构能够制定侵犯公民基本权利与自由的法律。应当说，上述情形的确发生过，也不排除今后继续发生的可能性，因而对上述学者来说，他们关注的主要是对

---

〔1〕 Richard Ekins, “Judicial Supremacy and the Rule of Law”, *Law Quarterly Review*, 2003, 119 (Jan), pp. 127 ~152.

〔2〕 Paul Craig, “Formal and Substantive Conceptions of the Rule of Law: an Analytical Framework”, *Public Law*, 1997, August, p. 467.

〔3〕 Ibid., pp. 479.

〔4〕 T. R. S. Allan, *Constitutional Justice: A Liberal Theory of the Rule of Law*, Oxford University Press, 2001, p. 2.

〔5〕 John Laws, “The Constitution: Morals and Rights”, *Public Law*, 1996, Winter, pp. 627 ~630.

立法机构的法律限制的缺乏所导致的立法至上与法治的内在矛盾如何解决。

上述学者认为，在议会立法至上原则下，议会立法侵犯人权从而违反法治的情形无法得到解决，确立司法至上则有助于法治的实现与人权的保护。在他们看来，司法至上与实质法治的需要是相一致的。约翰·劳斯（John Laws）认为司法至上的一个特性是对司法权力与选举权力这一区分的接受。[1] 据此，立法者享有决定社会的或经济的政策事务的权力，但是保护个体权利的任务是由法院完成的，法院对公民权利的保护满足了民主社会的基本需要。正是通过上述区分，并借助于限制立法权力和保证法律与权利的一致性，法治才能得以实现。

从上述分析可以看出，学者们论证司法至上的政治理论基础包含下述主要内容：宪法如果要在道德上证明是正当的，就必须遵守实质法治；立法至上内在地与法治不相容；司法至上是法治的制度实现。基于这一政治理论基础，基于司法至上保护了对于民主而言是基本的种种价值，学者们认为，司法至上是政治组织的一种民主形式。约翰·劳斯（John Laws）指出："……基本权利在其中不仅被尊重而且被奉为神圣的一个民主制度的幸存与繁荣要求那些行使民主的、政治的权力的人必须对他们可能所做的事情进行限制；他们不被允许超出这些限制的限度。如果这是正确的，那么它是民主权力本身的一个功能，而民主权力并不是绝对的。"[2]

如果上述学者所主张的司法至上的观念仅仅停留在理论层面，甚至在理论层面上也未能完全确立其统治地位，该理论就无法指导法官确立司法至上观念，并以此指导司法实践，因此，

---

〔1〕 John Laws, "Law and Democracy", *Public Law*, 1995, Spring, p. 80.

〔2〕 Ibid., pp. 81.

接下来的关键问题是要论证司法至上的政治理论是具有法律效力的。为此，学者们运用了美国法学家德沃金的法律推理理论作进一步的论证。按照德沃金的法律推理理论，规则并不是法律的基础，支持规则的道德的和政治的正当理由，才是最根本的。宪法规则的权威取决于它们在政治理论上的基础。约翰·劳斯（John Laws）论证了这一点，他说："公共权力的配置最终存在于一个动态的解决中……最终，它不是一个是什么的问题，而是一个应当是什么的问题。发现它的历程是对原则的寻求，而不是一本规则手册的展开"[1]。议会主权、立法至上是英国宪法的根本原则，法官没有推翻议会立法的权力，从规则中寻求法院限制或审查议会立法的正当性是不可能的，为此必须从议会主权的道德和政治理论基础着手，从立法至上的理论基础寻求可以限制它的正当理由，这就是上述学者的真正意图。学者们认为，运用德沃金的法律推理理论的必然结果是，如果我们接受了这一理论是正确的，那么法官就有义务给予有说服力的政治和道德理论以法律效力。为此，学者们把实质法治看作是根本的法律原则。其作用在于，一旦法治作为限制议会主权的法律原则被接受，它就可以被用于支持对立法者与法官之间的权力划分的承认。同时，议会主权将受到限制，英国的熔权制才能真正向立法与司法权力的严格分立转变，从而使得法院对议会立法的完全审查成为可能。

传统的英国宪法观念认为，议会主权是基本的宪法原则，而法治是引导法官、官员和公民的行为的一种政治理想。1688年光荣革命确立并为官员和公民认可的承认规则是，议会实质上拥有不受限制的立法权力，任何人或机构都不能对它的立法的法律效力提出质疑。在这一承认规则之下，法律的成立无需

---

〔1〕 Ibid..

道德理由的支撑。因此，法官使用道德原则来决定议会立法的权威是不合法的。在这一传统之下，司法至上的确立必然直接与英国宪法的承认规则相矛盾，是不可能作为一个合法的论点被普遍承认的。

T. R. S. 艾伦（T. R. S. Allan）对上述传统提出了质疑。他在进行论证时，首先接受了承认规则规定了关于法律效力的标准，这表明，他承认在英国法律制度中议会所制定的所有法律在形式上都是合法的。然而，他主张，承认规则必然依赖于道德基础。他认为，尽管不正义的制定法按照承认规则来说是有效的，但是对它们的不服从在道德上和法律上是合理的，因为极不公正的规则阻挠了对公益的追求并因此破坏了“构成‘承认规则’的法定的合意”〔1〕。因此，与根本的宪法原则相矛盾的制定法不能被遵守。T. R. S. 艾伦（T. R. S. Allan）由此得出下述结论：“法律的效力最终取决于它对基本的宪法价值或假定的遵从：因为正是这些价值，反映了正义和正当的种种考虑……证明了至少是在官员中间的合意，任何政治体制的生存都必须依赖于这一合意。”〔2〕他甚至认为，“合法性或合宪性的最终裁决者是个体公民或官员的善恶观念，他们个人的正直最终是防止法治堕落为专断权力的行使的那种东西。”〔3〕

在上述论证的基础上，许多学者宣称，法治不仅是政治理想，而且是一种司法理想，并且，一旦实质法治被改造为一个法律原则，那么它与议会主权原理就会产生矛盾，而在法律上有效的政治理论就要求法官通过宣告和实施对议会立法权威的限制来解决这种矛盾。换句话说，法官应当确立司法至上，正

〔1〕 T. R. S. Allan, Constitutional Justice: A Liberal Theory of the Rule of Law, Oxford University Press, 2001, p. 219.

〔2〕 Ibid..

〔3〕 Ibid., p. 220.

如上议院法官伍尔夫勋爵（Lord Woolf）所指出的："最终甚至会有对议会主权的限制，确认并维护上述限制是法院的不可让渡的责任。它们是最适度方面的限制，我相信任何民主主义者都会接受。它们正是使得法治能够被维护所必要的"〔1〕。英国学者T. R. S. 艾伦（T. R. S. Allan）也主张，"最终要由法院依照平等原则和对法治的其它必要组成要素的应有尊重来决定制定法的有效性。"〔2〕约翰·劳斯（John Laws）则更为直接地主张，"我和其他一些人大胆建议的事实和论点可能被得出以对抗议会绝对主权原理，最终它依靠这一论点即立法机关为了人民的利益而拥有权力，当然就像行政机关为了人民的利益拥有权力一样；那就是说，它服从，或应当服从法治"〔3〕。

上述学者和法官对法治原则与议会主权之间关系的论证暂时没有成为占据统治地位的学说，里查德·伊金斯（Richard Ekins）还对所谓的"司法至上主义者"的理论论证提出了批判，他的一个基本主张就是，"至上主义者，与所有声称尊重法治的人一起，应当在现行的法律框架内追求他们的政治目标并且克制住不要试图损害法律制度的基本规则"〔4〕。尽管他们的论证很大程度上还停留在理论层面，但还是能够说服法官对议会权威构成挑战，再加上伍尔夫勋爵（Lord Woolf）、约翰·劳斯（John Laws）等著名法官的推波助澜，上述理论对英国宪政的实践产生了广泛的影响，1998年《人权法》的出台使得法院获得了宣告议会立法与公约权利不相容的权力，对于这一前所

〔1〕 Lord Woolf, "Droit Public – English Style", *Public Law*, 1995, Spring, p. 69.

〔2〕 T. R. S. Allan, *Constitutional Justice: A Liberal Theory of the Rule of Law*, Oxford University Press, 2001, p. 3.

〔3〕 John Laws, "The Constitution: Morals and Rights", *Public Law*, 2006, Winter, p. 628.

〔4〕 Richard Ekins, "Judicial Supremacy and the Rule of Law", Law Quarterly Review, 2003, 119 (Jan), p. 138.

未有的发展，学者和法官功不可没。

需要指出的是，无论是主流观念还是宪法判例都表明立法机构要受约束，但这并不意味着支撑议会主权的基础规则即“承认规则”已经被法治观念所取代。在英国宪法中，“承认规则”表明，作为主权者的议会，它通过正当程序制定的任何法律都是有效合法的，法院必须承认它们的效力。即便是1998年《人权法》的出台，法院也不能直接质疑议会法律的效力。

三、公民宪法权利的确立

在英国，传统的公民权利与自由的最初表现形态是一种“剩余”自由，即只要法律没有明文禁止公民都可以任意行使，而保护公民权利与自由的任务传统上是由议会和法院承担的。戴雪在谈到法治的含义时特别强调了法院对保护公民权利的作用，他反复重申：“英宪只是一宗裁判官造成的宪章”；“在英格兰中所谓宪法原理是由法院涉及每个人所有权利的判决案归纳得到之通则。”〔1〕同样地，英国学者尼尔·帕普沃斯（Neil Parpworth）谈到议会和法院对公民权利与自由的保护时明确指出：“考虑到议会容易受到一个强大的行政机关的种种支配的影响，认为议会在这种关联中起着较大的作用是不明智的。因此我们必须转向法院”〔2〕。

对公民权利与自由的保护在英国主要是由法院实施的。在1998年《人权法》之前，除了1215年《大宪章》、1628年《权利请愿书》等宪法性文件以及1976年《种族关系法》等保护公民单项权利与自由的制定法外，具体发展并保护公民权利与自由的任务是由法院完成的。

---

〔1〕［英］戴雪：《英宪精义》，雷宾南译，中国法制出版社2001年版，第240、241页。

〔2〕 Neil Parpworth, Constitutional and Administrative Law, Oxford University Press, 1979, p. 3.

例如，在恩蒂克诉卡林顿案[1]中，首席法官卡姆登勋爵(Lord Camden) 拒绝承认政府部长未经任何普通法或制定法的授权就享有发布允许进入和搜查私人场所的搜查证的权力，由此确立了对个体财产的干涉要求得到法律的事先批准这一原则，这一原则也被称为合法性原则。在这个案件中，它是指对个体财产权利的干涉只有以某种合法权力为基础才能被证明是正当的。换句话说，进入一个人的房子或没收他的财产需要合法的权力，不管它是以法定权力的形式还是普通法权力的形式行使。

在博曼石油公司诉苏格兰总检察长案[2]中，博曼石油公司因依据特权行事的英国军队对它的设备的破坏而遭受了损失，上议院裁决该公司享有获得赔偿的一种普通法上的权利。尽管这一权利后来被 1965 年《战争损失赔偿法》的相关条款所撤销，然而，该案的确阐明了法院出于对种种新情况的考虑是如何发展普通法的。

上述案例显示了法院在保护公民权利与自由上的传统作用。但是，要注意的是，普通法上公民对权利与自由的诉求并不一定都会得到法院的支持。因为，英国法院对公民的人身自由除公民的身体不受非法侵犯的保护比较严格外，对诸如通信自由、通信秘密等与公民私人生活有关的权利与自由的保护并不十分严格，公民以上述权利与自由受到侵犯为由请求保护，不一定能够得到法院的有力保护。以隐私权为例，在 1998 年《人权法》制定之前，英国法院总体上对它持否定态度。

马龙诉大伦敦市警察局长案[3]就是一个典型例子。马龙是一个古董商，因购买赃物被起诉。在审理过程中他发现他以前使用的住宅电话被窃听，该窃听行为是邮政局根据内务大臣发

---

[1] Entick v. Carrington, [1765] 19 St. Tr. 1030.

[2] Burmah Oil v. Lord Advocate, [1965] A. C. 75.

[3] Malone v. Metropolitan Police Commissioner, [1979] 2 Ch. 344.

布的许可令进行的，现在他的电话同样也被窃听。马龙认为未经本人同意对其电话进行窃听侵犯了他的财产权、隐私权和通讯保密权，并违反了《欧洲人权公约》第 8 条规定的尊重个人或家庭生活的权利，请求法院宣告大伦敦警察总监的上述行为是非法的。主审此案的梅加里（Megarry）副大法官拒绝了原告的请求，主要的裁决意见如下：①《欧洲人权公约》具有条约的地位，但是它在英国法律中并不是可以实施的，并且法院只能对法定的或衡平法上的权利作出宣告；②尽管没有法律授权进行窃听，但是也没有法律反对窃听；③在英国法律中不存在隐私权或通讯秘密的权利；④无论如何，在本案中不是被告而是邮政局窃听了原告的通话内容，而在英国，没有法律反对邮政局利用记录不是针对电话用户的电话线来进行电话窃听，因为偷录电话是在邮政局的范围内进行的，不构成普通法上的侵犯私人权利。梅加里（Megarry）认为英国法律不承认一般性的隐私权，他指出："在一个新的领域中立法不是法院的职责。现行法律与原则的扩展是一回事，一个全新的权利的创造是另一回事。有时法官必须，并且的确，立法；但是正如法官霍姆斯（Holmes）曾经说过的，他们是在有缺漏的情况下这样做的，并且是带有较小的而不是较大的动机……超出那一范围的无论什么事情都必须留给立法去做。法律中没有什么新的权利，成熟地具有所有适当的保障措施，能够从对一个特殊案件作出判决的一个法官的头脑里产生：只有议会才能够创设一个那样的权利"[1]。

在"凯诉罗伯逊案"[2]中，一个著名演员接受脑部手术后住院休养，一个记者不顾医院的警告既对他进行了采访并拍了

〔1〕 Malone v. Metropolitan Police Commissioner, [1979] 2 Ch. 344, at 372.

〔2〕 Kaye v. Robertson, [1991] F. S. R. 62.

照，上诉法院承认这相当于是对隐私的一种侵犯。但是上诉法院认为，在英国法律中不存在可以起诉的隐私权。法官宾厄姆（Bingham）在判决意见中指出："本案再一次凸显了英国的普通法和制定法都不能以有效的方式保护公民个体的个人隐私"〔1〕，这说明了英国法院对公民隐私权保护的薄弱。

上述隐私权的案例尽管说明了法院在发展和保护公民权利与自由上的一些缺憾，但是随着传统的公民权利与自由向公民的基本宪法权利的发展，尤其是1998年《人权法》的出台，法院加强了对公民宪法权利的保护，并以此为依据发展出了对议会主权原则的限制。

在英国司法审查发展的晚近阶段，法院开始从传统的司法审查的实体和程序根据发展到把它们的司法推理建立对公民个体对抗国家的民主权利的明确承认的基础之上。这表现了法院在判例中对一系列宪法权利的确认。

在王国政府诉内政大臣，由巴格戴凯起诉案〔2〕中，巴格戴凯是一个移民，他对移民官员作出的遣返决定提起上诉，声称如果他被遣返就会被杀死并出具了非洲领事馆一名官员的声明作为证明。上议院认为，尽管是否存在危险的问题完全是由国务大臣决定的，但是该问题没有被给予足够的考虑，最终撤销了驱逐移民的命令。正如上议院法官布里奇勋爵（Lord Bridge）在判决意见中所说的，"所有人权中最根本的是个体的生命权，并且当一个受质疑的行政决定据说是一个可能使得申请人的生命处于危险当中的决定时，决定的根据无疑必须需要最渴望的

〔1〕 Kaye v. Robertson, [1991] F. S. R. 62, at 70.

〔2〕 R. v. Secretary of State for the Home Department, ex parte Bugdaycay [1987] A. C. 514.

审查”[1]。该案判决明确承认了公民的生存权利。

在由李奇起诉“王国政府诉内政大臣（第2号）案”[2]中，上诉法院撤销了一项《监狱规则》，该规则是内政大臣依据为监狱制定规章和管理监狱这一广泛的自由裁量权制定的，它允许狱长检查囚犯与他的律师之间的通信。上议院法官斯泰恩勋爵（Lord Steyn）裁决，囚犯与其律师进行秘密通讯的权利是一个宪法上的权利，并且是可以进入司法程序的权利。只有当存在着迫切需要时该权利才可以被干预，否则被授权的监狱官员在法律上有义务维护通讯秘密。在雷蒙德诉霍尼案[3]中，上议院法官威尔伯福斯勋爵（Lord Wilberforce）同样认可了囚犯向法院起诉是公民的一项基本权利。

在由威瑟姆起诉“王国政府诉御前大臣案”[4]中，威瑟姆申请对1996年《最高法院收费（修改）法令》第3条进行司法审查，因为该条款对以前的收费规定进行了修改，取消了获得政府收入补助亲自参加诉讼的当事人可以免缴法庭费用以及允许御前大臣在当事人经济过度困难的情况下减少或免除其诉讼费用的的相关条款。威瑟姆认为这是越权，并侵犯了他进入法院的权利。他认为，他的收入很低，并且也得不到法律援助，因此负担不起根据该法令所强加的费用。高等法院裁决第3条越权，理由是1981年《最高法院法》并没有暗示法庭费用可以以一种能够完全否定一个人进入法院的权利的方式被收取。法官劳斯（Laws）认为，进入法院的权利是一种宪法权利，对此，

---

〔1〕 R. v. Secretary of State for the Home Department, ex parte Bugdaycay [1987] A. C. 514, at 531.

〔2〕 R. v. Secretary of State for the Home Department, ex parte Leech [1994] Q. B. 198.

〔3〕 Raymond v. Honey, [1983] 1 A. C. 1.

〔4〕 R. v. Secretary of State for the Home Department , ex parte Witham [1998] Q. B. 575.

普通法明确提供了特别的保护。

在王国政府诉内政大臣，由西姆斯起诉案[1]中，上议院裁决内政大臣对囚犯为了他们的清白接受记者口头采访所实施的没有限制的禁止是不合法的。上议院法官斯泰恩勋爵（Lord Steyn）认为，公民的自由表达权利受到了威胁，这一权利是一种根本的或基本的权利，通过这一权利，囚犯可以接受记者的口头采访并试图说服记者调查对他的定罪的安全性，并且让记者公布他的种种发现。斯泰恩勋爵（Lord Steyn）认为，在这些情形中，合法性的宪法原则开始起作用，它表明，根本的和基本的权利不能被笼统的或含糊不清的话所推翻。

在 1998 年《人权法》之前，公民宪法权利作为有别于传统的公民权利与自由的一种权利类型已经在普通法中得到了法院的明确承认。这一发展体现了英国违宪审查的一种发展趋势，即从传统的行政法意义上法院对公民权利的保护发展到以公民的宪法权利为依据所进行的宪法意义上的新的宪法审查方式。这种趋势正如英国学者杰弗里·乔韦尔（Jeffrey Jowell）教授所指出的，"即使没有《人权法》的帮助，我们也看到我们的法院已经通过明确认可内在于我们宪政民主之中的一种更高等级的种种权利开始从行政法的范围转移到宪法领域。这些权利不仅源自于任何暗示的议会意图而且源自于议会在其中进行立法的现代民主的框架"[2]。1998 年《人权法》的制定，则认可了《欧洲人权公约》所保护的多数基本权利，并赋予法院审查议会立法是否与公约权利相一致的权力以及规定公共机构应当与公约权利相一致地行为的义务，这使得公民宪法权利的保护获得

〔1〕 R. v. Secretary of State for the Home Department, ex parte Simms [2000] 2 A. C. 115.

〔2〕 Jeffrey Jowell, "Beyond the Rule of Law: Towards Constitutional Judicial Review", *Public Law*, 2000, Winter, p. 675.

了更有力的保障。

那么这种发展对公民宪法权利的保护带来了什么样的影响呢?公民宪法权利的确认论证了这些权利“不是民主进程的结果而是从逻辑上先在于它”,[1] 在下述两个方面产生了重大影响。

首先，公民宪法权利的法律地位的提升，在很大程度上限制了议会，使得它不能轻易制定侵犯宪法权利的法律。过去人们认为，当议会赋予公共机构或官员一项广泛的自由裁量权时，公民的推定权利就会被排除在外。自王国政府诉内政大臣，由布林德起诉案[2]后，一些判例确立了下述立场，即公民的宪法权利不应当被轻易推翻，议会可以拒绝接纳上述权利，但除非议会以明确的语言或必要的暗示表明上述意图，仅仅赋予相关机构或官员的自由裁量权并不必然排除公民的宪法权利。

在由皮尔逊起诉“王国政府诉内政大臣案”[3]中，皮尔逊被判犯有双重谋杀罪，内政大臣决定增加他要服的最低过关期限以作为对其罪行的惩罚和威慑，从最初确定的 15 年增加到 20 年。皮尔逊上诉到了上议院。上议院多数法官裁决内政大臣的决定是不合法的。斯泰恩勋爵（Lord Steyn）认为，追溯性地增加过关期限是对法治的违背，他指出:“议会不是在真空中进行立法。议会是在为建立在普通法的种种原则和传统基础上的一个欧洲自由民主制立法……除非有与此相反的最明确规定，议会必须被假定不会制定与法治相违背的法律”[4]。法院的判决

〔1〕 John Laws, “Law and Democracy”, *Public Law*, 1995, Spring, pp. 72 ~ 93.

〔2〕 R. v. Secretary of State for the Home Department, ex parte Brind [1991] 1 A. C. 696.

〔3〕 R. v. Secretary of State for the Home Department, ex parte Pierson [1998] A. C. 539.

〔4〕 R. v. Secretary of State for the Home Department, ex parte Pierson [1998] A. C. 539, at 587.

暗示了议会不能制定违反法治和侵犯民主与自由的法律。

在由西姆斯起诉"王国政府诉内政大臣案"[1]中，法官霍夫曼勋爵（Lord Hoffmann）表达了类似的观点，他指出："基本权利不能被笼统的或含混的语言所推翻……在缺乏明确的语言和与此相反的必要暗示的情况下，法院由此假定甚至最笼统的规定都要受到个体基本权利的支配"[2]。

其次，公民宪法权利的确认带来了议会与公民宪法权利之间关系、议会与法院在保护公民宪法权利上的一种新的可能变化。议会除非用明确的语言或必要的暗示否则不能排除公民的基本权利，这一原则已被众多判例确认，而随着1998年《人权法》的实施，议会对涉及公民宪法权利的立法将更加审慎，甚至像杰弗里·乔韦尔（Jeffrey Jowell）教授所说的，"对这些权利，甚至连一个民选议会都不应当侵犯"。[3]

尽管1998年《人权法》并没有改变议会在人权事务上所拥有的最后话语权，议会仍然可以通过立法维护法院所宣告的与公约权利不相容的议会法律的效力，但是法院前所未有地获得了谴责违反公约权利的议会立法的法定权力，法院宣称公民宪法权利的职责得到了根本的维护。当有侵害宪法权利的情形发生时，法院对侵害行为正当性的审查将比传统的温斯伯里标准[4]所允许的审查更加严格。这里的内在逻辑是，当作出决定

---

〔1〕 R. v. Secretary of State for the Home Department, ex parte Simms [2000] 2 A. C. 115.

〔2〕 R. v. Secretary of State for the Home Department, ex parte Simms [2000] 2 A. C. 115, at 131.

〔3〕 Jeffrey Jowell, "Beyond the Rule of Law: Towards Constitutional Judicial Review", *Public Law*, 2000, Winter, p. 671.

〔4〕 Associated Picture Houses Ltd v. Wednesbury Corporation [1948] 1 K. B. 223. 在该案中，上诉法院提出了"不合理性"审查标准，即不考虑有关联的事项，而考虑无关联的事项所作出的决定，或者是没有常识违反条例的决定是不合理的、无效的。

的公共机构或官员不得不证明其决定的正当性时，法院没有理由采用程度较小的审查来减轻上述机构或官员的证明责任。一些判例已经充分表明了这一点。

在由史密斯起诉“王国政府诉国防部案”[1]中，史密斯是军队中的一名女同性恋者，国防部出台的政策声明同性恋者不适合在军队中服役。史密斯因该政策而被解雇，因此她向高等法院申请对国防部的政策进行司法审查但被驳回，于是她上诉到了上诉法院，主张该政策是不合理的并且违反了 1957 年的《罗马条约》以及《欧洲人权公约》关于男女平等对待的权利。上诉法院驳回了她的上诉，裁决在申请人被解雇的时候该政策不能被视为不合理。但是法院也承认，在涉及人权时证明相关决定的合理性必须有更重大的正当理由，正如宾厄姆勋爵（Lord Bingham）在判决意见中所指出的：“对人权的干涉越大，法院就越要求经由正当理由证明决定是合理的”[2]。

在由 A & B 起诉“王国政府诉萨维尔勋爵案”[3]中，上诉法院认为，“当缺乏令人信服的正当理由时一个作出决定者作出一个违反或可能违反人权的决定是不合理的，并且当涉及一项基本权利时，有理性的作出决定者可以利用的选择被缩减了；法院将迫切地审查具有对抗性的种种考虑的强度和干预所涉及人权的程度，并且干预越大法院就越要求经由正当理由证明考虑中的决定是合理的”[4]。

从公民宪法权利的上述发展来看，法院对公共权力的审查经历了这样一种转变，即法院对政府行为的公正性或合理性的

---

〔1〕 R. v. Ministry of Defence, ex parte Smith [1996] Q. B. 517.

〔2〕 R. v. Ministry of Defence, ex parte Smith [1996] Q. B. 517, at 554.

〔3〕 R. v. Lord Saville of Newdigate, ex parte A & B [2000] 1 W. L. R. 1855.

〔4〕 R. v. Lord Saville of Newdigate, ex parte A & B [2000] 1 W. L. R. 1855, at 1855.

确认这一行政法的范围发展到法院对有限民主制所要求的个体对抗国家的民主权利的确认这一宪法的范围。公民的宪法权利，可能不是绝对的，它们或许可以被侵害，或许可以被克减，但是“只有以这种侵害或克减本身促进了一种不能同时接受的民主利益，而且这种民主利益能够有正当理由地比基本权利更重要为条件时，上述侵害或克减才是合理的”〔1〕。基于这种宪政民主的立场，议会对公民宪法权利的尊重为防止议会立法的侵害提供了必要前提，而法院在普通法的发展过程中对公民宪法权利的保护也具有了更为强大的宪政支持。

上议院法官约翰·劳斯（John Laws）对英国宪法上公民宪法权利的转变做了精辟的阐述，他在“王国政府（应国际运输公司申请）诉内政大臣案”〔2〕中指出：“并非很久以前，英国制度是一种纯粹的和完全的议会至上制度。那么，宪法权利的这一特有主张就其本身而论可说是一种误称，因为一般并不存在权利的位阶，不存在‘宪法的’与其它的权利之间的区分。每一部议会法律与其它每一部法律一样在法律中具有相同的地位，并且就法官造法所赋予的权利而言，它们并没有提供对制定法地位的竞争。法院逐步形成了有利于某些基本自由的保护的解释规则，但是本质上议会通过根本权利的主张不受限制地制定法律。在其当前的发展状态中，英国制度可以被认为是处在，用加拿大案件的话来说，议会至上与宪法至上之间的一种中间阶段。议会仍然是最高的立法机构……但是与此同时，普通法已经开始承认和赞同宪法的，或根本的权利的观念。这些大体上是《人权与基本自由保护公约》的表达中所赋予的权利，但

---

〔1〕 Jeffrey Jowell, “Beyond the Rule of Law: Towards Constitutional Judicial Review”, *Public Law*, 2000, Winter, p. 678.

〔2〕 R. (on the application of International Transport Roth Gmbh) v. Secretary of State for the Home Department, [2003] Q. B. 728.

是它们在普通法中的承认是自发的……1998 年《人权法》（‘HRA’）现在为普通法对宪法权利的接受提供了一种民主的支撑，以及保护它们的重要的新的程序措施。”[1]

四、1972 年《欧洲共同体法》作为法院审查议会立法的宪法依据

在 1998 年《人权法》实施之前，英国法院可以对议会立法进行违宪审查的唯一情形是法院依据 1972 年《欧洲共同体法》对议会立法的审查。根据《欧洲共同体法》，欧共同体法成为英国国内法的一部分，它对英国国内法具有约束力。英国政府承认欧共同体法的权威高于议会法律。法院在司法实践中被要求优先适用欧共同体法，并且在解释国内法时应当与欧共同体法保持一致。当国内法与欧共同体法相抵触时，法院可以宣告相关的国内法因与欧共同体法相抵触而无效。在这种情形下，1972 年《欧洲共同体法》以及相关的欧盟法成为了法院审查议会法律的合宪性的宪法依据。

由弗克托特纳姆有限公司起诉“王国政府诉运输国务大臣案”[2] 是上议院以欧共体法为依据审查议会立法的经典判例。在该案中，作为原告和上诉人的弗克托特纳姆有限公司（以下简称“F”）等是根据英国法律设立的 U. K. 公司的董事和股东，也是根据英国 1984 年《商船法》在船舶登记簿上作了登记的远洋渔船的所有者。1980 年，以西班牙人为首的外国人设立了 U. K. 公司，用该公司的名称把属于自己的船舶作为英国船舶登记，在欧洲共同体海域捕获分配给英国的一定额度的鱼。为了制止这种掠夺行为，英国制定了 1988 年《商船法》和《商

---

〔1〕 R. (on the application of International Transport Roth Gmbh) v. Secretary of State for the Home Department, [2003] Q. B. 728, at 759.

〔2〕 R. v. Secretary of State for Transport ex parte Factortame Ltd (No. 2), [1991] 1 A. C. 603.

船登记法》，把英国船舶的登记资格限定在常驻英国的英国公民以及常驻的英国公民拥有75%以上的股份的公司。这样一来，F等缺乏1988年《商船法》的要件，自1989年4月1日以后就不能从事捕鱼了，于是F等以1988年《商船法》与欧洲经济共同体条约规定的禁止国籍歧视及设立公司自由的规定相抵触为由，向英国运输国务大臣提起了诉讼。

本案的第一个争论点是：1988年《商船法》中关于登记为英国船舶的条件的规定是否违反了EEC条约中关于禁止国籍歧视以及设立公司自由等规定。换句话说，成员国在国内法中设定的关于船舶国籍登记的条件是否可以影响欧洲共同体法。高等法院在判决中依据EEC条约第177条请求欧洲法院对此作先决裁定。欧洲法院在1991年7月25日作出判决，认定各成员国把渔船在本国的船舶登记簿上的登记条件作出1988年《商船法》的上述规定违反了欧洲共同体法的规定。

本案的第二个争论点是：在上述先决裁定作出之前，是否可以对F暂停适用1988年《商船法》。高等法院认可了暂停请求，于是运输国务大臣向上诉法院提起诉讼。上诉法院判决，法院没有暂停适用议会制定法的权力。为此，F等向上议院提起上诉。上议院在1989年5月18日判决，关于欧洲共同体法是否赋予英国法院作出暂停命令的权限，依据EEC条约第177条，请求欧洲法院作先决裁定。欧洲法院于1990年6月19日作出了先决裁定，认为当妨碍临时救济的唯一障碍是国内法的法律准则时，国内法院必须使该法律准则无效。鉴于此，上议院于1990年10月11日作出裁决，同意给予F等临时救济。上议院认为：为认可阻止公共机构执行权力的临时禁制令，法院必须确信对法律的质疑初步具有足以作为诉讼依据的效果；尽管有证据表明允许申请人捕鱼会给其它英国捕鱼船的所有者造成重大损失，但是这种损失并不比如果不给予临时禁制令从而给F

等继续造成的明显和直接的损害更大。显然，在该案中，上议院从保护当事人的财产利益出发，认可了欧洲法院对 1988 年《商船法》的相关规定违反欧共体法的裁决，最终达到了不适用上述议会法律条款的效果。

第二节　法院通过法律解释技术对议会立法的变相审查

《欧洲共同体法》作为法院审查议会立法的宪法依据，只适用于涉及欧共同体的情形即英国国内法律与欧共同体法相抵触，对此，法院可以宣告违反欧共同体法的议会法律无效。显然，上述行为不涉及单纯的国内法律。依据议会主权原则，法院无权审查议会所制定的国内法律并对其作出效力判断。早在 1871 年的李诉巴德和托林顿连接铁路公司案[1]中，法官威尔斯（Willes）就说过："我将遵守，关于这些议会法律，它们是这个国家的法律；并且我们不是作为来自于议会的上诉法院在这里开庭。过去有人说……如果一部议会法律打算在他自己的案件中设立一个男法官，法院可以不理它。然而，那一格言，是作为一种警告，而不是作为一个判例被遵从。我们在这里作为女王和立法机关的仆人开庭。我们要充当凌驾于获得女王、上议院和下议院同意的议会所做事情的摄政王吗？我否认任何上述权威存在。如果一部议会法律不适当地被获得，是立法机关通过废除它来改正它；但是，只要它作为法律而存在，法院就有义务服从它。这里的行为是司法的，而不是专制的，如果我们

---

〔1〕 Lee v. Bude and Torrington Junction Railway Co., [1871] L. R. 6 C. P. 576.

能够制定法律而不是实施法律，这些行为将是专制的"[1]。法官威尔斯（Willes）的意见代表了法院对议会立法的基本立场，它表明，在议会主权原则下，法院不会介入立法过程，依据适当程序和以通常形式合法通过的议会法律必然具有法律效力。

然而，如果在诉讼过程中出现了与议会立法有关的问题，由于法院享有解释和适用议会立法的权力，它是可以对议会立法的含义和效力进行检查的。尽管法院在司法过程中对议会立法的检查不是一种严格意义上的违宪审查，但是法院通过司法解释技术对议会立法的内容和效力所作出的检查，在某些情况下仍然达到了审查议会立法的实际效果。相对于美国式的司法审查以及1998年《人权法》生效之后法院对议会立法的"强"审查，这是一种"弱"审查，这种审查体现了英国古老的法律原理即普通法是根本的。相对于普通法而言，议会制定尽管具有最高的权威性，但除非制定作出明确的规定，否则它不能改变普通法的原则和规则，而对于可能违反法治或适用议会立法可能导致荒谬的结果或侵犯公民权利的严重后果时，法院在普通法背景下会通过司法解释把议会立法的不利影响降至最低，甚至给予变相的抵制。国家救助委员会诉威尔金森案[2]就是一个典型例子。被告威尔金森以前遗弃过他妻子，在1951年2月，他请求妻子与他成立新家庭，但遭到拒绝。在1951年4月到10之间，国家救助委员会给了他妻子一笔救助金。国家救助委员会对被告提出控诉要求他归还委员会支付给他妻子的救助金，并且每周支付同等金额的救助金给他妻子或者以法院认为合适的其他方式。委员会认为，根据1948年《国家救助法》第42条第（1）款，为了该法的目的，丈夫绝对有责任抚养其妻子。

---

〔1〕 Lee v. Bude and Torrington Junction Railway Co., [1871] L. R. 6 C. P. 576, at 582.

〔2〕 National Assistance Board v. Wilkinson, [1952] 2 Q. B. 648.

法院经审理发现他的妻子已经离开了丈夫，裁决依据1948年《国家救助法》第42条第（1）款丈夫抚养其妻子的责任并不是绝对的，驳回了控诉。国家救助委员会提起的上诉最终也被驳回。

本案涉及了法院通过司法解释对议会立法的检查。本案的关键是1948年《国家救助法》第42条第（1）款，该条款规定："为了本法的目的——（a）一个男人应当有责任抚养他的妻子和他的孩子，和（b）一个女人应当有责任抚养她的丈夫和她的孩子"。法院认为，无论按照英国的普通法还是济贫法，丈夫都没有责任抚养一个通奸的妻子，或一个拒绝在丈夫提供的婚姻家庭里与丈夫生活在一起的妻子，除非妻子有拒绝与丈夫生活在一起的充分理由。一部制定法并不被认为实现了一般法律中的一种根本改变，除非它使用了明白表明那一结论的语言，因此，尽管1948年《国家救助法》作出了法律中的种种改变，并且在该法律第42条第（1）款中有作为序言的"为了本法的目的"的话，但是上述条款不能以一种夫妻任何一方总是能够要求抚养费的方式被解释，不管这种要求出自于普通法还是济贫法律。因此，即便有1948年《国家救助法》的规定，丈夫与以前一样也没有抚养通奸的或离弃他的妻子的法律责任。法官德夫林（Devlin）明确指出，"如果1948年《国家救助法》第42条中的'一个男人应当有责任抚养他的妻子'的话，被它们自身所支持，我应当把它们理解为受制于普通法，并且不应当断言它们意图妨碍下述原则即一个妻子因婚姻犯罪行为丧失了其获得抚养费的权利……限定性短语'为了本法的目的'，在我看来，不足以实现改变"，"早已确立的一个解释原则是，一部制定法并不被认为实现了一般法律中的一种根本改变，除非它使用了明白表明那一结论的话语”[1]。在该案中，上议院通过对1948年《国家救助法》第42条第（1）款的解释，裁决该条款尽管使用了“为了本法的目的”字样，但是未能改变普通法上关于夫妻相互抚养义务的一般原则，除非1948年《国家救助法》明确表明它改变上述普通法原则。上议院通过法律解释实际上对上述议会立法的适用效力进行了审查。

在英国普通法的发展过程中，法院通过法律解释技术对议会立法的审查所适用的原则和方式主要表现在下述方面，它们在某种程度上达到了审查议会立法的实际效果。

一、法院对可能侵犯公民权利的议会立法的严格解释

尽管议会主权原则赋予了议会通过立法改变或取消普通法所赋予的公民权利的至上权力，但是在议会立法没有明确的规定或必要暗示的情况下，公民的权利不得被取消，这是普通法的一般原则。法院在案件审理过程中如果发现议会立法存在侵犯公民权利的可能性，尽管法院不能对该立法进行效力判断，但是法院会对它进行严格解释，尽可能作出议会立法不得侵犯公民权利的解释。正如枢密院司法委员会的拉德克利夫勋爵（Lord Radcliffe）在加拿大总检察长诉哈伦特及凯里有限公司案[2]中所说的，“公平地说，存在着一个众所周知的一般原则，即侵犯国民权利的制定法，不管侵犯的是人身权利还是财产权利，都受制于一种‘严格的’解释。……这个一般原则意味着，在某个法律的含义不确定或含糊不清的情况下，法院可以恰当地倾向于支持一种让私权利不受干扰的解释”[3]。

法院的上述解释原则具有下述特殊的应用：

---

〔1〕 National Assistance Board v. Wilkinson, [1952] 2 Q. B. 648, at 661.

〔2〕 Attorney – General for Canada v. Hallent & Carey, Ltd [1952] A. C. 427.

〔3〕 Attorney – General for Canada v. Hallent & Carey, Ltd [1952] A. C. 427, at 450.

（一）法院推定议会立法不得未经赔偿剥夺公民财产

这是指法院推定议会立法不会在未经赔偿的情形下就剥夺公民的合法财产，除非议会立法以明确的规定表达了上述意图。在中央控制委员会（酒类贸易）诉坎农·布鲁威利公司案[1]中，中央控制委员会（酒类贸易）依据1915年《领土防御（修正）法（第3号）》和1915年《领土防御（酒类控制）条例》赋予它的权力，强制取得了坎农·布鲁威利公司被许可的经营场所的房地产所有权，坎农·布鲁威利公司作为房地产所有者要求得到赔偿。法院裁决，依据1845年的《土地条款合并法》该公司有要求赔偿的权利。中央控制委员会（酒类贸易）为此上诉到了上议院。上议院驳回它的上诉。案件的关键问题是1915年《领土防御（修正）法（第3号）》以及依据该法制定的1915年《领土防御（酒类控制）条例》是否授权上诉人未经支付赔偿就可以强制取得上述公司的房地产所有权，或上述公司依据1845年《土地条款合并法》是否有权利获得损害赔偿。法院认为，议会在1845年通过的《土地条款合并法》，调整了依据议会立法的权力征收土地的方式，并且对由此被合法化的征收行为所引起的损害赔偿作出了规定，并且这一法律以及其它类似的法律已经被明确地或隐含地纳入了授予强制性征收的法律当中，因此尽管强制性征收的法律当中没有规定赔偿，但是1845年的《土地条款合并法》应当适用于本案。正如法官阿特金森勋爵（Lord Atkinson）所指出的，“没有给予国民因损失而获得赔偿的合法权利就拿走其财产的意图并不归咎于立法机关，除非那一意图以明确的措辞被表达。我使用了‘获得赔偿的合法权利’字眼，因为我认为这些判例确立了，在缺乏限制

---

〔1〕 Central Control Board（Liquor Traffic）v. Cannon Brewery，［1919］A. C. 744.

可支付给国民作为优惠的被给付数额的明确语言的情况下，它不能这样被限制"[1]。显然，在该案中，法院在解释议会立法时，对于可能侵犯公民权利的情形，采取了尽可能不让私权利受到侵害的立场。

（二）法院尽可能把授予自由裁量权的议会立法解释为议会立法所授之权力不得侵犯私权利

当一部议会法律通过其条款所授予的权力是自由裁量权力，表明议会的授权是许可性而不是命令性时，法院在解释议会立法时会推定议会的立法意图是公共机构对自由裁量权的行使应当尽可能地不让私权利受到侵害。在大都市济贫区诉希尔案[2]中，1867年《大都市贫民法》授权组建各区以及区避难所以照顾和治疗患病和体弱的穷人，并为了那一目的而创立社团法人，赋予济贫委员会（现在是地方政府委员会）向那些社团法人发布指令的权力，使得它们为了1867年《大都市贫民法》的目的能够购买土地和建造房屋。大都市公共机构为此在靠近被上诉人的房产附近的地方建立了一座医院，以接收罹患天花及其它易传染疾病的人。住在医院附近的人对此提出反对，认为对他们构成了妨害。案件一直上诉到上议院。上议院认为，尽管从1867年《大都市济贫法》的规定来说，公共机构有建立和维持天花医院的权力，但是并不因此就有权力让该医院处在的位置造成对邻近住户的妨害。法官布莱克本勋爵（Lord Blackburn）认为，对那些试图确认立法机构打算取消个体的私权利的人来说，他们有责任证明议会通过明确的规定或必要的暗示表达了那样的意图。法官沃森勋爵（Lord Watson）同样认为，"当一部制定法的条款是不是命令性，而是许可性时，在它留给被授权

〔1〕 Central Control Board (Liquor Traffic) v. Cannon Brewery, [1919] A. C. 744, at 752.

〔2〕 Metropolitan Asylum District v. Hill, [1880 ~ 1881] L. R. 6 App. Cas. 193.

决定委托给他们的一般权力是否应当被实施或不实施的那些人自由裁量的情况下，我认为公正的推论是立法机构打算让要被行使的自由裁量严格与私权利相一致，并且不打算授予在可能为了那一目的而被挑选出来的任何地方中作出妨害行为的许可"[1]。沃森勋爵（Lord Watson）进一步指出，甚至当一个权力是依据一种职责去做时，它也不能以制定法的保护为理由。

（三）在没有明确的规定或必要的正当解释的情况下，公民不能被剥夺进入法院或得到法院保护的权利

在"切斯特诉贝特森案"[2]中，1914 年《领土防御条例》中的条例2A（2）规定："未经军需大臣的同意，任何人都不应当为了获得（军需工人所居住的）任何住宅的重新占有，或承租人的收回诉讼的命令或裁决这一目的而提起诉讼"，法院裁决该项规定并没有得到1914 年《领土防御巩固法》第1 条第（1）款的授权，因此是无效的。法院认为，该项规定剥夺了公民进入法院寻求保护的权利。法官达林（Darling）指出，"所制定的条例禁止了房产所有者就这一事务进入所有合法法庭的权利。这可以，当然，合法地被议会法律所做到；但是我认为这种极端的无资格只能被立法机构本身的直接法律所强加，而立法机构并不打算让诸如军需部长这样一个部门的命令实现对所有国民权利的一种如此严重的侵犯……要注意的是这一条例不仅剥夺了国民在法院请求司法的普通权利，而且规定在首先未获得军需部长允许的情况下仅仅诉诸法院就其本身而言就构成了简易罪，并由此使得审判后的寻求司法者承担监禁和罚款的法律责任。我承认在战争的压力下我们可能理所当然地被迫，正如我们应当准备的，放弃我们的许多自由，但是我认为英国国民

〔1〕 Metropolitan Asylum District v. Hill, [1880 ~1881] L. R. 6 App. Cas. 193, at 213.

〔2〕 Chester v. Bateson, [1920] 1 K. B. 829.

的这一基本权利不能因此轻易地被拿走"[1]。在该案中，法院认为，除非议会基本法明确作出了规定，否则依据议会基本法制定的次级立法不能剥夺公民进入法院的权利。法院通过对议会立法意图的解释实现了对1914年《领土防御条例》的审查。

二、法院通过法律解释避免议会立法导致不正义的或专制的后果

如果适用议会立法可能导致不正义的或专制的后果时，法院会通过法律解释尽可能避免上述后果。在这一过程中，法院甚至会实现对议会立法的实质审查。在前述的国家救助委员会诉威尔金森案[2]中，法官戈尔曼（Gorman）指出："法律解释的另一原则是法院反对产生不正义的和专制的后果的一种解释。我认为如果一个丈夫被迫抚养一个公然和公认的通奸的妻子将是不正义的，而如果他不得不花在她身上的金钱数量依赖于他能够获得他的判决的速度将是专制的"[3]。

"阿尼斯米尼克诉对外补偿委员会案"[4]是法院借助于司法解释审查议会立法的典型案例。原告阿尼斯米尼克公司是在埃及经营矿山业的英国公司。1956年发生了苏伊士之乱后，由于种种情况不得不把公司卖掉。埃及的新政府机关TEOD作为当事人与阿尼斯米尼克公司签订了买卖契约，以很便宜的价格买下了该公司，并且契约书中写明了"将来进行在外财产补偿时，阿尼斯米尼克公司保留该请求权"。苏伊士运河战争后，埃及向英国政府支付了巨额赔偿。根据1950年议会制定的《在外财产补偿法》，并成立了对外财产补偿委员会，由它决定哪些人和公司有资格接受补偿。1950年《在外财产补偿法》第4条第4款

〔1〕 Chester v. Bateson, [1920] 1 K. B. 829, at 833 ~834.

〔2〕 National Assistance Board v. Wilkinson, [1952] 2 Q. B. 648.

〔3〕 National Assistance Board v. Wilkinson, [1952] 2 Q. B. 648, at 661.

〔4〕 Anisminic v. Foreign Compensation Commission, [1969] 2 A. C. 47.

明文规定，禁止向普通法院提起对对外补偿委员会所做决定的诉讼。阿尼斯米尼克公司提出的补偿要求被拒绝了，理由是尽管阿尼斯米尼克公司有英国国民资格，但它的事业继承人 TEOD 不具有英国国民资格。

案件最终上诉到了上议院，上议院认为，1950 年《在外财产补偿法》第 4 条第 4 款的规定中关于“委员会的决定不得在法院被起诉”不能解释为包含了委员会的一切决定，也就是说，该条款不应当被解释为包含意图成为但实际上没有成为决定的一切事情。有关条文规定了所有者或其权利继承人有资格请求补偿，但是在本案中，对外补偿委员会在考虑阿尼斯米尼克的事业继承人的国民资格时把原来的事业者排除在外是错误的。因为只有在事业继承人提出权利要求的情形下这才成为一个相关的问题，而在本案中，是原始所有者提出权利要求，在这个时候，并不存在任何继承人的资格问题，也不是该委员会被授权考虑的事情，因而委员会在考虑阿尼斯米尼克公司是否有继承资格时超出了其管辖权。委员会的决定既然超出了其管辖权，法院当然可以对其进行审查，此时法院的审查不在 1950 年《对外财产补偿法》第 4 条第 4 款的禁止范围，上议院最终裁决对外补偿委员会的决定无效。在本案中，原告阿尼斯米尼克公司因战争的确遭到了重大损失，而且它与埃及新政府机关所签订的契约中写明了保留将来获得补偿的请求权，如果法院严格遵守 1950 年《对外财产补偿法》的相关规定，势必给当事人的财产利益造成损害，在这种情况下，尽管议会立法对法院的管辖权作出了限制，法院通过法律解释，将“禁止对在外赔偿委员会所做决定提起诉讼”的法律规定解释了不包含委员会超出其管辖权的决定，因而绕开了议会立法的限制，实际上实施了对议会立法的审查，最终维护了当事人的合法利益。

第三节　法院对委任立法的审查

一、委任立法的内涵及其分类

（一）委任立法的内涵

委任立法在英国宪法与行政法中是一个比较复杂的概念，为了更好地认识它，我们可以把它与一些相关或相近的概念作一比较。

1. 单独一院的委任立法

在英国宪法中，行使立法权的议会是由三个部分组成的，即女王、上议院和下议院。从严格的议会主权原则来说，只有同时经过下议院、上议院通过并得到女王御准的法案才能成为议会法。随着英国宪法改革的深入，上议院的立法权力大大削弱，下议院逐渐成为最重要的和最主要的立法机构，根据1911年和1949年《议会法》的规定，法律可以不经过上议院的批准而通过，上议院对下议院通过的法案只有最长1年时间的延搁权。从这一意义上说，也可以把下议院根据1911年和1949年《议会法》所通过的法律称为委任立法，以区别于由下议院、上议院和女王三位一体的立法程序所通过的议会法，但是这种所谓的委任立法显然不是一般意义上的委任立法，它是不能被法院审查和撤销的。

2. 权力下放地区的委任立法

根据英国中央政府对苏格兰、威尔士和北爱尔兰的权力下放，苏格兰议会和北爱尔兰议会获得了基本立法的制定权，威尔士议会获得了次级立法的制定权。苏格兰议会的立法属于一种特殊形式的委任立法，基本上类似于政府的委任立法，但是英国法院不能撤销和废除它，最多只能依据1998年《人权法》作出其与《欧洲人权公约》不相容的宣告，宣告苏格兰议会立法无效的权力只能由英国议会来行使。而对于威尔士议会所制定的次级立法，英国法院可以行使审查权力，并宣告其无效。因此对于权力下放意义上的委任立法，英国法院是不能进行审查的。

3. 次级立法

次级立法不同于委任立法，它是与基本立法相对应的概念，按照 1998 年《人权法》第 21 条的规定，基本立法包括：（a）一般法；（b）地方法和个人法；（c）非公知法；（d）英格兰国教全国大会的法案；（e）英格兰国教公会议的法案；（f）枢密院令：（ⅰ）女王行使其王室特权制定的；（ⅱ）依据 1973 年《北爱尔兰宪法》第 38 条第（1）款（a）项或 1998 年《北爱尔兰法》的对应条款制定的；或（ⅲ）修改段落符号（a）、（b）、（c）中所提到的那种法律的以及包括依据基本立法制定的法令或其他文件（除了由威尔士国民议会，苏格兰行政机关的一个部门，北爱尔兰部长或北爱尔兰部门制定的），其作用是使那一立法的一项或多项条款生效或修改任何基本立法。次级立法包括：（a）除下列外的枢密院令：（ⅰ）女王行使其王室特权制定的；（ⅱ）根据 1973 年《北爱尔兰宪法》第 38 条第（1）款（a）项或 1998 年《北爱尔兰法》的对应条款制定的；或（ⅲ）修改基本法的定义中提到的那类法案的；（b）《苏格兰议会法》；（c）《北爱尔兰议会法》；（d）根据 1973 年《北爱尔兰议会法》第 1 条制定的《议会法案》；（e）《北爱尔兰立法会法》；（f）根据基本立法制定的命令、规则、条例、规划、授权令、地方性法规或其他文件（使那一立法的一项或多项条款生效或修改任何基本立法的上述文件除外）；（g）根据（b）、（c）、（d）或（e）项规定的法律或根据只适用北爱尔兰的枢密院令制定的命令、规则、条例、规划、授权令、地方性法规或其他文件；（h）由苏格兰行政院的官员，北爱尔兰部长或北爱尔兰部门以女王名义行使王室特权或其他行政职能而制定的命令、规则、条例、规划、授权令、地方性法规或其他文件。

可见，次级立法是除基本立法之外的不得与基本立法相抵触的所有法律、法规的总称，其范围与委任立法不同，既不能说次级立法是委任立法的一种形式，因为次级立法包括地方议会根据中央立法制定的不属于委任立法范围的实施细则；也不能说委任立法是次级立法的一种形式，因为苏格兰、北爱尔兰等中央权力下放地区的议会立法属于委任立法，不属于次级立法范围。

基于上述分析，本节中所指的委任立法大致等同于授权立法，是指议会授权政府部门制定的法律。

（二）委任立法的分类

委任立法的主要形式有三种：

（1）行政立法性文件。行政立法性文件是由中央政府部门制定的，具体来说，是由枢密院、部长以及经授权的其它机关制定的命令、条例、规则、规划等次级立法文件的总称。

（2）地方性法规。地方性法规是由地方当局、公共机构及国有化机构制定的。它必须经过中央政府的批准才能生效。

（3）枢密院令。枢密院令由相关的中央政府部门起草，经枢密院批准并由国王签署。在现代，枢密院令被作为一种授权立法的方式使用，用于实施议会制定法的授权。

需要指出的是，枢密院令是一种委任立法形式，在基本立法与次级立法的分类上它又属于次级立法，但是1998年《人权法》把部分枢密院令视为基本立法，之所以出现这种把基本立法与次级立法混同的现象，主要原因在于，英国政府考虑到如果不给予以枢密院令的形式颁布的成文法律文件以基本立法的地位，英国势必要承担更多的公约义务。

二、法院审查委任立法的理由

现代政府干预社会与经济生活的范围的不断发展使得议会

没有时间通过基本立法处理所有的事务，因此议会往往通过条例、行政立法性文件等形式把委任立法权力授予相关政府部门，而“这一机制代表了纯粹的立法机构立法与纯粹的行政机构立法之间的程序措施上的一种折衷办法”〔1〕。应当说，委任立法的形式解除了部长把相关法案提交到下议院并尽力使其顺利通过的负担，因而大受政府的欢迎。但是委任立法的大量通过和使用，也带来了一些负面问题，诸如超越法律的授权范围、不适当地限制公民自由，等等。早在18世纪，法官耶茨（Yates）在王国政府诉斯潘塞案〔2〕中就说过，“市政府不能制定违反宪法的地方性法规。如果它们这样做，它们就是在不合法行为”〔3〕。为了监督委任立法文件的使用，法院在切斯特诉贝特森案〔4〕中确立了一项基本原则，即行政立法性文件的种种条款要接受司法审查以保证它们不超出议会所授予的权限。具体而言，法院审查委任立法的理由主要有：

（一）越权

对委任立法的质疑可以通过两种方式提出：一是直接提出，例如向高等法院要求作出委任立法越权的宣告；二是间接提出，例如在附带诉讼中一个被指控不遵守条例或命令的人以该条例或命令不正当为由提出抗辩。

1. 超越授权法的授权范围

委任立法是依据授权而制定的，所有的委任立法都必须遵循在制定法或其它行政立法性文件中明示或暗示设定的种种限制。如果委任立法机关在授权给它的权力范围内立法，那么它

---

〔1〕 Ian Loveland, *Constitutional Law: A Critical Introduction*, Second edition, Butterworths, 2000, p. 123.

〔2〕 R. v. Spencer, [1776] 3 Burr.

〔3〕 R. v. Spencer, [1776] 3 Burr, at 1839.

〔4〕 Chester v. Bateson, [1920] 1 K. B. 829.

的行为就是合法的；反之，如果委任立法机构超出了这些限制，包含违宪的内容，法院就可以以越权为由质疑委任立法的效力。

在“酒店和饮食业训练委员会诉汽车专卖有限公司案”[1]中，原告酒店和饮食业训练委员会是由工业部长依据1964年《工业训练法》第1条第（1）款设立的，作为征收训练费用的回报，它要求成员俱乐部提供膳食和住处。俱乐部声称1966年《工业训练（酒店和印刷业）法令》越权。上议院裁决，根据1964年《工业训练法》第1条第（1）款的规定，“为了对人员的训练作出更好提供的目的……在任何工业或商业活动中部长可以发布命令具体指定那些活动和设立一个委员会以行使与授予工业训练委员会的职能有关的职能……”，成员俱乐部的活动并不是“工业和商业活动”，因此1964年《工业训练（酒店和印刷业）法令》意图扩大到俱乐部是超越了1964年《工业训练法》第1条第（1）款的限制范围，是越权无效的。

2. 程序上的越权

对于委任立法所遵循的程序，法院将其区分为命令性的程序要求和指导性的程序要求，违反不同的程序要求导致的后果是不同的。

委任立法如果没有符合命令性程序要求，会导致其无效的后果；如果只是没有符合指导性程序要求，由于这一要求并不是委任立法具有效力的先决条件，因此不会导致无效的后果。但是在司法实践中预言法院裁决一个特殊要求是命令性的还是指导性的往往并不容易，因此法院会根据案件的具体情况进行逐案的确定。

---

〔1〕 Hotel and Catering Industry Training Board v. Automobile Proprietary, Ltd [1969] 1 W. L. R. 697.

“农业、园艺、林业训练委员会诉艾尔斯伯里蘑菇协会案”[1] 是部长制定的命令因未能与相关机构协商而被判不适用的案例。按照1964年《工业训练法》第1条第（4）款的规定，部长在制定设立农业、园艺和林业训练委员会的命令之前有义务与相关组织进行协商，而蘑菇种植者协会就是这样的一个组织。部长把即时通知和计划表草案送达了包括全国农场主工会和蘑菇种植者协会在内的一些组织，但是未能收到协会的意见，于是部长的命令在1966年8月5日实施了。后来发现协会根本没有收到通信。法院裁决，部长没有与相关组织进行协商，而只是作出了协商的一种尝试，因此该命令不适用从事蘑菇种植的人。

由利物浦出租车队经营者协会起诉“王国政府诉利物浦市政委员会案”[2]则有所不同。在该案中，市政委员会安排了一次会议，对出租汽车执照的问题进行讨论，按照1960年《公共机构（许可进入会议）法》第1条的规定，该委员会有义务为公众提供合理的座位。该委员会提供了55个座位，官员占用了44个，此外还有40多个人想要参加会议，但由于座位的问题，未能得到座位的人无法参加会议。利物浦出租车经营者协会向法院提出调卷令要求宣告市政委员会在会议上所通过的决议无效。法院拒绝了。法院认为，如果出人意料的大量公众来到会议场所，导致了地方机构挑选的空间不够，那么就不能用调卷令撤销地方机构所作出的结论。地方机构在可利用空间的限度上已经合理地行为并使得委员会的事务令人满意地被实现。法院认为，委员会已经提供了合理的空间并且排除过多的人出席

[1] Agricultural, Horticultural and Forestry Training Board v. Aylesbury Mushrooms, [1972] 1 W. L. R. 190.

[2] R. v. Liverpool City Council, ex parte Liverpool Taxi Fleet Operators Association [1975] 1 W. L. R. 701.

会议的理由是合理的，而给出排除理由的要求是指导性而不是命令性的，因此即使地方机构没有说明排除理由，它所作出的结论也不会自动无效。首席法官威杰里勋爵（Lord Widgery）明确指出："我认为人们必须在显然是命令性的或强制性的法律规定与那些仅仅是指导性的法律规定之间作出区分。在我看来，在决议中应当说明理由的要求是一个纯粹指导性的要求。结果就是决议并不由于未能在它的措辞中说明理由就自动成为一个无效的东西。它继续有效除非和直到被这个法院取消，并且它不会被这个法院取消除非在下述理由上存在着取消它的充分理由，即某个人由于那种不正当行为的后果已经遭受了一种严重的损害。"〔1〕

一般来说，公共机构与受影响的当事人进行协商的义务被裁决是命令性的，而关于公布和提供法律文本的要求被裁决是指导性的。在由大都市官方协会起诉的"王国政府诉社会福利大臣案"〔2〕中，按照1982年《社会福利与住宅福利法》的规定，部长有权力制定关于住宅福利的条例，但是在制定条例之前他必须代表可能受影响的住宅组织的那些组织进行协商，并且要向他所征求意见的人提供表达意见的合理时间以及与所提议制定的条例的主题有关的合理信息。大都市官方协会就是那样的组织，社会福利大臣打算与它协商，因此在1982年11月22日向它发信请求它给出意见，并要求它在11月30日之前作出回复。该部门没有给予该协会更多的时间考虑其态度。随后该部门对条例草案作出进一步修改，但是没有向大都市官方协会提供修正案草案的副本。大都市官方协会于是向法院申请撤

〔1〕 R. v. Liverpool City Council, ex parte Liverpool Taxi Fleet Operators Association, [1975] 1 W. L. R. 701, at 706.

〔2〕 R. v. Secretary of State for Social Services, ex parte Association of Metropolitan of Authorities, [1986] 1 W. L. R. 1.

销部长制定的条例。法院裁决，法院将发布社会福利大臣未能协商的宣告，但是条例不会被撤销，因为大都市官方协会的主要控诉实际上不是说未能就条例的内容进行协商，因为不管怎样双方已经就条例的内容进行了一段时间。协商义务要求大臣作出一种诚恳的忠告请求，并且具有接收那一忠告的诚恳渴望。被征求意见的机构在形成答案的范围内获得了合理的时间，并且也被给予了所有相关的信息。在本案中，关键的问题是有关部门是否与受影响的当事人进行了充分的协商，对此，法官木韦伯斯特（Webster）对协商要求的范围作出了说明，他说："从判例中提炼不出关于在委任立法能够被合法地制定之前要求什么类型或数量的协商或哪种协商是先决条件的任何普遍原则。在任何背景中，协商的实质就是一种给出建议的真诚邀请与那一建议的一种真诚接受的交流。在我看来，为了达到协商，充分的信息必须被协商方提供给被协商的当事人以便能够温柔地对待有益的建议一定是不言而喻的。充足的时间必须由协商方给予被协商当事人以便使得它这样做，并且对于被协商方所考虑的上述建议来说，充足的时间必须是可获得的。在那一背景中，充分性并不意味着大量的时间，但至少足以使得有关意图能够被实现。在这一背景中，通过有益的建议，我的意思是关于建议的形式或实质的各个方面的足够消息灵通的和深思熟虑的信息或建议，或它们对于被协商的当事人的含义，对于建议的完成是重要的方面，这一建议是关于国务大臣可能没有完全被告知或被建议的以及关于被协商的当事人可能有相关的信息或建议要提供的"[1]。

（二）不确定性

不确定性是指委任立法的条款所使用的语言不确定，致使

---

〔1〕 R. v. Secretary of State for Social Services, ex parte Association of Metropolitan of Authorities, [1986] 1 W. L. R. 1, at 4.

相关的当事人无法确定条款的含义和适用范围。法院可以因委任立法的不确定性而予以撤销。

在斯塔登诉塔江伊案[1]中，一个区委员会制定了关于一个游乐场的地方性法规，该法规规定："一个人不应当在游乐场中……起飞，驾驶或着陆任何总重量超过4公斤的，不管是有人驾驶的还是无人驾驶的滑翔机……"被告在游乐场上空驾驶了一架悬挂式滑翔机并被指控违反了该地方性法规。法院认为，该地方性法规没有表明一个驾驶悬挂式滑翔机的人如何违反了地方性法规；一个适当的和有效的地方性法规必须规定飞行的某一最低高度。法院认为，任何在其他方面进行合法的悬挂式滑翔飞行的人必须以合理的确定性知道他什么时候违反了法律以及他什么时候没有违反法律，地方性法规要有效就必须设定比滑翔机一定不可以飞行的高度更低的某种标准。法院最终裁决该地方性法规因不确定而无效。

（三）不合理性

克鲁泽诉约翰逊案[2]对地方性法规背景中的"不合理性"含义作出了经典的解释，尽管该定义是针对地方性法规的，但是它同样适用于法院对一般委任立法的不合理性的界定。在该案中，郡委员会制定了一个地方性法规，禁止任何人在任何警察、同住者、他（她）的仆人要求停止后，在任何住宅的50码范围内的任何公共场所或公路中演奏音乐或唱歌。当事人因违反该地方性法规被定罪，法院裁决该地方性法规有效。首席法官拉塞尔勋爵（Lord Rusell）指出，地方当局的地方性法规如果是合理的并且"仁慈地"被解释，应当得到支持，但是如果是不合理的就可以被撤销："但是不合理是什么意思呢？如果，例

---

〔1〕 Staden v. Tarjanyi, ［1980］78 L. G. R. 614.

〔2〕 Kruse v. Johnson, ［1898］2 Q. B. 91.

如，它们被发现它们在不同种类之间的运作中是偏袒的和不公正的；如果它们明显是不公正的；如果它们暴露出具有蒙蔽和误导的意图；如果它们牵涉到对那些受制于地方性法规的人的权利的那种暴虐的或无端的干涉，而这种干涉在有理性的人的头脑里是不可能找到正当理由的，法院可以有理由地说，‘议会从来没有打算赋予制定那样的规则的权力；它们是不合理的和越权的’……仅仅因为挑剔的法官可能认为地方性法规超出了审慎的或必要的或合宜的范围，或因为它没有伴有某些法官可能认为应当存在的一种限定性条件或例外，在上述情形下，地方性法规并不是不合理的”[1]。

当事人以委任立法不合理性为由提起的质疑，成功的案例很少。在“梅纳德诉奥斯蒙德案”[2]中，梅纳德以1965年《警察（惩戒）条例》不允许警官在惩戒程序中进行法律代理为由对该条例提出质疑。尽管上诉法院并没有否定下级法院受理上述质疑的管辖权，但是在法律依据上驳回了梅纳德的上诉请求，裁决1965年《警察（惩戒）条例》明确允许在其它情形中不被允许的某些情况下的法律代理，并且程序是适当的和合理的，没有违反任何自然公正原则。

在由诺丁汉郡委员会起诉“王国政府诉环境大臣案”[3]中，国务大臣给予了各地方机构关于开销的指导，诺丁汉郡委员会认为受到了不公正的区别对待，因为它们被认为是开销过多的委员会。该委员会认为，在高开销与低开销之间作出区分是不合法的，它尤其以国务大臣所发布的指导不合理为由提出了质疑。上议院裁决国务大臣发布的指导是合法的和适当的。国务

〔1〕 Kruse v. Johnson, [1898] 2 Q. B. 91, at 99 ~ 100.

〔2〕 Maynard v. Osmond, [1977] Q. B. 240.

〔3〕 R. v. Secretary of State for the Environment, ex parte Nottinghamshire County Council [1986] A. C. 240.

大臣有必要坚持前后一致的原则，但是那些原则本身可以恰当地包含在高开销与低开销的地方机构之间作出区分的内容。对于是否能够以不合理性为由质疑该指导的问题，上议院法官斯卡曼勋爵（Lord Scarman）说："我不能接受对法院来说，保留在非常例外的情形中，以'不合理性'为由进行干预以撤销由国务大臣和下议院批准的必要暗示所制定的指导在宪法上是适当的"[1]。因此在本案中，以不合理性为由提出的这一质疑在法律依据上遭到了失败。

由于一些委任立法诸如地方性法规需要得到议会的批准才能生效，因而有一种观点认为，委任立法获得了类似于议会制定法的免受司法控制的豁免权。对此，法官诺思（North）在史密斯诉威灵顿市案[2]指出："条例要在议会面前被制定的要求并没有限制法院检查条例和在一种恰当的情况中裁决它们整体或部分无效的权力……我认为最可以说的就是条例必须在议会面前被制定的要求证明了法院要求条例得到服从的正当性。"[3]

在由曼叙拉·贝格姆起诉的"王国政府诉移民上诉裁判所案"[4]中，依据1971年《移民法》第3条制定的"移民规则"中的一个条款被法院裁决是不合理的和越权无效的。法院认为，这些"移民规则"仅仅是行政常规规则，不是法律规则也不是委任规则，它们要受制于议会的否定性决议程序，不作为行政立法性文件被公布，但它们在某种程度上具有法定效力，因而要受制于法院的审查。

在司法实践中，除了议会制定法，议会的批准并不能使得

---

〔1〕 R. v. Secretary of State for the Environment, ex parte Nottinghamshire County Council [1986] A. C. 240, at 247.

〔2〕 Smith v. Wellington City (No. 2), [1968] N. Z. L. R. 730.

〔3〕 Smith v. Wellington City (No. 2), [1968] N. Z. L. R. 730, at 734.

〔4〕 R. v. Immigration Appeal Tribunal, ex parte Manshoora Begum [1986] Imm. A. R. 385.

委任立法免受以越权原理其他方面为由提出的质疑。在由斯梅德利起诉“王国政府诉财政经济大臣案”[1]中，1984年11月财政部在议会两院上提出了一个枢密院令草案，斯梅德利作为英国的一名纳税人和选民，以该草案中的某些内容越权为由申请对其进行司法审查，高等法院驳回了其申请。尽管上诉法院驳回了斯梅德利为此提出的上诉，但是上诉法院认为，如果一项枢密院令草案要被议会批准，法院有权力检查可能出现的法律问题。尽管议会在其制定议会法律的自由上完全独立于法院，但是诸如枢密院令的次级立法要受制于一定程度的司法控制，因为抑制特殊的例子不被制定法或普通法所批准并因此在法院的管辖权范围内没有法律效力。在本案中，尽管以草案条款的形式出现的枢密院还没有被制定或可能被制定，如果议会要批准草案那么法院考虑将出现的法律问题是恰当的，并且那样的考虑不会涉及对议会职能的篡夺或侵占。

在法院审查委任立法的司法实践中，法院的态度是，不管委任立法是否被议会两院批准，都要受制于以不合理性为由的质疑，例如在由哈默史密斯和富勒姆伦敦自治委员会起诉的“王国政府诉环境大臣案”[2]中，上议院认可了不合理性的审查理由包括自由裁量的行使阻挠了制定法的政策、法律上相关的种种考虑被忽视或不相关的种种考虑被考虑、存在着蒙蔽和误导之意图、不适当动机或明显的荒谬等要求。相对于公共事业公司制定的地方性法规，法院对选举出来的公共机构所制定的地方性法规适用合理性标准要低一些。

---

〔1〕 R. v. Economic Secretary to the Treasury, ex parte Smedley [1985] Q. B. 657.

〔2〕 R. v. Secretary of State for the Environment, ex parte Hammersmith and Fulham London Borough Council [1991] 1 A. C. 521.

（四）与上位法相抵触

委任立法与议会法相比属于次级立法，因而不得与授权性的议会法相抵触，否则无效。在1998年《人权法》生效之后，法院还可以以委任立法与《欧洲人权公约》的权利不相容为由发布委任立法与《欧洲人权公约》不相容的宣告。《人权法》第4条规定："……（3）第（4）款适用于法院根据基本立法授权认定次级立法的条款是否与公约权利一致的任何诉讼。第（4）款如果法院确认：（a）条款与公约不相容，和（b）（不考虑任何废除的可能）有关基本法不禁止不相容的存在。即可发表不相容的宣告……"因此，法院获得了发布委任立法与公约权利不相容的权力。

第六章　1998 年《人权法》与违宪审查

第一节　1998 年《人权法》的背景及相关内容

《人权法》在 1998 年 11 月 9 日被英国议会通过，这是英国中央政府权力下放和上议院改革这一总体宪法改革计划中的重大组成部分。该法律从 1998 年通过到 2000 年生效之间经过了两年的时间，以便让法官和公共机构接受与《人权法》有关的培训，从中可以看出这一法律的重要性。甚至可以说，1998 年《人权法》是英国工党政府自 1997 年执政以来所推行的最激进变化。它使得《欧洲人权公约》所规定的人权能够首次被英国的国内法院直接实施，这不仅允许英国国内法院以先前不可能的方式引用欧洲人权法律体系的判例法来保护公民的人权，而且将根本改变公民个体与国家之间的关系，以及重新界定法院、行政机关与议会之间的权力平衡。

尽管英国帮助起草了《欧洲人权公约》并成为该公约的签字国之一，但是英国政府一直不愿意把该公约纳入英国国内法律。由于《欧洲人权公约》没有被纳入英国国内法律体系，英国公民不能在国内法院中依据公约保护自己的权利。在其它欧洲国家，公民可以在国内法院中寻求公约的保护，对英国公民来说，他们只能向欧洲人权委员会和欧洲人权法院提起申诉。

从反对把《欧洲人权公约》纳入英国国内法律到英国工党政府积极推行制定《人权法》，反映了英国政府和公众在人权观念上的一种重大转变。

一、英国反对吸收《欧洲人权公约》的主要原因

（一）对议会主权原则的遵从

议会主权是英国宪法的基本原则，依据这一原则，议会在英国政治和法律生活中享有最高地位，它可以就任何事项进行立法而不受约束，法院不得对议会立法进行审查，更不能撤销或废除议会立法。英国政府认为，如果把《欧洲人权公约》吸收到英国国内法律体系当中，要求英国承认公约所规定的人权，承担保护人权的国际义务，这会影响议会在权利保护事务上的至上地位，危及议会主权。而且，由于吸收《欧洲人权公约》使得法院服从欧洲人权法律体系，会使得英国普通法受制于未经民选的法官依据外国的法律传统所实施的监督，从而赋予法官过大的权力。例如英国学者尼古拉斯·莱尔（Nicholas Lyell）认为，他对在英国把公约具体化持保留意见是因为，“除非小心谨慎地被处理，否则它会证明是根本反民主的；它不可避免地会导致权力从行政机关和立法机构到司法机关的重大转移。因而会发生现实的危险，公约纳入我们的法律会使得司法机关进一步侵入政治场所”[1]。

（二）公民权利与自由的传统保护观念的强大影响

前已述及，英国人对自由的传统态度是“法无禁止即自由”，自由不过是在所有的法律禁止被遵守后所剩余下来的东西，而且英国不太注重用制定法全面规范和保护公民的权利与自由，司法对人权的保护在英国一直是主流。不论是以戴雪为代表的学者，还是英国官方，普遍认为英国的法律体系足以保护公民的权利与自由，普通法比其它国家的成文法对公民权利

---

〔1〕 Nicholas Lyell, “Whither Strasbourg? Why Britain Should Think Long and Hard before Incorporating European Convention on Human Rights”, *European Human Rights Law Review*, 2 (1997), p. 136.

与自由的保护更为有力，英国不需要借助于欧洲人权法律体系来保护本国公民的权利与自由。英国前首相约翰·梅杰就说过："我们不需要权利法案因为我们有自由。"这样的态度体现了英国保守党政府在公民权利与自由问题上的一种自满与偏狭，它一直是1998年《人权法》之前英国官方的正统观念。

二、制定1998年《人权法》的推动力

（一）欧洲人权法院不利于英国政府的判决的巨大压力

英国保护公民权利与自由的传统方式一方面可以为公民权利与自由的保护提供更切实的保护，但另一方面也产生了种种不利后果。这些不利后果主要表现在：

第一，由于缺乏制定法的全面规范与保护，法院以自由裁量的方式对个人权利予以定义并强行实施可能造成司法对公民权利与自由的强制干预，在某些情况下使得公民所享有的广泛自由变成了在法律禁止的间隙中所剩无几的"残余自由"。在普通法的发展过程中，由于种种因素，法院对公民权利与自由保护不力的情况并不鲜见。例如在马龙诉大都市警察局局长案〔1〕中，针对原告提出的内政大臣没有权限允许对他的电话进行窃听的主张，副大法官梅加里（Megarry）认为，没有法律规定政府进行窃听是违法的，"如果电话窃听在不违反任何法律的情况下是可以被实行的，那么就不需要制定法或者是普通法的授权；窃听能够合法地被实行仅仅是因为不存在使得它不合法的事情"〔2〕。按照梅加里（Megarry）的意见，"法无禁止即自由"这一保护公民权利与自由的传统公式转化为政府可以自由行使任何没有被法律禁止的事情，这对公民权利与自由的保护是相当不力的。该案后来提交到欧洲人权法院，后者判决英国败诉。

---

〔1〕 Malone v. Metropolitan Police Commissioner, [1979] 2 Ch. 344.

〔2〕 Malone v. Metropolitan Police Commissioner, [1979] 2 Ch. 344, at 381.

该判决影响很大，以致英国在 1985 年制定了《通讯窃听法》，规定了窃听等行为在一定的限制下是犯罪。

第二，英国传统意义上的权利与自由保护并没有给予公民针对公共机构，包括议会、行政机关和法院，损害公民基本权利的行为的特别保护，因此当上述机构对公民的人权造成侵害时，英国公民很难通过普通法救济维护自己的权利。英国既已批准《欧洲人权公约》，本应当受到国际法的约束，尊重其相应的国际义务，因此如果发生违反公约的行为，英国应当修改法律和常规做法以便使得它们与公约相一致。在现代，历史与现实已经证明，强大的行政与立法活动足以能够践踏基本人权，并非所有的议会立法和行政机关的重大行为都能与《欧洲人权公约》相一致。当英国国内法明显与《欧洲人权公约》相冲突时，按照议会主权原则，议会立法具有最高法律效力，法院必须尊重和适用国内立法。尽管在某些有限的情况下，法院也考虑公约的相关规定，但是法院并无权力直接实施公约权利，这样一来，当英国立法机构或行政机构的行为对公民的人权造成侵犯时，公民无法在国内法院寻求救济。由于上述原因，公民在国内法院提起的主张公约权利受到侵犯的诉讼往往很难成功。这就导致了一种反常现象，即英国公民可以向位于斯特拉斯堡的欧洲人权委员会和欧洲人权法院申诉，但却无法在国内法院寻求公约权利的救济。

1966 年，英国赋予了本国公民向欧洲人权委员会和欧洲人权法院寻求救济的权利，公民认为自己的公约权利受到侵犯可以采取上述手段。但是，这一救济手段代价高昂，不仅诉讼时间长，而且费用昂贵。一般说来，从第一次申请开始到最后欧洲法院作出裁决，时间往往不短于 6 年，很多时候甚至要花费 9 年的时间，而且诉讼成本平均要花费 30 000 英镑，甚至有时候要 70 000 英镑。漫长的时间和高昂的开销阻止了大多数公民向欧洲人权委员会和欧洲人权法院寻求救济，往往只有最坚决的个人和那些得到特殊利益团体支持的人才有可能走这一司法途径。

但是，尽管存在上述障碍，还是有很多公民在自身权利受到侵犯时选择向欧洲法院申诉，而在这些案件中，许多都涉及英国政府在行使行政自由裁量过程中对公约的严重违反。根据统计，〔1〕在1995年，欧洲法院受理英国公民提起的针对英国政府的案件的数量增长了50%；在1995年底，有17个针对当时英国政府的案件在欧洲人权法院等待裁决；在1995年底，有10个针对英国政府的案件被裁决，其中欧洲人权法院裁决英国政府违反公约的案件有6个；依据公约被准许针对英国的异议有300多个；英国政府在超过40个的案件中被裁决违反公约——除了英国政府已经调整其立场作出了解决的案件；自1979年以来，在上述案件的大约75%的案件中，欧洲人权法院作出了不利于英国政府的裁决。在这些不利裁决中，2/3涉及基本立法或次级立法。在1998年《人权法》实施之前，欧洲人权法院所作出的英国政府违反公约的判决的次数，除了意大利，比其他欧盟国家都要多。

欧洲人权法院所作出的不利判决严重削弱了英国官方关于英国公民的权利保护记录是首屈一指的这一自大的看法，正如工党下议院议员保罗·博月泰（Paul Boateng）和杰克·斯特劳（Jack Straw）所指出的，“这一记录不利于英国议会、政府或法院的声望。它影响了联合王国在人权上的国际地位，同时也削弱了个体的联合王国公民的地位”〔2〕。在这种情况下，英国国

〔1〕 Paul Boateng and Jack Straw, “Bringing Rights Home: Labour's Plan to Incorporate The European Convention on Human Rights into The UK Law”, *European Human Rights Law Review*, 1 (1997), p. 74.

〔2〕 Paul Boateng and Jack Straw.

内支持把《欧洲人权公约》吸收到国内法当中的呼声越来越高。

（二）工党、法官和社会公众对吸收公约运动的推动

从《欧洲人权公约》制定后到20世纪70年代，整个英国社会，包括保守党和工党政府，普遍反对把公约具体化。但是从20世纪70年代开始，一些对权利法案持激进态度的个人和组织开始倡议把《欧洲人权公约》纳入英国法律体系，制定英国的权利法案，一些下议院议员也试图说服议会通过适当的立法。例如安东尼·莱斯特（Anthony Lester）在70年代在一次名为《民主与个体权利》的演讲中就提出要把公约纳入英国法律体系，并致力于从事上述运动，但是正如他所承认的，他“低估了在统治阶级、部长和公务员当中的反对意见的力量”〔1〕，直到20世纪末这一体制才得以建立。

20世纪80年代，由于保守党政府的专横性格，刺激了公约具体化运动的发展，吸引了越来越多的资深法官和一些著名的公众人物加入这一运动。在这一过程中，对是否把公约具体化的问题产生了三种观点。第一种观点提出，直接把公约具体化。〔2〕第二种观点也主张把公约具体化，但不是直接吸收，而是制定英国特有的《权利法案》。这一权利法案将吸收国际人权文件的规定，但又不局限于这些文件。〔3〕第三种观点反对把公约具体化，理由是英国的法律已经充分保护了人权，或者通过改进立法能够达到对人权的最好保护，或者担心那样的权利法

〔1〕 Anthony Lester, “The Human Rights Act 1998 – Five Years on”, *European Humman Rights Law Review*, 2004, 3, 258 ~ 271, p. 258.

〔2〕 See Lord Bingham of Cornhill C. J., “The European Convention on Human Rights: Time to Incorporate”, in Gordon & Wilmot – Smith, eds., *Human Rights in the United Kingdom*, Clarendon Press, 1996, pp. 1 ~ 11.

〔3〕 See J. Wadham, “Why Incorporation of the European Convention on Human Rights is Not Enough”, in Gordon & Wilmot – Smith, eds., *Human Rights in the United Kingdom*, Clarendon Press, 1996, pp. 25 ~ 36.

案将以牺牲议会主权为代价赋予法官太大的权力。[1]

自1979年以来工党一直处在在野党的局面促使它致力于政策更新。在公约具体化问题上，工党注意到了公约在英国政治和法律生活中的重大影响以及欧洲人权法院不利于英国政府的判决的巨大压力，开始把公约具体化的问题纳入自身政策。1993年3月，在由宪法改革组织即宪章88发起的一次演讲中，当时的工党领袖约翰·史密斯（John Smith）正式认可了公约的具体化提议，把它作为朝着制定一个有英国特色的《权利法案》发展的第一个适当的步骤。1993年9月，工党发表了《民主新议程：工党的宪法改革建议》，再次声明工党关于公约具体化的种种提议。1994年，工党下议院议员格雷厄姆·艾伦（Graham Allan）和上议院议员、自由民主党的莱斯特勋爵（Lord Lester）都尝试在议会中提出把公约具体化，但未能成功。1994年担任工党领袖的托尼·布莱尔在1995年工党的年度会议上重申了工党所作出的把公约具体化的承诺，并于1996年2月7日在纪念前工党领袖约翰·史密斯（John Smith）的演讲中再一次重申了工党的计划。1996年12月，下议院议员保罗·博月泰（Paul Boateng）和杰克·斯特劳（Jack Straw）发表了一份咨询文件《把权利带回家：把〈欧洲人权公约〉吸收到联合王国法律中的工党计划》，工党在1997年5月大选胜利后在女王致辞中又重复了这一保证。工党执政后，1998年《人权法》最终得以制定。

三、制定1998年《人权法》的根本目的和主要意图

制定《人权法》的根本目的，正如《人权法》序言中所指出的，“在于进一步加强《欧洲人权公约》保护的权利与自由的

---

〔1〕 See K. D. Ewing & C. A. Gearty, *Freedom Under Thatcher: Civil Liberties in Modern Britain*, Clarendon Press, 1990, pp. 262 ~275.

效力”。具体来说，政府以及那些建议制定该法案的人，支持通过《人权法》吸收《欧洲人权公约》的人，认为该法案的制定有三个广泛的意图：

第一，“把权利带回家”以便“允许英国人民通过联合王国的普通法院和裁判所主张拥有和实施他们依据《欧洲人权公约》享有的种种权利”[1]。

第二，“增进我们整个社会的人权问题意识”[2]，或者称为创设一种尊重人权的文化，正如欧文勋爵在《人权法》通过上议院时所指出的，“我们的法院将发展整个社会的人权。一种人权意识文化将发展出来”[3]。

第三，“吸收《欧洲人权公约》的首要目的就是使得个体能够利用联合王国法院防止和纠正公共权力的滥用。”[4]

四、1998 年《人权法》的性质

1998 年《人权法》是一部宪法性法律。有学者认为，它只是一个普通法律，例如安·莱昂（Ann Lyon）认为，“《人权法》，像《王位继承法》一样，是一个以通常形式被起草的议会法律，并且在严格的法律意义上它像任何其它法律那样是能够废除或修改的”[5]。的确，由于英国没有成文宪法典，议会通过的所有法律在效力上具有同等地位，因此从理论上说《人权法》可以被现任的议会或将来的议会所修改或废除，然而，判

---

〔1〕 Paul Boateng and Jack Straw, *European Human Rights Law Review*, 1 (1997), p. 78.

〔2〕 Ibid., p. 80.

〔3〕 Hansard, HL Vol. 582, col. 1228 (November 3, 1997), see: http://www.publications.parliament.uk/pa/ld199798/ldhansard/vo971103/text/71103 - 03. htm.，访问日期为：2007 年 10 月 20 日。

〔4〕 Paul Boateng and Jack Straw, p. 76.

〔5〕 Ann Lyon, *Constitutional History of the UK*, Cavendish Publishing Limited, 2003, p. 455.

例和多数学者把它看做是宪法性法律，并承认它具有特殊的宪法地位和效力。

首先，《人权法》的宪法性法律的地位，已经得到了法院判例的承认。例如，上议院法官伍尔夫勋爵（Lord Woolf）在“王国政府诉奥芬案”中指出：“……重要的是承认1998年法律是把公约的相关条款引入国内法律的一个宪法性文件”[1]。上议院法官斯泰恩勋爵（Lord Steyn）也指出：“1998年《人权法》是一个宪法性措施是普遍共识。”[2] 后来上议院的法官劳斯（Laws）在审理四个合并的上诉案件中明确提出在“宪法性法律”与“普通法律”之间作出区分，认为宪法性法律是这样一种法律：“（a）以某种普遍的，包罗万象的方式，决定公民与国家之间的法律关系，或（b）扩大或缩减我们现在将视为基本宪法权利的那些权利的范围”[3]。应用上述标准，Laws认为1998年《人权法》就是这样一种宪法性法律。

其次，许多学者和政府官员也对《人权法》的宪法性法律地位表示了认同，认为除非议会作出明确的表示，否则不能轻易被废除，并且它对权利的宣示与保护优于其它与之不相容的立法。例如，议会人权联合委员会的成员莱斯特勋爵（Lord Lester）不止一次表示，“（《人权法》和权力下放立法）是具有更高法律位阶的宪法性法律；与1972年《欧洲共同体法》一样，它们要被看做是基本法律除非和直到将来的一个议会不同

---

〔1〕 R. v. Offen, [2001] 1 W. L. R. 253, at 275.

〔2〕 McCartan Turkington Breen v. Times Newspapers, [2001] 2 A. C. 277, at 297.

〔3〕 Hunt v. Hackney London Borough Council; Thoburn v. City of Sunderland; Harman v. Cornwall County Council; and Collins v. Sutton London Borough Council, [2003] Q. B. 151, at 186.

样地明确作出了决定"[1]，"尽管《人权法》尊重议会的立法至上，但是它不是普通的法律……在缺乏与此相反的一种清晰的和明确的立法意图的情况下，它所宣告和保护的权利必须，在可能的情况下，像胜过现行立法那样胜过将来潜在的或明显的不相容立法"[2]。

第二节　1998年《人权法》所确立的违宪审查制度

1998年《人权法》的制定是英国宪法史上最重大的改革之一，该法案最重要的成果就是赋予了法院审查议会立法并作出其与公约权利不相容宣告的权力，这在英国宪法史上是前所未有的。然而，这一成果是通过《人权法》这一议会所制定的基本立法实现的。由于英国没有成文宪法典，《人权法》本身并没有获得凌驾于其它议会法律之上的超然地位，按照议会至上原理，议会随时可以废除《人权法》，从而废止《人权法》确立的违宪审查制度，那么，如何保证《人权法》的宪法地位以及它所确立的违宪审查制度呢？

在《人权法》的制定和通过过程中，立法者参考了民主国家保证权利法案的方式，这些方式主要有四种：第一种，由司法机关保证权利法案，赋予法院撤销未能遵守权利法案的立法的权力，例如美国和德国。第二种，由司法机关保证权利法案，但要受制于立法机构。例如在加拿大，法院能够宣告立法因违反《权利宪章》而无效，但是立法机构可以明确表明上述立法

〔1〕 Lord Lester of Herne Hill, "Developing Constitutional Principles of Public Law", *Public Law*, 2001, Winter, pp. 688 ~689.

〔2〕 Anthony Lester, "The Human Rights Act 1998 – Five Years on", *European Human Rights Law Review*, 2004, 3, 258 ~271, p. 260.

可以维持其效力，尽管它与《权利宪章》不相容。第三种，法院没有宣告议会立法无效的权力。例如在新西兰，法院只能依照权利法案解释立法，不享有宣告与权利法案不相容的立法无效的权力。第四种，混合保证方式。在这几种方式中，选择第一种方式将涉及对英国宪法体制的重大修改，是对议会主权原则的彻底颠覆，不符合英国的宪法传统与习惯，因而没有被采纳。立法者倾向于加拿大或新西兰的方式，最终《人权法》采用了比较接近新西兰的混合保证方式。由于议会没有对《人权法》的宪法地位作出保证，因此从技术上说该法案是能够在整体上被后来的制定法废除的。然而，考虑到这样做会导致巨大的政治成本，任何议会都不太可能试图这样做。《人权法》最终采取的这种混合保证方式所确立的违宪审查制度的具体内容包括：

一、法院获得了审查议会立法的法定权力

1998 年《人权法》第 3 条第（1）款规定："如有可能，基本立法和次级立法必须以一种与公约权利相一致的方式被解释和赋予效力。"第 4 条第（2）款规定："如果法院认定条款与公约权利不相容，可以发布不相容宣告。"从上述规定可以看出，《人权法》赋予了法院对议会立法的审查权。在 1998 年《人权法》生效之前，根据议会主权原则，议会立法只能由议会审查，或者通过相关委员会进行立法前审查，或者通过法律委员会进行立法后审查。尽管法院通过法律解释技术在某些情形下变相地实现了对议会立法的审查，但是在议会主权原则下法院从来没有获得审查议会法律的法定权力。1998 年《人权法》则赋予了法院这一法定权力。

按照上述规定，法院可以审查基本立法和次级立法是否与公约权利相一致。如果法院发现不能与公约权利相一致地解释基本立法时，法院可以作出基本立法与公约权利不相容的宣告。

如果法院发现次级立法与公约权利不相容，有两种情形：其一，如果据以制定次级立法的基本立法被法院解释为使得次级立法与公约权利相一致，而法院发现该次级立法实际上与公约权利不相容时，法院可以依据调卷令撤销该次级立法，理由是它超出了基本立法所授予的权力的范围。其二，如果据以制定次级立法的基本立法本身被解释为是与公约权利不相容的，那么它们都可以被法院宣告为与公约权利不相容。

至于哪些法院能够审查议会立法并宣告其与公约权利不相容，根据1998 年《人权法》第 4 条第（5）款的规定，包括（a）上议院；（b）枢密院司法委员会；（c）军事法院的上诉法院；（d）苏格兰高等刑事法院；（e）英格兰、威尔士和北爱尔兰的高等法院或上诉法院。

需要指出的是，法院既是审查议会立法的主体，同时它也承担以与公约权利相一致的方式行为的法定义务。1998 年《人权法》第 6 条第（1）款规定："公共机构以一种与公约权利不相容的方式行为是非法的。"而第 6 条第（3）款（a）项规定法院或法庭包括在公共机构范围内，因此法院必须保证它所作出的每一个判决遵守《欧洲人权公约》。

法院获得上述权力本身并不是目的，法院审查议会立法是否与公约权利相一致的终极目的是保护公民的人权，正如法官西蒙·布朗（Simon Brown）所说的，"法院在《人权法》下的角色是人权的守护者。它不能放弃这一责任"[1]。《人权法》要求法院在诉讼过程中不管诉讼是否针对公共机构，都必须考虑公民的公约权利。同样地，法院按照《人权法》解释立法和发展法律归根到底也是为了维护人权。

---

〔1〕 R.（on the application of International Transport Roth Gmbh）v. Secretary of State for the Home Department, [2003] Q. B. 728, at 746.

二、法院对议会立法所作出的不相容宣告不影响其效力

《人权法》第4条第（6）款规定："本条中的宣告（不相容宣告）（a）不影响对其作出声明的条款的效力、继续适用或执行；和（b）不拘束作出声明的诉讼所涉及的当事人。"不管是基本立法还是依据基本立法制定的次级立法，在它们被法院宣告为与公约权利不相容后，仍然是有效的和可以实施的。法院作出不相容宣告的议会立法由议会作出修改或部长通过命令修改以消除这种不相容性，而不是由法院予以撤销。工党政府在制定1998年《人权法》之前所发表的白皮书《把权利带回家》中阐明了它的下述观点，即如果一部制定法被宣告为不相容，它会期望议会迅速地采取行动对法律进行修改，并且为了达到这一目的，《人权法》将制定一种快速的议会修改程序的规定，通过这种程序，负责法案的部长如果认为必要，可以通过纠正令的使用寻求一种快速的修改。《人权法》第10条规定，在法院作出不相容宣告后，部长如果认为有必要，可以通过命令修改基本立法和次级立法以消除这种不相容性。但是，部长的修改并非法定义务。另外，《人权法》第6条第（1）款规定："公共机构实施与公约权利不相容的行为是非法的"，第6条第（3）款规定，议会被排除在"公共机构"范围之外，而且《人权法》没有认可《欧洲人权公约》第13条即获得针对侵害行为的有效救济的权利。

对于《人权法》的上述设计，激进的人权法学家感到很沮丧，认为不相容宣告不过是议会削弱公约权利在国内法中的影响的一种花招，是一只纸老虎，就像英国学者戴维·博纳（David Bonner）等人所说的，"不相容宣告仅仅是一种更为形式的、

戏剧性的和公众的对某种要被做的事情的需要"[1]。在某种程度上的确是这样，这一新颖的救济手段并不具有直接的法律影响，英国学者 C. A. 吉尔蒂（C. A. Gearty）指出："它相当于只不过是对针对行政和立法部门的行动的一种呼吁，其影响是如果什么都不做，就会产生一种含蓄的威胁即导致后来一种不利的斯特拉斯堡的裁决"[2]。

从法院作出的不相容宣告的影响来看，不相容宣告并非像某些学者所认为的那样意义不大。从实际情况来看，在许多案件中，当法院作出不相容宣告之前、纠正行为还没有被采取时，政府其实已经通过废除、修改或承诺废除或修改案件所涉及的不相容条款作出了反应。大致说来，法院的不相容宣告对议会立法的影响表现在下述几个方面：

第一，宣告作出后导致法律的修改。在"王国政府（应 H 的申请）诉伦敦东北区精神健康复审裁判所案"[3]中，在上诉法院于2001 年3 月28 日作出了1983 年《神健康法》第73 条与1998 年《人权法》附件一第一部分第5 条所规定的人身自由与安全权利不相容的宣告后，政府在2001 年11 月26 日就对1983 年《精神健康法》第73 条作出了修改。在"王国政府（应国际运输公司申请）诉内政大臣案"[4]中，上诉法院作出1999 年《国籍与移民法》第二部分的相关规定与1998 年《人权法》附件一第一部分第6 条即获得公正审理的权利不相容的宣告后，

〔1〕 David Bonner, et al., "Judicial Approaches to Human Rights Act", *International & Comparative Law Quarterly*, July, 2003, 52 (Jul.), p. 562.

〔2〕 C. A. Gearty, "Revisiting Section 3 (1) of the Human Rights Act", *Law Quarterly Review*, 2003, 119 (Oct), p. 552.

〔3〕 R. (on the application of H) v. London North and East Region Mental Health Review Tribunal, [2002] Q. B. 1.

〔4〕 R. (on the application of International Transport Roth Gmbh) v. Secretary of State for the Home Department, [2003] Q. B. 728.

1999 年《国籍与移民法》第二部分的相关内容也被修改。在“王国政府（应 D 的申请）诉内政大臣案”[1]中，法院作出了 1983 年《精神健康法》第 74 条与 1998 年《人权法》附件一第一部分第 5 条即人身自由与安全权利不相容的宣告后，1983 年《精神健康法》第 74 条被修改。在“贝林杰诉贝林杰案”[2]中，上议院作出了 1983 年《婚姻诉讼法》第 11 条（c）关于“双方必须是男人与女人时婚姻才有效”的规定与 1998 年《人权法》附件一第一部分第 8 条即尊重私人与家庭生活的权利和第 12 条即结婚的权利不相容的宣告，上述规定后来被修改。

第二，宣告作出后导致法律的废除。在“王国政府（应安德森的申请）诉内政大臣案”[3]中，法院作出 1997 年《刑事（判决）法》第 29 条与 1998 年《人权法》附件一第一部分第 6 条即公正审理的权利不相容的宣告后，1997 年《刑事（判决）法》第 29 条后来被 2003 年《刑事司法法》第 303 条（b）（I）、第 332 条以及附件三十七第八部分废除。

第三，案件审理过程中法院尚未作出不相容宣告法律条款就被废除。在“王国政府（应威尔金森的申请）诉国内税收专员案”[4]中，在上议院还没有作出 1988 年《所得税和企业税法》第 262 条可能侵犯当事人依据 1998 年《人权法》附件 1 第二部分第 1 条即和平享有财产的权利和附件 1 第一部分第 14 条不得歧视的权利时，上述第 262 条就被 1999 年《财政法》附件 20（Ⅲ）（5）段落 1 废除了。

---

〔1〕 R.（on the application of D）v. Secretary of State for the Home Department, [2003] 1 W. L. R. 1315.

〔2〕 Bellinge R. v. Bellinger, [2003] 2 A. C. 467.

〔3〕 R. v. Secretary of State for the Home Department, ex parte Anderson [2003] 1 A. C. 837.

〔4〕 R.（on the application of Wilkinson）v. Inland Revenue Commissioners, [2005] 1 W. L. R. 1718.

第四，政府承诺修改不相容法律但法院仍然作出宣告。在“王国政府（应 M 的申请）诉卫生大臣案”[1]中，卫生大臣承认 1983 年《精神健康法》第 26 条和第 29 条与申请人 M 依据 1998 年《人权法》附件 1 第一部分第 1 条第 8 条所享有的尊重私人与家庭生活的权利不相容，但是他反对法院作出不相容宣告，理由是政府在这个案件中已经承认了上述不相容，并且引入了法案草案以便对 1983 年法律进行彻底改革。但是法院还是作出了不相容宣告，法院认为，不相容性已经被承认这一事实并不会使得法院倾向于拒绝作出不相容宣告。政府已经知道了上述不相容性相当长的一段时间，但是它并没有采取消除不相容的行动。法院不会对被提出的《精神健康法》可能被制定的形式或它生效的时间安排作出假定。不相容性仍然存在，而且不可能准确预言它什么时候以及如何被改正。对法院来说，依据 1998 年《人权法》第 4 条行使作出不相容宣告的司法自由裁量是恰当的。

从上述实例可以看出，法院对议会立法的审查是富有成效的，在《人权法》之下，议会和政府对可能侵犯公约权利的法案或立法持比较慎重的态度，以避免立法被法院作出不相容宣告的情形。

三、法院审查议会立法的方式是解释议会立法是否与公约权利相一致

英国国内反对把《欧洲人权公约》纳入国内法律体系的主要理由之一是担心如果法官被赋予了裁决议会法律违反公约并因此无效的权力，议会主权原则会被损害。议会能够制定或废除任何它所希望的法律并且法院没有撤销违宪的或违反基本权利的法律的权力，这是英国宪法的基本原则，法院的上述权力

---

〔1〕 R. (on the application of M) v. Secretary of State for Health, [2003] A. C. D. 95.

显然是对传统原则的背离。

反对和支持吸收《欧洲人权公约》的双方辩论的焦点是司法职能的恰当的宪法界限，即司法对议会立法的审查是否会偏离司法的立法创造从而使得法院成为凌驾于议会之上的立法者。这个问题与英国普通法和司法审查的发展有着密切的关系，但是在 1998 年《人权法》之前，这个问题在英国并不突出，因为在此之前法院在宪法上并没有审查议会立法的权力。由于公约权利是以极为广泛的和笼统的术语被表达的，因此在对公约权利的适用中很容易出现混淆立法与解释之间的界限，从而造成司法立法的局面。上议院法官伍尔夫勋爵（Lord Woolf）在波普拉住宅及再生社区协会有限公司诉多诺霍案〔1〕案中明确指出，“法院所面临的最困难的任务就是在立法与解释之间作出区分”〔2〕，表明了这一问题的现实性与复杂性。

如何在不损害《欧洲人权公约》作用的情况下维护议会主权原则，合理地界定法院审查议会立法的司法职能的界限？《人权法》在起草的过程中考虑了不同民主国家的违宪审查模式。

这些模式包括美国的司法审查模式（即最高法院拥有审查违宪法律的完全权力）、新西兰模式（即法院没有宣告违反《权利法案》的立法无效的权力），以及加拿大的混合模式（即法院拥有美国法院审查议会法律的权力但是议会能够应用“但书”条款通过绕过《权利宪章》的法律）。这些不同模式都有支持者，但是《人权法》最终采取了一种独特的违宪审查方式。这就是《人权法》第 3 条和第 4 条相关条款所规定的，基本立法和次级立法应当尽可能以一种与公约权利相一致的方式被解释

---

〔1〕 Poplar Housing & Regeneration Community Association Ltd v. Donoghue, [2002] Q. B. 48.

〔2〕 Poplar Housing & Regeneration Community Association Ltd v. Donoghue, [2002] Q. B. 48, at 73.

和赋予效力，如果法院发现不能做到这一点，则作出它们与公约权利不相容的宣告，而这种不相容宣告并不影响作出宣告的法律的效力、继续适用或执行。显然，这种违宪审查模式首先要求法院在判决过程中通过法律解释尽可能把基本立法和次级立法解释为与公约权利相一致，这与美国或加拿大的法院审查议会法律的方式是不同的。

《人权法》要求法院在处理公约权利案件时，通过司法解释尽可能消除议会立法与公约权利的不相容性。“盖顿诉戈丁－门多萨案”[1]是一个典型例子。在该案中，被告戈丁－门多萨自 1972 年以来一直与同性恋伴侣居住在原告所有的在一套公寓里，在戈丁－门多萨的同性恋伴侣于 2001 年去世后，盖顿提起了要求收回公寓的诉讼，法官判决宣告戈丁－门多萨不属于 1977 年《租金法》附件 1 第 2 段第二部分规定中的原始租赁的幸存配偶，因此不能继承公寓的租赁。戈丁－门多萨提起上诉，上诉法院裁决，1977 年《租金法》附件 1 第 2 段第二把一个仍然在世的同性恋伴侣置于比异性伴侣的幸存者不牢靠的位置，就其本身而论，这侵犯了戈丁－门多萨依据《欧洲人权公约》第 8 条所享有的尊重私人和家庭生活的权利以及第 14 条的禁止歧视的权利。法院认为，依据 1998 年《人权法》第 3 条，以一种与公约权利相一致的方式，把 1977 年《租金法》附件 1 第 2 段第二部分解释为扩大到同性伴侣，就像是“他的或她的妻子或丈夫”那样与原始承租人生活在一起的人，从而赋予 1977 年《租金法》附件 1 第 2 段第二部分以效力是可能的，其结果就是被告与原始承租人的长期同性恋关系允许他继承租赁。盖顿对上诉法院的判决提出上诉。

上诉涉及在法定租赁方面同居的同性恋夫妇的继承权问题，

---

〔1〕 Ghaidan v. Godin－Mendoza，［2004］2 A. C. 557.

焦点就是1977年《租金法》附件一第2段第二部分对配偶的继承权的解释。该条款对幸存配偶以及作为丈夫或妻子生活在一起的那些人的的继承权作出了规定。根据“菲茨帕特里克诉斯特林住房协会公司案”[1]的判决，上述规定不适用同居的同性恋夫妇。因此本案要解决的问题是，1977年《租金法》附件1第2段的规定应当如何依照1998年《人权法》被解释。上议院认为，1998年《人权法》第3条要求在尽可能的情况下赋予立法与公约相一致的含义，当然经过修改的含义必须仍然与该立法体制的基本特征相一致。在本案中，把1977年《租金法》附件一第2段第二部分中关于“配偶”的含义解释为扩大到同性恋伴侣以便消除上述规定对同性恋夫妇的歧视效力，而且不与1977年《租金法》的任何基本原则相矛盾，是可能的。因此，依据1998年《人权法》第3条第（1）款，1977年《租金法》附件1第2段被解释为是符合1998年《人权法》的。这样，1977年《租金法》附件1第2段所造成的区别对待得以被消除，从而符合了《人权法》第3条的要求。

从这个案件中可以看出，法院在审查议会立法时，通过尽可能把它解释为与公约权利相一致，达到了避免法院发布不相容宣告的效果。在该案中，1977年《租金法》附件1第2段所称的“配偶”在其通常含义上并不包含同性恋夫妇，而且对同性恋夫妇与异性恋夫妇作出了不同规定，这已经构成了对公民的歧视，法院本来可以宣告上述规定与公约权利不相容，但是法院采取了温和的做法，依据1998年《人权法》第3条第（1）款的要求，尽可能把立法解释为与公约权利相一致，因此它通过把“配偶”的通常含义扩大到同性恋夫妇，消除了可能产生的不相容性，从而达到了既不宣告议会立法与公约权利不相容

---

〔1〕 Fitzpatrick v. Sterling Housing Association, Ltd [2001] 1 A. C. 27.

又保护了公民权利的目的。

四、法院对议会立法的审查采取的是事后审查与具体审查

1998 年《人权法》赋予法院对议会立法的违宪审查权采取的是事后审查与具体审查方式。该法案第 4 条规定：“①第（2）款适用于法院裁定基本立法的条款是否与公约权利一致的任何诉讼。②如果法院认定该条款与公约权利不相容，它可以作出不相容的宣告。③第（4）款适用于法院裁定根据基本立法所授予的权力制定的次级立法的条款是否与公约权利一致的任何诉讼。④如果法院确认：（a）条款与公约权利不相容，和（b）（不考虑任何废除的可能）有关基本立法禁止消除不相容，它可以发表不相容宣告。……”从上述规定可以看出，法院审查议会立法只能是在议会立法生效之后，是事后审查；而且是在具体案件的诉讼过程中进行审查，是具体审查。

五、1998 年《人权法》加强了议会的立法前审查

除了确立法院审查已生效议会立法这一主要的事后审查方式外，《人权法》还加强了议会对政府法案通过议会时应符合《欧洲人权公约》的事前审查，《人权法》第 19 条规定：“①在上议院或下议院中负责法案的部长在法案的二读之前必须：（a）作出一个其认为法案的规定与公约权利一致的声明（一致声明）；或（b）作出一个尽管不能作出一致声明，但政府仍然希望议会继续该法案的声明。②该声明必须是书面的，且须以作出该声明的大臣认为适当的方式公布”。《人权法》规定了政府中负责法案的部长在提交法案时应当作出上述声明，是要求部长在提交法案时认真履行遵守《欧洲人权公约》的义务，以便使法案内容不违反公约权利，从而达到进一步保护公约权利与自由的目的。由于议会联合人权委员会在审查政府法案是否违反《欧洲人权公约》中起着重要作用，因此第 19 条的规定进一步加强了议会对政府法案的立法前审查力度，以确保议会所通

过的法律与公约权利相一致。

从上述特点来看，英国通过1998年《人权法》所确立的法院对议会立法的违宪审查模式是一种典型的英国宪法妥协方案。《人权法》要求法院尊重议会通过的法律，然而，它允许高等级的法院作出议会立法与公约权利不相容的宣告。议会可以随后决定是否以及如何修改上述法律。通过这种方式，《人权法》平衡了司法部门与立法部门的权力与责任，并把最后的话语权留给了民主决策者。从人权保护的角度来看，上述方案的效果在于，一方面，它维护了议会主权原则的形式保留，另一方面，它又为法院与议会的关系的新发展开辟了道路，从而使得人权的保护成为了议会与法院的一种共同事业。但是这种模式同样存在着明显的缺点和危险性，正如英国学者凯特·马勒森（Kate Malleson）所指出的，“它的缺点是，由于立法被法院宣告为违反基本人权并且仍然是有效的和可以实施的，这有着让立法（以及诉讼当事人）处在一种真空当中的可能性。危险在于公民不得不遵守和法院不得不维护的合理性和合法性与被宣告根本上有瑕疵的法律相分离”[1]。

第三节　法院审查议会立法的实例

一、早期的《人权法》判例

早期的一些《人权法》案件主要是在苏格兰被判决的，这是因为，《人权法》通过权力下放立法是在英格兰和威尔士以及北爱尔兰之前的18个月在苏格兰部分被实施的，该权力下放立法要求所有权力下放机构都应当以一种与公约相一致的方式

[1] Dr Kate Malleson, *The Legal System* (Second Edition), Oxford University Press, 2005, p. 44.

行为。

在"布朗诉斯科特案"[1]中，布朗被苏格兰警察逮捕并被发现超出了驾驶车辆的法定酒精含量限制。根据1988年《道路交通法》第172条的规定，她必须说明她是否醉酒开车。苏格兰高等刑事法院裁决，1998年《人权法》保护公民依据《欧洲人权公约》第6条所享有的获得公正审判的权利，要求布朗回答问题并强制取证的做法侵犯了她的上述权利。这一判决，如果在英格兰和威尔士被采纳就会与1994年《刑事司法和公共秩序法》相抵触，因为后者排除了被告被警察询问或在法庭上被询问时所享有的沉默权利。苏格兰地方检察官将苏格兰高等刑事法院的裁决上诉到了枢密院，[2] 枢密院推翻了苏格兰高等刑事法院的判决。枢密院认为，依据1988年《道路交通法》第172条所获得的供认并没有侵犯《欧洲人权公约》第5条的权利并且不能在审理中被依赖，因为反对自证其罪的权利不是一个绝对的权利，它必须与道路交通立法的实施中的明显的公共利益相平衡，而上述立法是为了解决由机动车的滥用而引起的死亡与伤害的高发生率。公正审理的权利不能被放弃，但是构成那一整体权利的种种权利可以被限制在下述范围，即实施一个明显的和恰当的公共目标是必要的。而且，1988年《道路交通法》第172条并没有认可时间特别长的讯问而是对在没有其它证据的情况下不能暗示疑犯有罪的一个单独讯问的提出作出了规定。第172条的控制制度的目的是为了维护道路安全。尽管枢密院最终推翻了苏格兰高等刑事法院的判决，但这说明了法

〔1〕 Brown v. Scott, [2003] 1 A. C. 681.

〔2〕 苏格兰高等刑事法院是苏格兰刑事案件的最高法院，英国上议院作为最高司法机构只行使审理来自于苏格兰的民事案件的上诉管辖权，而依据1998年《苏格兰法》，枢密院司法委员会裁决权力下放地区的法院审理涉及权力下放问题的案件所引起的上诉案件，因此本案只能上诉到枢密院。

院开始利用《人权法》对许多已经确立的规则和制度进行质疑，但尚未给予公约权利一种不受限制的优先权。

“王国政府诉奥芬案”[1]是《人权法》的早期历史上的另一个重要判例。从该案可以看出早期法院在解释议会立法和维护人权上的一般态度。在该案中，在奥芬对抢劫罪提出抗辩后，法院依据1997年《刑事（判决）法》第2条对其施加自动终身监禁刑。因为第2条规定，在违法者犯下第二次犯罪时，终身监禁刑自动施加给该违法者，除非存在着“例外情形”。奥芬提起了上诉，他认为，1997年《刑事（判决）法》第2条应当依照1950年《欧洲人权公约》被解释，要么，该规定是与公约不相容的。上诉法院裁决，允许奥芬上诉。法院认为：①1997年《刑事（判决）法》第2条的目的是对公众的保护。它表明，在一个违法者没有对公众造成相当危险的情况下，它就构成例外情形，法院不会施加自动终身监禁刑。而且，在违法行为之间的已经过去的时间是决定被告对公众造成危险的程度的一个相关的考虑事项。同样地，在某些情况中，被告的年龄和违法行为的可能不同的性质能够得出某些情况是例外情形的结论。②在违法者对公众造成危险的情况下，依据1997年《刑事（判决）法》第2条的自动终身监禁刑的施加不会与公约的条款相抵触。尽管设想下述情形是可能的，即自动终身监禁刑的施加能够被视为《欧洲人权公约》第5条[2]之下的独断行为，并且是一种违反《欧洲人权公约》第3条[3]的惩罚形式，但是那样的问题仅仅是在对1997年《刑事（判决）法》第2条作出一种

---

〔1〕 R. v. Offen, [2001] 1 W. L. R. 253.

〔2〕《欧洲人权公约》第5条，即1998年《人权法》附件1第1部分第5条关于自由与安全的权利的规定。

〔3〕《欧洲人权公约》第3条规定：“不得对任何人施以酷刑或使其受到不人道的或者有辱人格的待遇或者惩罚。”

过度限制解释的情况下才会产生。如果该条款被解释为与保护公众这一议会的政策和意图相一致，这个问题是能够被避免的。显然，在该案中，法院认为1997年《刑事（判决）法》第2条与议会制定该法的意图即保护公众是不相称的，但是法院并没有轻易作出上述法律与公约权利不相容的宣告，而是采取了比较谨慎的做法，认为该法律应当被重新解释。

从早期案例来看，法院对应用《人权法》对议会立法的解释持比较慎重的态度，在能够把议会立法解释与公约权利相一致的情况下，法院不会轻易作出议会立法与公约权利不相容的宣告。

二、法院作出的议会立法与公约权利不相容宣告的主要案例

下面以一些案例来说明法院是如何审查议会立法是否与公约权利相一致的。

1. “王国政府诉环境、交通及地区大臣案”[1]

在该案中，高等法院作出了1998年《人权法》生效以来的第一个不相容宣告，但最终被上议院推翻了。在该案中，高等法院裁决环境、交通及地区大臣决定规划申请的权力与1998年《人权法》附件1第一部分第6条第1款所规定的公正审理权利不相容。大臣上诉到了上议院。对方当事人认为，尽管不存在事实上的偏见，但是大臣在制定政策和就所收到的申请作出决定中的双重角色不可避免地导致了下述情形，即不存在一个独立的和公正的法庭对事务进行处理。上议院裁决允许大臣的上诉。上议院认为，法院能够通过司法审查对国务大臣作出决定的作用进行充分的控制，由此使得法院以多重理由撤销一个特

〔1〕 R. v. Secretary of State for the Enviroment, Transport and the Regions [2003] 2 A. C. 295.

殊的决定是可能的。法院所做的仅仅是对决定的合法性和所涉及的程序措施的适当性进行控制。对于国务大臣制定政策部分的职能，法院是不能进行审查的。对国务大臣在制定政策中的作用进行审查是不民主的，并且它会违反已被确立的欧洲法律体系。

2. “王国政府诉伦敦东北区精神健康复审裁判所案”〔1〕

在该案中，H 在被判犯有杀人罪后被拘留在一家医院里，人身自由受到限制。他依据 1983 年《精神健康法》第 73 条向精神健康复审裁判所申请释放但被驳回，于是他对该裁判所的决定提起司法审查但被拒绝，于是他上诉到上诉法院。H 认为，包含在第 73 条中的标准，即裁判所为决定一个受限制的病人的释放权利这一目的而适用的标准，与 1998 年《人权法》附件一第一部分第 5 条所规定的公民享有人身自由与安全的权利是不相容的。上诉法院裁决允许上诉，作出了不相容宣告即 1983 年《精神健康法》第 73 条违反了 1998 年《人权法》附件一第一部分第 5 条。上议院认为，第 73 条规定除非继续拘留病人的所有三个条件能够得到证明，裁判所才会命令释放病人，它实际上是把证明责任强加给了依据该法律被拘留的人，让他去说服精神健康复审裁判所相信他可以被释放。法院认为，证明责任的概念和可适用的释放标准是不可分离的，而在不能证明病人遭受批准对其拘留的精神疾病的情况下，1983 年《精神健康法》未能要求裁判所释放该病人就相当于是非法拘留并且侵犯了一个人的自由权利。

3. 由安德森起诉“王国政府诉内政大臣案”〔2〕

在该案中，安德森因谋杀被判终身监禁，两名法官和首席

〔1〕 R. (on the application of H) v. London North and East Region Mental Health Review Tribunal, [2002] Q. B. 1.

〔2〕 R. v. Secretary of State for the Home Department, ex parte Anderson [2003] 1 A. C. 837.

大法官建议安德森的过关期限应当被确定为 15 年监禁。然而，依据 1997 年《刑事（判决）法》第 29 条的规定，内政大臣已经确定了安德森的过关期限是 20 年，在那之前安德森不能被给予假释听证。内政大臣所确定的过关期限显然比法官建议的期限更长。安德森申请对内政大臣的决定进行司法审查但被拒绝，于是他提起上诉。安德森主张，内政大臣对他确定更长的过关期限是对他依据 1998 年《人权法》附件一第一部分第 6 条所享有的公正审理权利的侵犯。法院裁决部分允许安德森的上诉，内政大臣确定判决过关期限的权力与 1998 年《人权法》所保障的公正审理权利是不相容的。法院认为，在决定安德森依据 1998 年《人权法》所享有的权利时，法院有义务实施欧洲人权法院的法律体系，而欧洲人权法院的判例已经表明过关期限的确定是一种判决活动而不是对已经被宣判的终身监禁刑的一种行政履行，因而过关期限的确定这一活动构成了对安德森的审判的一部分，就其本身而论它应当依照 1998 年《人权法》所保障的《欧洲人权公约》第 6 条第（1）款，由一个独立的法院或裁判所进行处理。国务大臣是行政机关的一名成员，他不应当履行司法机关的职能，这对于法治与权力分立来说是根本要求。上议院认为，把 1997 年《刑事（判决）法》第 29 条解释为排除内政大臣对判决过程的参与是不可能的，也就是说，法院无法以与公约相一致的方式解释上述法律，因此，依照 1998 年《人权法》第 4 条第（2）款，法院宣告它与安德森所享有的人权不相容。

4. “威斯敏斯特市政委员会诉莫里斯案”[1]

在该案中，原告莫里斯和她女儿从毛里求斯来到英国，并获准作为观光者进入英国。在她们的许可快到期时，莫里斯以

---

〔1〕 Westminister City Council v. Morris, [2006] 1 W. L. R. 505.

她是英国公民的后裔为由申请英国护照。她的身份获得了承认，并且拿到了英国护照。然而相关机构认为她的女儿不具有英国公民的资格，而只是毛里求斯的公民。莫里斯随后依据1996年《住宅法》向威斯敏斯特市政委员会申请住房提供。该申请被拒绝了，理由是不符合优先提供住房要求，并且由于她女儿的移民身份，她不能依赖优先提供住房需要为她女儿提供住房。于是莫里斯对市政委员会的决定申请司法审查。法官宣告1996年《住宅法》第185条第（4）款与她依据1998年《人权法》附件一第一部分第14条所享有的禁止歧视的权利不相容。市政委员会与国务大臣提起了上诉。

1996年《住宅法》第185条第（4）款规定："非本国公民没有资格获得住房帮助，在为了本部分的目的决定另一个人是否属于下述情况时，他应当不被理会——（a）无家可归或受到无家可归的威胁，或（b）具有提供住房的优先需要。"莫里斯主张，1996年《住宅法》第185条第（4）款所作出的区别是在《欧洲人权公约》第8条的范围内，因为，在第8条所影响的那些案件中，它削弱了国家所赋予的对家庭生活的尊重，并且由于那是一种以民族出身为由所作出的区别，因此它违反了公约第14条所规定的禁止歧视的权利，除非它能够被证明是正当的，而事实上地方机构不能证明。国务大臣认为，1996年《住宅法》第185条并不涉及公约第8条，因为它是一个关于无家可归者的规定，而不是关于家庭生活的规定，如果那是错误的，那么第14条之下的任何歧视都能够被证明是正当的。

上诉法院认为：①1996年《住宅法》第185条的规定在公约第8条的范围内，因为，尽管上述规定是在一个更大的社会福利措施的范围内，但是它是为了实施保护无家可归者的家庭生活的一个立法政策，并且在不影响《住宅法》其它规定的情况能够与公约相一致。②1996年《住宅法》第185条第（4）

款的效力，在与公约第 8 条一起被解释时，在公约第 14 条的含义范围内明显是歧视性的，因为它所规定的差别对待依赖民族的出身或国籍、移民控制、定居的合法居住资格和社会福利的一种结合。③不管差别对待的准确基础是什么，国务大臣所提出的正当理由既不重要也不牢固，它也不是对他关于有目的的观光者[1]的种种担心和防止与观光者一起的儿童长时间逗留的一种相称的和合理的反应。④不存在拒绝作出不相容宣告的理由。法院作出不相容宣告不会侵犯立法机构或行政机构的任何职能，因为宣告仅仅是引起对要求改正的政府所承担的国际义务的注意。因此，上诉法院判决驳回地方机构和国务大臣的上诉。

第四节　1998 年《人权法》与法院对人权的保护

1998 年《人权法》代表了英国法律制度中的一个重要的变化，这是 1689 年以来一部成文的权利法案首次在英国得以实施。1689 年《权利法案》尽管对公民的权利与自由作出了保护，但是正如英国学者凯特·马勒森（Dr Kate Malleson）所指出的，“《权利法案》在我们通常所指的开始公民个体的权利这一意义上不是一个人权文件，它首先是打算被用于限制君主控制议会的权力”[2]。1998 年《人权法》作为对英国公民的基本权利与根本自由的一种清楚的法律说明，在宪法意义上对英国公民人权保护的重要性是不言而喻的。需要指出的是，除了《人权法》之外，英国的其它法律也包含了对人权的保护，例如

〔1〕 即为了移民等目的而以观光者的身份进入他国境内的人。

〔2〕 Dr. Kate Malleson, *The Legal System* (Second Edition), Oxford University Press, 2005, pp. 39 ~40.

英国政府加入的欧洲共同体法律，或政府已经签署的其它国际条约。《人权法》并没有克减其它立法中对人权的更为详细的保护，《人权法》第11条规定："个人对公约权利的援引并不限制——（a）在联合王国的任何其它地方有效的法律赋予他的任何其它权利与自由；或（b）除第7至9条外他还可以提出或提起的任何主张或诉讼的权利"。

一、人权保护的发展

从英国宪法对人权的保护来看，大致经历了下述发展阶段。

（一）传统的公民权利与自由

英国学者普遍认为，尽管直到1998年英国才有了诸如美国的《权利法案》那样的成文权利法案，但这并不意味着英国没有法定权利传统。在英国人，尤其是戴雪那里，权利被认为是指导普通法的种种原则和惯例的不成文宪法的一个内在组成部分。而且，在英国宪法和法律制度中，一个最重要的基石就是，所有的公民都享有完全的自由，除非权利被制定法明确与合法地取消。这种权利通常被称为"消极"的权利，只要议会没有通过立法禁止公民从事某种行为，法院将通过普通法的发展充分维护公民的这种权利。英国人一直引以自豪的就是这种"消极的"权利，大多数英国学者也认为，与其它许多同等民主的国家相比，英国公民的"消极"权利的享有与维护人权的历史记录是良好的，因而在历史上比较适合于英国。然而，英国宪法上这种早期的公民权利与自由并非现代意义上的人权，或者说，它是人权在早期的一种表现形态。

在这个阶段，法院在保护公民权利与自由中起着主要的作用。法院通过发展实体的和程序的种种理由审查并纠正公共机构侵犯公民权利与自由的行为。

（二）《欧洲人权公约》

二战后，各国人权意识普遍增强，并希望通过国际合作加强对人权的保护。《欧洲人权公约》就是这一合作的产物，它的直接目的是通过保证所有的欧洲国家签署一份遵守共同人权标准的宣言，防止再次发生在战前和战争期间所犯下的种种暴行。英国在起草《欧洲人权公约》和设立位于斯特拉斯堡的欧洲人权法院中起着一种核心的作用，它也是签署该公约的第一个国家。

《欧洲人权公约》的主要权利有：生命权（第 2 条）；免受酷刑、不人道或有辱人格的待遇或惩罚的自由（第 3 条）；不受奴役和强制劳动的自由（第 4 条）；人身自由与安全的权利（第 5 条）；公正审理的权利（第 6 条）；非依法律不得惩罚的权利（第 7 条）；尊重私人和家庭生活的权利（第 8 条）；思想、良心和宗教自由（第 9 条）；表达自由（第 10 条）；结社和集会自由（第 11 条）；结婚和建立家庭的自由（第 12 条）；获得针对侵害行为的有效救济的权利（第 13 条）；禁止歧视的权利（第 14 条）。此外，英国还认可了有关议定书中所规定的享有个人财产的权利、选举的权利，以及更晚近的死刑废除。

英国在《欧洲人权公约》的创立中起着核心作用的这一事实使得人们期望英国将是把公约的各项条款纳入国内法律体系最早的国家之一，这样英国公民就可以在英国国内法院中依靠公约维护自己的权利，而无需诉诸位于斯特拉斯堡的欧洲人权法院。然而，连续的几任英国政府，不管是保守党政府还是工党政府，都未能为本国公民提供上述救济机制。一直到 1966 年，英国公民才被赋予在欧洲法院提起针对联合王国的诉讼的权利，而在那之前，联合王国只能被其它国家起诉到法院。

出现上述现象的一个主要原因就是前面所提及的英国宪法传统中长期存在的消极的公民权利与自由观。不论是官方还是普通民众，都认为英国的公民不需要欧洲人权法院的保护，英国公民依据普通法所享有的权利要比任何其它欧洲国家多。一直到20世纪90年代，这一看法仍然是主流的官方态度。

在1998年《人权法》生效之前，《欧洲人权公约》不能直接适用于英国法院，公民人权的保护仍然是以普通法和制定法的保护为主，英国公民以《欧洲人权公约》所规定的权利受到侵犯为由在国内法院提起诉讼往往很难成功。但即使是这样，法院在司法实践中也逐步加大了参照《欧洲人权公约》的条款保护本国公民的力度，并引入了欧洲法律体系的比例性审查标准，以便更好地维护本国公民的权利与自由。

（三）1998年《人权法》阶段

1998年《人权法》将《欧洲人权公约》纳入英国国内法律体系，从而使得该公约具有了正式的法律效力。1998年《人权法》对公约权利的认可包括：生命权（第2条）；免受酷刑、不人道或有辱人格的待遇或惩罚的自由（第3条）；不受奴役和强制劳动的自由（第4条）；人身自由与安全的权利（第5条）；公正审理的权利（第6条）；非依法律不得惩罚的权利（第7条）；尊重私人和家庭生活的权利（第8条）；思想、良心和宗教自由（第9条）；表达自由（第10条）；集会和结社自由（第11条）；结婚和建立家庭的自由（第12条）；禁止歧视的权利（第14条）。此外，《人权法》还认可了《第一议定书》第1、2、3条所规定的享有个人财产的权利、受教育权、选举的权利以及《第六议定书》所规定的死刑废除。

需要指出的是，1998年《人权法》没有认可公约第1条和第13条。公约第1条规定："缔约国应当给予在它们管辖之下的每个人获得本公约第一节所确定的权利和自由。"第13条规定："在依照本公约规定所享有的权利和自由受到侵犯时，任何人有权向有关国家机构请求有效的救济，即使上述侵权行为是由担任公职的人所实施的。"在议会辩论中，政府在说明为什么排除上述两项规定时作出了前后矛盾的解释：一方面，政府声称由于《人权法》已经保证英国的公民获得上述公约权利，因而无需正式地吸收第 1 条的规定；另一方面，御前大臣也承认，这是为了限制获得针对侵害行为的新的司法救济。[1]

《人权法》所承认的上述公约权利并没有得到同等程度的保护。这些权利可以分为三类：第一类是绝对的权利，诸如第 3 条规定的免受酷刑、不人道或有辱人格的待遇或惩罚的自由、第 4 条规定的不受奴役和强制劳动的自由和第 7 条规定的非依法律不得惩罚的权利；第二类权利是有限制的权利，诸如第 5 条规定的人身自由与安全权利，该权利在明确的和有限的情形下受到限制；第三类是有保留的权利，包含第 8 条规定的尊重私人和家庭生活的权利，第 9 条规定的思想、良心和宗教自由，第 10 条规定的表达自由，第 11 条规定的集会和结社自由，《第一议定书》第 1 条规定的和平享有财产的权利和《第一议定书》第 2 条规定的某种程度的教育权利。对这些权利的干预只有在下述情形下才是允许的：①有法律根据；②为了保证相关条款中所设定的一个可允许的目标，例如对犯罪的预防，或对公共秩序或健康的保护；③在一个民主社会中是必要的，即为了满足一种迫切的社会需要，追求一种合理的目标以及对于被追求的目标是相称的。

相比前两个阶段，《人权法》对公民人权的保护呈现出下述几个特点：

第一，《人权法》对公民人权的规定更为全面与系统。前已述及，英国法院对公民权利与自由的传统保护的特点之一是不注重制定法的全面规范与保护。尽管也有一些制定法对单个的权利进行规范与保护，但是从来没有一部法律像《人权法》那

[1] See "Editorial: Parliamentary Debates on the Human Rights Bill", *European Human Rights Law Review*, 1 (1998), p. 1.

样对人权的种类、救济以及公共机构承担的保护公约权利的责任等内容作出专门、全面和系统的规定，从而突破了传统保护的局限。并且相比之前英国公民只能向位于斯特拉斯堡的欧洲人权法院提起诉讼的体制，《人权法》所规定的诉讼体制对公民人权的保护更加迅速和简单。

第二，权利与责任并重。《人权法》既规定了广泛的人权，同时也规定了权利可能受到的限制。除了《人权法》附件 1 第一部分第 3 条规定的免受酷刑、不人道或有辱人格的待遇或惩罚的自由、第 4 条规定的不受奴役和强制劳动的自由和第 7 条规定的非依法律不得惩罚的权利这些绝对的权利外，其它各项权利在行使时都要受到种种正当理由的限制。例如，《人权法》附件一第一部分第 2 条规定了生命权，但同时也规定："当剥夺生命是因绝对必要的武力的使用所引起时，它不应当视为与本条的规定相抵触：（a）防卫任何人的非法暴力行为；（b）为执行合法逮捕或防止合法被拘留的人逃脱；（c）为镇压暴力或者叛乱而采取的行动。"附件一第一部分第 8 条规定了尊重私人和家庭生活、家庭和通信的权利，但同时也规定："……依照法律规定的干预以及基于在民主社会中为了国家安全、公共安全或者国家的经济福利的利益考虑，为了防止混乱或者犯罪，为了保护健康或者道德，为了保护他人的权利与自由而有必要进行干预的，不受此限"。附件第一部分第 9 条规定了思想、良心和宗教自由的权利，但同时也规定："表明个人对宗教或者信仰的自由仅仅受到法律规定的限制，以及基于在民主社会中为了公共安全的利益考虑，为了保护公共秩序、健康或者道德，为了保护他人的权利与自由而施以的必需的限制"。公民行使自由与权利的同时必须履行相应的责任，只有这样，每个人的人权才能得到真正的维护，正如宪法事务部发布的《1998 年〈人权法案〉指南》（第 3 版）中所指出的，"当人们承认那一点并且有责任感地行为以有助于其他人和更为广泛的社会时，尊重权利的整个制度才会运作得最好"[1]。

第三，《人权法》赋予法院审查议会立法并作出不相容宣告的权力来保护人权。在英国宪法和行政法上，行使公共权力的行政机关和其它组织所作出的决定或行为如果侵犯公民的权利与自由，法院可以通过司法审查制度或其它法律制度予以救济，但这种救济只是个案救济。如果公共机构作出决定所依据的议会立法包含了侵犯公民权利与自由的规定，法院无法对议会立法进行审查，因此即使公民在个案中获得了救济，但是对于公共机构依据上述立法作出的侵犯公民权利与自由的决定或行为，受到影响的其他个体仍然必须通过司法审查或其它法律制度寻求救济，议会立法本身不能被审查。《人权法》的出台使英国法院获得了前所未有的审查议会立法是否与公约权利相一致的法定权力。如果议会立法与公约权利不相容，法院可以作出不相容宣告，尽管这种宣告不影响立法的效力、继续适用或执行，但由于判例的强大影响，以及议会任由不相容立法的存在将导致巨大的政治成本，例如欧洲人权法院作出不利于英国的判决，议会往往不会坐视上述立法的继续存在而不管。正如英国学者安东尼·莱斯特（Anthony Lester）在谈及《人权法》的特征时所指出的，"它宣告了内在于我们的共同社会的基本的权利和自由，和依据法治被统治的一个现代民主社会的种种道德价值——在这个社会中，个体的和多数人的权利必须被保护以对抗多数人的专制和公共权力的滥用，特别是当过分的手段被用

---

〔1〕 Department for Constitutional Affairs, *A Guide to the Human Rights Act* 1998 (Third Edition), 2006, p. 5, see http: //www. dca. gov. uk/peoples - rights/human - rights/index. htm., 访问日期为：2007 年 9 月 19 日。

于追求合理的目的时”[1]。

第四，《人权法》对公共机构施加了与公约权利相一致行为的义务。《人权法》第6条第（1）款规定：“公共机构实施与公约权利不相容的行为是非法的。”第7条规定了公民对上述非法行为可以提起诉讼，这些都有利于防止公共机构作出违反公约权利的行为，进一步保障公民的人权。

第五，英国国内法院在审理公约权利案件时必须考虑欧洲人权法院的判决。1998年《人权法》的实施，主要目的就是为了给予《欧洲人权公约》所规定的权利与自由以进一步的效力，因此《人权法》第2条第（1）款明确规定：“法院或法庭在判决涉及公约权利的案件时必须考虑到：（a）欧洲人权法院的判决、裁定、声明或咨询意见……”

第六，《人权法》对议会立法提出了更高的要求，有利于人权的保障。《人权法》设计了两种手段来达到这一点。首先，是法院所作出的不相容宣告。议会为避免法院对议会立法作出与公约权利不相容的宣告所带来的不利影响，在立法时将不得不考虑法案是否与公约权利相一致，是否会侵犯公民的人权。这有利于从立法的层面减少侵犯人权的可能性。其次，《人权法》第19条规定，负责法案的部长在上议院或下议院对法案进行二读之前必须作出法案与公约权利相一致的声明或作出虽然其认为不能作出一致声明但是政府希望议会继续该法案的声明。这一规定显然加强了议会对法案的立法前审查，保证了政府从一开始就在法案的议会辩论之前考虑《人权法》的影响。尽管执政党在议会的多数保证了它所提出的法案一般能够顺利地通过，但是一个负责的政府不会冒着法案与公约权利不相容而招致议

---

〔1〕 Anthony Lester, “The Human Rights Act 1998—Five Years on”, *European Human Rights Law Review*, 2004, 3, 258 ~271, p. 259.

员质疑和反对的风险。

二、公民如何提起人权诉讼

公民如果认为自己的公约权利受到了侵犯，可以向相关的法院或裁判所提起诉讼。按照《人权法》的规定，公民提起人权诉讼应当遵守下述规定：

（一）起诉资格

《欧洲人权公约》第34条规定："法院得受理任何自然人、非政府组织或个人团体就某一缔约国侵害其依据本公约或其议定书所享有的权利而提出的申诉。缔约国承诺不得以任何方式妨碍此项权利的有效行使。"1998年《人权法》第7条第（1）款规定："主张某公共机构以第6条第（1）款规定为非法的一种方式行为（或意图行为）的个人可以通过：（a）依据本法案在适当的法院或法庭对该机构提起诉讼，或（b）在任何法律诉讼中依据公约权利或相关权利，但只有他是（或可能是）该非法行为的受害人时才可提起上述诉讼。"第7条第（3）款规定："如诉讼是依据司法审查申请提出的，只有在申请人是或可能是该行为的受害人时，才被认定与非法行为有充分的利益。"第7条第（4）款规定："如诉讼是在苏格兰以申请司法审查的方式提出的，申请人必须是或可能是非法行为的受害人，才被认定有权起诉。"第7条第（7）款规定："为本条目的，如果对某一非法行为在欧洲人权法院提起诉讼，只有某人为公约第34条目的的受害人时，才可成为非法行为的受害人。"

从上述规定来看，只有那些由《欧洲人权公约》第34条所界定的受害者或潜在的受害者才能够依据《人权法》提起诉讼，因此享有起诉资格的人包括作为受害者或潜在受害者的自然人、非政府组织和个人团体。但是《人权法》第7条第（3）、（4）款排除了第三方提起的公益诉讼，因为如果他们能够被证明具有充分利益，他们自己可以申请司法审查。因此，只有侵犯公约权利行为的受害人才能依据《人权法》提起诉讼。

如果公共机构的行为或决定已经影响或可能影响个体，该个体可以作为受害人提起诉讼；如果公共机构的行为或决定对个体没有影响，或仅仅具有一种非常间接的影响，则个体一般不能依据《人权法》提起诉讼。

此外，法院也承认《人权法》在联合王国管辖权之外的情形中可能被应用，例如某个外国公民在被拒绝进入英国境内时可能享有提起上述诉讼的权利。在“王国政府（应法拉坎的申请）诉内政大臣案”[1]中，法拉坎是美国公民，是伊斯兰教的一个领袖，他被拒绝进入英国，理由是他在英国的出现会威胁到穆斯林与犹太人之间的关系。尽管上诉法院裁决内政大臣拒绝他入境的决定并没有侵犯他的表达自由，上诉法院还是承认，尽管法拉坎是美国公民，但是当他被拒绝进入英国时他就享有表达自由的利益。在“王国政府（应阿尔-斯凯尼和其他人的申请）诉国防大臣案”[2]中，对于在伊拉克的英国军事基地的拘留室中因受到伤害而死亡的伊拉克公民，上议院认为他们有权提起人权诉讼，英国法院有权进行司法管辖。

（二）提起诉讼的方式

根据《人权法》第7条第（1）款的规定，“主张某公共机构以第6条第（1）款规定为非法的一种方式行为（或意图行为）的个人可以通过：（a）依据本法案在适当的法院或法庭对该机构提起诉讼，或（b）在任何法律诉讼中依据公约权利或相关权利，但只有他是（或可能是）该非法行为的受害人时才可提起上述诉讼。”按照这一规定，认为自己的公约权利受到公共

---

〔1〕 R.（on the application of Farrakhan）v. Secretary of State for the Home Department, [2002] Q. B. 1391.

〔2〕 R.（on the application of Al-Skeini and others）v. Secretary of State for Defence, [2007] 3 W. L. R. 33.

机构侵犯的受害人可以在相关的法律诉讼中提出关于其权利受到侵犯的法律主张，或者依据《人权法》单独提起人权诉讼。

如果公民主张法院违反公约权利，只能经由司法审查申请通过上诉程序提起，或在可以被规则所规定的上述其它地方中提起。这就是《人权法》第9条第（1）款所规定的：“在第7条第（1）款（a）项之下的司法行为的诉讼的提起，仅为：（a）通过行使上诉权利；（b）申请（在苏格兰称为申诉）司法审查；或（c）在规则规定的其它地方中。”

《人权法》没有提及公民向欧洲人权法院提起申诉的程序，但是，对欧洲人权法院的诉诸仍然是公民的一种最后上诉途径。

（三）可以被起诉的公共机构的范围

《人权法》没有对“公共机构”的含义作出界定，只是规定了公共机构应当与公约权利相一致行为的义务以及公共机构的范围。《人权法》第6条第（1）款规定：“公共机构实施与公约权利不相容的行为是非法的。”按照《人权法》第6条第（3）、（4）、（5）款的规定，有义务与公约权利相一致行为的公共机构包括：法院或法庭；任何其职责具有公共性质的人，但不包括议会或正在行使与议会活动有关的职责的人；前项中的“议会”不包括行使司法职能的上议院；对于任何其职责具有公共性质的人，如果某一特定行为属于私人性质，则个人不是公共机构。同时，《人权法》第6条第（2）款规定：“第（1）款不适用于下述行为如果——（a）由于基本立法的一项或多项规定，该机构不得实施不同的行为；或（b）就基本法或根据基本法作出的一项或多项规定不能以与公约权利相一致的方式被解释或赋予效力而言，该机构实施行为旨在使那些规定生效或执行那些规定”。因此如果一个公共机构是依据基本立法，或依据不能以一种与公约相一致的方式被解释或适用的次级立法而行为，那么它侵犯公约权利的行为并非不合法。在这种情况下，公民不得对公共机构提起诉讼。

法院必须在所有的案件中考虑公约权利，即使这些案件并不涉及公共机构。但是如果公民认为其权利受到了公共机构而不是私人个体的侵犯，那么他依据《人权法》只能提起单独的诉讼。公民如果声称一个法官的行为或判决侵犯了其公约权利，他不可以提出一个单独的诉讼。尽管法官属于《人权法》所界定的公共机构的范围，但是公民只能通过上诉权利，或司法审查申请，或法律规则所允许的其它场所提出上述质疑。

具体来说，公民可以提起诉讼的公共机构的类型包括三类：

1. 执行政府的或公共的职能的机构。这些机构例如中央政府的各个部门、地方当局、警察、移民官员、监狱官员和医院，它们是《人权法》所指的公共机构的主要类型。

2. 行使公共职能的私人公司。这些公司诸如经营私人监狱的组织。

3. 具有混合职能的机构。某些住房互助协会，水、煤气、电公司的私有化公用事业公司拥有依据《人权法》可能认为是公共的职能，如果它们所作出的决定或行为是在公共领域依据《人权法》行使诸如管理或安全的公共职能时侵犯了公约权利，公民可以对其提起诉讼。如果上述机构从事的是一个完全私人的事务，例如它们作为雇用者或以商业资格作出行为，那么公民就不能依据《人权法》提起权利诉讼。在“波普拉住宅及再生社区协会有限公司诉多诺霍案”[1]中，法院认为波普拉公司与一个地方机构具有特别密切的关系，并且履行着与地方当局非常类似的职能，因而被裁决是公共机构。而“在王国政府

〔1〕 Poplar Housing & Regeneration Community Association Ltd v. Donoghue, [2002] Q. B. 48.

（应韦斯特的申请）诉伦敦劳埃德商业管理委员会案”[1]中，韦斯特申请对伦敦劳埃德商业管理委员会所作出的决定进行司法审查，被上诉法院驳回。上诉法院认为，上述委员会所作出的决定仅仅涉及韦斯特与相关管理机构之间的商业关系，这是由韦斯特选择签订的合同管理的，那些决定具有私人的而非公共的性质，只是在私法中对韦斯特产生影响，因此伦敦劳埃德商业管理委员会所作出的决定与公共职能的行使无关，该委员会不是《人权法》意义上的公共机构，因而对它所作出的决定不能进行司法审查。

（四）提起诉讼的时间

根据《人权法》第7条第（5）款的规定，当公民依据《人权法》在适当的法院或法庭对公共机构违反公约权利的行为提起诉讼时必须在以下期限结束前提出：（a）被控行为发生之日起1年内；或（b）法院或法庭综合各种情况后确认的更长的合理期限。但是以上期限受涉及程序时施加了更严格的时间限制的规则的制约。因此，公民对公共机构的诉讼必须在所控诉的行为发生之日起1年内提起。如果法院在考虑所有相关的事实后认为延长上述时间是公平的，还可以延长上述期限。另外，如果对所使用的诉讼类型存在着一种更为严格的时间限制，那么就要适用该时间限制。例如，如果控告是通过司法审查申请，那么通常它必须最迟在3个月内被提起。

需要指出的是，1998年《人权法》是在2000年10月2日生效的，如果公民在2000年10月2日之前被判有罪，他就不能利用《人权法》上诉要求推翻定罪，公民也不能主张利用《人权法》对该法案生效之前的法律运用公约权利的解释。如果公

[1] R.（on the application of West）v. Lloyd's London，[2004] H. R. L. R. 27.

民主张公共机构侵犯其公约权利的诉讼跨越2000年10月2日，他可以依据《人权法》提起诉讼。

(五) 管辖法院

依据《人权法》提起单独诉讼的公民需要决定向哪一个法院或法庭提起诉讼？一般来说，这取决于诉讼的内容和希望获得的救济。例如，如果诉讼涉及福利金，它一般应当向上诉裁判所诉讼。如果诉讼涉及民事过错行为，例如人身伤害的主张，那么它应当在高等法院或郡法院，或（苏格兰）郡长法院或（苏格兰）最高民事法院开始。当案件与公共机构的决定有关时，通常应当向高等法院提起司法审查申请。

1998年《人权法》使得更多的人权案件在国内法律诉讼中的更早阶段就得到处理，英国各级法院，包括治安法院和裁判所，都能够实施公约并因此减少诉诸欧洲人权法院的程度。当一个特别困难或有争议的人权问题出现在低级法院时，就可以通过快速途径寻求高等级法院的迅速判决。同时，英国公民还保留了最终诉诸欧洲人权法院的权利。

三、1998年《人权法》所认可的公约权利的具体保护

1998年《人权法》认可了大部分的公约权利，那么，《人权法》生效后法院如何保护这些公约权利？[1]

(一) 生命权

1. 何谓生命权

生命权是公民享有其生命受到法律保护的权利。每一个公民都享有这一权利，包括那些危及他人生命的恐怖嫌疑分子或暴力罪犯。这一权利是《人权法》的所有权利中最基本的权利。与生命权相关的权利是，如果政府在公民家庭成员的死亡中负

〔1〕 下述内容参考了 Department for Constitutional Affairs, *A Guide to the Human Rights Act 1998* (Third Edition), 2006, p. 6, see http: //www. dca. gov. uk/peoples - rights/human - rights/index. htm., 访问日期为：2007年10月9日。

有一定责任时，公民还享有要求政府部门进行有效调查的权利。

国家只能在非常有限的情形下剥夺公民的生命。《人权法》附件一第一部分第2条第（1）款规定，“不得故意剥夺任何人的生命，除非他们犯下了规定要实施死刑的犯罪。”在英国批准了《欧洲人权公约》第6和第13议定书中关于废除死刑的规定后，英国法院不能作出死刑判决。

2. 对生命权的限制

生命权不是一种绝对的权利，它在非常有限的情况下也要受到限制。《人权法》附件一第一部分第2条第（2）款规定了合法使用暴力导致死亡的情形：①防卫任何人的非法暴力行为；②为执行合法逮捕或者是防止被合法拘留的人脱逃；③为镇压暴力或者叛乱合法采取的行动。在上述情形中，相关机构诸如军队、警察或监狱必须证明暴力的使用或使用暴力的程度是绝对必要的；必须证明暴力的使用或使用暴力的程度与使用暴力试图达到的目的是严格相称的。

3. 政府保障生命权义务的主要领域

在民主社会，政府应当采取种种积极措施保护公民的生命权。这一义务可以扩大到下述领域或情形：

（1）医院。医院有义务采取积极的措施保障病人的生命权利，因此医院在拒绝救治垂危病人之前需要充分考虑其行为是否会侵犯公约第2条所规定的生命权利和《人权法》附件1第一部分第3条所规定的免受酷刑、不人道或有辱人格的待遇或惩罚的自由。

在“英国国家卫生事业局信托部A诉M和英国国家卫生事业局信托部B诉H案”[1]中，M在遭受缺氧性脑损伤后在1997年被诊断为处于永久性植物人状态，国家卫生事业局信托部认

〔1〕 NHS Trust A v. M and NHS Trust B v. H, [2001] Fam. 348.

为继续治疗对她来说并不是最合适的，医院于是向法院请求宣告它有权利不对病人继续治疗。法院给予了宣告。法院认为，在继续治疗不再是为了病人的最好利益的情况下，不继续治疗的行为依照1950年《欧洲人权公约》第2条第（1）款不会构成对生命权的故意剥夺。在紧急情况中，政府不存在着延长M的生命的义务。而且，治疗的取消不会违反第2条中所规定的采取保障生命的种种足够的和适当的措施的要求，因为如果治疗是无益的，那么政府所承担的保护生命的积极义务就不是对待病人的绝对义务。另外，不继续治疗也没有侵犯第3条所规定的免受酷刑的权利，因为上述权利要求受害者应当知道对他所作出的不人道和有辱人格的对待。而在当时情况下，M作为一个已经处于永久性植物人状态超过3年的无知觉病人，并不知道对她的治疗也不会知道治疗的取消。因此在本案中法院认为，不继续治疗并不构成对M依据《欧洲人权公约》第2条和第3条所享有的权利的侵犯。

（2）死亡威胁。公民的生命权受到保护，因此如果公民遭到了他人对其生命的一种现实威胁，相关的政府部门有义务采取积极措施保护公民免受死亡威胁。

“奥斯曼诉联合王国案”[1]确立了一个基本原则，即如果公民遭受了来自于已知个体对其生命的一种现实的和当前的威胁，警察和其它政府机构应当采取积极措施对他进行保护。这一原则在王国政府（应A的申请）诉萨维尔勋爵（血腥星期天调查）案[2]中得到了应用。在该案中，“血腥星期天”调查法庭对允许士兵证人在英国国内的审判地提供口头证据的决定提起上诉。调查法庭意图尊重包括受害人家庭在内的伦敦德里市的

〔1〕 Osman v. United Kingdom, [1998] 29 E. H. R. R. 245.

〔2〕 R. (on the application of A) v. Lord Saville of Newdigate (Bloody Sunday Inquiry), [2002] 1 W. L. R. 1249.

多数人的意愿，认为调查应当在谋杀行为发生地即北爱尔兰进行，因此士兵应当在北爱尔兰提供证据。但同时法庭也承认，反对停火的一些共和主义组织对士兵证人造成了一种特定的威胁，但是法庭声称会采取安全措施以降低他们遭到的危险。上诉法院经审理驳回了调查法庭的上诉。上诉法院认为，法庭依据1998年《人权法》附件一第一部分第2条有义务保护士兵证人免受危及他们生命权的犯罪行为。在经过对证据的审查后，法院发现那些担心客观上被证明是有正当理由的，因此，法庭在犯罪地作出裁决并不符合第2条的规定，也不符合公正程序规则。法院认为，种种可能发生的危险提供了改变证据提供地的一个迫切理由，通过允许受害人家庭成员的参加以及与伦敦德里市的现场录像的连接等种种措施，不会对调查的可信性造成损害。本案的裁决说明，当公民担心其生命遭到威胁，并证明这种担心有正当理由时，相关的公共机构有义务保证他们的生命安全。

当媒体公布相关人的身份可能对其带来危险时，公民同样享有保护其生命安全的权利。“维纳布尔斯诉新闻集团报业公司和汤普森诉新闻集团报业公司案”[1]是一个典型案例。11岁的维纳布尔斯和汤普森被判犯有谋杀儿童罪，他们向法院申请禁制令以特别保护他们在释放时不被认出。在拘留期间，法院发布了禁制令，对媒体可以公布的关于他们的信息进行限制。但是，这些禁制令在他们年满18岁的时候到期了，他们于是向法院请求发布无限期的禁制令。法院裁决给予了上述禁制令。法院认为，从提交到法院的证据来看，在某些公众当中存在着某种程度的敌意和报复的欲望，如果媒体暴露他们的身份，就会存在他们遭到报复攻击的危险这样一种现实的可能性。在这种

---

〔1〕 Venables and Thompson v. News Group Newspaper, Ltd [2001] Fam. 430.

情况下，法院负有保护个体不受他人的违法行为侵害的积极义务。在例外的情况下，法院享有扩大信息秘密保护范围的管辖权，甚至可以对媒体施加种种限制，因为如果不施加上述限制就会存在下述可能性即请求保密的人会遭到严重的身体伤害甚至死亡，而其它保护手段却无法获得。因此法院认为，对媒体出版的权利施加的任何限制属于1950年《欧洲人权公约》第10条第（2）款所确立的例外情形，[1] 按照《欧洲人权公约》第10条第（2）款的规定，出于防止犯罪或保护他人的权利的目的可以对表达自由进行约束。

（3）将外国公民从英国驱逐出去可能导致生命受到威胁。一般认为，生命权的保护不允许把非英国公民引渡、驱逐或放逐到可能使得他们的生命处于危险当中的国家。但是，英国法院对此适用了相当高的标准，如果寻求避难者试图证明如果他们被迫回到他们的来源国他们的生命将受到威胁，他们必须满足上述高标准。

（4）死亡的权利。生命权并不包括剥夺自己生命的权利。在“王国政府（应普雷蒂的申请）诉检察官案”[2]中，黛安娜·普雷蒂患有无法治愈的运动神经元疾病，为此她一直生活在恐惧和悲痛中，她希望结束自己的生命。由于她自己的身体状况，她无法自己结束生命，而她的丈夫愿意帮助她自杀。尽管自杀不是犯罪行为，但是帮助他人自杀是犯罪行为，于是她

---

〔1〕 即1998年《人权法》附件一第一部分第10条第（2）款的规定：“上述各项自由的行使，由于负有义务和责任，可以受到法律所规定的和民主社会所必需的程式、条件、限制或者是惩罚的约束。这些约束是基于对国家安全、领土完整或者公共安全的利益，为了防止混乱或者犯罪，保护健康或者道德，为了保护他人的名誉或者权利，为了防止秘密收到的信息的泄漏，或者为了维护法官的权威与公正。”

〔2〕 R.（on the application of Pretty）v. DPP（2346/02），[2002] 35 E. H. R. R. 1.

向英国检察官请求发布对她丈夫的赦免以保证她的丈夫不会被起诉，检察官拒绝了她的要求。黛安娜·普雷蒂为此提起诉讼，案件最终上诉到了上议院，上议院驳回了她的请求。于是黛安娜·普雷蒂向欧洲人权法院申诉，主张她所享有的《欧洲人权公约》第 2 条即生命权、第 3 条即免受酷刑、不人道或有辱人格的待遇或惩罚的权利、第 8 条即尊重私人和家庭生活的权利以及第 14 条即不受歧视的权利受到了侵犯。欧洲人权法院在 2002 年作出裁决，驳回了普雷蒂的申诉。法院认为，《欧洲人权公约》第 2 条所保障的生命权不能被解释为赋予死亡的权利，它并不涉及诸如生命质量的问题并且没有赋予自我决定生命的权利，因此第 2 条所规定的生命权不能被用于保障终止生命的权利。

（二）免受酷刑或不人道或有辱人格的待遇或惩罚的自由

1. 何谓免受酷刑或不人道或有辱人格的待遇或惩罚的自由

公民享有免受酷刑或非人道的或有辱人格的待遇或惩罚的自由。这一权利是公民最根本的权利之一，并且是绝对的权利，对这一权利不存在任何限制，即便在战时或其它公共紧急情况下，公民也享有这一权利。

所谓“酷刑”，就是最严重的虐待。它由引起非常严重的和残酷的故意的非人道待遇构成。引起酷刑的上述痛苦可以是精神上的，或身体上的，或两者兼有。例如，警察为获得口供对嫌疑犯进行严刑逼供就是酷刑。所谓“不人道的待遇或惩罚”，主要是指下述情形：严重的身体攻击；精神讯问手段的使用；不人道的拘留条件或约束；未能为一个患有严重疾病的人提供或撤销适当的医疗帮助；现实的和即刻的酷刑威胁。从严重性上看，不人道的待遇或惩罚不如酷刑。所谓“有辱人格的待遇或惩罚”，是指具有羞辱性的虐待。当然，待遇是否有辱人格取决于具有相同年龄、性别和健康状况的一个有理性的人是否会感到有辱人格。建立在种族基础上的严重歧视可能构成有辱人格的待遇，并且以教育、性别等为由实施的其它形式的严重歧视也可能构成有辱人格的待遇。从严重性上看，有辱人格的待遇或惩罚也不如酷刑。

2. 可能侵犯免受酷刑、不人道或有辱人格的待遇或惩罚的自由的情形

由于酷刑、不人道或有辱人格的待遇或惩罚等行为是比较严重的侵害行为，因此证明存在上述侵害行为的标准是比较高的，一般来说，在下述情形中，可能存在对上述权利的侵害，法院会采取相当高的审查标准：

(1) 警察局囚室、监狱、精神医院和其它形式的拘留中心的条件。在警察局囚室、监狱、精神医院或其它形式的拘留中心，如果相应的条件未能充分达到给予公民基本的生活或医疗条件，以致公民受到虐待甚至死亡，法院可以免受酷刑、不人道或有辱人格的待遇或惩罚的自由为依据审查公共机构的行为。"麦格林奇诉联合王国案"[1]就是一个典型案例。麦格林奇是一名吸食海洛因成瘾者和气喘患者，她在第一次入狱时就出现了几次严重的病症。在几天里麦格林奇出现了无法控制的呕吐症状并且不能进食，她的体重也大大减轻。在整个周末，监狱医生都没有值班，只有一个临时医生在星期六上午出诊。麦格林奇的状况在周末继续恶化，但是临时医生没有对她进行诊治，而看护人员在周末的剩下时间里也没有去请医生或安排她转移到医院。在星期一上午，麦格林奇已经不行了，于是被转移到医院，后来她死在了医院。申请人申诉说麦格林奇在死前遭受了不人道和有辱人格的待遇，这违反了1950年《欧洲人权公约》第3条，并且在这一申诉方面缺乏任何有效救济也违反了

〔1〕 McGlinchey v. United Kingdom (50390/99), [2003] 37 E. H. R. R. 41.

公约第 13 条所规定的请求获得有效救济的权利。法院裁决，维持申诉。法院认为，公共机构未能建立一种准确的手段来确定麦格林奇的体重减轻，在麦格林奇的健康状况发生进一步显著恶化的时候，医生在周末期间未能监督她的健康状况，而且未能采取更为有效的措施治疗她的健康状况，例如允许她转移到医院通过静脉保证药物和流质食物的吸收或在控制她的呕吐上获得专家的帮助。因此，监狱的行为未能满足公约第 3 条所要求的标准，并违反了公约 3 条第 2 款。

（2）肉刑与虐待儿童。

（3）驱逐或引渡公民到那些存在酷刑、不人道或有辱人格待遇的现实危险的国家。这种情形是指，如果英国政府在驱逐或引渡非英国公民到其它国家时，如果其它国家存在着使得上述公民遭受酷刑、不人道或有辱人格待遇或惩罚的现实危险，英国法院可以依据第 3 条的权利对公民实施保护。

（4）寻求避难者在等待他们的避难申请时的种种生活条件。这种情形是指，如果申请进入英国境内的外国公民在等待英国移民官员作出的决定时，所处的拘留或羁押中心存在着恶劣的生活条件，致使申请避难者遭受了不人道或有辱人格的待遇，申请避难者可以依据第 3 条请求英国法院的保护。当然，法院在上述情形中对公民的保护所适用的标准是相当高的。在“王国政府（应 S 的申请）诉内政大臣案”[1]中，T 的避难申请被拒绝了，他在到达英国后耽搁了申请避难的时间有 6 天，并一直睡在伦敦希思罗机场的公共洗手间里。内政大臣发现 T 并没有根据 2002 年的《国籍、移民和避难法》的相关规定在合理的时间内提出避难申请，于是依据 2002 年《国籍、移民和避难

〔1〕 R.（on the application of S） v. Secretary of State for the Home Department, [2004] H. L. R. 17.

法》的相关规定作出拒绝给予T资助并不侵犯其免受不人道待遇的自由的决定。上诉法院裁决内政大臣的行为是依法行使的行为。上诉法院认为，政府对避难寻求者的待遇的效果是否属于第3条范围内的问题是一个事实与法律的混合问题。制定可适用于所有情况的一个简单标准是不可能的。证明资助对于避免侵犯第3条权利是必要的责任在主张者一方。由于资源的配置通常是专门由行政官员决定的事情，因此确定是否侵犯第3条的标准是一个高标准。对一个主张者来说，感觉他遭受了尊严或感情上的悲痛的损失是不够的。法院认为，在T的情况中，不能发现他的状况已经到达或接近不人道或有辱人格的程度。他有避难处、卫生设施和可供购买食物的少量金钱。他的身体并不完全健康，但是还达不到如此不适以致需要立即治疗的地步。因此，内政大臣拒绝为T提供资助并没有达到确定侵犯他的第3条权利所要求的严重程度。

（三）不受奴役和强制劳动的自由

不受奴役和强制劳动的自由是指公民享有不得像奴隶那样被对待或被迫从事某些类型的劳动的权利。这是一项绝对权利，甚至在战时或其它突发公共事件下公民也享有这一根本权利。

该权利保护公民不受“奴役”或“苦役”，奴役或苦役是非常古老的概念，英国在1833年就宣布所有形式的奴隶是不合法的。该权利还保护公民不得实施“被迫的或强制劳动”。“劳动”是一个含义广泛的概念，可以涵盖所有类型的工作或服务，而不仅仅是物理的工作。如果公民受到他不自愿接受的惩罚的威胁去做某件事，就是“被迫的或强制性的”。如果移民官员拿走公民的护照以防止他们辞去工作，这种情形也属于被迫的或强制的劳动。

根据1998年《人权法》附件一第一部分第4条第3款的规定，不被认定为被迫或强制劳动的情形有：①在根据本公约第5

条的规定被施加的拘留的正常程序中以及在有条件地免除上述拘留期间被要求做的任何工作；②任何军事性质的服役或者在承认基于道德或宗教信仰原因不肯服兵役者的国家中，代替强制兵役所需要的服役；③在公共突发事件或危及公众的生活或安宁的情况中的社区服务；④构成普通公民义务的一部分的任何工作或者服务。一般来说，这些工作或服役包括：义务的消防服役；房东维修房屋；雇主从雇员的工资中扣税。

依据上述权利提交到欧洲人权法院的案件不多。在几乎所有的案件中，主张自己不受奴役或强制劳动的自由受到侵犯的当事人都没有成功。例如，欧洲人权法院认为律师受训者可以被要求承担一定数量的自愿工作作为他们的培训的一部分，这没有侵犯他们的权利，因为要求他们做这种无报酬的工作以避免被开除被认为是恰当的。同样，欧洲人权法院认为政府要求失业者接受所提供的工作是可以接受的，这不被认为构成强制劳动。

（四）人身自由与安全的权利

1. 何谓人身自由与安全的权利

人身自由与安全的权利是公民享有的不被任何机构或个人剥夺自由、不受非法逮捕或拘留的权利。

英国普通法对公民人身自由与安全的传统保护，主要有两个特点：

第一，注重正当法律程序的保护。早在 1215 年的《自由大宪章》就对保护公民权利与自由的正当法律程序作出了规定，该宪章第 39 条规定："任何自由民未经同级贵族依法判决，或经国法判决，不得加以逮捕、监禁、没收财产、放逐、剥夺法律保护权及其他任何损害"。

在1627年的“五骑士案”[1]中，国王查理一世为了与法国交战而筹措经费，托马斯·达内尔（Thomas Darnel）等五名骑士拒绝贷款给国王，因而被关进监狱。托马斯·达内尔（Thomas Darnel）等五人向王座法庭提出人身保护令的请求，该法院发出了人身保护令。他们的律师提出，监狱长的回答在形式上存在瑕疵，在内容上仅仅有国王的命令而没有法律依据不能把臣民送进监狱，针对这一主张，以海德（Hyde）为首席法官的王座法庭判决认为：监狱长的回答在形式上充分满足了人身保护令的要求，不存在瑕疵；监禁五骑士的命令是根据国王的特别命令也就是根据法律作出的。法院最终判决被监禁者仍旧要回监狱。该案发生时所处的17世纪初期正是资产阶级革命刚刚开始的时期，以君权天赋为基础的君主主权主张仍然占有相当优势，公民的人身自由在“国王不能为非”的普通法原则下远没有得到很好的保护。就在五骑士案发生后的第二年即1628年，国王查理一世接受了《权利请愿书》。《权利请愿书》重申了《自由大宪章》有关保护公民自由和权利的内容，规定非依照同级贵族之依法审判或经国法判决，任何自由民都不得被逮捕、监禁、没收财产、放逐、剥夺法律保护权及受其他任何损害；规定海陆军队不得驻扎居民住宅，不得根据戒严令任意逮捕自由民。但在查理一世解散议会之后，《权利请愿书》事实上被国王抛弃。对于运用人身保护令将人们从监禁中释放出来的权利，最终得到确保还是到了1679年的《人身保护法》和1689年的《权利法案》被制定之后。

1765年的“恩蒂克诉卡林顿案”[2]就涉及了保护公民不受“普通搜捕令”侵犯的自由。在该案中，一家名为《箴言报》

---

〔1〕 The Five Knights' Case, [1627] 3 St. Tr. 1.

〔2〕 Entick v. Carrington [1765] 19 St. Tr 1030.

的报纸经常刊登一些攻击政府的言论，国务大臣于是签发普通搜捕令对负责该报出版的办事员恩蒂克的家进行搜查，并带走了恩蒂克的一些书籍和文件。恩蒂克对持令搜查的御差提起了诉讼，首席法官卡姆登勋爵（Lord Camden）对搜捕令的合法性进行了裁决。

自 1688 年革命以来，国务大臣获得了签发普通搜捕令的权力，这一搜捕令可以授权政府官员搜查散布所谓诽谤文字的报社、逮捕作者和出版者并把他们带到国务大臣面前接受处理，其特点是事先无须通知当事人就可以执行。普通搜捕令上往往用笼统的词语说明搜捕内容，没有写明被搜捕人的姓名，而根据普通法的规定，搜捕令上必须写明被搜捕人的姓名和搜捕理由。显然，普通搜捕令与 1689 年《人身保护法》等宪法性法律所规定的保护人身自由的正当程序是相抵触的。卡姆登勋爵（Lord Camden）认为，国务大臣无权签发没有提及具体对象的、用词笼统的“普通搜捕令”，尽管自 1688 年革命以来国务大臣签发这种搜捕令已经成为了一种习惯，但是习惯不得与明确的法律原则相抵触。卡姆登勋爵（Lord Camden）裁决，国务大臣没有上述权力，依据搜捕令进行的侵入和搜查行为是非法的，搜捕令的签发因而是违法的。

第二，对行政机关、司法机关和其它公共机构可能侵犯人身自由的权力行使的限制。在现代社会，行政机关对公民人身自由的侵犯主要体现在警察对公共权力的行使上。警察行使诸如逮捕权的公共权力的行为如有不当就有可能对公民的人身自由造成严重侵害，因而法院对警察行使公共权力的行为施加了非常严格的限制。“李钦斯基诉克里斯蒂案”[1]就是法院通过确立逮捕须有理由的原则对公民的人身自由实施保护的典型案例。

---

〔1〕 Leachinsky v. Christie, [1946] K. B. 124.

在该案中，克里斯蒂警官怀疑李钦斯基窝赃，在未持有拘捕令的情况下将其拘捕。根据普通法和1921年利物浦法律的规定，警察只有对犯有重罪的人或无法知道嫌疑人的姓名和地址的情况下才可以不凭拘捕令进行拘捕。而李钦斯基并不属于上述情况。法院判定这一逮捕行为是无效的，李钦斯基接赃的行为不属于无证逮捕的范围，而且警方没有告知其所犯罪行和逮捕理由，这违反了警察正当行使逮捕权的程序要求。法官斯科特（Scott）认为，关于逮捕法律的问题提出了影响英国宪法的实质原则并对个体自由具有最大重要性的问题。他指出："现代的法治就是，除非普通法或制定法的限制性条件严格地被警察遵守，他所作出的逮捕就是非法的。"〔1〕他还指出了法院在保护公民自由上的作用："英国人的自由绝对地依赖于我们的法庭……行政机关不受法院控制所作出的逮捕在英国历史上已经发生了多次，这种行为需要法庭的干预以便对行政机关进行约束。"〔2〕

"丘奇曼诉联合工人代表委员会案"〔3〕则涉及上级法院对下级法院发布的可能侵犯公民人身自由的命令的严格限制。在该案中，伦敦东区的码头工人拒绝服从劳资关系法院所发布的要求他们停止罢工警戒的命令，在劳资关系法院发出最后警告，说如果他们不在指定日期到上诉法院提出申诉就要对他们发出逮捕令，即使这样，他们也没有在指定日期向上诉法院申诉。此时逮捕令本要发出，但是一位代表码头工人的官方代诉人到上诉法院要求撤销劳资关系法院的逮捕令，他的请求获得了成功。丹宁勋爵在判决中说道："……在行使那些权力时，特别是

---

〔1〕 Leachinsky v. Christie, [1946] K. B. 124, at 136.

〔2〕 Leachinsky v. Christie, [1946] K. B. 124, at 137.

〔3〕 Churchman v. Port of London Joint Shop Stewards Committee, [1972] 1 W. L. R. 1094.

在行使关系到臣民自由的那些权力时，我认为，同时本法院也认为，劳资关系法院所作出的引起惩罚的侵害行为必须证明遵循与高等法院在这座大厦同样严格的要求。"[1]"……当你要剥夺别人的自由时，在诉讼中必须以所有严格的确凿证据作出证明……在对被告发出警告时，必须同时告诉他上诉法院或高等法院一般在剥夺一个人的自由之前对其提出控告所要求的全部确凿证据，有新的指控还必须再通知被告并给予他表示意见的机会。即使被告不出庭作答，也必须用通常在剥夺一个人的自由之前所要求的充分证据予以核实。"[2] 与从正当法律程序强调保护公民人身自由的案例不同的是，这一案例强调了限制或剥夺公民人身自由所必须具备的确凿证据。

"亨特诉约翰逊案"[3]则涉及法院对行政机关、法院以外的公共机构可能侵犯公民人身自由的行为的限制。本案的关键问题是学校能否在没有国会规定或授权的情况下拥有自行规定学生必须在课外完成家课的权力，以及这一行为是否侵害公民的人身自由。在该案中，布列德福特学校委员会根据 1870 年及 1876 年的《初等教育法》制定了一项制度，规定该学校委员会辖下的各个学校的所有学生在学校为同龄学生开放的所有时间内在学校上课，不得干其他的杂事，而且这项规定是受到女王敕令认可的，必须遵守。亨特是布列德福特学校委员会所辖的一所小学的学生，1883 年 9 月 20 日，他因在家中没有完成教师事先规定的家课，中午放学时被学校留下进行补习，直到 12 点 45 分才被允许回家。亨特的家长以亨特为上诉人向保安官提出

---

[1] Churchman v. Port of London Joint Shop Stewards Committee, [1972] 1 W. L. R. 1094, at 1097 ~ 1098.

[2] Churchman v Port of London Joint Shop Stewards Committee, [1972] 1 W. L. R. 1094, at 1100 ~ 1101.

[3] Hunter v. Johnson, [1883 ~ 1884] L. R. 13 Q. B. D. 225.

申请，要求保安官判定该校校长“恐吓”。保安官作出裁决，该校校长的“恐吓罪”不成立，但是对于该校强迫学生在家中完成家课的行为是否妥当或合法未作出裁决。保安官将该案移送到高等法院作法律裁定。高等法院的法官经过谨慎的考虑，作出了将该案发回保安官重审的裁决。上诉人的律师认为，学校教育委员会没有权力发布要求学生在学校正常学习时间之外做什么的地方性法规，学生不能因违反上述法规而被非法惩罚。对学生的留置是一种非法拘禁，它是对学生人身自由的一种限制。主审法官马修（Mathew）认可了上诉人律师的观点，认为教育委员会没有权力要求学生在家里完成家课，学校强迫没有完成家课的学生留置在学校补习是侵犯了公民的个人自由。在这个案件中，法院主要是依据越权原理对公共机构行使权力侵犯公民人身自由的行为进行限制。

2. 对人身自由与安全权利的法定限制

人身自由与安全的权利并非绝对的权利，而是有限制的权利。人身自由与安全的权利在传统上被视为消极权利，只要公民没有违反法律的禁止规定，就可以最大限度地行使该项权利。在1998年《人权法》生效之前，没有制定法对人身自由与安全权利应当遵守的法定限制作出全面和严格的规定，《欧洲人权公约》虽然规定了对上述权利的法定限制情形，但是公约在英国并不具有直接法律效力。1998年《人权法》认可了《欧洲人权公约》中对公民的人身自由与安全的法定限制，《人权法》附件一第一部分第5条规定了下述法定限制情形：①具有管辖权的法院对某人作出有罪判决后对他的合法拘留；②由于不遵守法院的合法命令，或为了保证法律所规定的任何义务的履行而对某人的合法逮捕或拘留；③如果有理由怀疑某人实施了犯罪行为，或如果合理地认为有必要防止某人犯罪或者犯罪后脱逃，为了将其送交有关的法律机构而对其实施的合法的逮捕或拘留；

④基于教育性监督的目的、根据合法命令对未成年人的拘留，或者为了将其送交有关的法律机构而对其实施的合法拘留；⑤基于防止传染病蔓延的目的而对某人实施的合法拘留，以及对精神失常者、酗酒者或吸毒者或流浪者实施的合法拘留；⑥为防止某人未经许可进入国境，或者为驱逐出境或引渡而对某人采取行动并实施的合法逮捕或拘留。

3. 依据第 5 条人身自由所享有的其它权利

按照 1998《人权法》附件一第一部分第 5 条第（2）~（5）款的规定，公民还享有与人身自由与安全有关的其它权利。这些权利包括：①公民作为刑事嫌疑犯被逮捕时应立即送交法官或其他经法律授权行使司法权的官员的权利；②在刑事审判之前获得保释的权利；③在一个“合理的时间内”进行审理的权利；④以一种非技术措辞和公民能够明白的语言告诉公民被逮捕理由的权利；⑤公民向一个独立的司法机构质疑对其拘留的合法性的权利，以及如果公民在某些案件中胜诉就被释放和获得赔偿的权利。

4. 对人身自由与安全权利的克减

《欧洲人权公约》第 15 条第 1 款规定：“战时或者遇有威胁国家生存的公共紧急情况时期，任何缔约国有权在紧急情况严格要求的范围内采取有悖于其根据本公约所应当履行的义务的措施，但是，上述措施不得与其根据国际法的规定应当履行的其他义务相抵触。”允许签字国在国家处于紧急状态时中止某些义务的这些特别措施叫做克减。政府可以克减依据《欧洲人权公约》所承担的某些义务。这就是说，政府可以限制某些被具体指定的权利与自由的行使而不违反公约。然而，这种克减不得与政府承担的其它国际义务相抵触。

"X 诉内政大臣案"[1]是涉及对人身自由与安全权利的克减的典型案例。在"9·11 事件"发生后，英国议会通过了 2001 年《反恐、犯罪与安全法》，该法律涉及英国为了反恐的目的对公约第 5 条所规定的人身自由与安全权利的克减，它适用于国务大臣怀疑是国际恐怖分子的外国公民和他打算以国家安全为由驱逐出境的外国公民。该法第 23 条第（1）款规定："一个被怀疑是国际恐怖分子的人可以依据分款（2）中所作出的明确规定被拘留，尽管存在着被下述理由阻止驱逐或逐出（不管暂时还是无限期）联合王国的事实：（a）完全或部分与国际协议有关的一个法律要点；或（b）一个实际的考虑。"

在该案中，X 等人是外国公民，内政大臣依据 2001 年《反恐、犯罪与安全法》第 21 条的规定认定他们是国际恐怖嫌疑分子。他们不能被驱逐出境，因为这种情况会侵犯 1998 年《人权法》附件一第一部分第 3 条即免受酷刑、不人道或有辱人格的待遇或惩罚的权利。在 9·11 事件发生后，为对付来自于基地组织的恐怖分子，英国政府制定了 2001 年《〈人权法案〉命令》，该命令允许对 1998 年《人权法》附件一第一部分第 5 条第（1）款（f）项进行克减，因此内政大臣依据上述命令在未经审判的情况下拘留了 X 等人。X 等人向特别移民上诉委员会提出了上诉，委员会裁决 2001 年《反恐、犯罪与安全法》与 1998 年《人权法》附件一第一部分第 5 条即人身自由与人身安全的权利和第 14 条即不得歧视的权利不相容，因为它允许以一种以国籍为由歧视他们的方式对国际恐怖嫌疑分子实施拘留。但是该裁决被上诉法院推翻，上诉法院判决，依据 2001 年《反恐、犯罪与安全法》第 23 条，以 X 等人对国家安全造成威胁为由对其实施拘留并不违反 1950 年《欧洲人权公约》。X 等人为此上诉到

[1] X v. Secretary of State for the Home Department, [2005] 2 A. C. 68.

了上议院。

X 等人主张：①依据公约第 15 条对公约规定的克减是不允许的，因为不存在第 15 条第（1）款含义范围内的“危及国家安全的公共紧急事件”，因此不符合第 15 条规定的门槛标准；②权利克减是不相称的，因为立法目标本来可以通过不限制或不那么严重限制人身自由这一根本权利的种种手段来实现；③2001年《反恐、犯罪与安全法》第 23 条构成了歧视，因为它规定了对不是英国公民的国际恐怖嫌疑分子实施拘留，却没有规定对是英国公民的国际恐怖嫌疑分子实施拘留。

上议院裁决允许 X 等人的上诉。上议院认为：①X 等人有权利请求法院以比例性理由审查 2001 年的命令以及 2001 年《反恐、犯罪与安全法》第 23 条与公民的一致性。2001 年《反恐、犯罪与安全法》第 21 条和第 23 条是不相称的，因为它们并没有合理地对付由基地组织恐怖分子及其支持者所引起的对英国安全的威胁，因为（a）它们没有对付由英国的公民引起的威胁，（b）它们容许了下述情况的发生，即如果存在着被怀疑是基地组织恐怖分子及其支持者的外国公民能够去的任何国家，他们就能够在海外从事恐怖活动，和（c）上述条款允许了对像基地组织恐怖分子或其支持者那样对没有被怀疑给英国安全造成任何威胁的人的检定和拘留。如果由被怀疑为是基地组织恐怖分子或其支持者的英国公民给英国安全造成的威胁，能够在不侵犯其人身自由权利的情况下被处理，那么就没有理由证明为什么同样的措施不能足够对付由外国公民造成的威胁。而这些措施不被公约第 15 条范围中的紧急状态所“严格要求”。②依据公约第 14 条禁止以国籍或移民地位为由进行歧视不是权利克减的对象。对根据国籍或移民地位确定的一群国际恐怖嫌疑分子而不是另一群人予以拘留的决定不能被证明有正当理由，并且违反了公约第 14 条不得歧视的规定。它也违反了《公民权利与政治权利国际公约》第26条，并且在公约第15条[1]的范围内与英国依据国际法所承担的其它义务是不相容的。英国承担的那些义务决定了它不能依靠下述过时的规则，即一个主权国家能够控制外国人进入它的领土和把他从领土上驱逐出去。最终上议院撤销了2001年的命令，并依据1998年《人权法》第4条宣告2001年《反恐、犯罪与安全法》第23条是不相称的，并且它容许以一种以国籍或移民地位为由进行歧视的方式对国际恐怖嫌疑分子予以拘留，与1998年《人权法》附件一第一部分第5条和第14条是不相容的。

5. 侵犯人身自由与安全权利的情形

从与《人权法》有关的司法实践来看，被宣称侵犯了人身自由与安全权利的情形主要表现在拘留和刑事判决中量刑的施加等领域。例如，外国公民在进入英国境内寻求避难时，因等待移民机构作出快速决定期间被拘留而向法院宣称公共机构侵犯了其人身自由与安全。但是在这种情形中，法院出于对移民政策、国家安全等因素的考虑，很难维护公民的人身自由权利。

"王国政府（应沙迪的申请）诉内政大臣案"[2]是这方面的典型案例。在该案中，沙迪是一名寻求避难者。2000年，英国政府在奥金顿难民接待站设立了一种快速程序，根据这一快速程序，如果避难申请要很快被决定，申请避难者可以被拘留大约7天的时间。沙迪在奥金顿拘留中心被拘留了10天的时间。沙迪申请对他的拘留决定进行审查，理由是，在他没有逃脱的危险时把他拘留在这里是不合法的，这违反了依据1971年《移民法》所授予的行政权力实施的拘留必须是必要的这一推定

---

〔1〕 即《欧洲人权公约》第15条第（1）款中的但书条款，"上述措施不得与其根据国际法的规定所应当履行的其它义务相抵触"。

〔2〕 R. （on the application of Saddi）v. Secretary of State for the Home Department, [2002] 1 W. L. R. 3131.

要求；而且侵犯了他依据 1998 年《人权法》附件一第一部分第 5 条所享有的人身自由与安全权利。高等法院判决将沙迪拘留在奥金顿难民接待站是非法的。内政大臣提起上诉，获得上诉法院的准许。沙迪为此上诉到了上议院。沙迪认为，《欧洲人权公约》第 5 条第（1）款（f）项所规定的例外情形即为了防止一个未经批准的人入境而允许对其予以拘留并不适用，因为，在已经作出恰当的避难申请后，他正在努力获得经过批准的合法入境；反过来，拘留是对合理的移民控制要求的一种不相称的反应。

上议院裁决驳回了沙迪的上诉。上议院认为：①快速程序涉及在一个短时期内对大量申请人进行集中考虑，这证明了在可以接受的身体条件下实施短期拘留是合理地必要的；②避难申请者的任何入境行为都是未经批准的，国家有拘留的权力，在考虑申请以及批准入境期间，这一行为并不违反公约第 5 条。公约第 5 条第（1）款（f）项并没有包含拘留必须是必要的这一要求，例如政府必须证明申请人正试图通过逃避移民控制而入境。为了达到快速地作出避难决定而实施的拘留属于公约第 5 条第（1）款（f）所规定的合法限制人身自由的范围。上议院认为，不能说对申请人的强制性拘留是专断的或不相称的，因为快速程序要求高度组织化的管理和安排，如果允许申请人住在他们自己选择的地方或者在会见的时候没有及时赶到或根本没有参加会见，就会打乱上述安排。上议院认为，在剥夺寻求避难者的自由与为防止给申请入境的申请人造成长时间的拖延而作出快速决定的需要之间必须达到一种平衡。从本案的情况来看，奥金顿难民接待站提供了合理的条件并且拘留的时间并不过分，因此依据奥金顿程序所实施的拘留是合理的和相称的。

后来，欧洲人权法院在沙迪诉联合王国案[1]中也确认了上述拘留行为并不侵犯公民的人身自由与安全权利。

（五）公正审理的权利

1. 何谓公正审理的权利

公正审理的权利是指1998年《人权法》附件一第一部分第6条第（1）款的规定："在决定某人的公民权利和义务或者针对他的任何刑事指控时，任何人有权利在合理的时间内获得依法设立的独立而公正的法庭的公平且公开的审理……"公正审理的权利保证了法院的诉讼活动的公正实施。

公约第6条还给予了公民提起民事诉讼的权利。进入法院的权利是公民所享有的宪法权利。然而，这一权利并不是不受限制的。欧洲法院确立了下列人员可以被限制提起诉讼：没有法律依据不断提起诉讼的当事人；破产者；未成年人；在提起诉讼的时间限制或限制期限内没有提起诉讼的人；存在着对其进入法院的权利进行限制的合理利益的其他人，只要这种限制不比必要的限制更为严格。

2. 公正审理权利的内容

具体来说，公正审理权利包括公正审理的权利、公开审理的权利、获得一个独立的和公正的法庭审理的权利和在一个合理的时间内审理的权利。

（1）公正审理的权利。公正审理的权利意味着公民在某些情况下向法院提出事实和证据的权利。为了避免公民与其他当事人相比处于不利地位，公民必须拥有其他当事人所持有的相关材料，以及在与其他当事人相同的地位上交叉询问证人的资格。同样，证人和受害人也享有《欧洲人权公约》所规定的权

〔1〕 Saddi v. United Kingdom, "European Court of Human Rights (4th section) Application", (No. 13229/03), Judgment 11, 2006, July.

利。当公民是未成年人或易受伤害的人时法院也必须尽可能地保护他们行使这些权利。

（2）公开审理的权利。公开审理的权利是指原则上公众和媒体都有参加庭审的权利。但是这一权利要受制于某些限制，诸如出于道德、公共秩序或国家安全利益的考虑，或未满 18 岁的未成年人的案件或尊重当事人的隐私，可以排除公众和媒体参加法庭审理活动。然而，不公开审理必须是保护上述利益所必要的，而且，即使不公开审理，法院的判决也必须公开宣布。

（3）获得一个独立的和公正的法庭的审理的权利。这一权利是指公民所享有的保证审理案件的法庭独立于案件当事人的权利。法院或裁判所的成员被任命的方式，以及法院或裁判所处理特殊案件的方式能够影响到其独立性。同样，法院的成员必须是公正的，不能表现出偏袒或给予案件当事人合理地怀疑他们是否公正的任何理由。

（4）在一个合理的时间内审理的权利。在合理的时间内审理的权利是指公民享有让法院在审理自己的案件中不得存在过分的程序迟延的权利。从司法实践来看，迟延是否过分在很大程度上取决于诉讼的具体情况，包括：案件的类型与复杂性（例如刑事案件和涉及儿童的家事案件通常有严格的时间限度）；双方当事人的行动与进度；法院的行动与进度。

当然，由于人力资源（例如法官数量）的不充分而导致的迟延不能成为公民主张该权利的理由。

3. 刑事审判中的附带权利

根据《人权法》附件一第一部分第 6 条第（3）款的规定，被指控刑事犯罪的人还具有下述最低限度的权利：①以他所了解的语言立即和详细地告知他被指控罪名的性质以及被指控的理由；②应当有足够的时间和便利条件为辩护作准备；③亲自辩护或者由他自己选择的律师协助辩护，或者如果他无力支付法律协助费用，基于公平利益要求，应当免除他的有关费用；④询问不利于他的证人，在与不利于他的证人具有相同的条件下，让有利于他的证人出庭接受询问；⑤如果他不懂或者不会说法院所使用的语言，可以请求翻译的免费帮助。

（六）非依法律不得惩罚的权利

《人权法》附件一第一部分第7条第1款规定："任何人的作为或者不作为，在其发生时根据本国的国内法或者国际法不构成刑事犯罪的，不得认为其犯有任何罪刑。所处刑罚不得重于犯罪时所适用的刑罚。"因此非依法律不得惩罚的权利，通常是指公民不得因其作出某种行为时并未犯罪的行为所引起的刑事违法行为而被判有罪。同样，公民也被保护不得增加对自公民的行为发生之日起由于法律的修改而产生的犯罪的可能判决。这一权利是一种绝对的权利，不能对该权利进行任何限制。

（七）尊重私人与家庭生活的权利

1. 何谓尊重私人与家庭生活的权利

这一权利是《人权法》附件一第一部分第8条第（1）款所规定的"人人都享有尊重其私人和家庭生活、家庭和通信的权利。"这一权利是一种有保留的权利，它意味着，国家可以对公民的这一权利进行干涉，但必须在一个适当的背景下判断干涉是否可以接受。

2. 尊重私人与家庭生活的权利的内容

从《人权法》附件一第一部分第8条第（1）款的规定来看，尊重私人与家庭生活的权利包括以下具体内容：

（1）私生活的权利。"私生活"是个含义广泛的概念。一般来说，公民的私生活权利意味着，在考虑他人的权利与自由的同时，公民享有带着民主社会所认可的合理的个人隐私过自己生活的权利。例如，公民享有选择性别认同的自由、穿着打扮的自由、不受媒体打扰的自由等，公共机构或其他人对公民的私生活方式的干涉必须证明是正当的。

从《人权法》的相关判例来看，法院对公民私生活权利的保护表现在以下几个方面：

第一，除了上面所提及的公民带着合理的个人隐私过自己的生活的权利外，私生活权利还包括对公民的个人信息，如履历、相片、信件、日记和医疗信息等予以保密的权利。除非存在着非常充分的理由，公共机构不应当收集或使用上述个人信息。如果它们必须这样做，它们需要确保信息是准确的。

"贝克诉内政大臣案"[1]是一个典型案例。在该案中，贝克依据1998年《资料保护法》第7条第（1）款的规定向安全机构提出公开关于他的信息的请求。安全机构引用内政大臣在2000年7月所发布的免除该安全机构遵守1998年《资料保护法》的要求的命令，拒绝确认或否定是否拥有关于他的信息。内政大臣作出了不公开安全机构是否拥有关于贝克的信息的决定，为此贝克提起上诉。贝克主张安全机构有义务考虑个体的申请，并且内政大臣的证明的效力过于宽松。法院裁决允许上诉，并裁决证明的发布是不合理的，内政大臣的决定应当被撤销。法院认为，证明强加了一种没有限制的免除，而没有考虑在个体信息的公开上是否出现了潜在的国家安全问题。内政大臣的证明没有考虑到信息的获取与公开之间的区别，因此不能证明那样一种包含所有情况的规定是有正当理由的。本案判决说明，公共机构不能实施既不确认也不否定是否持有关于个人的信息的一种无条件的政策，必须根据作为信息对象的个体的实际情况来考虑。法院作出判决的部分理由是公民依据尊重私人与家庭生活的权利所享有的"知情权"。同样地，在"王国政

[1] Baker v. Secretary of State for the Home Department, [2001] UKHRR 1275.

府（应冈恩－拉索的申请）诉纽金特照管协会案”[1]中，法院裁决卫生大臣没有权力强迫一个自愿的收养机构向被收养的人公开收养记录。

第二，尊重私生活的权利要求公共机构不得作出未经公民允许侵犯其身体的隐私的行为，例如公共机构采集个人的血液样本和对公民实施搜身。当然，这一限制并非绝对的。出于公共利益的考虑，公共机构对当事人隐私的干预是正当的。在“王国政府（应S的申请）诉南约克郡警察局长案”[2]中，当事人对警察保留那些没有被判犯有刑事罪行的人的DNA样本和指纹证据的政策提出质疑，认为它侵犯了1998年《人权法》附件一第一部分第8条所规定的尊重私人和家庭生活的权利。最终上议院驳回了当事人的上诉。上议院认为，指纹和DNA样本的保留是否适用《欧洲人权公约》第8条第（1）款的问题应当在整个公约成员国中得到一致的解释，而不应当受到不同文化条件的影响，上议院必须考虑欧洲人权法院和人权委员会的法律体系。保留指纹和DNA样本只能是为了犯罪的侦查、调查和起诉这一有限的目的，并且在没有对来自于犯罪现场的指纹或样本进行比较测定的情况下，上述保留是没有任何用处的。由于保留的信息不会被公开，因而保留所表现出来的干预程度是最低的。而保留指纹和DNA样本而产生的数据库的扩大给对抗严重犯罪带来了巨大的好处。因此，指纹和DNA样的保留在功效上并不是不恰当的。而且，斯特拉斯堡判例并没有支持当事人的主张即他们的尊重私人和家庭生活的权利受到了侵犯。法院认为，在本案中，警察局长所采纳的政策目标是针对犯罪的预

---

〔1〕 R. (on the application of Gunn－Russo) v. Nugent Care Society, [2002] 1 F. L. R. 1.

〔2〕 R. (on the application of S) v. Chief Constable of South Yorkshire, [2004] 1 W. L. R. 2196.

防或侦查、违法行为的调查、起诉的便捷以及迅速地为无罪的人申明无罪，这些目标完全是恰当的。当事人所建议的在个案的基础上进行调查的制度不会像DNA数据库的极大扩展那样带来种种好处，并且会使警察陷入无止尽的和麻烦的争执当中。最终上议院裁决，该政策并非不合法，也不会与当事人的人权不相容。

第三，在某些情况下，国家还必须采取种种积极措施以防止其他人对公民私生活的侵犯。例如，当噪音严重影响公民的生活时，他们可以要求国家要求采取行动以保护其免受严重干扰。

"丹尼斯诉国防部案"[1]就提出了下述原则问题，即充分的公共利益是否以及在什么情况下是对妨害行为的主张的一种抗辩。在该案中，丹尼斯一家向法院申请宣告靠近其房产的一个军事基地所发出的噪音构成了一种妨害行为并请求损害赔偿。丹尼斯拥有靠近英国皇家空军基地的一个飞机场的一座房子，并一直生活在那里。空军中队在基地进行训练，在基地着陆时飞机直接飞过丹尼斯房子的上空。丹尼斯声称空军中队在环绕训练过程中产生的噪音是震耳欲聋的，尤其它们准备低空着陆军事基地时飞过自己的房子上空的噪音更是如此。丹尼斯主张这构成了普通法上的妨害行为，并且侵犯了他们依据1998年《人权法》附件一第一部分第8条所享有的尊重私人和家庭生活的权利和附件一第二部分第1条所规定的保护财产的权利，同时显著减少了他们房产的市场价值。国防部则认为，飞行活动是训练飞行员的一个必要部分并且是为了国家安全利益，无法采取合理的行为来改善上述状况。国防部声称，不管怎样它都已经通过惯例获得了产生噪音的权利，因为自1969年以来空军

---

〔1〕 Dennis v. Ministry of Defence, [2003] E. H. L. R. 17.

中队就一直在这个军事基地飞行。

法院裁决，部分地给予丹尼斯所主张的宣告。法院认为，空军中队的飞行不是对土地的通常使用，领土防御以及根除军事空军基地的成本和不便意味着丹尼斯的私权利要服从于公共利益。公共利益需要考虑，但是选择出来服从公共利益的个体并不承担公共利益的成本，在实现公共利益的同时不给予丹尼斯赔偿是不恰当的。飞行行为的确妨害了丹尼斯所享有的尊重私人与家庭生活的权利和财产权。而且，国防部并不享有通过惯例获得产生任何噪音的权利，因为丹尼斯从来就没有同意或默许上述妨害行为。法院最终裁决，由军事基地的飞机造成的噪音侵犯了生活在附近的居民的人权并且构成了一种妨害行为，应当给予一定的赔偿，但是公共利益要求飞行应当继续进行。

（2）家庭生活的权利。尊重家庭生活的权利包括让家庭关系得到法律承认的权利。它也包括一个家庭生活在一起和享受彼此的陪伴的权利。未婚母亲以及收养的家人也包含在“家庭”的含义范围内。

尊重家庭生活的权利意味着公民享有其家庭生活的权利，公共机构不得打扰或阻止公民进入家庭或生活在家庭中。同时，公民也享有和平享受家庭的权利。“家庭”并不只是包括公民生活的住房，还可以包括公民从事经营的场所。在某些情况下，国家必须采取行动以便公民能够和平地享受家庭生活，例如减少飞机噪音或防止严重的环境污染。

（3）通信的权利。公民还享有通信的权利。“通信”的定义是广泛的，它包括信件、电话、传真或电子邮件等通讯。

“王国政府（应戴利的申请）诉内政大臣案”〔1〕是保护囚

---

〔1〕 R.（on the application of Daly）v. Secretary of State for the Home Department, [2001] 2 A. C. 532.

犯依据《人权法》所享有的尊重通信权利的典型案例。内政大臣制定了一项没有限制的政策，该政策批准在监狱中对囚室进行搜查，并且特别要求在囚犯不在场的时候检查囚犯与其法律顾问之间的通信。戴利是一名刑期很长的囚犯，他对内政大臣的政策提起司法审查申请，但被拒绝。戴利于是提起上诉，他主张，在囚犯不在场的时候对法律通信的检查并没有得到 1952 年《监狱法》的批准，并且这构成了对 1998 年《人权法》附件一第一部分第 8 条第（1）款即尊重私人和家庭生活、家庭与通信的权利的侵犯。上议院裁决，允许上诉。上议院对要求囚犯不在场时检查囚犯的法律通信的政策进行了检查，认为这是一个没有限制的政策。它引发了监狱官员可能不适当地阅读囚犯的信件这一可能性，而这种可能性会对囚犯愿意与他的法律顾问自由通信造成约束性效果，这相当于是对囚犯所享有的法律职业帮助的权利的侵犯。上议院认为，根据普通法原则，上述政策是非法的。上议院进一步指出，只有通过明确的规定才能合理地缩减囚犯利用法律建议以及与法律顾问秘密通信的权利，并且这种缩减必须被证明是正当的。在本案中，侵犯行为比能够被证明是正当的侵犯行为还要重大，并且在 1952 年的《监狱法》或 1998 年《人权法》中找不到对上述侵犯行为的支持，上述政策相当于妨害了戴利依据 1998 年《人权法》附件一第一部分第 8 条第（1）款所享有的尊重通信的权利。

3. 对尊重私人与家庭生活权利的合法限制

尊重私人与家庭生活的权利是一种有保留的权利，出于某些利益的考虑，国家可以对上述权利进行合法的限制。1998 年《人权法》附件一第一部分第 8 条第（2）款规定："公共机构不得干预上述权利的行使，但是，依照法律进行的干预以及在民主社会中基于国家安全、公共安全或者国家的经济福利的利益考虑，为了防止混乱或者犯罪，保护健康或者道德，保护他人的权利与自由而有必要进行干预的，不受此限。”

按照上述规定，公共机构限制公民这一权利的合法理由之一是必要性，并且对该权利的干涉只能与要求公共机构实施干涉行为所欲达到的目标是相称的。

公民在享受尊重私人与家庭生活的权利时，可能会与他人的权利与自由发生冲突，因此公共机构在作出影响公民依据第8条所享有权利的决定之前，必须对不能同时接受的种种利益进行仔细的权衡以便证明干预行为的正当性。“王国政府（应史蒂文斯的申请）诉普利茅斯市政委员会案”[1]就涉及法院对信息保密与信息公开之间的平衡处理。在该案中，史蒂文斯是在学习和行为上有智障的C的母亲，随着C的长大，有专家建议，如果C转到一个适合居住的环境生活，他的情况会更好。地方社会福利机构请求她同意监护或依据1983年《精神健康法》申请由关系最近的亲属代替她监护。史蒂文斯同意了，于是监护要重新开始。她请求地方社会福利机构允许她查看据以作出继续监护决定的关于C的社会福利档案和其它材料，但被拒绝，于是她申请对该决定进行司法审查，也被拒绝，于是她向上诉法院提起上诉。上诉法院裁决允许上诉。上诉法院认为，在普通法上，以及依据1998年《人权法》附件一第一部分第6条[2]和第8条，在某些情况下有必要在信息的保密与要被公开的信息的许可或需要之间达到一种平衡。史蒂文斯所寻求的信息是被普通法保密义务所涵盖的那种信息，但是那通常并没有赋予不得在法律诉讼中被公开的特权。上诉法院认为，通常法院为了恰当的司法会要求所有相关的材料提交到法院面前，而在材料涉及儿童或病人的案件中，儿童或病人享有保证所有相关材料

〔1〕 R.（on the application of Stevens）v. Plymouth City Council，［2002］1 W. L. R. 2583.

〔2〕 即公正审理的权利。

提交到法院面前的利益。在本案中，史蒂文斯在查看材料上具有明显的利益以便她能够对社会福利机构的监护要求恰当地作出反应。史蒂文斯和 C 依据第 8 条享有的的家庭生活的权利必须被保证，但是史蒂文斯在关于 C 的决定作出过程中同样享有第 6 条所规定的公正审理的权利，而这一权利要比 C 所享有的尊重私生活的权利更重要。在不存在 C 反对公开信息或由于信息的公开而对 C 造成任何伤害的情形下，上述结论尤其如此。该案例表明，法院对公民的公正审理权利与他人的私生活权利进行了权衡，在不侵犯后者的前提下最大程度地维护了前者。

4. 主张尊重私人与家庭生活的权利的主要领域

从《人权法》的司法实践来看，公民主张尊重私人与家庭生活的权利受到侵犯的主要领域表现在下述方面：①住宅的搜查和监视，诸如窃听装置；②家庭可能被分散的家庭法争执或移民避难案件；③同性恋者的权利；④变性者的权利；⑤囚犯的某些权利。例如在"王国政府（应 CD 的申请）诉内政大臣案"[1]中，法院裁决监狱以其行为古怪为由把服刑的女囚犯与其所生婴儿分离开来的做法侵犯了她的家庭生活权利；⑥雇员的隐私权利，包括电子邮件和电话的监控；⑦拒绝医学治疗的权利；⑧卵细胞和精子捐赠者和作为人工授精的结果而出生的儿童的权利；⑨媒体对名人的私生活的详细情况的报导；⑩工作时不合理的强制性着装规定或药物检测的强加。

（八）信仰自由

1. 何谓信仰自由

信仰自由是指公民享有思想、良心和宗教自由的权利。1998 年《人权法》附件一第一部分第 9 条第（1）款规定："人

---

[1] R.（on the application of CD）v. Secretary of State for the Home Department, [2003] 1 F. L. R. 979.

人都享有思想、良心以及宗教自由的权利。该权利包括改变其宗教或信仰的自由以及单独地或者同他人在一起的时候，公开或者私下地，在礼拜、传教、实践和仪式中表示其宗教或者信仰的自由。”

当法院在诉讼中考虑与宗教组织对其第 9 条权利的行使有关的问题时，《人权法》也要求法院必须特别尊重那一权利。《人权法》第 13 条第（1）款规定：“如果法院对依据本法案而产生的任何问题所做之决定会影响一个宗教组织（组织本身或其集体成员）行使思想、良心和信仰之公约权利，则须特别尊重此权利的重要性。”

2. 对信仰自由的合法限制

信仰自由是有保留的权利，国家在某些情况下可以对其进行合法的干预。1998 年《人权法》附件一第一部分第 9 条第（2）款规定：“表示个人宗教或信仰的自由仅仅受到法律规定的那些限制，并且是基于在民主社会中为了公共安全的利益考虑，为了保护公共秩序、健康或者道德，或为了保护他人的权利与自由所必要的。”

因此，国家在干预公民的信仰自由时需要证明其行为具有明确的法律根据，干预的目的是公共安全、公共秩序的保护、健康或道德或其他人的权利与自由的保护。国家的干预行为必须是必要的，并且要尽可能符合干预的目的。

3. 主张信仰自由的主要领域

从《人权法》的司法实践来看，公民所主张的信仰主要表现在下述方面：雇主与学校考虑到其雇员与学生的信仰自由的行为，主要包括与宗教节日的休假、宗教传统服装等有关的事务；社会和公共机构对公民改变宗教信仰的宽容程度。

“上议院在王国政府（应贝奇姆的申请）诉登比中学案”[1]确立了下述原则，即相关机构在考虑上述与信仰自由有关的事务时，应当根据案件的具体情况进行分析，而不应笼统地予以保护。在该案中，登比中学出台了制服政策，学校所设计的服装满足了不同人的需要，并要求学生穿着规定的服装上学。贝奇姆是伊斯兰教徒，有两年的时间她一直穿着学校规定的服装，并未提出异议。后来她希望穿着吉尔巴布[2]上学。登比中学拒绝了她的要求。贝奇姆坚持认为学校规定的服装不符合她的宗教要求。登比中学的申诉委员会裁决学校的制服政策满足了伊斯兰教的着装习俗的要求。贝奇姆于是离开了登比中学。在贝奇姆所在的受托区[3]还有其它三所学校，这些学校允许学生穿吉尔巴布上学，但是贝奇姆向这些学校当中的一所申请入学没有获得成功。她花了两年的时间最终才得以上学。贝奇姆向法院提出了诉讼。法院裁决，贝奇姆因未能遵守登比中学的着装规定而被非法地逐出学校，学校侵犯了她依据 1998 年《人权法》附件一第一部分第 9 条所享有的表示信仰的权利以及 1998 年《人权法》附件一第二部分第 2 条所享有的教育权利。登比中学对法院的判决提出了上诉，案件最终上诉到了上议院。本案中，关于登比中学是否侵犯了公民宗教信仰权利的问题，主要的争论点在于：贝奇姆通过着装表达其宗教信仰的自由是否要受到 1998 年《人权法》附件一第一部分第 9 条第（2）款的限制，并且如果要受到限制，那样的限制或干预是否被证明是正当的。

---

〔1〕 R.（on the application of Begum）v. Denbigh High School Governors，[2006] 2 W. L. R. 719.

〔2〕 伊斯兰教的一种传统服装，除了将脸和手露出来之外，将全身的其它部分包得密不透风。

〔3〕 受托区是指身处该区的居民必须被指定在一定的学校或医院入学或就医的区域。

上议院裁决，允许上诉。上议院认为：①什么行为构成了对信仰自由的干预要根据案件的全部情况来确定，包括个体能够合理地期望在实践中自由表达其信仰的程度。在本案中，贝奇姆的家人为她选择了一所不在自己的受托区范围内的学校，没有证据表明她在其受托区的三所学校中的一所学校上学有任何现实的困难，因为它们都允许学生穿着吉尔巴布上学。贝奇姆在登比中学穿着规定的服装已经有两年了，她一直没有提出异议。根据这些事实，学校并不存在对贝奇姆表达其信仰的权利的干预。②欧洲人权法院发展出了比例性原则，英国国内法院必须在《人权法》下运用比例性原则对公共机构所作出的决定或行为进行审查。比例性原则要求公共机构所作出的决定或行为必须与它希望达到的目标是相称的，在本案中，考虑登比中学对贝奇姆表达宗教信仰权利的干预的比例性问题是必要的。法院认为，根据种种事实判断，登比中学的行为完全能够证明是正当的。它尽其最大能力制定的制服政策尊重了伊斯兰教的信仰，它以一种包含一切的、不带胁迫性的和不带竞争性的方式达到了上述目的，学校得到了和谐，显然这要归功于上述制服政策。对于主流的伊斯兰教意见来说，这些规则是可以接受的。在对登比中学的校长、职员和董事的经验、背景缺乏详细了解的情况下，法院否决他们在敏感事务上的判断是不负责任的。由于处在行使决定权力的最适合位置上这一令人信服的理由，上述人员被赋予了对敏感事务作出决定的权力，法院认为，没有理由妨碍他们作出的决定。从该案例中可以看出，法院在考虑公共机构是否侵犯公民的信仰自由时，会综合各种情况进行具体的分析，这种平衡的司法技术是比较高明的。

关于“鲁顿的克劳利绿色之路公墓案”〔1〕则涉及公共机构

---

〔1〕 Crawley Green Road Cemetery, Luton, Re [2001] Fam. 308.

对公民宗教信仰的宽容问题。在该案中，一名寡妇试图把她已故丈夫的骨灰从一个祭祀用的墓地移到一个火葬场。她和她的已故丈夫都不是基督教徒。法院裁决《人权法》附件一第一部分第9条所规定的信仰自由既保护宗教信仰也保护非宗教信仰，因此认可了她的表达其非宗教信仰的观点，允许她从坟墓中挖掘她丈夫的骨灰。而按照当时的普通法规则，这种行为是不允许的。这一案件充分表明了法院对公民宗教信仰自由的宽容程度。

（九）表达自由

1. 何谓表达自由

《人权法》附件一第一部分第10条第（1）款规定："人人享有表达自由的权利。此项权利应当包括持有主张的自由，以及在不受公共机构干预和不分国界的情况下，接受和传播信息和思想的自由。本条不得阻止各国对广播、电视、电影等企业规定许可证制度。"因此表达自由是指公民持有主张并独自或在对话中表达其观点以及接受和传播信息与思想的自由。

表达自由的核心概念是"表达"。"表达"可以包含持有观点或意见，大声言论，发表文章、著作或传单，接收电视或无线广播，创作艺术作品，通过网络进行交流等，它还包含从其他人那里获得信息的权利。表达自由实际上赋予公民拥有作为发言者和听众的表达权利。

表达自由对记者和媒体来说是非常重要的。媒体必须自由地批评国家、政党或公共机构，并且必须能够大胆地报导新闻和时事。另一方面，这些权利必须与其他人的权利进行平衡，例如第8条规定的尊重私人和家庭生活的权利，以便公民更好地享有权利。

在平衡表达自由与尊重私人和家庭生活的权利时，一个关键的问题是如何认定媒体是否为"公共机构"。由于《人权法》

并没有对“公共机构”的含义作出界定，因此到底什么是公共机构是不清楚的，或者正如英国学者史蒂文·格里尔（Steven Greer）所说的，“它甚至可能暗示一种故意的意图即委托法院在个案的基础上解决这一问题”[1]。法院对这一问题的解决，关键在于它对“公共机构”这一术语采用广义的还是狭义的解释。如果法院选择广义的解释，那么广泛的媒体都被包括在《人权法》的范围内。如果法院选择狭义的解释，那么由法律设立的媒体，例如BBC广播公司，将很容易受到侵犯公民隐私权的指责。而一些私人媒体，例如小报、独立的电视公司，由于它们不属于公共机构的范围，即使它们作出了与BBC广播公司类似的妨害公民隐私权的行为，公民也很难以《人权法》为依据主张其权利。但是，广义与狭义的概念之间的界线本身是不清楚的，对此，史蒂文·格里尔（Steven Greer）认为，“最重要的问题不是一个媒体组织的形式地位，而是《人权法》赋予它拥有的不仅侵入隐私领域，而且损害被上述侵犯行为影响的生活的机构权力和资格”[2]。这恐怕是对侵犯公民的隐私权的媒体作出认定的恰当立场。

在18世纪的英国，出版物上对国王或其大臣的任何批评都被看做是一种煽动性的文字诽谤，原因是担心会动摇宪法。直到1792年的《文字诽谤法》的通过，新闻自由才得到比较充分的保障。其后，煽动性的文字诽谤罪基本被废弃了，“司法实践中对新闻自由的保护从刑事领域逐步拓宽到民事领域。德比夏郡委员会诉《泰晤士报》有限公司案”[3]是一个典型的保护公

〔1〕 Steven Greer, “A Guide to The Human Rights Act 1998”, *European Law Review*, 1999, 24 (1), pp. 3 ~21, at 8.

〔2〕 Steven Greer, “A Guide to The Human Rights Act 1998”, *European Law Review*, 1999, 24 (1), pp. 3 ~21, at 10.

〔3〕 Derbyshire County Council v. Times Newspapers, Ltd［1993］A. C. 534.

民言论自由的判例。在该案中，《星期日泰晤士报》刊登了一篇报道，是关于德比夏郡委员会作出养老金基金投资的某些决定的。德比夏郡委员会认为该报道质疑了委员会的上述决定的诚实性，损坏了其名誉，以该报和两名记者为被告，提起了诽谤诉讼。高等法院判决德比夏郡委员会胜诉。该案后来上诉到上诉法院，上诉法院取消了第一审的判决。案件最终提交到了上议院。

上议院认为，地方公共团体区别于其他类型法人的最重要特征是，它是政府组织。进一步说，它是民主选举出来的团体。民主选举出来的领导组织或者任何其他领导组织，在甘愿接受不受约束的公众的批判时，都具有高度的公共重要性。公众的最高利益允许委员会受到监督和批评，对委员会来说，拥有提起诽谤诉讼的任何普通法上的权利是违背上述理由的。以损害名誉为理由提起民事诉讼，毫无疑问必将带来抑制言论自由的后果。上议院还引用了美国和南非的有关判例表明：不论是中央还是地方，政府以书面诽谤为理由提起诉讼的权利不仅对公共利益不利，而且持有这些权利本身就违反了公共利益。该判例的重要性在于，它强调了公共团体应当忍受不受约束的公众的批判，以此维护公民的言论自由。

另外，从英国普通法上对表达自由的保护来看，事前限制即事先对广播和出版物等实施限制基本上是不允许的。在议会通过《人权法》时，有人担心公民依据公约第 8 条即尊重私人和家庭生活的权利对媒体提起诉讼而导致政府封锁调查性新闻报道。为此，政府引入了一个修正案，即《人权法》第 12 条。该条款对事前限制什么时候能够被强加以及如何被强加进行了限制，并强调了表达自由的重要性。《人权法》第 12 条规定："①如果法院正在考虑是否允许救济，倘若允许该救济可能影响表达自由之公约权利的行使，则适用本条。②如果救济申请所针对的人（被告）既未出庭也无人为其代理，则不得准许上述救济，除非法院确信：（a）申请人已用尽所有可行手段通知被告；（b）有令人信服的理由说明不通知被告的原因。③不得允许旨在限制审理前的公布的救济，除非法院确信申请人能够证明不应准许公布。④当诉讼涉及被告主张的材料，或涉及法院认为属于新闻、文学或艺术的材料（或与上述材料有关的行为）时，法院须特别尊重表达自由之公约权利的重要性：（a）其程度为——（ⅰ）材料已经或将为公众所获得；或（ⅱ）公布材料是为了或将为了公共利益。（b）任何关于隐私的法规。⑤本条中——‘法院’包括法庭和‘救济’包括任何补救办法或命令（除刑事诉讼外）。”从上述规定可以看出，法院在考虑是否给予可能影响表达自由的救济时，必须特别尊重表达自由的权利。当被告主张，或在法院看来，材料（或与之有关的行为）是新闻、文学或艺术时，有三个问题必须得到特别的注意：材料已经，或将为公众所获得的程度；它公布材料是否符合，或将符合公共利益以及任何关于隐私的法规。在缺少被告的情况下法院不会给予救济，除非法院确信申请人已经用尽所有方法通知被告和/或存在着被告不应当被告知的种种令人信服的理由；除非法院可能确认公布不应当被允许，否则不应当在审判前对任何公布进行事先限制。

2. 对表达自由的合法限制

表达自由是一种有保留的权利，在某些情况下国家可以对公民的表达自由进行合法的限制。1998 年《人权法》附件一第一部分第 10 条第（2）款规定：“上述各项自由的行使，由于负有义务和责任，可以受到法律所规定的和民主社会所必需的程式、条件、限制或者是惩罚的约束。这些约束是基于对国家安全、领土完整或者公共安全的利益，为了防止混乱或者犯罪，保护健康或者道德，为了保护他人的名誉或者权利，为了防止秘密收到的信息的泄漏，或者为了维护法官的权威与公正。”国家干涉公民的表达自由必须是必要的，并且干涉必须与所达到的目标是相称的，例如为了保护儿童而对色情出版物、电影、录像的合法限制。

“王国政府（应反堕胎联盟的申请）诉 BBC 案”〔1〕是这方面的典型案例。在该案中，上议院确立了下述规则即电视台有权利以选举广播节目冒犯公众的感觉为由拒绝播放该节目。在该案中，反堕胎联盟是一个反对堕胎的政党。在 2001 年的大选中，它获得了足够的候选人因而有资格在威尔士进行政党选举广播。反堕胎联盟要求播放它所提供的一个电视录像节目，该节目描述了吸引人们堕胎的产品，并描绘了种种堕胎技巧。BBC 和其它广播公司拒绝播放该节目，在它们看来，播放上述节目会违反他们依据 1990 年《广播法》应履行的义务即保证节目应符合“审美和得体”的标准。反堕胎联盟申请对 BBC 的决定进行司法审查，上诉法院作出了有利于反堕胎联盟的裁决，认为 BBC 未能充分考虑自由政治表达的需要。BBC 向上议院提起上诉，主张尽管 1998 年《人权法》附件一第一部分第 10 条规定了对表达自由的保护，但是政党选举广播不能免除对广播冒犯性资料所施加的限制。

上议院裁决，允许 BBC 的上诉。上议院认为，BBC 有权利拒绝播放反堕胎联盟的政党选举节目，理由是它会冒犯公众的感觉。政党广播节目应当受到对冒犯性资料的限制，并且那种限制就其本身而言并没有侵犯反堕胎联盟所享有的表达自由权利。上议院认为，下级法院过于重视保护反堕胎联盟的政治目标，无视议会对冒犯性资料所施加的普遍限制是错误的。法院的任务不是用自己的观点来代替广播公司的观点而是依照比例

〔1〕 R. (on the application of Pro Life Alliance) v. BBC, [2004] 1 A. C. 185.

性原则严格审查BBC的决定是否是适当的。在本案中，反堕胎联盟并没有被广播公司区别对待或否定其利用广播的权利，只是因为它的节目符合法律上对冒犯性资料的排斥。BBC正确地应用了广播公司的指导方针，因此它的决定应当有效。

（十）集会与结社自由

1. 何谓集会与结社自由

1998年《人权法》附件一第一部分第11条第（1）款规定："人人享有和平集会与结社自由的权利，包括为保护自身的利益而组织和参加工会的权利。"因此集会与结社自由是指公民享有以和平的方式与他人集会或结社的权利。

具体来说，集会的自由意味着公民可以进行和平集会，包括以一种和平的方式抗议国家、公共机构等组织的权利。当然，公民也享有不参加违背其意志的集会的权利。结社的自由是指公民享有成立一个政党、工会或其它自愿组织的社团的权利，不参加上述社团或其它自愿组织或不成为上述社团或自愿组织的成员的权利。只要公民在行使上述权利时，不作出任何违法行为，和平地行使并且不使用暴力或暴力威胁，公民就享有充分的上述自由。

集会与结社自由是公民所享有的一项重要权利，传统上，法院对这一权利是偏重于保护的。

在1882年的"比提诉吉尔班克案"[1]中，警察截停了有可能导致冲突的救世军游行队伍，并拘捕了违反治安法官告示的比提等三人。随后，治安法官判三人监守行为。王座法庭的法官菲尔德（Field）下令撤销了这个处罚命令。菲尔德（Field）认为，治安法官必须找出比提确曾犯法的事实，以证明他的行为的必然后果是他有意造成的，否则，一个采取合法行动的人

---

〔1〕 Beatty v. Gillbanks, [1881～1882] LR 9 Q. B. D. 308.

因其行动可能会引致他人犯法而受罚是没有法律根据的，正如他在判决中所说的："每个人都必须被看做是意图让他自己的行为产生种种自然的后果，并且在我看来，明显的是，如果扰乱治安的行为是上诉人的行为的自然后果，那么他们就要承担法律责任，法官约束他们就是对的；相反，它表明造成治安混乱的行为是由反对上诉人的其他人引起的，上诉人就没有作出暴力行为"[1]。在本案中，法院所确立的原则是，公民在行使集会自由时应当对自己行为必然产生的后果承担责任，法院不能以合法行使集会自由的人的行为可能引发他人违法而予以惩罚。

在 1902 年的"怀斯诉邓宁案"[2]中，法院发展了上述判例所确立的原则。在该案中，上诉人怀斯多次在利物浦街道上讲道。由于怀斯的讲道侮辱了天主教，引发了天主教徒与基督教徒的冲突，并导致了骚乱。为防止双方教徒再次发生冲突，邓宁警官向治安法官投诉。律师代表怀斯答应治安法官取消一次已经安排的演讲，但最后却换了一个地方再次进行演讲，引起了双方教徒的冲突。邓宁警官再向治安法官投诉。邓宁认为，如果怀斯继续演讲，必然会不断发生骚乱。治安法官命令怀斯以 1000 英镑和两个人的人事保证各 500 英镑保证 2 年之内行为良好，如果再有扰乱公共安全的行为，就将判他入狱 2 个月。怀斯不服，治安法官于是把全案事实报告王座法庭，法院判决怀斯败诉。首席法官阿尔弗斯通（Lord Alverstone）在判决中说："如果本案是在仅仅提到表明上诉人已经作出了一种特定的威胁或非法行为的情况下被考虑的，那么有必要提出另外的证据可能是对的；但是在我看来，有足够的证据表明在公共街道上他已经使用了导致阻塞的语言，这种语言是谩骂式的，它的

---

〔1〕 Beatty v. Gillbanks, [1881 ~1882] LR 9 Q. B. D. 308, at 314.

〔2〕 Wise v. Dunning, [1902] 1 K. B. 167.

确有引起妨害治安行为的倾向，而他威胁并试图在另一个地方作出相同行为。他已经承诺不在一个地方举行集会但在同一天在离那个地方 1/4 英里的地方范围内举行了集会，这一事实表明，无论如何，治安法官采取种种预防措施以阻止上诉人的先前行为的再次发生被证明是有正当理由的。”[1] 通过这一判例确立的原则是：集会自由应当受到保护，但是如果公共安宁受到威胁，并且这种威胁是现实的而非想像的，则集会自由应当受到限制。

“王国政府诉凯尔德案”[2]进一步对对非法集会作出了界定。法官萨克斯（Sachs）指出：“非法集会和聚众闹事集会有很多形式……当人们聚集在一起，无论他们的最初意图是如何和平的，开始为了某种相互支持的共同目的并且以那种有理性的公民担心会妨害治安的方式行动时，这种集会就变成非法的了。这一原则尤其适用于那些试图侵犯或阻碍或打扰其他人正在和平与合法地行使其权利，或者表明准备用暴力来达到共同目的场合。至迟当他们开始使用令人担忧的武力或暴力时集会就变成了暴乱。”[3]

“联合王国职业工程师协会诉咨询、调解和仲裁服务处案”[4]则是英国法院引用《欧洲人权公约》来保护公民结社自由的一个重要判例。英国自 1825 年废除《禁止结社法》以后，一般认为，只要不违反法律，公民就有组织宗教、文化、劳动和政治等团体的权利。在本案中，一些职业工程师担心，如果参加包括体力劳动工人在内的大工会，可能会被大工会号召参

〔1〕 Wise v. Dunning, [1902] 1 K. B. 167, at 177.

〔2〕 R. v. Caird, [1970] 54 Cr. App. R. 499.

〔3〕 R. v. Caird, [1970] 54 Cr. App. R. 499, at 504 ~ 505.

〔4〕 United Kingdom Association of Professional Engineers v. Advisory, Conciliation and Arbitration, [1981] A. C. 424.

加罢工或被迫破坏机器设备或怠工，他们不愿意这样做，但是如果拒绝，就要负纪律责任，甚至被开除，因此他们想建立自己的小工会组织，这样就与原来所属的大工会组织发生了冲突。咨询、调解和仲裁服务处对此进行了处理，并作出了不允许职业工程师脱离原工会组织另一个工会的决定。职业工程师们对这一决定不服，向法院提出上诉。上诉法院丹宁勋爵在审理过程中，参考了《欧洲人权公约》的相关内容。《欧洲人权公约》第 11 条第（1）款规定："人人享有和平集会与结社自由的权利，包括为保护自身的利益组织和参加工会的权利。"第（2）款规定："除了法律所规定的限制以及在民主社会中为了国家安全或者公共安全的利益，为了防止混乱或者犯罪，为了保护健康或者道德或者保护他人的权利与自由而必需的限制之外，不得对上述权利的行使施加任何限制。本条并不阻止国家武装部队、警察或者行政当局的成员对上述权利的行使施加合法的限制。"据此，丹宁勋爵说："'人人享有和平集会与结社自由的权利，包括为维护自身的利益组织和参加工会的权利。'这一条只是叙述了英国法律的基本原则。普通法一直承认每个人都有自由结社的权利，但它的必要前提是，结社不是为了追求非法的目的，也不能使用非法的手段，其动机不是为了伤害别人而是为了维护其成员的利益。普通法接下来承认每个人都有为维护个人利益而建立和参加工会的权利。《欧洲人权公约》尚未被正式引进我们的制定法。但是第 11 条准确地谈到了普通法。就我个人意见来说，我认为当国会制定关于工会的法律时，不能让它有意违反该项基本权利。如果运用这一条款，我认为职业工程师有权建立和参加他们自己的工会，……我认为这项自由结社的权利是英国法律的组成部分。当大多数特殊工人希望由他们所拥护的工会代表他们而不希望由与他们对立的工会代表他们时，一般来讲，调解仲裁局就应该实现他们的愿望"[1]。因此最后上诉法院支持了职业工程师协会的主张。

英国法律虽然偏重于保护公民的结社自由，但为了公共利益也会对公民的结社自由进行一定的限制。1936 年的《公共秩序法》和 1989 年的《恐怖主义（临时规定）防范法》，就对与有着政治目的的被认为对国家利益不利的准军事组织进行联系施加了特殊的限制，而军队的成员、警察、高级文官和法官也都被禁止与政治组织进行积极的交往。

在"王国政府诉乔丹和廷德尔案"[2]中，乔丹和廷德尔因组织和装备一个叫"先锋队"的社团而被法院判刑，因为他们的这种行为足以引起合理的担心即他们会被意图实现某种政治目标的暴力势力所雇用，这违反了 1936 年《公共秩序法》的相关规定。他们提起上诉但被驳回。法院认为，没有表明存在攻击行为或者意图攻击对方的证据并不必然消除"合理担心"的理由。根据 1936 年《公共秩序法》第 2 条第（1）款 b 项，该组织被认为是禁止结社的组织，据此法院对公民的结社自由进行了限制。而在 1971 年的"麦克尔道尼诉福德案"[3]中，上议院对与共和党俱乐部或者与之相类似的组织的结社所发出的广泛的禁止表示了支持。在该案中，上议院驳回了北爱尔兰上诉法院对原告上诉的允许，裁决原告参加了共和党俱乐部，而后者已经被相关法律列入了非法组织名单，因此没有必要提供证据表明该组织对和平、法律与秩序构成了威胁。

2. 1998 年《人权法》对集会与结社自由的限制

对集会与结社自由的限制主要通过判例法和制定法，而

---

〔1〕［英］丹宁勋爵：《法律的未来》，刘庸安、张文镇译，法律出版社 1999 年版，第 325～326 页。

〔2〕 R. v. Jordan and Tyndall,［1963］WL 20943.

〔3〕 McEldowney v. Forde,［1971］A. C. 632.

1998 年《人权法》在对公民的集会与结社自由予以认可的同时，首次全面、明确地规定了国家可以对该自由进行限制的法定情形。

1998 年《人权法》附件一第一部分第 11 条第（2）款规定："除了法律所规定的限制以及在民主社会中为了国家安全或者公共安全的利益，为了防止混乱或者犯罪，为了保护健康或者道德或者保护他人的权利与自由而必需的限制之外，不得对上述权利的行使施加任何限制。本条并不阻止国家武装部队、警察或者行政当局的成员对上述权利的行使施加合法的限制。"只有在符合上述条件的情况下，国家才能够对公民的集会与结社自由施加限制，而且这种限制必须是必要的，所采取的手段与所要达到的目标必须是相称的。当然，如果公民是军人、警察或文职人员，他对上述自由的行使要受到更大的限制。相对于《人权法》生效之前法院对公民集会与结社自由的保护而言，《人权法》生效之后，法院应用了比例性原则加大了对公民的上述自由的保护。

"王国政府（应布雷霍尼的申请）诉大曼彻斯特警察局长案"[1] 表明了法院应用比例性原则对公民的集会与结社自由的恰当限制。在该案中，布雷霍尼以及与他一起进行游行示威的人几年来每个星期六都在大曼彻斯特市中心的同一家商店外举行游行示威。在布雷霍尼举行游行示威的时候，反示威运动也一直在同一区域进行。警察局长依据 1986 年《公共秩序法》第 14 条发布了一个指示，禁止在圣诞期间的特定几周的星期六在商店外举行游行示威。警察局长建议在商店附近的一个地方进行游行示威。布雷霍尼申请对警察局长的决定进行司法审查。

〔1〕 R.（on the application of Brehony）v. Chief Constable of Greater Manchester, [2005] EWHC 640（Admin）.

本案所要裁决的主要问题是：①警察局长相信游行示威可能造成1986年《公共秩序法》所概述的后果是否是合理的；②警察局长强加的条件与对布雷霍尼享有的表达自由和集会与结社自由的干预是否是相称的。

法院裁决拒绝布雷霍尼的申请。法院认为：①1986年《公共秩序法》第14条要求存在合理的相信即一个预期的公共集会可能导致该法所概述的种种后果，而不是要求存在着集会会导致那些后果的合理相信。本案中，警官的决定已经评估了游行示威与反游行示威运动的影响，警察局长有权力考虑反对者的游行示威。他的评估并不是不合理的，也不是不理智的。②判断警察局长的决定是否相称要根据个案的具体事实作出评价。在本案中，要举行游行示威的区域在圣诞节期间是非常繁忙的，警察局长所强加的限制只是在一周的一天实施，并且他还建议了一个可供选择的地方。防止市中心发生严重混乱，是警察局长所要履行的一个合理目标。法院承认，警察局长发布的禁令干涉了布雷霍尼的集会与结社人权，但是，根据上述种种事实，法院认为，考虑到干涉的有限程度，上述禁令并不具有不相称的效果。

（十一）结婚的权利

1998年《人权法》附件一第一部分第12条规定："达到结婚年龄的男女根据调整该项权利行使的相关国内法，享有结婚和成立家庭的权利。"因此结婚的权利是指达到结婚年龄的男女依法结婚和组建家庭的权利。

组建家庭的权利也包括收养，国家可以通过法律调整收养事务，这意味着国家可以规定任何具体的收养制度，但是这一制度不能妨碍结婚与组建家庭的权利。

从《人权法》的司法实践来看，结婚的权利除了在传统背景下的保护外，在人工生殖的背景中也体现公民对结婚与组建家庭权利的主张。例如，如果公民被禁止利用人工生殖技术组建家庭，公民可以依据《人权法》的上述规定维护自己的权利。但是这不代表公民享有要求国家提供上述技术的权利。“王国政府（应梅勒的申请）诉内政大臣案”[1]是这方面的典型案例。在该案中，梅勒是一名囚犯，他因犯谋杀罪而被判终身监禁，他向内政大臣申请通过人工授精让他妻子生孩子。内政大臣拒绝了他的要求，理由是不存在证明给予那样的方便具有正当性的特殊情况。于是他向高等法院申请对内政大臣的决定进行司法审查，被高等法院驳回，于是他提起上诉。梅勒主张内政大臣的拒绝侵犯了他的尊重私人与家庭生活的权利和组建家庭的权利，这违反了 1998 年《人权法》附件一第一部分第 8 条和第 12 条，他认为内政大臣的拒绝不能以监狱安全为由证明其具有正当性。

上诉法院驳回了梅勒的上诉。法院认为，内政大臣拒绝梅勒使用人工授精技术的要求并没有侵犯他的上述权利，给予梅勒的定罪惩罚的一个方面恰恰就是对他现在寻求利用的那些权利的否定，也就是说，结婚和组建家庭权利的行使是他作为一个囚犯不得不丧失的种种利益之一。当然，法院也承认，在某些例外情况下，考虑到比例性原则，拒绝给予囚犯生养孩子的机会，不管这种机会是通过自然还是人工的手段，都可能是不相称的。

此外，变性者的结婚与组建家庭的权利也得到了司法判例的确认。在“古德温诉联合王国案”[2]中，欧洲人权法院裁决，做了手术的变性者也享有结婚与组建家庭的权利。

---

〔1〕 R.（on the application of Mellor）v. Secretary of State for the Home Department,［2002］Q. B. 13.

〔2〕 Goodwin v. United Kingdom,［2002］35 E. H. R. R. 18.

（十二）禁止歧视的权利

1. 何谓禁止歧视的权利

1998 年《人权法》附件一第一部分第 14 条规定："任何人在享有本公约所规定的权利与自由时，不得因诸如性别、种族、肤色、语言、宗教、政治的或其他的见解、民族的或社会的出身、与少数民族的联系、财产、出生或其他身份的任何理由而受到歧视。"因此禁止歧视是指禁止没有正当理由对处于相同情形中的人予以区别对待，或对处于不同情形中的人以相同的对待。该条款赋予了公民在《欧洲人权公约》所保障的所有其它权利上不得被歧视的权利，它意味着公民有权利平等地行使那些权利，不得在性别、种族、肤色、语言、宗教等方面受到歧视。禁止歧视的权利与平等权利是同等程度的概念。

"曼德拉（塞瓦·辛格）诉道尔·李案"〔1〕是法院保护种族平等的典型案例。在本案中，原告曼德拉是一个锡克人，在 1978 年他申请把他的儿子送进伯明翰的一所名叫帕克·格罗夫的私立学校。校长道尔·李拒绝他儿子入校，因为他们不同意让曼德拉的儿子理发并且不戴头巾，这不符合学校关于制服的规定。曼德拉于是向种族平等委员会控告那位校长有种族歧视的行为。种族平等委员会支持他向法院起诉。此案经过郡法院和高等法院以及上诉法院的审理，结果都认定原告败诉，其理由是锡克人不是 1976 年《种族关系法》所界定的种族群体。最后上议院根据 1976 年的《种族关系法》拓宽了种族的范围，认为议会在通过该法律时的立法意图包括保护戴头巾的锡克人，最终判决原告曼德拉胜诉。

在该案中，值得注意的是上议院对《种族关系法》立法意图的把握。一般来说，锡克人并不属于种族的范围，上诉法院

---

〔1〕 Mandla (Sewa Singh) v. Dowell Lee, [1983] 2 A. C. 548.

据此认定此案不适用 1976 年的《种族关系法》。但是，英国议会在制定《种族关系法》时，工党政府曾明确表示自己的意图是保护因戴头巾而受到歧视的锡克人，在该法案提交下议院通过时，议会认可了对该法案的这种解释。上议院认为，1976 年《种族关系法》第 3 条第（1）款规定："在本法中，除非背景作出另外的要求——'种族理由'是指任何下述理由，即肤色、种族、国籍或种族的或民族的出身；'种族群体'是指通过参照肤色、种族、国籍或种族的或民族的出身被确定的一群人，并且对一个人的种族群体的参照提到他所属的任何种族群体。"只要原告是通过参照上述规定的种族出身所界定的一个"种族群体"的成员，那么对他们的任何歧视就违反了 1976 年《种族关系法》。在上述规定中的"种族……出身"是指这样一个群体，它是通过源于一个共同的或推定共同的过去的共同习惯、信仰、传统和特征的充分结合而与其他人相区别的人口的一个部分，即使在生物学意义上不能推断出他们是一个共同的种族血统。锡克人在这一意义上符合 1976 年《种族关系法》的意图通过参照种族出身而被界定的一个种族群体，尽管他们在生物学上不能与旁遮普邦的其他人区别开来。上议院通过对《种族关系法》的解释，实际上拓宽了"种族"这一概念的范围从而更好地维护了类似于锡克人的群体不受种族歧视的权利。该案例虽然发生在 1998 年《人权法》生效之前，但是上议院通过司法解释，把制定法的条款与议会制定该法的立法意图相结合的做法正是《人权法》第 3 条所体现的基本原则。从该案中可以看出，法院是如何通过司法解释保护公民基本权利的。

2. 禁止歧视权利的运作

禁止歧视的权利本身并非一个独立的权利品种，第 14 条的规定仅仅是用于保护公民在行使其它公约权利时不得受到区别对待，而没有赋予保护公民不受区别对待的一般权利，因此公民必须确定另一项公约权利以便利用禁止歧视的规定，例如公民主张在信仰自由、表达自由等权利上受到了歧视。但是，公民在主张自己的权利受到歧视时不需要确定有关的公约权利受到了实际侵犯。例如，如果国家未能提供一种特殊的教育类型，这并不侵犯公民的教育权利。但是如果国家为男孩而不是女孩，或仅仅为说某种语言而不是另一种语言的人，提供了特殊的教育类型，它就构成对教育权利的一种歧视。在这种情况下，公民就能够依据第 14 条禁止歧视的规定和《欧洲人权公约第一议定书》第 2 条所规定的教育权利提起诉讼。

第 14 条列举了不允许歧视的种种理由，即性别、种族、肤色、语言、宗教、政治的或其他的见解、民族的或社会的出身、与少数民族的联系、财产、出生，同时还规定不得以任何其它身份为由进行歧视。所谓“其它身份”，在现实生活中，涵盖了如性取向、婚生或非婚生、残疾、婚姻状况、年龄等类型。

在“盖顿诉戈丁 - 门多萨案”[1]中，就涉及了租客去世后他的同性伴侣是否有权继承租约的问题。最终，上议院判决维护租客的同性伴侣的继承权。上议院认为，1977 年《租金法》附件 1 第 2 段第二部分在其通常含义上，对待同性恋伴侣的幸存者不如异性恋伴侣的幸存者那么有利，是没有任何合理或公平理由的，这种区别对待侵犯了被告依据《欧洲人权公约》第 8 条所享有的尊重私人和家庭生活的权利以及第 14 条所享有的禁止歧视的权利。并且，按照 1998 年《人权法》第 3 条第（1）款关于尽可能把立法解释为与公约权利相一致的规定，把 1977 年《租金法》附件 1 第 2 段第二部分关于配偶继承权的规定解释为扩大到同性恋伴侣以便消除它对异性恋夫妇的歧视效力，

---

〔1〕 Ghaidan v. Godin - Mendoza，［2004］2 A. C. 557. 具体案情见本书第 305 ~ 306 页的介绍。

而且不与 1977 年《租金法》的任何基本原则相矛盾，完全是可能的。因此，被告有权利继承法定的租赁。

在现实生活中，禁止歧视并不要求公共机构完全一致地对待所有的人。在某些情况下，公共机构能够以不同的方式对待公民，只要它能够证明它所追求的目标是合理的，并且区别对待与该目标是相称的。当然，公共机构必须具有充分的理由。

（十三）财产权

除了上述公约权利外，英国政府在 1998 年《人权法》中还认可了《欧洲人权公约第一议定书》中所规定的财产权。这就是《人权法》附件 1 第二部分第 1 条所规定的内容，该条规定："每个自然人或法人都有和平享有其财产的权利。任何人不得被剥夺财产，除非基于公共利益并受制于法律以及国际法的普遍原则所规定的条件。前述条款不得以任何方式损害国家认为有必要控制财产的使用时依照普遍利益实施那些法律或获得税款或其它捐助或罚款的权利"。

和平享有财产的权利意味着公共机构通常不能干涉公民所拥有的财产或使用财产的方式，公民可以以他所愿意的任何方式占有、使用、发展、处分其财产。当然，国家依照法律的规定并基于公共利益可以征收公民的财产，同时公共机构干涉公民使用财产的方式必须依法进行并且证明干预行为具有正当理由。例如，如果国家要在公民所有的土地上建造公路，首先，它必须有适当的法律依据；其次，必须有法律程序来检查公共机构以公共利益为由征收公民的房子是否是公正的；最后，它还必须保证公民因上述行为获得恰当的赔偿。

公民的财产不受侵犯是一项古老的英国普通法原则，《人权法》所认可的和平享有财产的权利不过是对该原则的确认。英国早在 1215 年的《自由大宪章》中就规定了任何自由民未经依法裁判不得被剥夺财产。1628 年的《权利请愿书》、1689 年的

《权利法案》等重要的宪法性法律文件都对公民的财产权保护作出了具体的规定。

从公民财产权的司法保护来看，法院会审查公共机构对公民所作出的决定或行为的实体理由或程序理由从而作出判断。

"康格里夫诉内政部案"[1]是法院以越权为由判定政府部门侵犯公民财产权的行为无效的典型案例。1949 年的《无线电信法》第 1 条要求电视安装必须获得许可证，同时允许内政部长发布规章对许可证进行收费。在 1975 年，该收费是每年 12 英镑。后来政府为了增加税收，在 1975 年 2 月宣布将许可证的收费提高到 18 英镑，从 1975 年 4 月 1 日生效。在接下来的几周内，许多持有 1975 年 3 月 31 日到期许可证的市民在 4 月 1 日之前购买了许可证，以便在 4 月 1 日之后通过出售这些许可证可以从每个许可证中获利 6 英镑。内政部立即发出通知，下令撤销所有通过上述手段购买的许可证，并给那些购买者发信，要求他们归还以 12 英镑购得的许可证并在他们的原始许可证到期时购买 18 英镑的许可证。康格里夫作为一家城市公司的律师，拒绝服从并提起诉讼，他认为内政部的政策不合法。在审理过程中，丹宁勋爵对《无线电信法》第 1 条的规定提出了自己的看法："法律已经把许可权力授予了部长；但它是一种非常特殊的权力。它侵犯了一个人在其家庭生活中的隐私，并且它这样做仅仅是为了经济理由以便使部长能够征收货币作为收入"[2]。丹宁勋爵将许可证的购买看做是为购买者创设了一种财产权。该法第 1 条无疑授权给部长在某些情形下可以撤销许可证，例如购买是以欺诈为前提而获得的。但是在不存在这种情形或其它充分理由时，法律并没有授予部长撤销许可证的权力，而且

[1] Congreve v. Home Office, [1976] Q. B. 629.

[2] Congreve v. Home Office, [1976] Q. B. 629, at 649.

在法律中并没有明确禁止公民在短期内同时持有两个或更多的许可证。部长的行为显然侵犯了普通公民所享有的财产权。

“布鲁姆利自治区政府诉大伦敦市政府案”[1] 则涉及对纳税人利益的适当考虑问题。在该案中，工党在大伦敦市政府选举时承诺如果他们获胜，他们将在 6 个月内将伦敦的地铁收费下调 25%。他们在赢得选举后遵守了诺言，让伦敦交通管理局降低 25% 的交通费，广大乘客对此表示欢迎，但是伦敦的地方纳税人却要为此多缴纳 6900 英镑的税。为了确保收上税款，大伦敦市政府作出一个补充决定，要求伦敦 35 个自治区增加必要的基金，以便要求纳税人缴纳附加税。伦敦的布鲁姆利自治区对整个程序的合法性提出了质疑，它要求法院发布调卷令以撤销该补充规定。上诉法院和上议院判决大伦敦市政府本身没有决定降价的权力，上述决定完全是出于政治动机的不经济的决定，大伦敦市政府的上述决定以及补充规定没有得到授权，因此是越权无效的。

在该案中，法院认为，大伦敦市政府没有在公交乘客与地方纳税人的利益之间做到平衡，实际上损害了地方纳税人的利益，正如丹宁勋爵在上诉法院中所说的：“大伦敦市政府对乘客和纳税人都负有义务。它对乘客的义务是以合理的收费提供完整的、高效的和经济的服务。它对纳税人的义务是合理地征税而不是多征税。在履行这些义务的过程中，大伦敦市政府的成员必须平衡这两种相互冲突的利益——乘客的利益在于便宜的收费，而纳税人的利益在于不被加重征税负担。大伦敦市政府的成员必须在这两种相互冲突的利益之间做到平衡。他们在确定双方的负担时必须考虑所有相关的因素。他们不能被不相干的因素所影响。他们不能偏重一种因素而忽视另一种，否则就

---

〔1〕 Bromley Borough Council v. Greater London Council, [1982] A. C. 768.

会破坏平衡。他们必须公正合理地保持这种平衡。如果他们作出一个在任何情况下都是不公正和不合理的决定，法院就可以而且应该干预”[1]。上议院法官布兰登勋爵（Lord Brandon of Oakbrook）也承认：“大伦敦市政府有义务公正地考虑双方的利益：一方面是公交乘客的利益，另一方面是伦敦地区纳税人的利益。”[2] 丹宁勋爵在上诉法院得出的结论是：“大伦敦市政府未能保持公正的平衡。25%的降价对乘客而言是实惠而对纳税人来说却是不公平。每天有好几百万的乘客从伦敦以外地区乘坐公交车和地铁而来，他们从降价25%的交通费中得到了好处，却不用在本地区多交1便士的税。这对他们来说是太便宜了。对他们而言这实在是不用花1便士就得到的礼物。而在伦敦有成千上万的纳税人却从未乘坐过公交车和地铁。比如布鲁姆利就没有地铁。这实在是一种罚金。无疑是一种罚金。让这些纳税人掏钱给从远处来的人礼物是不公平的。”[3]

公共机构侵犯公民财产权的行为或决定也可能因为在程序上不合法被法院判定为违法。维多利亚时代的“库珀诉宛得斯沃斯工程委员会案”[4]就是一个典型案例。1855年《大都市管理法》第76条推行了一种土地使用规划控制的形式。它规定新建筑物不应当被建造，除非相关的地方工程委员会已经对该工程发出了通知，并且该条款授权委员会拆除任何违反该规定建造的建筑物。该法并没有明确要求在拆除建筑物之前应当举行听审。库珀在没有得到必需的通知时已经建造了建筑物，宛得

[1] Bromley Borough Council v. Greater London Council, [1982] A. C. 768, at 775~776.

[2] Bromley Borough Council v. Greater London Council, [1982] A. C. 768, at 853.

[3] Bromley Borough Council v. Greater London Council, [1982] A. C. 768, at 777.

[4] Cooper v. Wandsworth Board of Works, [1863] 14 C. B. N. S. 180.

其信仰、文化及其它价值给儿童的整个过程。教学则是指知识的传播和智力的发展。对父母来说，教育权利意味着当公共机构为其子女提供教育或教学时，父母有确保他们的宗教或哲学信念得到尊重的权利。例如，学校在从事像性教育那样的教学活动时，如果性教育是合理的，并且学校不是在向学生灌输性教育，父母就不能阻止学校从事上述教学活动，但是父母可以把他们的小孩从性教育课上带走。

2. 对教育权利的限制

教育权利并不是一种绝对的权利，英国政府在教育权利这一领域对《欧洲人权公约》作了一种特殊保留，以使得国家提供的教育被限制在下述范围内：提供一种有效的教育是必要的，并且是在公共开销的限度内。因此，如果存在可以获得的更低廉的教育形式，公民就不能享有获得最昂贵教育形式的权利。但是政府或地方教育机构必须对不被剥夺教育的权利与政府或地方教育机构所施加的开销限度进行平衡。

“A 诉格雷贵族学校校长和主管案”〔1〕涉及法院对 1998 年《人权法》附件一第二部分第 2 条所规定的教育权利的范围的认定。法院裁决，第 2 条的义务被施加给国家而不是任何特定的国内机构，它并没有创设一种在特殊学校或以特殊方式获得教育的权利，因此如果一个被开除的学生能够在某个地方获得有效教育，就不存在对其教育权利的侵犯。

在该案中，H 是格雷贵族学校的学生，他被声称实施了纵火行为，警察对此进行了调查，在等待调查结果期间，H 被学校拒之门外。从那时起一直到 2001 年 6 月，学校提供给 H 作业让他在家里做。2001 年 6 月，在撤销了对 H 的刑事诉讼后，校长

〔1〕 A v. Headteacher and Governors of Lord Grey School, [2006] 2 W. L. R. 690.

斯沃斯工程委员会随后在一夜间拆除了该建筑物。
起了侵害诉讼。该委员会主张，根据 1855 年《大都
第 76 条，它有进入库珀的土地并拆毁其房子的合法
案中，委员会的拆除行为在实体上并非不合法，关
会作出决定的过程在程序上是否被认可。法院判定
为是不合法的，理由是它在决定拆除库珀的房子之前
予他听审的机会。法院认为，1855 年《大都市管理法
听审的明确要求并不妨碍法院得出上述结论。首席
（Erle）指出："由制定法所授予的权力应当服从于这
即人们再三认为任何人在未给予听审机会之前不得被
产。"[1] 法官拜尔斯（Byles）同样表达了这一点："尽
当事人应当被听取意见的制定法中不存在肯定的表述
的法官仍然会补充立法机构的这一疏漏。"[2] 法院一
员会在作出决定之前应当提供库珀一个听审的机会，
上述义务的行为实质上侵害了库珀的财产权。

（十四）教育权利

1. 何谓教育权利

英国政府在 1998 年《人权法》中认可了《欧洲人
一议定书》中所规定的教育权利。《人权法》附件一第
2 条规定："任何人都不得被拒绝给予教育的权利。国
其所承担的与教育和教学有关的任何职能时，应当尊
教育权利以保证上述教育和教学符合他们自己的宗教
信念。"

对儿童来说，教育权利意味着他享有不得被拒绝
系统，以及获得有效教育的权利。教育包含了父母及

[1] Cooper v. Wandsworth Board of Works 143 E. R. 414, at 418.
[2] Cooper v. Wandsworth Board of Works 143 E. R. 414, at 420.

邀请 H 和他的父母参加学校的会议以安排 H 重新入学，但是他们没有参加。与此同时，由于刑事诉讼中止，地方教育机构建议 H 应当被提供学费，但是 H 从来没有使用提供给他的学费。当 H 决定回到学校时，学校已经把他从学生名册上划掉了。H 提出损害赔偿要求，但没有成功。H 向上诉法院提出上诉。上诉法院认为，在 2001 年 6 月到 2002 年 1 月期间 H 的教育权利被否定了，这违反了 1998 年《人权法》附件一第二部分第 2 条。学校则认为，1998 年《人权法》附件一第二部分第 2 条并没有赋予任何人在一个特殊学校受到教育的权利，它只是赋予了公民以一种非歧视的方式不得被拒绝接受公约成员国中可以获得的一般层面的教育的权利。学校还认为，根据种种事实，并不存在对 H 的教育权利的否定，因此，不能说 H 被否定了在英国获得一般层面的教育的权利。H 则认为，《人权法》附件一第二部分第 2 条的效力是给予作为个体的学生和父母以一种权利，这一权利不仅是在公约成员国中可以获得的一般层面的教育，而且要符合国内教育制度以及儿童已经被注册为学生的学校的教育，除非学校与学生之间的关系合法地结束。上诉法院作出判决，H 依据 1998 年《人权法》附件一第二部分第 2 条所享有的教育权利因学校对他的排斥而受到影响，因此他有权获得损害赔偿。格雷贵族学校对法院的判决提出了上诉。

上议院裁决允许上诉。上议院认为，在本案中，要判决的问题是在 2001 年 6 月到 2002 年 1 月之间学校是否否定了 H 对英国所规定的教育设施的有效使用。种种事实表明，学校并没有否定 H 对教育设施的使用。学校邀请了 H 的父母取走给 H 的作业，但是他们没有这样做，而且学校为 H 提供了一个教育提供者，他所提供的学费也被 H 拒绝了，学校还安排了一次会议以讨论 H 的重新入学，H 和他的父母在没有充分理由的情况下也没有出席。由于 H 的家人在他们希望做什么的问题上存在着不确定性，而且他们一旦下定决心就立即能找到另一所学校，因此学校所作出的让 H 重新入学或进入另一所学校的尝试都被 H 的父母的上述不确定性阻挠，H 没有被排斥在学校教育之外，因而他的公约权利并没有被侵犯。

对教育权利的限制还表现在学校可以合理地对学生施加作为一种惩戒形式的惩罚，只要它们不是 1998 年《人权法》附件一第一部分第 3 条所规定的虐待行为。当然，对学生施加惩戒的学校必须证明惩戒是必要的并且是一种相称的惩罚。此外，只要不侵犯父母所享有的保证教育符合他们自己的宗教和哲学信念的权利，学校对学生施加纯粹教育性的制裁是可以接受的。

3. 主张教育权利的主要领域

从《人权法》的司法实践来看，公民主张教育权利的主要领域表现在下述方面：特殊教育需要的提供；进入学校获得教育的权利，或学生被学校开除或排斥；以性别、种族或其它理由为由在教育的提供或排斥上存在着歧视。

（十五）自由选举权利

1998 年《人权法》认可了《欧洲人权公约第一议定书》第 3 条所规定的自由选举权利。《人权法》附件一第二部分第 3 条规定："缔约国，依据保证在立法机构的选择中人民意见的自由表达的种种条件，保证通过秘密投票在合理的间隔期举行自由选举。"

公民享有自由选举权利的前提是他所参加的选举必须是自由和公正的。在此前提下，选举必须在合理的间隔期举行，必须是秘密投票，必须是在保证人民能够自由表达其意见的条件下举行，如果上述要求达不到，公民可以对此提起申诉。

需要指出的是，上述自由选举权利只适用于依据国内法有选举资格的人。

（十六）死刑的废除

《欧洲人权公约第十三议定书》废除了所有情形中的死刑，

包括在战时或即将发生战争危险的时候犯下的犯罪也不得处以死刑。英国已经批准了该议定书，该议定书自 2004 年 6 月 22 日在英国生效。

第五节　1998 年《人权法》对人权保护的主要影响

《人权法》在它的酝酿和制定过程中，反对声就不绝于耳。《人权法》在议会通过期间，尤其遭到了保守党议员们的反对，某些右翼媒体的反对则更为刺耳。反对的理由除了人们认为它可能损害议会主权原则、赋予法官过大的权力以致可能导致未经民选的法官挫败多数民主的严重后果外，诸多媒体担心《人权法》将导致司法对它们行使表达自由时可能侵犯个人隐私的行为进行严格限制。在《人权法》的实施过程中，也有不少媒体和政府官员抨击《人权法》是为罪犯、恐怖分子和怀有不良意图的寻求避难者制定的一个权利宪章。反驳对《人权法》的攻击，仅仅指出“它们的攻击是无知的和没有教养的”[1] 是不够的，重要的是通过《人权法》的实践来证明《人权法》对英国人权保护所产生的良好效益。

一、强调了议会主权与人权的调和

1998 年《人权法》在英国宪法上第一次赋予了法院审查议会立法的权力，这种审查模式是在促进《欧洲人权公约》所保护的权利与自由的进一步效力的大背景下构建的，是英国政府为了更好地保护人权而设计的，而英国政府又试图维护传统的议会主权原则，期望《人权法》在不损害议会主权原则的前提

---

〔1〕 Anthony Lester, “The Human Rights Act 1998—Five Years on”, *European Human Rights Law Review*, 2004, 3, 258 ~271, p. 262.

下运作。制定《人权法》的过程本身就体现了英国政府对调和议会主权与人权的期待。《人权法》的出发点就是“对政府与个体之间的一种调节；并且是在行政机关、司法机关与议会之间正在发展的一种新的和能动的合作努力；每一个部分在它各自的宪法领域内工作以给予包含在该法律中的种种价值不断发展的实际效力”[1]。

英国学者C. A. 吉尔蒂（C. A. Gearty）指出，“1998年《人权法》在其核心上存在着一种辩证的张力”[2]。这种张力就是议会主权原则与人权的对立。尽管上议院法官霍夫曼勋爵（Lord Hoffmann）在“王国政府诉环境、交通及地区大臣案”[3]中断言：“在人权与民主原则之间不存在冲突。对人权的尊重要求个体的某些基本权利在任何情况下不应当能够被多数所压倒，即使他们认为公共利益这样要求”[4]，但是人权与议会主权经常处于互不相让的境地是一个不争的事实。

在关于是否把《欧洲人权公约》纳入英国国内法律体系的问题上，英国学者、政府官员和法官是有争论的。主要的关注点就是把广泛的人权标准吸收到英国法律当中是否会导致传统的议会主权原则的终结，而辩论的核心就是民选的议会与未经选举的法院在决定法律应当是什么时谁应当拥有最后的话语权。

很多人担心《人权法》赋予了法院审查议会立法并作出不相容宣告的权力后，在司法实践中会出现大量的人权诉讼案件，

---

〔1〕 Lord Irvine of Lairg, “The Impact of The Human Rights Act: Parliament, The Courts and The Executive”, *Public Law*, 2003, Summer, pp. 308 ~ 309.

〔2〕 C. A. Gearty, “Reconciling Parliamentary Democracy and Human Rights”, *Law Quarterly Review*, 2002, 118 (Apr), p. 248.

〔3〕 R. v. Secretary of State for the Enviroment, Transport and the Regions [2003] 2 A. C. 295.

〔4〕 R. v. Secretary of State for the Enviroment, Transport and the Regions [2003] 2 A. C. 295, at 325.

以致出现法院对抗议会意志的司法积极主义浪潮。但是从《人权法》生效以来的司法实践中可以看到，上述现象并没有出现。

从相关判例来看，在一些案例中，法院解释议会立法的权力已经导致了受到审查的法律体制的激烈改造，但也有许多对公共机构的质疑是不成功的，其结果是在相当有争议的情形中法院并没有判决议会制定法侵犯公约权利。C. A. 吉尔蒂（C. A. Gearty）认为，“资深法官实施该法案的方式——有时候显示出极端激进主义的特点，有时候表现出巨大的遵从——是相当特别的和没有原则的——这些资深法官的上议院同事和他们在其它法院中的同僚似乎屡次并不确定他们牵涉到的是解释还是立法”[1]。其实这些法官在处理《人权法》案件中并非是无原则的，他们有时候宣告议会立法侵犯公约权利从而表现出激进主义的特点，有时候在立法相当有争议的情形中判决立法并没有侵犯公约权利从而表现出法院对立法机构的遵从，这一事实恰恰表明了他们的原则，即努力调和议会主权与人权。应当说，法院对议会立法的审查是在维护议会主权原则与保护人权两者的互相调和这一框架中进行的。

我们可以从 1998 年《人权法》第 3 条第（1）款所规定的法官解释义务来说明这个问题。该条款规定：“如有可能，基本立法和次级立法必须以一种与公约权利相一致的方式被解释和赋予效力。”不可否认的是，对这一条款的解释是 1998 年《人权法》所有条款的解释中最困难的，关键在于界定什么是“如有可能”是非常困难的。

对这一条款，可以有不同的理解。正如 C. A. 吉尔蒂（C. A. Gearty）所说的，“‘可能性’这一概念可以被理解为赋予高

〔1〕 C. A. Gearty, “Reconciling Parliamentary Democracy and Human Rights”, *Law Quarterly Review*, 2002, 118 (Apr), 248 ~ 269, p. 249.

于政府其他部门的实际的司法至上性或它能够被如此狭窄地限制以致第3条的预期效力主要是中立的"[1]。大致说来，学术界和实务界对它的解释有三种立场。

第一种是议会主权立场，该立场认为1998年《人权法》的核心是维护议会主权原则。这一立场的主要支持理由是《人权法》第3条第（2）款（b）项的规定，即不相容宣告“不影响任何不相容的基本立法的效力、继续适用或执行”。有许多学者也把这种看法称为“司法遵从”，即司法对立法机构的遵从。[2]这种立场的论证套路是：法院运用《人权法》第3条处理基本立法或次级立法的条款时应当首先在表面上审查该条款与公约权利是否一致。如果以这一直接的方式考虑的结果是条款与公约相一致，那么法院运用第3条第（1）款解释的问题就不会产生；如果条款与公约权利并不是明显一致的，那么法院就要行使第3条第（1）款的解释义务。这一立场认为，第3条第（1）款要求法院应当以一种与公约权利相一致的方式“尽可能地”解释法律，不管“可能的”这一词语是指什么。法院首先通过第3条第（1）款把法律条款尽可能解释为与公约权利相一致，仅仅是在不能解释法律条款与公约权利相一致时法院才诉诸第3条第（2）款（b）项来继续维护不相容的法律的效力、继续适用或执行。

一些重要的判例支持了上述立场。在关于S和W的案件[3]

---

〔1〕 C. A. Gearty, "Revisiting Section 3 (1) of the Human Rights Act", *Law Quarterly Review*, 2003, 119 (Oct), 551 ~ 553, p. 551.

〔2〕 Francesca Klug, "Judicial Deference under the Human Rights Act 1998", *European Human Rights Law Review*, 2 (2003), pp. 125 ~ 133; Richard Clayton, "Judicial Deference and 'Democratic Dialogue': the Legitimacy of Judicial Intervention under the Human Rights Act 1998", *Public Law*, 2004, Spring, pp. 33 ~ 47.

〔3〕 S (Children, Care Order: Implementation of Care Plan), Re & W (Children, Care Order: Adequacy of Care Plan), Re [2002] A. C. 291.

中，涉及两个儿童照管决定的问题。在第一个案件即关于 S 的案件中，法官作出了关于两个儿童的最终照管决定，但是地方机构未能执行这一照管方案。儿童的母亲提起上诉，理由是法官本应当作出临时照管决定。在第二个案件即关于 W 的案件中，法官作出了关于两个儿童的最终照管决定，尽管包括安置在内的对他们的将来的照管方案还远没有确定，因为法官认为，在那个时候让儿童回家与他们的父母生活在一起是不可能的。儿童的父母对法官的决定提起上诉，理由是法官本应当在不确定性被解决之后作出最终决定。上诉法院把这两个案件进行合并审理，并裁决驳回第一个案件的上诉，裁决在第二个案件中用临时照管决定取代原先的最终决定。然而，上诉法院认为，照管决定被作出和执行的方式中的种种因素与父母和儿童依据 1950 年《欧洲人权公约》第 6 条第（1）款所享有的公正审理的权利以及第 8 条所享有的尊重私人和家庭生活的权利是不相容的，并且，依据 1998 年《人权法》第 3 条把 1989 年《儿童法》重新解释为是与公约相一致的。上诉法院推行了一种新的程序，通过这种新程序，可以确定照管方案的必要的重大事件，并且用星号作出标记。按照这种程序，如果一个用星号标明的重大事件在审理时确定的日期开始后的一个合理的时间内没有被实现，地方机构就必须告知儿童的监护人相关的情况。监护人或地方机构随后有权利向法院申请进一步的指示。法院也制定了种种指南以赋予法官在作出临时照管决定和推迟作出最终决定上所享有的更大的自由裁量权。第二个案件中的地方机构和卫生大臣对上诉法院推行的这种新程序提起上诉。第一个案件中的儿童的母亲对关于其小孩的最终决定提起上诉，认为没有标明星号制度的 1989 年《儿童法》是与公约第 6 条第（1）款和第 8 条所规定的权利不相容的。

案件的核心问题是上述“标明星号制度”是否能够被证明

是依据1998年《人权法》第3条对1989年《儿童法》所作出的一种合理解释。上议院裁决驳回了第一个案件的上诉并部分允许第二个案件的上诉。上议院认为，1998年《人权法》重申了界定法官的解释作用的宪法界线。它把对基本立法的修改留给了议会，任何试图利用《人权法》第3条的解释义务产生实质上背离议会法的一个根本特征的做法可能已经越过了解释法律与修改法律之间的界限。就本案而言，1989年《儿童法》的一个根本原则是法院没有被授权干预地方机构对父母依据最终照管决定所承担责任的执行，鉴于1989年《儿童法》并没有包含能够被解释为赋予了在法院中所提出的监督职能的规定，很明显，上诉法院判决中的司法创新是与1989年《儿童法》的体制中的重要要素是不相容的，法院的判决已经超出了解释的界限。1998年《人权法》第7条和第8条并没有为标明星号制度的推行提供一个合理的根据，按照1998年《人权法》第6条第（1）款的规定，公共机构实施与公约权利不相容的行为是非法的，该条款为公共机构施加了与公约权利相一致地行为的义务，但是上述新制度的推行会在没有发现公共机构已经或试图与公约权利不相容行为的情况下对其强加上述义务，因此新制度的推行不能被证明是依据1998年《人权法》对1989年《儿童法》的司法解释中的一种合理活动。

上议院认为，如果一个地方机构未能恰当地履行其依据1989年《儿童法》所承担的责任，那么可能会产生侵犯1998年《人权法》附件一第一部分第8条所规定的尊重私人和家庭生活的权利。1989年《儿童法》没有规定在上述情形下控制地方机构的方式这一事实并不是对第8条权利的侵犯，因为未能提供针对侵犯第8条权利的救济就其本身而论并不构成对第8条权利的侵犯。无论如何，如果父母依据第8条所享有的权利被侵犯，那么他们就能够依据1998年《人权法》第7条的相关规定，即主张公共机构实施或意图实施违反公约权利的行为的人可以依据《人权法》在适当的法院或法庭提起诉讼或在任何法律诉讼中依据公约权利或相关权利作为该非法行为的受害人提起诉讼。尽管可能出现这样的情况，即英国法律没有满足公约第6条第（1）款关于尊重地方机构作出的儿童照管决定的要求，但是在特定制定法中那样一个条款的缺乏只是制定法的一种缺漏而不是该制定法与公约权利的不相容，在第一个案件中并不存侵犯母亲依据第 6 条第（1）款所享有的公正审理的权利，因此，上诉法院作出 1989 年《儿童法》与公约不相容的宣告是不恰当的。

值得注意的是，法官尼古拉斯勋爵（Lord Nicholls of Birkenhead）在判决书中指出，“实质上背离议会法律的一个根本特征的一种含义可能已经越过了解释与修改之间的界限。尤其在下述情形下是这样，这种情形即背离具有法院没有资格对其进行评价的重要的实际后果。在这样的一种情形中，全部的上下文的设定可能没有留下通过解释程序的合理利用使得法律条款与公约相一致的空间”[1]。上议院其它法官对尼古拉斯勋爵（Lord Nicholls of Birkenhead）提出的理由表示了赞同。显然，上议院法官在本案中对待 1998 年《人权法》第 3 条第（1）的解释义务时所持的是一种维护议会主权的立场。这一立场也得到了前述的由安德森起诉的“王国政府诉内政大臣案”[2]的支持。

在该案中，当囚犯安德森试图依据《人权法》第 3 条把 1997 年《刑事（判决）法》第 29 条解释为排除了内政大臣对囚犯过关期限的决定时，上议院法官宾厄姆勋爵（Lord Bingham

〔1〕 S (Children, Care Order: Implementation of Care Plan), Re & W (Children, Care Order: Adequacy of Care Plan), Re [2002] A. C. 291, at 313.

〔2〕 R. v. Secretary of State for the Home Department, ex parte Anderson [2003] 1 A. C. 837.

of Cornhill）认为，这种解释不是“司法解释而是司法破坏行为：它会给予第3条规定一种完全不同于议会意图的一种效果并且彻底地超出1998年法律第3条所认可的任何解释程序”[1]。法官斯泰恩勋爵（Lord Steyn）在判决意见中也指出，“当所暗示的解释与明确的法律语言相反或含义必然与制定法相矛盾时，第3条第1款是不可以利用的”[2]。

当然，上述两个判例并非完全是对议会主权立场的支持，它们只是表明了法院对待《人权法》第3条第1款所规定的法院的解释义务的看法，表明法院依据《人权法》第3条第1款对议会立法的解释不能背离议会法的根本特征，同时不能超出《人权法》所确立的法律解释与法律修改之间的宪法界限。

第二种是人权立场，该立场认为，《人权法》赋予了法院解释议会立法与公约权利是否相一致的极大权力。第3条第（1）款中“可能的”这一词语包含了非常广泛的范围，它表明法院在运用这一条款行使解释义务时，应当要求所有的立法与公约权利相一致，除非法律明确表明与公约不相容。强烈支持人权的人士显然很欢迎这种立场，但是从目前的判例来看，认为无论议会法律如何被制定，只要议会没有作出禁止法院这样解释的规定，法院就可以以这种方式解释法律的观点是不太可能的。法院的解释必须受到限制，正如有学者评论的，“如果不存在对解释的种种限制，那么法院就该把每一个议会法律解释为一种附带条件即如果议会法律与公约权利相违背那么法律中的任何条款都将不适用。在那一点上，依据《人权法》第3条的解释与依据《加拿大宪章》的无效之间的差别将消失，并且第4条

---

〔1〕 R. v. Secretary of State for the Home Department, ex parte Anderson［2003］1 A. C. 837, at 884.

〔2〕 R. v. Secretary of State for the Home Department, ex parte Anderson［2003］1 A. C. 837, at 894.

将变成多余的"[1]。有学者还认为，《人权法》是对议会主权原则的削弱："《人权法》进一步侵蚀了已经千疮百孔的议会主权原理，因为议会未能修改的不相容的司法宣告最终将存在着在欧洲人权法院被质疑的可能性"[2]。

第三种是中间立场，该立场认为，上述两种立场分别走向了议会主权与人权的极端，适当的做法是在两者之间寻求一种调和。走中间路线，必须把《人权法》第 3 条第（1）款与第（2）款（b）项结合起来分析，孤立地坚持上述任何一项条款都将导致极端的立场。中间立场的基本套路是：法院在审理过程中发现议会法律的一个条款在其通常含义上似乎违反公约时，它有义务开始检查议会立法与公约的可能的一致性解释是什么。一旦法院开始检查这种一致性，那么依据第 3 条第（2）款（b）项对法院解释的可能性的种种限制将被确定，而第 3 条第 2 款（b）项是作为对法院的解释活动的一种指导，但不是最终指导，因此法院还是能够创造性地依据人权立场对议会立法的条款作出解释。

从目前的情况来看，这种立场获得了比较多的支持。正如英国学者弗朗西丝卡·克卢格（Francesca Klug）指出，"《人权法》明确被构建起来以允许法院维护权利但同时也保留议会的权威。在第 3 条和第 4 条的建构背后的是一种经过仔细慎重考虑后产生的宪法体制安排，它试图把议会责任制和透明度原则注入司法程序当中而没有把整个政策领域移交给司法判决"[3]。

---

〔1〕 R. Wintemute, "Lesbian and Gay Inequality 2000: the Potential of the Human Rights Act 1998 and the Need for an Equality Act 2002", Fourth Stonewall Lecture, October 4, 2000, pp. 16～17.

〔2〕 Steven Greer, "A Guide to The Human Rights Act 1998", *European Law Review*, 1999, 24 (1), p. 21.

〔3〕 Francesca Klug, "Judicial Deference under the Human Rights Act 1998", *European Human Rights Law Review*, 2 (2003), p. 130.

在制定1998年《人权法》时，对于如何处理法院与议会的关系，当时的内政大臣杰克·斯特劳（Jack Straw）曾经明确主张实施一种对话模式，他说："议会和司法机关必须进行一种关于法案中的权利的运作和发展的认真对话……那一对话是我们能够保证立法是帮助我们公民的一种活生生的发展的唯一方式"[1]。这在当时只是对《人权法》的一种憧憬，但是在学术界得到了众多学者的认可和支持。

上议院法官伍尔夫勋爵（Lord Woolf）在波普拉住宅及再生社区协会有限公司诉多诺霍案[2]中，表明了法院行使《人权法》第3条第（1）款的解释义务的转变："当法院解释立法时，通常它的首要任务是确定议会意图。现在，在适用第3条时，法院不得不调整它的关于解释的传统作用以便实行包含在第3条中的指示。就好像在1998年《人权法》之前制定并且与公约相冲突的立法不得不被看做是随后被修改以体现第3条的语言"[3]。他接着说明了法院依据《人权法》解释立法时应当注意的要点，即：①除非立法在其它方面违反公约，第3条才能不被理会（因此法院应当总是首先确定，在不适用第3条的情况下，是否存在着对公约的任何违反）；②如果法院不得不依赖第3条，它应当限制对于实现一致性是必要的被修改的含义的范围；③第3条没有授权法院进行立法（它的任务仍然是一种解释任务，但是这种解释是依照包含在第3条中的指示所作出的）；④当事人和政府的关于一种"建构性"解释是否应当被采

---

〔1〕 314 HC 1141, June 24, 1998, see http: //www. publications. parliament. uk/pa/cm199798/cmhansard/vo980624/debtext/80624 - 47. htm.，访问日期为：2007年10月10日。

〔2〕 Poplar Housing & Regeneration Community Association Ltd v. Donoghue, [2002] Q. B. 48.

〔3〕 Poplar Housing & Regeneration Community Association Ltd v. Donoghue, [2002] Q. B. 48, at 72.

纳的种种观点不能更改法院的任务（如果第3条适用，法院被要求采取接近第3条的解释）；⑤尽管存在着第3条的强硬语言，在实现与公约相一致的一种结果是不可能的情况下，法院并不被要求给予一种宣告，并且可能在行使其关于是否给予宣告的自由裁量的过程中，它会被适用于宣告给予的通常考虑所影响。[1]

由于《人权法》的出台，传统的议会立法至上原理发生了变化，法院对违反人权的议会立法的审查在某种程度上向宪法至上原理发展，这就引起了议会主权与人权之间的紧张状况。在纯粹的议会至上制度中，上述紧张关系很难被发现。而在宪法至上的制度中，上述紧张关系并不尖锐。只有在议会主权受到削弱而宪法至上未能确立的过渡阶段，上述紧张关系才是大量存在而又不得不解决的重要问题。上议院法官劳斯（Laws）在“王国政府（应国际运输公司申请）诉内政大臣案”[2]认为，由于英国宪法的不成文性质，在议会主权的维护与根本的、宪法的权利的辩护之间存在着一种紧张关系。在劳斯（Laws）看来，在目前的情况下，司法对民主的作出决定者的遵从是法院解决英国现在所处的中间状态宪法中的议会主权与公民根本权利之间紧张关系的一种方式。[3] 例如在“王国政府（应皮尔逊的申请）诉内政大臣案”[4]中，在处理囚犯没有被登记到选民名册是否侵犯其选举权利的问题时，法院裁决，尽管相关法

〔1〕 Poplar Housing & Regeneration Community Association Ltd v. Donoghue, [2002] Q. B. 48, at 72～73.

〔2〕 R.（on the application of International Transport Roth Gmbh）v. Secretary of State for the Home Department, [2003] Q. B. 728.

〔3〕 R.（on the application of International Transport Roth Gmbh）v. Secretary of State for the Home Department, [2003] Q. B. 728, at 761.

〔4〕 R.（on the application of Pearson）v. Secretary of State for the Home Department, [2001] H. R. L. R. 39.

律没有作出授予公民选举权的规定的确损害了选举权，但它与立法机构的一个合理目标相符，尽管这个目标很难精确地被确定。在个体权利与社会需要之间的平衡问题上，法院应当遵从立法机构。在本案中，法院把对立法机构的遵从作为了不发布不相容宣告的一部分理由。

然而，司法对立法机构的不假思索的遵从并不一定是解决法院与议会在人权问题上的紧张关系的有效方式。遵从的范围是非常广泛而复杂的，尽管劳斯（Laws）认为司法遵从是解决上述紧张关系的一种方式，但他自己也承认，"在某些背景中遵从几乎是绝对的。在其它背景中遵从几乎根本不存在"〔1〕。更重要的是，司法遵从的盲从可能导致法官以法院对议会意志的服从为由拒绝审查议会立法的情况，正如弗朗西丝卡·克卢格（Francesca Klug）所说的，"用不同程度的遵从代替《人权法》条款本身可能导致法院以它不属于法院的'特别责任'范围为由实际上完全排除检验某一立法的一致性——不管案件的法律依据"〔2〕。

从《人权法》的体制来看，在第 3 条赋予法院尽可能把议会立法解释为与公约权利相一致与第 4 条法院可以作出不相容宣告之间，《人权法》的确赋予了第 3 条以优先性，即法院是在对议会立法作出与公约权利相一致解释不可能的情况下才作出不相容宣告的，但这并不意味着存在着下述优先假定，即第 3 条和第 4 条在司法实践中会更频繁地被使用。在司法实践中，法院在作出判决时，除了考虑制定法条款的语言特征外，还要考虑案件的性质，引起问题的制定法条款是否能够被重新解释

〔1〕 R.（on the application of International Transport Roth Gmbh）v. Secretary of State for the Home Department，［2003］Q. B. 728，at 761.

〔2〕 Francesca Klug，"Judicial Deference under the Human Rights Act 1998"，*European Human Rights Law Review*，2（2003），p. 132.

而不破坏制定法的意图，以及解释所产生的种种后果。[1]

《人权法》的目的是允许法院适用人权原则更好地维护《欧洲人权公约》所保护的公民权利与自由，但没有赋予法院在人权问题上的最终话语权。法院的恰当作用正如上议院法官霍普勋爵（Lord Hope）所说的，“如果一致性不能在不否决立法者就争议中的特有要点已经作出的决定的情况下被达到，或如果这样做会使得制定法晦涩难懂或不能实施，那么把它留给议会由它修改制定法是必要的。留给法院的唯一选择就将是依据《人权法》第 4 条第（2）款作出不相容宣告”[2]。

从上述论述中我们可以得出下述结论，法院所采取的正确态度是，既不给予权利一种不受限制的优先权，也不削弱公约权利本身以便避免法院与立法机构和行政机构的任何冲突，当法院与立法机构或行政机构的冲突不可避免时，法院则利用《人权法》所规定的处理上述冲突的准救济手段即不相容宣告，达到冲突的最终解决。

从这一点来看，《人权法》所确立的违宪审查模式与大多数民主国家是不同的，它既不是对议会主权传统的刻意维护，也没有赋予法院撤销基本立法的权力，而是在法院、议会与政府之间建立了一种对话机制，在这种对话机制中，议会仍然享有传统的至上地位，但对于法院宣告了与公约权利不相容的议会立法，议会不会熟视无睹，而且议会通过联合人权委员会加大了对政府法案是否违反公约权利的审查力度；法院获得前所未有的审查议会立法并作出不相容宣告的权力；政府部长在引入新的法案时必须作出人权影响声明，从而加重其保障人权的责任。正如御前大臣欧文勋爵（Lord Irvine）在上议院提出《人权

---

〔1〕 See Aileen Kavanagh, “Statutory Interpretation and Human Rights after Anderson: A More Contextual Approach”, *Public Law*, 2004, August, pp. 537 ~ 545.

〔2〕 R. v. Shayler (David Michael), [2003] 1 A. C. 247, at 279.

法》草案时所指出的，“我多年来一直因联合王国中的人权保护的缺乏而感到沮丧。在一个民主国家中，多数人应当居于支配地位是正确的，但是那恰恰是个体和少数人的人权为什么也应当被法律保护的原因。我确信欧洲公约纳入我们的国内法律将实现多数人行使政治权力的民主权利与个体和少数人的人权得到保证的民主需要之间不可避免的紧张状况的一种现代和谐”〔1〕。

法院获得了审查议会立法的权力，并由此充分发挥了法院的司法能动性与创造力，但是上述能动性与创造力是在坚持议会主权这一基本的宪法体制框架内发生的，正如英国学者克里斯托弗·福赛思（Christopher Forsyth）所指出的，“如果宪法结构故意被重新安排以便赋予法官违宪审查的权力，那么那样的一种改变不会伴随着法官任命程序的改革从而反映法官的新作用是不可思议的”〔2〕。

二、促进了权利与责任并重的人权法律文化

英国宪法事务部发布的《1998 年〈人权法案〉指南》（第三版）中指出，《人权法》意味着：①公约权利和责任在整个联合王国为公共机构构成了它们认为是恰当的一套共同的有约束力的价值；②公共机构在作出关于人民的权利的决定时必须把人权原则牢记于心；③人权必须成为所有政策形成的一部分。〔3〕不论是《人权法》的制定，还是实施，都表明了该法案的根本

〔1〕 HL Deb, col. 1234, November 3, 1997, see http://www. publications. parliament. uk/pa/ld199798/ldhansard/vo971103/text/71103 - 03. htm.，访问日期为：2007 年 10 月 10 日。

〔2〕 Christopher Forsyth, “The Legitimacy of Judicial Review”, *Public Law*, 2003, Summer, 286 ~ 307, p. 295.

〔3〕 Department for Constitutional Affairs, *A Guide to the Human Rights Act* 1998 (Third Edition), 2006 October, p. 6, see http://www. dca. gov. uk/peoples - rights/human - rights/index. htm.，访问日期为：2007 年 9 月 19 日。

宗旨在于促进人权文化。议会、行政机构和司法机关都应当遵守公约权利，与公约权利相一致地行为，并努力维护公民的人权，这是《人权法》的出发点和立足点，正如弗朗西丝卡·克卢格（Francesca Klug）所指出的，“在一开始重要的是承认对《人权法》的效力的任何有意义的评价都不能被限制在它对判例法的影响上。增进人权意识，被公共机构必须遵守公约权利这一要求所支撑，正如我们看到的，是它的主要目的之一”〔1〕。

《人权法》的存在与实施本身具有一种不确定性，因为它毕竟没有被议会保证不被废除，因此《人权法》可能是不安全的，它有可能被现任政府削减或被将来的政府彻底废除。这种风险性，既来自于政府能够通过它所控制的下议院借助于立法比较容易地废除《人权法》，也来自于欧洲法院和欧洲人权法院可以保护包含在《人权法》中的公约权利这一事实。对此，有学者认为，对于人权的维护，最好的防范措施不是借助于外在的力量，而是内在的对人权的尊重。正如议会人权联合委员会的成员安东尼·莱斯特（Anthony Lester）所说的，“我们不应当把太多的信任放在超国家的法律机制上以威慑住平民主义者的政府不顾一切地削弱或摧毁《人权法》。最好的预防措施当然是统治者与被统治者当中尊重人权的一种根深蒂固的文化的培育”〔2〕。

当然，对人权的维护与对人权的限制是不可分离的。在著名的布朗诉斯科特案〔3〕中，上议院法官斯泰恩勋爵（Lord Steyn）明确了表明了他对维护个人权利与《欧洲人权公约》对人权的限制的看法。他指出：“个体的根本权利具有最高的重要

〔1〕 Francesca Klug, “Standing Back From The Human Rights A: How Effective Is It Five Years On”, *Public Law*, 2005, Winter, p. 717.

〔2〕 Anthony Lester, “The Human Rights Act 1998—Five Years on”, *European Human Rights Law Review*, 2004, 3, 258 ~217, p. 259.

〔3〕 Brown v. Scott, [2003] 1 A. C. 681.

性但是那些权利不是不受限制的；我们生活在由个体组成的共同体中，而共同体也是有权利的。这一古老观念的直接传承是清楚的：《欧洲公约》（1950 年）是《世界人权宣言》（1948 年）的传承，《世界人权宣言》在其第 29 条中明确承认了每一个人对共同体承担的义务和为了获得与保护对其他人权利的尊重而对权利的限制。尤其值得注意的是，《欧洲公约》第 17 条禁止个体滥用他们的权利以造成对他人的损害。”[1]

[1] Brown v. Scott, [2003] 1 A. C. 681, at 707 ~708.

第七章　结　论

英国违宪审查制度是议会审查与法院审查并重的审查制度，其中，对立法的审查以议会主权原则为宪政基础，以议会及其委员会为审查主体，法院对议会立法的审查是在维护议会主权原则的前提下结合对公民人权的保护实施的；解决国家机关权限争议和保护公民基本权利与自由的任务则由法院实施，无论是依据普通法规则还是1998年《人权法》，法院在保护公民基本权利与自由上发挥着议会无法替代的巨大作用。尽管英国的违宪审查制度存在着一些缺陷与不足，但是从总体上看，英国的违宪审查制度发挥了良好的效用。

一、英国违宪审查制度的经验和特点

（一）英国违宪审查制度的经验

英国的违宪审查制度不同于美国的司法审查模式，不像美国的普通法院，英国的法院包括作为最高法院的上议院上诉委员会从来就没有获得过审查议会立法并宣布其违宪的权力，即便是1998年《人权法》也只是赋予了法院审查议会立法是否符合公约权利的权力。英国的违宪审查制度也不同于以法国、德国、奥地利为代表的欧洲违宪审查模式。众所周知，现代欧洲宪法法院是奥地利人汉斯·凯尔森的发明。凯尔森设想，如果宪法处在位阶上有秩序的法律规范的制度之上，能够被一个类似于法院的机构所保证，那么宪法的最高地位就能够被确保。凯尔森明智地预见到欧洲的政治精英不会接受美国式的司法审查制度，然而，如果设立一个宪法法院，并被赋予谨慎规定的种种权力，可能就不会引起他们的敌视。这样的制度能够提供宪法审查的种种好处却不会变成一种“法官的政府”。二战的惨痛经历使得凯尔森的设想成为可能。二战后欧洲民主的重建，产生了种种新的宪政理念与规则。英国学者亚历克·斯通·斯威特（Alec Stone Sweet）把这些规则归纳为：①国家机构是由成文宪法设立的，并且其权力排他性地来源于成文宪法；②这一宪法经由选举把最终的权力分配给人民；③公共权力，包括立法权力的使用，只有在它遵守宪法的范围内才是合法的；④那一法律将包括宪法权利和保护那些权利的一种宪法审判制度。〔1〕以此为基础建立的欧洲违宪审查模式证明是受欢迎的，其主要内容包括：其一，宪法法官独自行使违宪审查权力，普通法官没有以违宪为由宣告法律或规则无效的权力。其二，形式上宪法法官并不像普通法院那样通过主持诉讼来解决宪法争议，而是通过回答尤其是政治家和普通法官提交给他们的宪法问题来处理宪法问题。其三，宪法法院与司法机关和立法机关有联系，但又与它们保持距离。其四，大多数宪法法院都被授权对制定法的应用（甚至在应用之前）的合宪性作出裁决。

英国没有采用欧洲违宪审查模式，而是立足于本国的政治与法律实践，从英国宪政制度自身的特点出发建构和发展违宪审查制度。从英国宪政制度的特点来看，首先，英国没有宪法典，不存在成文宪法国家那种具有最高法律地位和效力的宪法典，英国宪法渊源表现为宪法原则、宪法判例和宪法性法律，违宪审查机构依据宪法原则和宪法性法律实施违宪审查。其次，英国宪法的发展具有保守性和渐进性特点，这决定了英国违宪审查的建构和发展一直在遵循自己的发展轨迹，没有采用美国或欧洲的违宪审查模式。最后，议会主权原则在英国宪法中的

〔1〕 Alec Stone Sweet, “Why Europe Rejected American Judicial Review and Why It May Not Matter”, *Michigan Law Review*, Vol. 101: 2744, 2003, August, p. 2769.

强势地位决定了法院在审查议会立法这一环节上始终处于比较薄弱的地位。

英国学者亚力克斯·卡雷尔认为，"在所有与政府进程相关的基本规则都清楚地表达在一个正式文件中这一狭义的理解上，英国是没有成文宪法的。但是，从实际目的来看，英国的确拥有法定机构和其它调整规则，因而，从功能的意义上说，英国是有'宪法'的"[1]。在研究英国违宪审查制度时，应当从英国的不成文宪法特点出发，从违宪审查制度所发挥的实际功能来认识和把握英国违宪审查制度的实际运作。

从英国违宪审查制度的实际运作来看，英国违宪审查制度产生了如下经验。

1. 保障宪法的实施立足英国的政治法律制度而不试图突破现行宪法框架

任何一国的违宪审查制度都要从本国的政治和法律实践出发，在现有法律体制框架下进行，正如英国学者理查德·伊金斯（Richard Ekins）在批判所谓的"司法至上主义者"时所说的，"至上主义者，与所有声称尊重法治的人一起，应当在现行的法律框架内追求他们的政治目标并且克制住不要试图损害法律制度的基本规则"[2]。

在1998《人权法》的制定过程中，英国立法者参考了民主国家保障宪法实施的方式。大致有下述四种：第一种，从司法上保证权利法案，赋予法院撤销未能遵守权利法案的立法的权力，例如美国和德国。第二种，从司法上保证权利法案，但要受制于立法机构。例如在加拿大，法院能够宣告立法因违反《权利宪章》而无效，但是立法机构可以明确表明上述立法可以

〔1〕［英］亚力克斯·卡雷尔著：《宪法与比较法》（影印本），法律出版社2003年版，第3页。

〔2〕 Richard Ekins, Law Quarterly Review, 2003, 119 (Jan), 127 ~ 152, p. 138.

维持其效力，尽管它与《权利宪章》不相容。第三种，法院没有宣告议会立法无效的权力。例如在新西兰，法院只能依照权利法案解释立法，不享有宣告与权利法案不相容的立法无效的权力。第四种，混合保证方式。在这几种方式中，选择第一种方式将涉及对英国宪法体制的重大修改，是对议会主权原则的彻底颠覆，不符合英国的宪法传统与习惯，因而没有被采纳。立法者倾向于加拿大或新西兰的方式，最终《人权法》采用了比较接近新西兰的混合保证方式。可以看出，立法者在设计法院审查议会立法的模式时立足于英国的宪法传统与习惯，一方面通过赋予法院审查议会立法是否符合公约权利来回应民主社会对保障公民基本权利的现实需要，另一方面又没有突破基本的宪法原则，保证了违宪审查制度在现行体制框架内运作，应当说，这是一种比较稳妥的做法。

2. 实施违宪审查的法院恰当地处理了它与议会的关系

在英国的违宪审查制度中，对法律的合宪性审查主要是由议会及其委员会实施的，法院在案件审理过程中对法律〔1〕的合宪性审查在很大程度上起着向议会提供咨询的作用。在1998年《人权法》之前，法院在普通法背景下利用司法解释技术对议会法律的变相抵制，起到了审查议会法律的实质效果，但是法院无权宣告议会法律违宪无效或予以撤销。从理论上说，由于议会主权原则，议会可以无视法院的裁决。当然，这种情况并不多见。法院的上述审查活动，可能出现三种情况：第一种是议会无视法院的判决，该法律依然继续有效。第二种是在法院认定某一议会法律有问题后，该法律实际上不再适用。第三种是议会对该法律进行修改，以消除该法律当中存在的违宪的地方。

---

〔1〕 这里的法律仅指议会所制定的基本立法。前面第五章已经指出，法院有权对议会授权行政机关制定的委任立法进行合宪性审查，并对违宪的委任立法有权予以撤销。

不管是何种情况，法院对议会法律的效力并不具有直接裁断的效果，是否修改、如何修改，完全依据议会是否主动采取相应措施，法院的裁决在很大程度上是为议会提供咨询，表明议会的立法存在哪些问题，以便议会进一步完善。1998 年《人权法》生效之后，法院获得了审查议会立法是否与公约权利相一致并可以作出不相容宣告的法定权力，但是上述宣告并不影响所涉法律的效力、继续适用或执行，对作出不相容宣告的法律的修改也是由议会或部长通过命令完成的，这种设计表明法院对议会立法的审查模式是一种典型的英国宪法妥协方案。《人权法》要求法院尊重议会所通过的法律。然而，它允许高等级的法院作出议会立法与公约权利不相容的宣告。议会可以随后决定是否以及如何修改上述法律。通过这种方式，《人权法》平衡了司法部门与立法部门的权力与责任，并把最后的话语权留给了民主决策者。在《人权法》体制下，法院对议会法律的合宪性审查仍然主要是发挥咨询性作用。法院对议会基本立法和次级立法的合宪性审查，即便是作出不相容宣告，也不影响该立法的效力、继续适用或执行，法院的审查活动的一个根本目的在于发现上述立法存在的与公约权利不相容的地方，引起议会或部长的注意，并敦促议会或部长最终对有问题的立法进行修改，以完善立法、提高立法的质量。在有限的司法责任前提下，法官只能向政府和议会建议修改与公约权利不相容的法律。显然，在《人权法》体制下，法院的合宪性审查活动除了对公民的人权提供实际的保护外，就法院做出不相容宣告的法律而言，法院实际上是在向政府和议会提供咨询性作用。

我们以著名的“阿尼斯米尼克公司诉对外赔偿委员会案”[1]

---

〔1〕 Anisminic Ltd v. Foreign Compensation Commission, [1969] 2 W. L. R. 163. 该案的情况见本书 188 页的正文。

为例来说明法院应当如何处理与议会的关系。

上议院认为，1950 年《对外财产赔偿法》第 4 条第 4 款的规定中关于“委员会的决定不得在法院被起诉”不能解释为包含了委员会的一切决定，也就是说，该条款不应当被解释为包含意图成为但实际上没有成为决定的一切事情。有关条文规定了所有者或其权利继承人有资格请求赔偿，但是在本案中，对外赔偿委员会在考虑阿尼斯米尼克的事业继承人的国民资格时把原来的事业者排除在外是错误的。因为只有在事业继承人提出权利要求的情形下这才成为一个相关的问题。而在本案中，是原始所有者提出权利要求，在这个时候，并不存在任何继承人的资格问题，也不是该委员会被授权考虑的事情，因而委员会在考虑阿尼斯米尼克公司是否有继承资格时超出了其管辖权。委员会的决定既然超出了其管辖权，法院当然可以对其进行审查，此时法院的审查不在 1950 年《对外财产赔偿法》第 4 条第 4 款的禁止范围，上议院最终裁决对外赔偿委员会的决定是无效的。在本案中，原告阿尼斯米尼克公司因战争的确遭到了重大损失，而且它与埃及新政府机关所签订的契约中写明了保留将来获得补偿的请求权，如果法院严格遵守 1950 年《对外财产赔偿法》的相关规定，势必给当事人的财产利益造成损害。在这种情况下，尽管议会立法对法院的管辖权作出了限制，法院通过法律解释，将“禁止对对外赔偿委员会所做决定提起诉讼”的法律规定解释为不包含委员会超出其管辖权的决定，绕开了议会立法的限制，既达到了维护了当事人的合法利益的目的，又没有与议会立法发生冲突，议会最终也认可了法院的解释。

3. 议会注重对公民基本权利的立法保障

英国宪法对公民基本权利的保护传统上主要是通过法院的司法保护，法院通过司法审查等制度对可能侵犯公民基本权利的公权力行使行为进行审查从而实现对公民基本权利的保护。

但是这种保护存在着某些缺陷和不足，英国政府通过制定1998年《人权法》，把《欧洲人权公约》所规定的公民基本权利纳入国内法律体系，对英国公民所享有的基本权利及其救济作出了比较全面和系统的规定，从而弥补了司法保护的不足。

4. 议会与法院在保障宪法实施中分工负责、相互配合

英国违宪审查制度中对法律的审查以议会为主。议会不仅通过诸如人权联合委员会的特别委员会对政府法案进行事先审查，以提高法案的质量，避免法案通过后因存在与《欧洲人权公约》不相容的地方而被法院作出不相容宣告，而且通过法律委员会这一独立的机构对法律进行事后审查，保证过时的、不必要的或违宪的法律及时得到废止或修改。法院在对与公约权利不相容的议会立法作出宣告后，是否修改该立法仍然由议会决定。因而从总体上看，议会在审查法律中起着至关重要的作用，而且效果比较良好。

法院则在维护议会主权原则的前提下发挥其在审查议会立法、处理中央与权力下放机关之间的权限争议以及保护公民基本权利方面的作用。而随着英国宪政的发展，法院在违宪审查中的作用日益得到强化，主要表现在两个方面：一是1998年《人权法》赋予法院审查议会立法的法定权力和加强法院适用《人权法》保障公民基本权利的作用；二是2005年《宪法改革法》规定设立最高法院，行使原属于上议院上诉委员会的司法职能和枢密院司法委员会对权力下放机关行使的管辖权，从而使得最高法院成为英国行使违宪审查权力的最高司法机关。从英国的情况来看，尽管议会主权原则仍然是英国宪法的基本原则，议会至上仍然主导着英国的政治与法律生活，但是英国也看到了司法独立、严格的权力分立在一国宪政中的重要意义，从而加强了法院在保障宪法实施中的作用。

（二）英国违宪审查制度的特点

与其他国家的违宪审查制度相比，英国的违宪审查制度体

现出如下特点，反映了不成文宪法国家实施违宪审查的某些独特之处。

1. 违宪审查依据的多样性

英国没有成文宪法典，宪法的内容体现在宪法性法律、宪法原则和宪法惯例中。违宪是指立法或公权力行使行为违反宪法性法律、宪法原则、宪法惯例或宪政精神，因此违宪审查的依据既包括议会主权、法治、权力分立等宪法基本原则，也包括宪法性法律文件，这使得违宪审查依据呈现出多样性的特点。

2. 违宪审查形式的多元化

立足于违宪审查的功能来看待英国违宪审查，可以看到英国违宪审查的形式是多元化的，既包括议会依据议会主权原则对议会立法的审查，也包括法院依据议会主权原则、权力分立原则对国家机关权限争议的处理，还包括法院依据宪法性法律对议会立法的审查，以及法院对公民基本权利的保护。

3. 违宪审查机构的多样性

在英国，从事违宪审查的机构包括议会即上议院和下议院，它们在立法审查中起着主要作用；法院，包括高等法院及其以上的法院，则在处理国家机关权限争议、保护公民基本权利、审查议会基本立法和委任立法中发挥着重大作用。

4. 违宪审查方式的多元化

英国违宪审查的方式还具有多元化的特点，既有议会对法案的事先审查和相关机构对法律的事后审查，也有法院对议会基本立法和委任立法的事后审查；既有议会对法案和法律的抽象审查，也有法院结合案件对法律的具体审查。

5. 违宪审查程序的多样性

英国违宪审查的程序既包括议会通过立法程序对法案的审查，也包括法院通过诉讼程序对议会基本立法与委任立法的审查以及权力下放问题的处理。

二、英国违宪审查制度的效用

英国的违宪审查制度是在不成文宪法背景下构建和发展的，英国所采用的违宪审查模式既不同于普通法院审查制，也不同于专门机关审查制，采用的是混合审查制。这种混合审查制既包括议会对法案和法律的审查，也包括法院对法律的合宪性审查，以及法院对国家机关权限争议的处理和对公民基本权利的保护。这种制度结合了普通法院审查制与专门机关审查制的许多优点，同样也表现出其缺陷，并导致英国违宪审查制度出现新的变化与发展。

（一）英国违宪审查制度的优点

1. 英国宪法的保守和渐进发展特点为违宪审查制度的构建和完善提供了良好的土壤

英国是一个很讲传统的国家，保守是英国人的特性，英国宪法同样带有很强的保守性，宪法的发展也是渐进式的。正如英国学者安德鲁·比尔所说的，“英国宪法是充满活力和不断演进的宪法”。[1] 光荣革命虽然使得英国的宪政改革带有不彻底性，但同时也保证了英国宪法的平稳发展。英国宪法的渐进发展特点使得违宪审查制度的构建和发展表现出稳妥性，这种稳妥性既发展了议会和法院对议会立法和公权力行使行为的合宪性审查制度，又没有超出议会主权原则的范围。英国违宪审查制度总体上是在维护议会主权的前提下建构和运行的，这样就保证了违宪审查制度在主流社会可以接受的范围内得到了平稳的发展。

有观点认为，英国在不成文宪法背景下，由于缺乏成文宪法国家的宪法典，同时议会主权在英国政治与法律生活中享有

---

〔1〕［英］安德鲁·比尔：《宪法基础》（影印版），武汉大学出版社 2004 年版，第 3 页。

强势地位，因而英国并不存在法院对议会立法的审查，因而也没有违宪审查制度。姑且不论仅以法院对议会立法的审查来判断英国是否存在违宪审查制度是否合理，早在1998年《人权法》生效之前法院就已经在普通法背景下依据宪政原则和以维护人权为主要内容的宪政精神对议会立法实施了某种程度的合宪性审查，遑论1998年《人权法》的实施。无论是法院在普通法背景下对议会立法的变相抵制还是1998年《人权法》的实施，在英国宪法的渐进发展中，英国采取的都是比较保守然而又是稳妥的和适合英国实际的违宪审查制度。在前一情形中，法院充分利用其所享有的解释法律包括宪法性法律的司法权力，在维护议会主权的前提下，依据法治原则和权力分立原则，对于可能侵犯公民基本权利的议会立法作出了尽可能减少其负面效力的审查并抵制其适用的判决，最终达到了对议会立法进行合宪性审查的目的。这种做法没有突破现行的宪政框架，也没有破坏议会主权原则，因而法院的判决尽管在学术界和社会引起了重大争议，但并没有招致议会的反对与报复。法院在前述的阿尼斯米尼克案中作出排除议会立法对法院司法管辖权的限制的判决，而议会并没有通过立法进行修改，就是一个典型的佐证。不可否认，这与法官高超的司法与政治技巧有关，但是法院的判决在维护议会主权的前提下回避法院对议会立法的直接效力判断，采用符合现行宪法制度的方式是更为重要和关键的因素，这也正是英国宪法的保守和渐进性特点的优势所在。

1998年《人权法》的实施对英国违宪审查制度的发展也体现了英国宪法的保守与渐进性特点的优势。前已述及，法院虽然在普通法背景下实施了对议会立法的变相抵制，但是这种审查并非法院的法定权力，法院对议会立法的合宪性审查仅在有限的情况下进行，并且还要冒着议会对法院的相关判决作出修改的风险。而且由于《欧洲人权公约》尚未纳入英国国内法律体系，国内法院对英国公民的人权保护往往力不从心，致使英国政府在欧洲人权法院多次受到不利判决的影响，最终促使了1998年《人权法案 》的出台与实施。在设计违宪审查模式时，英国没有采用美国式的司法审查制，也没有采用法国和德国的专门机关审查制，而是采用折衷方案，即赋予法院审查议会立法是否与《欧洲人权公约》相一致并作出不相容宣告的法定权力，但是上述不相容宣告不影响所涉立法的效力、继续适用与执行，同时又对提出法案的政府部长施加了在议会二读前提供法案与公约权利相一致的声明的义务，从而加强了议会对法案的事先审查。从上述设计来看，《人权法》把最终的话语权置于议会手中。这种设计，既维护了议会主权，加强了对议会立法的审查，又照顾到了加强公民人权保护的客观需要，是一种比较稳妥同时又符合英国实际的制度设计。从《人权法》的实施效果来看，被法院作出不相容宣告的议会立法基本上都得到了修改，这就证明《人权法》所采取的违宪审查模式是有成效的。

任何一国违宪审查制度的设计与发展应当适合本国的国情，从本国的历史传统、政治制度、法律体系的不同条件出发，英国宪法的保守性和渐进发展特点为英国发展自身的违宪审查制度提供了良好的土壤。

2. 议会在审查法案和法律的合宪性中起着主导作用，有利于提高立法的质量和法律的完善

总体上看，英国的违宪审查制度是议会审查与法院审查并重的制度，在对法律的合宪性审查中，议会起着主导作用。议会通过欧盟委员、人权联合委员会等各专门委员会对政府提出的法案进行事先的合宪性审查，尽力保证议会通过的法律符合宪法原则与精神；对于已经实施的法律，则通过法律委员会这一专门的法定机构；对于过时的、不必要的或可能违宪的法律进行事后审查，并最终由议会决定是否予以废除。法院虽然获

得了审查议会立法是否与公约权利相一致的法定权力，但对于法院作出不相容宣告的法律，是否修改以及如何修改的权力掌握在议会手中。议会对法案和法律的审查有着法院审查不可比拟的优越性，最重要的是保证了审查的权威性，其次是提高了议会立法的质量。议会对立法审查的主导作用与英国议会在国家政治与法律生活中的突出地位分不开的。一直以来，议会至上、议会主权是英国宪法的基本原则甚至是最重要的原则，与典型的三权分立国家不同，法院从来就没有获得过与议会相同的政治地位，让非民选的法官审查议会立法在 1998 年《人权法》实施之前并不是政府和司法部门的主流观念，《人权法》最终也没有采取普通法院审查议会立法并宣告其因违宪而无效的审查模式。在大多数政府官员、学者和法官看来，议会才是审查立法的最好场所。

3. 法院发挥了保护公民基本权利的核心作用

在现代社会，保护公民基本权利已成为违宪审查制度的首要的和最重要的功能。在成文宪法国家，上述功能与成文宪法典的存在有着紧密的联系。因为在成文宪法国家，一般都会在宪法或专门的权利法案中对公民的基本权利作出全面的规范与保护。英国作为宪政母国，一直未能制定成文宪法典，似乎与大多数现代民主国家格格不入，但在英国人看来，有没有成文宪法关系并不大。以戴雪为代表的英国学者长久以来一直认为法院在普通法的发展过程中在保护公民基本权利上发挥着核心的作用，这一作用甚至比成文宪法的保护更有效，这种观念也一直影响着英国宪法的发展，并成为主流的观念。应当看到，在 1998 年《人权法》把《欧洲人权公约》所规定的多数公民权利纳入英国国内法律体系之前，法院在发展公民基本权利和通过司法审查等机制在保护公民基本权利上发挥着非常重要的作用，甚至在议会立法有可能侵犯公民基本权利时，法院可以借助法律解释技术，利用宪法原则和欧洲共同体法对上述议会立法进行变相的抵制，从而达到减轻甚至消解可能侵犯公民基本权利的议会立法的不良后果的目的。尽管议会享有立法至上地位，但对于可能侵犯公民基本权利或违反宪法原则的议会立法，法院会尽可能对其进行合宪性审查，其最终目的就是保护公民基本权利。1998 年《人权法》生效后，法院获得了审查议会立法是否与公约权利相一致的法定权力，把对议会立法的审查与保护公民基本权利直接联系在一起，更有效更直接地保护了公民的基本权利。

（二）英国违宪审查制度的缺陷

优点与缺陷是一个事物的两个方面，从另一个角度来看，优点有时候也会成为一种缺陷，英国违宪审查制度就是这样的，但同时，英国违宪审查制度的某些缺陷也推动了违宪审查制度的发展。

1. 议会对法案和法律的审查有时候难以保证审查的公正性

代议机关对法律的合宪性审查是一种自我审查，它的一个通病是难以保证审查的公正性，英国也不例外。在现代社会，受政党政治的巨大影响，体现执政党利益的政府在立法中实际上起着主导作用，英国议会尤其是下议院，其功能已经从立法机关转变为对法案和法律的审查以及使得法案合法化上，议会对政府所提出的法案的事先审查和对法律的事后审查，很难摆脱政党因素的强大影响，这势必影响议会审查法案和法律的公正性。另一方面，法院在普通法的发展过程中尽管可以通过法律解释技术实现对议会立法的变相审查和抵制，但是法院并没有审查议会立法的正式权力。而且更为重要的是，基于议会主权原则，议会可以通过立法对法院的相关判决作出修改，法院的判决丧失效力，从而法院对议会立法的审查缺乏制度保障。由于上述缺陷的存在，英国政府在制定 1998 年《人权法》时，尽管许多人反对由非民选的法官对民选议会所立之法进行审查，但是最终还是赋予了法院审查议会立法是否与公约权利相一致的法定权力，这是对英国违宪审查制度的一种重大突破。法院作为行使司法权的这样一个独立机构，对于法律的合宪性审查有利于弥补议会自我审查不够公正的缺陷，尽管法院对议会立法的审查并没有全面取代议会对立法的审查，但从《人权法》的实施来看，法院的审查已经取得了比较良好的效果。而且，原先议会可以通过立法修改法院的相关判决的做法在《人权法》实施后也会受到更为严格的审查。议会为了避免它所制定的法律在日后被法院宣告为与公约权利不相容，一定会加强对政府法案的审查，这就有助于提高议会审查法案的质量，弥补公正性不够的缺陷。

2. 法院对公民基本权利的保护有时候容易受到议会的不当干涉

传统上法院对公民基本权利的保护是在普通法背景下通过司法机制进行的，这种保护有其优点，但也存在着许多不足。由于英国传统上不太注重制定法对公民基本权利的一般规范与保护，法院通过判例所保护的公民权利与自由，在它们不在英国普通法律范围内被设定这一意义上说并不是基本的权利与自由，因此尽管法官在解释制定法时或许会求助于一种理想的宪法，这一理想宪法推定公民的权利与自由只能被明确的法律规定或必然的正当解释所废除，但是在宪法上它们并未获得根本的地位，因而法院对公民权利与自由的传统保护存在着未能保障公民的权利与自由的根本地位的问题。而且，法院在普通法的发展过程中通过判例的方式赋予公民的种种权利与自由大多数是不受他人干涉的消极权利与自由，而不是以一种特殊的方式去行为的积极权利与自由，这在很大程度上限制了公民对基本权利的享有和行使。更为重要的是，基于议会主权原则，法院在普通法中发展出来的公民权利与自由总是能够被议会所改变。从英国宪法的发展来看，议会总是在不断地改造法院所发展的现行权利及其救济方式，并且规定新的权利及其救济。由于英国没有一部保障公民基本权利与自由的宪法性法律，因而也就不存在对立法侵入公民权利与自由领域造成个体的权利与自由日益缩减的预防措施，议会通过立法对种种新的公权力的创设，可以侵蚀个体的自由领域，直至个体的自由完全视议会立法而定。上述缺陷妨碍了法院保护公民基本权利作用的充分发挥。这也促使了1998年《人权法》的出台与实施。《人权法》在英国第一次全面、系统地规范了公民的基本权利，规定了公共机构与公约权利相一致行为的法定义务，并对侵犯公民基本权利的立法和行政行为规定了详细的救济机制，从而使得法院对公民基本权利的保护更为规范和系统。但是，由于议会主权原则的强势地位，《人权法》并没有赋予法院撤销违反公约权利的议会立法的权力，而是把是否修改有问题的议会立法最终决定权留给了议会。从制度设计的根本目的是为了防恶，因此对于如何防止议会对已被法院作出不相容宣告的立法不予修改、听之任之还任重道远。2005年英国《宪法改革法》规定成立英国最高法院，把原属于上议院上诉委员会的司法职能与枢密院对权力下放事务的裁决权移交给最高法院，但是该法律并没有赋予最高法院撤销违宪议会立法的权力，因而英国违宪审查制度能否最终发展到法院审查并撤销违宪法律从而更有利地保护公民基本权利的层面，尚需时间的检验。

中英文对照判例索引

主要参考文献

一、中文译著

1. ［英］T. R. S. 艾伦：《法律、自由与正义——英国宪政的法律基础》，成协中、江菁译，法律出版社2006年版。
2. ［英］丹宁勋爵：《法律的正当程序》，李克强、杨百揆、刘庸安译，法律出版社1999年版。
3. ［英］丹宁勋爵：《法律的训诫》，杨百揆、刘庸安、丁健译，法律出版社1999年版。
4. ［英］W. Ivor. 詹宁斯：《法与宪法》，龚祥瑞、侯健译，三联书店1997年版。
5. ［英］K. C. 惠尔：《现代宪法》，翟小波译，法律出版社2006年版。
6. ［英］戴雪：《英宪精义》，雷宾南译，中国法制出版社2001年版。
7. ［英］威廉·布莱克斯通：《英国法释义》（第一卷），游云庭、缪苗译，上海人民出版社2006年版。
8. ［英］沃尔特·白芝浩：《英国宪法》，夏彦才译，商务印书馆2005年版。
9. ［英］威廉·韦德：《行政法》，徐炳等译，中国大百科全书出版社1997年版。
10. ［英］杰弗里·马歇尔：《宪法理论》，刘刚译，法律出版社2006年版。
11. ［英］M. J. C. 维尔：《宪政与分权》，苏力译，三联书店1997年版。

12. ［英］S. 李德 · 布勒德：《英国宪政史谭》，陈世第译，中国政法大学出版社 2003 年版。
13. ［日］滕仓皓一郎、木下毅、高桥一修等：《英美判例百选》，段匡、杨永庄译，北京大学出版社 2005 年版。

二、中文著作

1. 龚祥瑞：《比较宪法与行政法》，法律出版社 2003 年版。
2. 蔡定剑、杜钢建：《国外议会及其立法程序》，中国检察出版社 2002 年版。
3. 李声庭：《英国宪法论》，自由太平洋文化事业公司 1967 年版。
4. 童之伟：《法权与宪政》，山东大学出版社 2001 年版。
5. 陈云生：《宪法监督司法化》，北京大学出版社 2004 年版。
6. 胡锦光：《违宪审查比较研究》，中国人民大学出版社 2006 年版。
7. 李忠：《宪法监督论》，社会科学文献出版社 2002 年版。
8. 王振民：《中国违宪审查制度》，中国政法大学出版社 2004 年版。
9. 傅思明：《中国司法审查制度》，中国民主法制出版社 2002 年版。
10. 张越编著：《英国行政法》，中国政法大学出版社 2004 年版。
11. 罗豪才、吴撷英：《资本主义国家的宪法和政治制度》，北京大学出版社 1983 年版。
12. 周伟：《各国立法机关委员会制度比较研究》，山东人民出版社 2005 年版。
13. 王磊：《宪法的司法化》，中国政法大学出版社 2000 年版。
14. 何勤华：《英国法律发达史》，法律出版社 1999 年版。
15. 刘建飞、刘启云、朱艳圣：《英国议会》，华夏出版社 2002 年版。

16. 田穗生、高秉雄、吴卫生、苏祖勤：《中外代议制度比较》，商务印书馆 2000 年版。
17. 韩大元主编：《中国宪法事例研究》（一），法律出版社 2005 年版。
18. 胡建淼：《外国宪法案例及评述》（上、下），北京大学出版社 2004 年版。

三、中文论文

1. ［日］户江波二："司法权与违宪审查制论的 50 年"，莫纪宏译，载《外国法译评》1997 年第 1 期。
2. 王叔文："论宪法实施的保障"，载《中国法学》1992 年第 6 期。
3. 朱国斌："法国的宪法监督与宪法诉讼制度——法国宪法第七章解析"，载《比较法研究》1996 年第 3 期。
4. 刘连泰："我国宪法规范在审判中直接适用的实证分析与评述"，载《法学研究》1996 年第 6 期。
5. 胡锦光："中国宪法的司法适用性探讨"，载《中国人民大学学报》1997 年第 5 期。
6. 倪星："美、法两国违宪审查制度比较研究"，载《法学评论》1998 年第 1 期。
7. 苗连营："关于设立宪法监督专责机构的设想"，载《法商研究》1998 年第 4 期。
8. 安东尼·梅森："联邦制国家宪法法院的地位与作用——对于澳大利亚与美国的比较研究"，载《比较法研究》1998 年第 4 期。
9. 包万超："设立宪法委员会和最高法院违宪审查庭并行的复合审查制——完善我国违宪审查制度的另一种思路"，载《法学》1998 年第 4 期。
10. 王振民："我国宪法可否进入诉讼"，载《法商研究》1999

年第 5 期。
11. 费善诚："试论我国违宪审查制度的模式选择"，载《政法论坛》1999 年第 2 期。
12. 王克稳："我国违宪审查制度建立的主要法律障碍"，载《现代法学》2000 年第 2 期。
13. 付子堂："美国、法国和中国宪法监督模式之比较"，载《法学》2000 年第 5 期。
14. 范忠信："中国违宪审查与立法冲突解决机制"，载《法律科学》2001 年第 6 期。
15. 童之伟："宪法司法适用研究中的几个问题"，载《法学》2001 年第 11 期。
16. 曾宪义："完善我国宪法监督体制的设想"，载《中南民族学院学报》（人文社会科学版）2001 年第 2 期。
17. 季卫东："合宪性审查与司法权的强化"，载《中国社会科学》2002 年第 2 期。
18. 焦洪昌："论我国宪法司法适用的空间"，载《政法论坛》2003 年第 2 期。
19. 李树忠："论宪法监督的司法化"，载《政法论坛》2003 年第 2 期。
20. 强世功："宪法司法化的悖论——兼论法学家在推动宪政中的困境"，载《中国社会科学》2003 年第 2 期。
21. 刘松山："违宪审查热的冷思考"，载《法学》2004 年第 1 期。
22. 蔡定剑："中国宪法实施的私法化之路"，载《中国社会科学》2004 年第 2 期。
23. 何海波："没有宪法的违宪审查——英国的故事"，载《中国社会科学》2005 年第 2 期。
24. 汪再祥："英国宪政的历史性转折——英国《2004 年宪法性

改革法案》述评”，载《法商研究》2005 年第 3 期。

25. 周永坤：“试论人民代表大会制度下的违宪审查”，载《江苏社会科学》2006 年第 3 期。

26. 徐炳：“违宪审查，路在何方?”，载《环球法律评论》2007 年第 5 期。

27. 陈弘毅：“齐案‘批复’的废止与‘宪法司法化’和法院援引宪法问题”，载《法学》2009 年第 3 期。

28. 韩大元：“以《宪法》第 126 条为基础寻求宪法适用的共识”，载《法学》2009 年第 3 期。

29. 许崇德：“论我国的宪法监督”，载《法学》2009 年第 10 期。

30. 童之伟：“法院‘依照法律’规定行使审判权释论——以我国法院与宪法之关系为重点的考察”，载《中国法学》2009 年第 6 期。

四、英文原著

1. [英] 亚力克斯·卡雷尔：《宪法与行政法》（第二版），朗文·培生法学基础系列影印本，法律出版社 2003 年版。

2. [英] 安德鲁·比尔：《宪法基础》（第二版影印版），武汉大学出版社 2004 年版。

3. [英] 大卫·赫尔林、安·莱昂：《宪法与行政法简明案例》（第四版影印版），武汉大学出版社 2005 年版。

4. D. L. Keir, F. H. Lawson, *Cases in Constitutional Law*, Sixth edition, Oxford University Press, 1979.

5. Ian Loveland, *Constitutional Law: A Critical Introduction*, Second edition, Butterworths, 2000.

6. T. R. S. Allan, *Constitutional Justice : A Liberal Theory of the Rule of Law*, New York: Oxford University Press, 2001.

7. Ann Lyon, *Constitutional History of the UK*, the Glass House,

Cavendish Publishing Limited, 2003.

8. David Feldman, ed., *English Public Law*, Oxford University Press, 2004.
9. Neil Parpworth, *Constitutional and Administrative Law*, Oxford University Press, 2005.
10. Dr Kate Malleson, *the Legal System*, Second Edition, Oxford University Press, 2005.
11. Michael J. Allen and Brian Thompson, *Cases and Materials on Constitutional and Administrative Law*, Eighth Edition, Oxford University Press, 2005.
12. Elizabeth Giussani, *Constitutional and Administrative Law*, London: Sweet & Maxwell, 2008.
13. Edwin Shorts and Claire de Than, *Human Rights Law in the UK*, London: Sweet & Maxwell, 2008.
14. Jack Beatson, Stephen Grosz, Tom Hickman, Rabinder Singh with Stephanie Palmer, *Human Rights: Judicial Protection in the United Kingdom*, London: Sweet & Maxwell, 2008.

五、英文论文

1. Stephen Sedley, "The Sound of Silence: Constitutional Law without a Constitution", *Law Quarterly Review*, 1994, 110 (Apr), pp. 270 ~291.
2. Paul Craig, "Formal and Substantive Conceptions of the Rule of Law: An Analytical Framework", *Public Law*, 1997, Autumn, pp. 467 ~487.
3. Mark Elliott, "The Demise of Parliamentary Sovereignty? The Implications for Justifying Judicial Review", *Law Quarterly Review* 1999, 115 (Jan), pp. 119 ~137.
4. Paul Craig, "Competing Models of Judicial Review", *Public Law*,

1999, Autumn, pp. 428 ~ 447.

5. Jeffrey Jowell, "Of Vires and Vacuums: the Constitutional Context of Judicial Review", *Public Law*, 1999, Autumn, pp. 448 ~ 460.
6. Jeffrey Jowell, "Beyond The Rule of Law: Towards Constitutional Judicial Review", *Public Law*, 2000, Winter, pp. 671 ~ 683.
7. C. A. Gearty, "Reconciling Parliamentary Democracy and Human Rights", *Law Quarterly Review* 2002, 118 (Apr), pp. 248 ~ 269.
8. Ariel L. Bendor and Zeev Segal, "Constitutionalism and Trust in Britain: An Ancient Constitutional Culture, A New Judicial Review Model", 17 *American University International Law Review* 683 (2002).
9. Richard Ekins, "Judicial Review and the Rule of Law", *Law Quarterly Review*, 2003, 119 (Jan), pp. 127 ~ 152.
10. Paul Craig, "Constitutional Foundations, the Rule of Law and Supremacy", *Public Law*, 2003, Spring, pp. 92 ~ 111.
11. Christopher Forsyth and Mark Elliott, "The Legitimacy of Judicial Review", *Public Law*, 2003, Summer, pp. 286 ~ 307.
12. Luc B. Tremblay, "General Legitimacy of Judicial Review and the Foundamental Basis of Constitutional Law", 23 *Oxford Journal of Legal Studies*, 2003, Winter, p. 525.
13. T. R. S. Allan, "Constitutional Dialogue and the Justification of Judicial Review", 23 *Oxford Journal of Legal Studies*, 2003, Winter, p. 563.
14. Douglas E. Edlin, "From Ambiguity to Legality: The Future of English Judicial Review", 52 *American Journal of Comparative Law*, 2004, Spring, p. 383.

15. Paul Craig, "The Common Law, Shared Power and Judicial Review", 24 *Oxford Journal of Legal Studies*, 2004, Summer, p. 237.

16. Dawn Oliver, "Improving the Scrutiny of Bills: The Case for Standards and Checklists", *Public Law*, 2006, Summer, pp. 219 ~ 246.

17. Jeffrey Jowell, "Parliamentary Sovereignty under the New Constitutional Hypothesis", *Public Law*, 2006, Autumn, pp. 562 ~ 580.

18. Carolyn Evans and Simon Evans, "Legislative Scrutiny Committees and Parliamentary Conceptions of Human Rights", *Public Law*, 2006, Winter, pp. 785 ~ 806.

19. Mark Elliott, "Bicameralism, Sovereignty, and the Unwritten Constitution", 5 *International Journal of Constitutional Law*, 2007, April, p. 370.

20. Annabelle Lever, "Is Judicial Review Undemocratic", *Public Law*, 2007, Summer, pp. 280 ~ 298.

21. Adrienne Stone, "Judicial Review without Rights: Some Problems for the Democratic Legitimacy of Structural Judicial Review", 28 *Oxford Journal of Legal Studies*, 2008, Spring, p. 1.

后 记

本书是在我的博士论文《英国违宪审查的形式与特点》基础上写成的。我于2005年4月被上海交通大学录取，有幸成为童之伟教授指导的博士研究生。当时童之伟教授正在主持国家社科基金重点项目“符合中国情况的宪法实施保障制度研究”，组织人手从事宪法实施保障制度的国别研究，我就选了英国作为研究对象。刚开始我心里是有点惴惴不安的，怕不能很好地完成任务。一来我硕士读的是法理学专业，读博士换了宪法专业，宪法的底子不扎实，二来英语也不是很好，三来在英国这个不成文宪法国家研究违宪审查存在着重大的理论难点，这时候导师给了我很大的帮助，他为我提供了许多关于英国宪法的外文资料，多次对我的论文提纲和写作提出了非常有价值的指导。导师反复强调，研究国外的东西，必须洋为中用，能够解决中国的现实问题，而不是为研究而研究，这对我研究英国违宪审查制度尤其具有指导意义。在导师的鞭策和指导下，我不敢有一丝懈怠，搜集、整理、翻译和阅读了大量的英国宪法资料，并且要准确把握从什么角度去认识英国违宪审查，其间艰辛，正应了那句俗语“哑巴吃汤圆——心里有数”。

博士论文写完后，感觉许多地方尚有缺陷，特别是关于英国违宪审查制度对中国违宪审查制度的启示与借鉴部分，尤其显得薄弱，本想工作以后再花功夫完善完善，但一来出版社催得紧，二来我想，上述博士论文尽管有瑕疵，但是自己花了不少功夫弄出来的，还是可以作为本人某一段时期内的研究成果，以后有机会再力争完善。

感谢上海交大法学院宪法与行政法专业的导师团队。在博士论文写作期间，通过讲座、学科报告、论文开题、预答辩和答辩等不同形式，叶必丰教授、朱芒教授、周伟教授给予我很多有益的指导，使得我的论文得以顺利完成，并最终使本书得以成形。

感谢同学们的帮助和鼓励，特别是吴天昊、孙战国、孙宏涛、张敏、张明锋等同学对我的博士论文以及书稿提供了许多有益的建议。

感谢嘉兴学院文法学院的费锦红、任汝平、陈水林等老师，他们在我的工作和生活上给予了很大帮助，使我能够安心完成书稿的写作。同时，还要感谢中国政法大学出版社的刘利虎、丁春晖编辑，他们的辛苦工作与有益指导也促成了本书的顺利出版。

由于本人水平有限，本书的不足与缺陷在所难免，衷心希望法学界前辈、专家和读者批评指正。

童建华

2010年7月20日

图书在版编目（CIP）数据

英国违宪审查／童建华著.—北京：中国政法大学出版社，2011.2

ISBN 978-7-5620-3821-4

Ⅰ.英… Ⅱ.童… Ⅲ.宪法-司法监督-研究-英国 Ⅳ.D956.11

中国版本图书馆CIP数据核字(2011)第008132号

书　　名　英国违宪审查 YINGGUO WEIXIAN SHENCHA

出版发行　中国政法大学出版社(北京市海淀区西土城路25号)

北京100088信箱8034分箱　　邮政编码100088

zf5620@263.net

http://www.cuplpress.com(网络实名：中国政法大学出版社)

(010)58908325(发行部)　58908285(总编室)　58908334(邮购部)

承　　印　固安华明印刷厂

规　　格　880×1230mm　　32开本　　14.875印张　　355千字

版　　本　2011年4月第1版　　2011年4月第1次印刷

书　　号　ISBN 978-7-5620-3821-4/D·3781

定　　价　39.00元